Markus Will

Wertorientiertes Kommunikationsmanagement

2007
Schäffer-Poeschel Verlag Stuttgart

Autorenhinweis:
Dr. Markus Will ist Privatdozent für Betriebswirtschaftslehre, insbesondere Kommunikationsmanagement, an der Universität St. Gallen. Der promovierte Dipl.-Volkswirt hat sich mit dieser Arbeit habilitiert. Zudem ist er Gründer und Partner der Unternehmensberatung goodwill communications – management consultants, die auf das Kommunikationsmanagement von Unternehmen spezialisiert ist.

Bibliografische Information der Deutschen Nationalbibliothek
Die Deutsche Nationalbibliothek verzeichnet diese Publikation
in der Deutschen Nationalbibliografie; detaillierte bibliografische Daten
sind im Internet über < http://dnb.d-nb.de > abrufbar.

Gedruckt auf säure- und chlorfreiem, alterungsbeständigem Papier.

ISBN-13: 978-3-7910-2638-1

Dieses Werk einschließlich seiner Teile ist urheberrechtlich geschützt.
Jede Verwertung außerhalb der engen Grenzen des Urheberrechtsgesetzes
ist ohne Zustimmung des Verlages unzulässig und strafbar.
Das gilt insbesondere für Vervielfältigungen, Übersetzungen,
Mikroverfilmungen und die Einspeicherung und Verarbeitung
in elektronischen Systemen.

© 2007 Schäffer-Poeschel Verlag für Wirtschaft · Steuern · Recht GmbH
www.schaeffer-poeschel.de
info@schaeffer-poeschel.de
Einbandgestaltung: Willy Löffelhardt
Satz: DTP + TEXT Eva Burri, Stuttgart · www.dtp-text.de
Druck: Kösel, Krugzell · www.koeselbuch.de
Printed in Germany
Januar/2007

Schäffer-Poeschel Verlag Stuttgart
Ein Tochterunternehmen der Verlagsgruppe Handelsblatt

Vorwort

Selbstverständlich freue ich mich, dass ich mich mit dieser Arbeit über »Wertorientiertes Kommunikationsmanagement« an der Universität St. Gallen habilitieren konnte. Aber noch viel bedeutender ist für mich ganz persönlich, mit der vorliegenden Monographie einen Forschungsansatz vorzulegen, in dem endlich auch einmal die Unternehmenskommunikation in einem streng wirtschaftswissenschaftlichen Kontext bearbeitet wird. Von vielen Betriebswirten in der Academia wird das Thema noch immer belächelt, obwohl richtige, also einen Wertbeitrag leistende Unternehmenskommunikation in der Praxis heute eine der ganz grossen Herausforderungen für das Management ist.

Ich habe mein ganzes berufliches und einen grossen Teil meines akademischen Lebens mit Kommunikation verbracht und immer wieder feststellen müssen, dass fast jeder glaubt, (Unternehmens)kommunikation zu können. Dem ist aber nicht so! Ganz im Gegenteil: Gute Unternehmenskommunikation ist eine sehr anspruchsvolle Aufgabe für das Management – vor allem, weil die Anforderungen an den Informationsaustausch zwischen Unternehmen und Anspruchsgruppen immer komplexer geworden sind. Und seit Luhmann wissen wir, dass Kommunikation nun einmal die Reduktion von Komplexität ermöglicht, wenn man Inhalte, Strukturen und Prozesse systemgerecht gestaltet und entwickelt.

Seit ich 1994 Kommunikationsmanager wurde, konnte ich immer wieder feststellen, dass Unternehmen ihre Unternehmenskommunikation gerne systematischer gestalten und entwickeln wollten. Aber: Anders als bei den meisten Managementdisziplinen fehlt der Praxis der theoretische Unterbau, warum und wie man Unternehmenskommunikation machen sollte. Die Kommunikationsmanager selbst wissen vieles sozusagen aus dem Bauch heraus, aber ihnen fehlen Handlungsanweisungen aus der Theorie für die Praxis, um es sowohl den Mitgliedern der Unternehmensführung als auch allen Mitarbeitern des Unternehmens verdeutlichen zu können. Dass angesichts des fehlenden Theoriegerüsts sehr viele Unternehmen dabei dennoch gute Unternehmenskommunikation machen, ist fast schon verwunderlich.

Kommunikationsmanagement ist ebenso eine Führungsfunktion wie Finanzmanagement oder Personalmanagement auch, und es bedient sich selbstverständlich einer ganzen Anzahl von Instrumenten als Unterstützungsfunktionen, um seiner Führungsaufgabe gerecht zu werden. Aus diesem Grund habe ich für meine Arbeit den Terminus Kommunikationsmanagement verwendet, um den Anspruch der Gleichberechtigung schon vom Begriff für die Akademiker deutlich zu machen. Dass ich dem Titel jedoch wertorientiert als Adjektiv – und dann auch noch gross geschrieben! – beigefügt habe, soll den Wunsch verdeutlichen, dass dieses Kommunikationsmanagement mit gleicher Elle als feststehender Begriff in die Handlungs- und Fachkompetenz zukünftiger Manager einziehen möge. Wertorientiertes Kommunikationsmanagement kann aus meiner Sicht eine strategische Funktion übernehmen.

Diese Schrift soll einen Beitrag im Sinne der anwendungsorientierten Betriebswirtschaftslehre Hans Ulrichs leisten, indem sie Probleme der Praxis aufnimmt und einen systematischen Rahmen für die immer komplexeren Kommunikationsbedingungen anbietet. Wertorientiertes Kommunikationsmanagement steht dabei ganz am Anfang der wirtschaftswissenschaftlichen Auseinandersetzung mit anderen Teildisziplinen – die Identifikation und die notwendige Vermittlung von immateriellen Werten wie Managementfähigkeit oder Innovationskompetenz ist dabei eines meiner Lieblingsbeispiele.

Hier müssten Unternehmenskommunikation und Rechnungswesen viel enger zusammenarbeiten. Denn: Das Management benötigt die Fähigkeit, um das eigentlich nicht Messbare darstellbar und auf gewisse Weise damit dann doch messbar und das Darstellbare dann auch kommunizierbar zu machen. Ich wünsche mir deshalb für die Zukunft eine konsequente Kommunikationsperspektive für die Führung von Unternehmen, zu der aber auch die Fähigkeit eines systematischen Beziehungsmanagements, einer systematischen Austauschbeziehung mit allen Stakeholdern gehören muss. Für die Darstellung und Vermittlung eben, um am Ende die Interpretationsfähigkeit aller Beteiligten am unternehmerischen Geschehen zu verbessern.

Im engeren Sinne ist diese Arbeit zwischen 2002 und Ende 2005 entstanden, bezieht aber meine Tätigkeit als Projektleiter für das Forschungsgebiet Corporate Communications am Institut für Medien- und Kommunikationsmanagement (= mcm *institute*) der Universität St. Gallen ebenso mit ein wie meine Erfahrungen als Wirtschaftsjournalist (1989 bis 1994), meine internen Funktionen als Kommunikationsmanager (zwischen 1994 und 1998) sowie meine Tätigkeit als Unternehmensberater für Kommunikationsmanagement (seit 1998).

Dennoch würde diese Arbeit niemals fertig geworden sein, wenn ich nicht vielfältige Hilfestellungen von diversen Persönlichkeiten erhalten hätte: Das gilt zu allererst für meinen akademischen Lehrer, Prof. Dr. Beat F. Schmid, den Geschäftsführenden Direktor des = mcm *institute* (zwischen 1998 und 2006), an dessen Lehrstuhl ich zwischen 1998 und 2001 hauptamtlich und später angegliedert tätig sein durfte. Das betrifft des Weiteren Frau Prof. Dr. Dr. Ann-Kristin Achleitner (TU München) und Prof. Dr. Günter Bentele (Universität Leipzig), die nicht nur diese Schrift begutachtet haben, sondern mir über Jahre sehr wertvolle Gesprächspartner gewesen sind. Zudem gibt es in St. Gallen eine weitere Persönlichkeit, die mich immer wieder aufgefordert hat, mein theoretisches und praktisches Wissen miteinander zu verbinden, in ein Forschungsgerüst zu giessen und diese Arbeit fertig zu schreiben: Prof. Dr. h. c. Wolfgang Schürer, Verwaltungsratspräsident der MS Management Service AG.

Diese Arbeit wurde gewissermassen als ein Projekt in unserer Unternehmensberatung goodwill communications – management consultants geführt, die ich gemeinsam mit meiner Frau Corinna Gutt 1998 gegründet habe und in einer Partnerschaft seitdem erfolgreich führe. Selbstverständlich ist jede einzelne Zeile von mir selbst geschrieben oder diktiert worden, aber es war das ganze Team von goodwill, das zu jeder Zeit hinter mir gestanden hat: Dominique Nadelhofer, Catharina-Rebecca Bening, Dr. Bettina Hoffmann, Christine Seidelmann und in der Schlussphase Felix Meissner. Ohne die goodwills wäre die Arbeit nie fertig geworden, da ich sie über die Jahre »als mein Freizeitvergnügen« allein nicht hätte schaffen können. Felix Sachs und Dr. Axel Röpnack danke ich für die Korrekturarbeiten.

Darüber hinaus gibt es gute Freunde. Stellvertretend für alle erwähne ich Frank Krause, der schon die Abbildungen meiner Dissertation gemacht hat. Er musste zwar dieses Mal keinen Finger krümmen, aber mir in vielfachen Telefonaten den notwendigen seelischen Beistand liefern. Fehlen zu guter Letzt noch zwei: Meine Kinder Marielena und Maximilian Gutt-Will waren der eigentliche Ansporn, keine halbfertigen Ordner im Regal stehen zu lassen. Was ich da fabriziert hatte, haben die beiden allerdings erst erkannt, als die 350 Seiten zum ersten Mal als fertiger Ausdruck vorgelegen haben.

Es bleibt mir zuallerletzt an jemanden zu erinnern, der ebenfalls immer unterstützend da war, wenn ich ihn gebraucht habe: der viel zu früh verstorbene Prof. Dr. Peter Glotz, Direktor am = mcm *institute*, dem ich schlussendlich diese Arbeit auch widmen möchte.

Wienacht (AR) und Ascona (TI) im August 2006

Drei Begriffe zur Klärung

Diese Arbeit über »Wertorientiertes Kommunikationsmanagement« ist eine Habilitationsschrift und damit als akademische Forschungsleistung wohl weitestgehend »unlesbar« für die tägliche praktische Arbeit in der Unternehmenskommunikation. Gleichwohl bietet die Abhandlung eine Vielzahl von Anknüpfungspunkten für Kommunikationsmanager, denen im Unternehmen in der Diskussion mit anderen Zentralbereichen oder Vorständen so manches Mal die Argumente ausgehen: Warum brauchen wir gute Medienbeziehungen? Wieso soll die Führung der Unternehmensmarke nicht im Marketing verankert sein? Wie kann man die immateriellen Werte messen? Das sind ja nur zu beliebte Fragen in der Praxis. Zu solchen Fragen bietet diese Arbeit Antworten!

Nach langem Hin und Her habe ich mich dazu entschieden, das Gerüst meiner Fachbegriffe im Wesentlichen englisch zu halten, da gerade in der Unternehmenskommunikation viele Teilbereiche oder Sachverhalte mit englischen Termini besetzt sind: Wir sprechen von Corporate Communications statt von Unternehmenskommunikation, von Media Relations statt von der Presseabteilung, konzipieren Corporate Branding-Strategien statt eine Markenführung auf Unternehmensebene, machen CSR-Programme, um einer gesellschaftlichen Verantwortung des Unternehmens gerecht zu werden. Und wir erstellen auch in der Unternehmenskommunikation zunehmend Market Intelligence, um Messbarkeiten unserer Arbeit zu ermöglichen.

Wegen der Verwendung von Anglizismen mag dem einen oder anderen Leser eingangs ein etwas verwirrendes Portfolio von Begriffen ins Auge springen. Die drei wesentlichen Begriffe dieser Arbeit in englischer Sprache sind Communications View, Communications Capital und sodann Communications Relations (plus Communications Programs nebst dem dazugehörigen Communications Controlling). Mit diesen Begriffen verhält es sich aber im Prinzip ganz einfach, wenn man den Zusammenhang aufgezeigt bekommen hat. Das möchte ich hier einführend leisten:

Kern dieser Arbeit ist, dem Management eine konsequente Kommunikationsperspektive für die Führung und konsequenterweise für seine Aufbau- und Ablauforganisation anzubieten. Diese konsequente Kommunikationsperspektive des Unternehmensmanagements bezeichne ich als **Communications View**. Diese Perspektive bietet dem Management in einem geschlossenen Bezugsrahmen, also einem theoretischen Management-Modell, sämtliche inhaltlichen wie auch organisatorischen Fragestellungen zum täglichen Handeln auch aus dem Blickwinkel der Unternehmenskommunikation zu beleuchten. Damit das Management diese Kommunikationsperspektive haben kann, benötigt es zwei spezielle Fähigkeiten rund um die Kommunikation, also für den Austausch von Information.

- Zunächst einmal muss die Unternehmensführung eine Darstellungs- und Interpretationsfähigkeit haben. Diese Fähigkeit ist eine intellektuelle Herausforderung, die nirgendwo in der Bilanz eines Unternehmens zu finden ist. Diese Darstellungs- und Interpretationsfähigkeit ist eine Managementfähigkeit und damit ein so genannter immaterieller Wert an sich. Solche immateriellen Werte werden in den Unternehmen über das so genannte Intellectual Capital zusammengefasst. Und weil die Darstellungs- und Interpretationsfähigkeit bislang in der Managementlehre nicht als eigenständige Fähigkeit behandelt wurde, habe ich in meiner Arbeit eine achte zusätzliche intellektuelle Fähigkeit eingeführt, die ich als **Communications Capital** bezeichne. Die Funktion dieses Communications Capital ist, eine Systematik anzubieten, mit der die inhaltlichen Fragestellungen des unternehmerischen Geschehens aus einer Intellectual Capital-Perspektive analysiert werden können. Diese Systematik ist ein **Capital View** und lehnt sich sehr stark an den Inhalten an, die aus der Rechnungslegung (dem Corporate Reporting) für die Darstellungs- und Interpretationsfähigkeit eines Unternehmens wichtig sind. Das Communications Capital ist die eine Komponente der Communications View.

- Das Management benötigt für die von mir gewünschte Kommunikationsperspektive ihres Handelns aber nicht nur eine Darstellungs- und Interpretationsfähigkeit, sondern darüber hinaus eine Kommunikationsfähigkeit. Diese Kommunikationsfähigkeit mit allen Anspruchsgruppen eines Unternehmens bezeichne ich in meiner Arbeit als **Communications Relations**. Diese Fähigkeit, das Beziehungsnetz zu den verschiedensten Anspruchsgruppen (Stakeholdern) zu gestalten und zu entwickeln (die Stakeholder Relations), ist die zweite Komponente der Communications View. Das Management benötigt die Fähigkeit, einerseits das nicht Rechenbare doch darstellbar und damit interpretierbar zu machen, aber andererseits zusätzlich auch dieses Darzustellende den Anspruchsgruppen zu vermitteln, das Feedback aufzunehmen und in der Arbeit des Unternehmens zu berücksichtigen. Die Systematik für diesen Teil der Communications View ist ein **Relations View**, der die Inhalte aus der Austauschbeziehung mit den verschiedensten Stakeholdern aus der dort wahrnehmbaren Reputation (deshalb Corporate Reputation) entnimmt.

Damit dies dann alles funktioniert, benötigt man ganzheitlich konzipierte Kommunikationsprogramme, die ich Communications Programs nenne, sowie am Ende des Tages eine Überprüfbarkeit unserer Arbeit, die ich als Communications Controlling bezeichne. Aus meiner Sicht kann man mit diesen wenigen Begriffen diese Arbeit nachvollziehen.

Inhaltsverzeichnis

Vorwort		V
Drei Begriffe zur Klärung		VII
Überblick		XIX

A.	Einführung in das Wertorientierte Kommunikationsmanagement	1
1.	Ausgangslage	3
1.1.	Einleitung	4
1.1.1.	Problemstellung dieser Arbeit	4
1.1.2.	Forschungsfrage dieser Arbeit	13
1.2.	Kommunikationsumfeld	14
1.2.1.	Anspruchsgruppen der Unternehmung	14
1.2.1.1.	Zielgruppen der Unternehmung	16
1.2.1.2.	Zwischenzielgruppen der Unternehmung	17
1.2.2.	Umfeld der Unternehmung	19
1.2.2.1.	Veränderungen im rechtlichen Umfeld	19
1.2.2.2.	Veränderungen im medialen Umfeld	21
1.3.	Wertorientierung des Kommunikationsmanagements	24
1.4.	Stand der Forschung	28
1.4.1.	Forschungsstand zu Public Relations	29
1.4.2.	Forschungsstand zu Corporate Communications	33
2.	Bezugsrahmen	42
2.1.	Einzelne Bezüge des Kommunikationsmanagements	43
2.1.1.	Bezüge zwischen Kommunikation und Strategie	43
2.1.1.1.	Stellung der Unternehmensstrategie im Kontext der Unternehmensführung	43
2.1.1.2.	Kommunikative Dimension der Unternehmensstrategie	47
2.1.2.	Bezüge zwischen Kommunikation und Management	50
2.1.2.1.	Kommunikationsmodelle mit Bezug zu Unternehmungen	50
2.1.2.2.	Management-Modelle mit Bezug zur Kommunikation	55
2.2.	Ganzheitlicher Bezugsrahmen des Neuen St. Galler Management-Modells	60
2.2.1.	Darstellung des »alten« St. Galler Management-Modells	60
2.2.2.	Darstellung des Neuen St. Galler Management-Modells	65
2.2.2.1.	Modell-Ansatz	66
2.2.2.2.	Modell-Überblick	69
2.2.2.3.	Kategorie der Prozesse des Modells	69
2.2.2.4.	Kommunikationsmanagement als Unterstützungsprozess im Modell	72
2.2.3.	Kommunikationsmanagement in Beziehung zu anderen Grundkategorien	74

2.2.3.1.	Kommunikationsmanagement und Umweltsphären	74
2.2.3.2.	Kommunikationsmanagement und Ordnungsmomente	77
2.2.3.3.	Kommunikationsmanagement mit Anspruchsgruppen über Interaktionsthemen	79
3.	Fazit zur Ausgangslage und zum Bezugsrahmen für das Wertorientierte Kommunikationsmanagement	85
B.	**Inhaltsebene des Wertorientierten Kommunikationsmanagements**	**87**
1.	Kommunikative Dimension der Inhalte	89
1.1.	Kommunikative Dimension der Managementprozesse	90
1.2.	Interpretation unternehmerischen Handelns	95
1.3.	Interpretation über das Intellectual Capital	103
1.3.1.	Bewertung von immateriellen Werten	103
1.3.2.	Kategorisierung des Intellectual Capital	108
2.	Kommunikation von Corporate Governance, Corporate Reputation und Corporate Reporting	112
2.1.	Corporate Governance als normative Orientierung	114
2.1.1.	Entwicklung der Corporate Governance	114
2.1.1.1.	Historische Entwicklung	114
2.1.1.2.	Rechtliche Verankerung	120
2.1.1.3.	Kommunikative Voraussetzung	122
2.1.2.	Transparenzforderung der Corporate Governance	125
2.1.2.1.	Kodex als Instrument der Transparenz	126
2.1.2.2.	Akzeptanz des Kodex als Instrument	129
2.1.3.	Kommunikationsanforderungen der Corporate Governance	131
2.1.3.1.	Implizite Kommunikationsanforderungen	131
2.1.3.2.	Explizite Kommunikationsanforderungen	133
2.2.	Corporate Reporting und Reputation für Entwicklung und Führung	137
2.2.1.	Abgrenzung der Begriffe Reporting und Reputation	138
2.2.2.	Bestehende Kommunikationsansätze für Reporting und Reputation	140
2.2.2.1.	Reputation Quotient	140
2.2.2.2.	Value Reporting	143
2.2.2.3.	Score Card-Ansätze	148
2.3.	Zwischenfazit: Bestehende Kommunikationsansätze über Corporate Governance, Corporate Reputation und Corporate Reporting	157
3.	Neuer Ansatz zur systematischen Kommunikation von Corporate Governance, Corporate Reporting und Corporate Reputation	159
3.1.	Konzeption des neuen Kommunikationsansatzes	160
3.1.1.	Kommunikationsperspektive: Communications View	160
3.1.2.	Unterscheidung zwischen Capital View und Relations View	162
3.2.	Vier Schritte zum neuen Kommunikationsansatz	166
3.2.1.	Ansatz und Indikatorenmodell des Arbeitskreises Immaterielle Werte im Rechnungswesen,	167
3.2.2.	Indikatoren zur Kommunikation des Intellectual Capital	172
3.2.3.	Überführung des Intellectual Capital in Intellectual Relations	178

3.2.4.	Communications Capital als zusätzliche Kategorie des Intellectual Capital	179
3.3.	Fazit zum neuen Kommunikationsansatz	183
4.	Erster Teil der Communications View des Wertorientierten Kommunikationsmanagements	186

C.	**Organisationsebene des Wertorientierten Kommunikationsmanagements**	**189**
1.	Kommunikative Dimension der Strukturen und Prozesse	191
1.1.	Kommunikative Dimension der Strukturebene	192
1.1.1.	Kommunikative Dimension der Unternehmensorganisation	192
1.1.2.	Modelle der Organisation der Unternehmenskommunikation	196
1.2.	Kommunikative Dimension der Prozessebene	203
2.	Aufbauorganisation des Wertorientierten Kommunikationsmanagements	207
2.1.	Überblick über die Aufbauorganisation	208
2.2.	Communications Relations	211
2.2.1.	Überblick zu den Communications Relations	213
2.2.2.	Media Relations	217
2.2.2.1.	Mediensystem und die Beziehung zur Unternehmung	219
2.2.2.2.	Differenzierung der Medien	223
2.2.2.3.	Media Relations und andere Stakeholder Relations	228
2.2.3.	Stakeholder Relations	232
2.2.3.1.	Capital Relations	232
2.2.3.1.1.	Investor Relations versus Capital Relations	233
2.2.3.1.2.	Kapitalmarkt in Beziehung zum System Unternehmung	237
2.2.3.1.3.	Differenzierung der Capital Relations	239
2.2.3.2.	Human Relations	244
2.2.3.2.1.	Human Capital versus Human Resources	244
2.2.3.2.2.	Differenzierung der Human Relations	249
2.2.3.3.	Customer Relations	250
2.2.3.3.1.	Markenstrukturen und -beziehungen	252
2.2.3.3.2.	Kundenstrukturen und -beziehungen	254
2.2.3.4.	Political Relations	255
2.2.3.4.1.	Governmental Relations oder Regierungsbeziehungen	259
2.2.3.4.2.	Non Governmental Relations oder Nicht-Regierungsbeziehungen	260
2.2.3.5.	Online Relations	261
2.2.3.5.1.	Online Relations im Kontext der Communications Relations	265
2.2.3.5.2.	Community-Ansatz der Online Relations	266
2.2.4.	Wertorientiertes Kommunikationsindikatorenmodell	268
2.3.	Communications Programs	274
2.3.1.	Corporate Branding	275
2.3.1.1.	Struktur des Corporate Branding	276
2.3.2.2.	Wertorientierung des Corporate Branding	281
2.3.2.	Corporate Campaigning	283

2.3.2.1.	Sustainable Development-Ansatz	284
2.3.2.2.	Corporate Citizenship-Ansatz	285
2.4.	Communications Controlling	288
2.4.1.	Communications Intelligence	289
2.4.1.1.	Grundlagen des Communications Controlling	289
2.4.1.2.	Konzept der Communications Intelligence	293
2.4.2.	Communications Tools	299
3.	Zweiter Teil der Communications View des Wertorientierten Kommunikationsmanagements	307
D.	**Wertorientiertes Kommunikationsmanagement im Neuen St. Galler Management-Modell**	**309**
1.	Ausgestaltung der kommunikativen Dimension der Unternehmensführung	313
2.	Communications View: Kommunikationsperspektive und Kommunikationsfähigkeit im Unternehmens-, Führungs- und Organisationsmodell	317

Literaturverzeichnis ... 321

Abbildungsverzeichnis

Abb. 1:	Synopse zu A.	2
Abb. 2:	Synopse mit Details zu A.1.	3
Abb. 3:	Kommunikationsmanagement im Kontext des Neuen St. Galler Management-Modells (in Anlehnung an Rüegg-Stürm 2004, S. 70)	6
Abb. 4:	Kategorien des Intellectual Capital (in Anlehnung an Edvinsson/ Malone 1997, S. 52)	11
Abb. 5:	Wertorientiertes Kommunikationsmanagement im Zusammenhang von Unternehmung und Unternehmenswert (eigene Abbildung)	12
Abb. 6:	Die wesentlichen Ziel- und Zwischenzielgruppen einer Unternehmung (in Anlehnung an Will 2003)	16
Abb. 7:	Zielgruppen des Kommunikationsmanagements (in Anlehnung an Will 2001a, S. 51)	17
Abb. 8:	Zwischenzielgruppen des Kommunikationsmanagements (in Anlehnung an Will 2001a, S. 52)	18
Abb. 9:	Push- und Pullkommunikation (eigene Abbildung)	22
Abb. 10:	Entwicklungsphasen der Kommunikation (Bruhn 2003, S. 7)	36
Abb. 11:	Synopse mit Details zu A.2.	42
Abb. 12:	Die Bedeutung der Kommunikation in den fünf Managementfunktionen (eigene Abbildung)	44
Abb. 13:	Modell des Managements (Hungenberg 2001, S. 21)	45
Abb. 14:	Kommunikationsaspekte der strategischen Sichtweisen (eigene Abbildung)	47
Abb. 15:	A systematic model of competitive advantage (Rindova/ Fombrun 1999, S. 702)	48
Abb. 16:	Kompetenzmodell nach Bouncken (Bouncken 2000, S. 877)	49
Abb. 17:	Interpretations- und Feedbackfähigkeiten in den strategischen Sichtweisen (eigene Abbildung)	50
Abb. 18:	links: Die zwei Funktionsfelder der Organisationskommunikation; rechts: Das System der Organisationskommunikation (in Anlehnung an Herger 2004, S. 126f.)	52
Abb. 19:	Vollständiges Modell der kampagnenorientierten PR (Zühlsdorf 2002, S. 263)	54
Abb. 20:	Teilplanungskomplexe eines Planungs- und Kontrollsystems mit integrierter ergebnis- und liquiditätsorientierter Planungs- und Kontrollrechnung (Hahn/Hungenberg 2001, S. 5)	56
Abb. 21:	Öffentlichkeitsarbeit im Planungs- und Kontrollsystem (Hahn 1992, S.141)	57
Abb. 22:	Handlungsfelder und Teilbereiche der Unternehmenskommunikation (Zerfaß 2004a, S. 289)	58
Abb. 23:	Handlungsfelder, Adressaten und Foren der Öffentlichkeit (Zerfaß 2004a, S. 353)	59

Abb. 24:	Die Umwelt der Unternehmung (Ulrich/Krieg 1974, S. 20)	62
Abb. 25:	Das Führungskonzept (Ulrich/Krieg 1974, S. 34)	63
Abb. 26:	(Ulrich 1984, S. 70 zit. nach Dyllick/Probst, 1984)	64
Abb. 27:	Das Neue St. Galler Management-Modell im Überblick (Rüegg-Stürm 2004, S. 70)	68
Abb. 28:	Die Prozesse im Rahmen des Neuen St. Galler Management-Modells (Rüegg-Stürm 2002, S. 70, 73 und 75)	70
Abb. 29:	Überblick über die Prozesskategorien (Rüegg-Stürm 2004, S. 111)	70
Abb. 30:	Hauptarenen der Unternehmenskommunikation (Dyllick/Meyer 2004, S. 120)	72
Abb. 31:	Überblick der Einordnung des Kommunikationsmanagements im Neuen St. Galler Management-Modell (eigene Abbildung)	74
Abb. 32:	Umweltsphären einer Unternehmung (Rüegg-Stürm 2004, S. 72)	75
Abb. 33:	Strategien, Strukturen und Kultur als Ordnungsmomente einer Unternehmung (Rüegg-Stürm 2004, S. 81)	77
Abb. 34:	Anspruchsgruppen, Relations und Arenen im Neuen St. Galler Management-Modell (Wilbers 2004, S. 336)	81
Abb. 35:	Übersicht über die Grundkonzepte (Wilbers 2004, S. 332)	82
Abb. 36:	Vier-Stufen-Modell für den Umgang der Unternehmung mit ihren Anspruchsgruppen (Wilbers 2004, S. 358)	83
Abb. 37:	Kommunikative Bedeutung von Ziel- und Zwischenzielgruppen und sich daraus ergebende Erweiterungsmöglichkeiten mit Blick auf Interaktionsthemen und Anspruchsgruppen (eigene Abbildung)	84
Abb. 38:	Synopse zu B.	88
Abb. 39:	Synopse mit Details zu B.1.	89
Abb. 40:	Übergeordnete Bedeutung von Corporate Governance (eigene Abbildung)	91
Abb. 41:	Aufbau des Kapitels über Financial Reporting im Neuen St. Galler Management-Modell in der Pilotversion von 2002 (Behr 2002, S. 446)	91
Abb. 42:	Corporate Reputation und Reporting im Kontext von Corporate Governance (eigene Abbildung)	94
Abb. 43:	Führungsmodell und kommunikative Dimension der Inhalte (eigene Abbildung)	95
Abb. 44:	Ganzheitlich integrierte Investitions- und Interpretationssicht (eigene Abbildung)	96
Abb. 45:	Verbindung von langfristigem Geschäftswert und Intellectual Capital (Coenenberg 2003, S. 168)	99
Abb. 46:	Investitions- und Interpretationssicht in der ganzheitlichen Unternehmenssteuerung (Will/Löw 2003, S. 48)	100
Abb. 47:	Reputationswert der Interpretationssicht und Unternehmenswert der Investitionssicht (eigene Abbildung)	101
Abb. 48:	Einteilung langfristiger Vermögenswerte und Differenzierung der immateriellen Vermögensgegenstände (Heyd/Lutz-Ingold 2005, S. 5)	104
Abb. 49:	Bilanzierung immaterieller Vermögenswerte im IAS/IFRS-Rechnungslegungssystem (Heyd/Lutz-Ingold 2005, S. 23)	105

Abb. 50:	Der Skandia IC-Navigator (Skandia 1994)	109
Abb. 51:	Ansätze für die Einteilung des Intellectual Capitals (eigene Abbildung)	110
Abb. 52:	Synopse mit Details zu B.2.	113
Abb. 53:	Entwicklung ausgewählter internationaler und nationaler Kodizes und Gesetze zur Corporate Governance (Hilb 2005a, S. 33)	115
Abb. 54:	New vs. Traditional corporate governance (Hilb 2005b, S. 11)	116
Abb. 55:	Verschiedene Formen der Corporate Governance (in Anlehnung an Nippa 2002, S. 9)	118
Abb. 56:	Entwicklung der Aufsichtsratspraxis in Deutschland (Ruhwedel/ Epstein 2004, S. 1)	120
Abb. 57:	Differences between Traditional- and New Corporate Governance (Hilb 2005b, S. 10)	122
Abb. 58:	Board communication policies (Hilb 2005b, S. 174)	123
Abb. 59:	Evaluation of relationship management with key stakeholders through the board (Hilb 2005b, S. 185)	124
Abb. 60:	360° board feedback possibilities (Hilb 2005b, S. 205)	125
Abb. 61:	Sowohl-als-auch-Ziele des Boards (Hilb 2005a, S. 43)	126
Abb. 62:	Information und Kommunikation im Unternehmen (Ruud/Pfister 2005, S. 62)	127
Abb. 63:	Explizite Kommunikationsanforderungen des Deutschen Corporate Governance Kodex (eigene Abbildung)	135
Abb. 64:	Für welche Anspruchsgruppen ist Corporate Governance wie wichtig? (Will 2005b, S. 57)	136
Abb. 65:	Welche Kommunikationsmedien setzen Sie zur geforderten zeitnahen und gleichmässigen Information der Anspruchsgruppen im Rahmen von Corporate Governance ein und welche Bedeutung messen Sie ihnen bei? (Will 2005b, S. 57)	136
Abb. 66:	Anforderungen an das Value Reporting (Kötzle/Niggemann 2001, S. 640)	138
Abb. 67:	Bestandteile des Business Reporting (Heyd/Lutz/Ingold 2005, S. 181)	139
Abb. 68:	Kategorien des Reputationsquotienten (Fombrun 2001, S.24)	142
Abb. 69:	Monetäre und nicht-monetäre Zielgrössen einer Unternehmung (Hahn 2003, S. 105)	144
Abb. 70:	Gesamtzusammenhang des Shareholder-Value-Managements aus unternehmensinterner und -externer Sicht (Volkart 1997, S. 128)	145
Abb. 71:	Chancen und Risiken des Value Reporting (Volkart/Labhart 2000, S. 153)	146
Abb. 72:	Das ValueReporting^{TM}-Framework von PWC (PWC Value Reporting Forecast 2001, S. 52)	146
Abb. 73:	Value Reporting kann die Informationslücke schliessen (PWC Value Reporting Forecast 2002, S. 12)	147
Abb. 74:	Charakteristika der Scorecard-Konzepte (Grüner 2002, S. 528)	149
Abb. 75:	Zusammenhang der verschiedenen Perspektiven im Unternehmenszusammenhang (in Anlehnung an Zerfaß 2004a, S. 403)	151
Abb. 76:	Finanzielle und gesellschaftliche Perspektive der BSC (in Anlehnung an Zerfaß 2004a, S. 405)	152

Abb. 77:	Strategy Map eines Unternehmens (Pfannenberg 2005, S. 134)	154
Abb. 78:	Kommunikations-Controlling als Teil des Kommunikations-Managements (Piwinger/Porák 2005, S. 49)	155
Abb. 79:	CommunicationControlCockpit (Rolke/Koss 2005, S. 53)	156
Abb. 80:	Der Managementprozess und seine Schnittstellen zum wertorientierten Management (eigene Abbildung)	157
Abb. 81:	Synopse mit Details zu B.3.	159
Abb. 82:	Zusammenhang von kommunikationsorientierter und kapitalmarktorientierter Rechnungslegung (eigene Abbildung)	162
Abb. 83:	Systematisierung und Abgrenzung des intellektuellen Kapitals (Arnaout 2005, S.122)	163
Abb. 84:	Stakeholder Value und Images als Determinanten des Stakeholder Capital (in Anlehnung an Schmid 2004a, S. 708)	164
Abb. 85:	Zusammenhang von Capital View und Relations View (eigene Abbildung)	165
Abb. 86:	Indikatoren zur Messung der immateriellen Werte. (Arbeitskreis »Immaterielle Werte im Rechnungswesen« der Schmalenbach-Gesellschaft für Betriebswirtschaft e. V.2003 S. 1236f.)	171
Abb. 87:	Kriterien für Ressourcenanalyse (Coenenberg 2003, S. 169)	173
Abb. 88:	Nicht finanzielle Kennzahlen (Grüner 2002, S. 544)	174
Abb. 89:	Capital View und Erläuterungen zu den Indikatoren (eigene Abbildung)	175
Abb. 90:	Verknüpfung von Capital View und Relations View (eigene Abbildung)	179
Abb. 91:	Communications Capital als zusätzliche Kategorie des Intellectual Capital (eigene Abbildung)	180
Abb. 92:	Befragungen und Analysen zur Bewertung von Kommunikationsbeziehungen (eigene Abbildung)	182
Abb. 93:	Kriterien zur Unternehmensbewertung (eigene Abbildung)	183
Abb. 94:	Integration der Perspektiven (eigene Abbildung)	187
Abb. 95:	Synopse zu C	190
Abb. 96:	Synopse mit Details zu C.1	191
Abb. 97:	Sichtweisen organisatorischer Zusammenhänge (Gomez/Zimmermann 1993, S. 16)	194
Abb. 98:	Ganzheitlicher Bezugsrahmen der ausdrucksfähigen Organisation (Schulz/Hatch/Larson 2000, S. 3)	194
Abb. 99:	Das Unternehmen/Umwelt-Verhältnis (Müller-Stewens/Lechner 2001, S. 22)	195
Abb. 100:	Schnittstellen zwischen Führung, Organisation und Kommunikation im Unternehmen (Bruhn/Reichwald 2005 S. 133)	196
Abb. 101:	Bereiche der Unternehmenskommunikation (in Anlehnung an Will 2000a, S. 50)	199
Abb. 102:	Leistungsfähigkeit von hierarchischen Organisationsformen für die Integrierte Kommunikation (Bruhn 2003, S. 216)	201
Abb. 103:	Ideal Structure for CorpComm Function (Argenti, 2003, S. 42)	202
Abb. 104:	Organisationsmodell der Public Relations als Managementfunktion (Bentele/Will 2006, S. 175)	203

Abb. 105:	Schnittstellen des Wertorientierten Kommunikationsmanagements mit den Prozessebenen (eigene Abbildung)	206
Abb. 106:	Synopse mit Details zu C.2.	207
Abb. 107:	Beispiel eines generischen Kommunikationsnetzes eines Stakeholders (eigene Abbildung)	208
Abb. 108:	Führungs- und Unterstützungsfunktion des Wertorientierten Kommunikationsmanagements (eigene Abbildung)	209
Abb. 109:	Überblick zur Organisation des Wertorientierten Kommunikationsmanagements (eigene Abbildung)	210
Abb. 110:	Sondersynopse C.2.2.	212
Abb. 111:	Struktur der Communications Relations (eigene Abbildung)	215
Abb. 112:	Öffentlichkeit – Medienöffentlichkeit – Medien (Faulstich 2002, S. 213)...	220
Abb. 113:	Einfaches Politökonomisches Modell in Anlehnung an Frey (1977, S. 166)	220
Abb. 114:	Informationsfluss im Politökonomischen Modell (in Anlehnung an Will 1993, S. 52)	221
Abb. 115:	Zusammenhang von Unternehmenskommunikation, Politischer Kommunikation und Politischer Unternehmenskommunikation (eigene Abbildung)	222
Abb. 116:	Interne und externe Differenzierung der Media Relations (eigene Abbildung)	226
Abb. 117:	Netzwerk der Media Relations (eigene Abbildung)	231
Abb. 118:	Aufgaben der Investor Relations (Behr 2002, S. 499)	233
Abb. 119:	Zielsystem der Investor Relations (Achleitner/Bassen 2001, S. 8)	235
Abb. 120:	Investor-Relations-Ziele bei DAX/MDAX-Unternehmen (in Anlehnung an Achleitner/Bassen/Pietzsch 2001, S. 35)	236
Abb. 121:	Generisches Kommunikationsnetz eines Kapitalgebers (eigene Abbildung)	238
Abb. 122:	Kommunikationsziele der Equity-Story im Überblick (Hommel/Vollrath 2001, S. 609)	239
Abb. 123:	Struktur der Capital Relations (eigene Abbildung)	241
Abb. 124:	Abbildung Netzwerk der Capital Relations (eigene Abbildung)	244
Abb. 125:	Zusammenhang der drei Human-Begriffe (eigene Abbildung)	245
Abb. 126:	Beschaffung und Entwicklung von Human Capital (eigene Abbildung)	248
Abb. 127:	Struktur der Human Relations (eigene Abbildung)	249
Abb. 128:	Struktur der Customer Relations (eigene Abbildung)	251
Abb. 129:	Ein-Marken-Modell am Beispiel der fiktiven »BestChoice Corporation« (eigene Abbildung)	253
Abb. 130:	Viel-Marken-Modell am Beispiel der fiktiven »BestChoice Corporation« (eigene Abbildung)	254
Abb. 131:	Gegenstand »öffentliche Kommunikation«, Forschungsfelder und Forschungsprozess der Publizistikwissenschaft (Bonfadelli/Jarren 2001, S.11)	256
Abb. 132:	Political Relations im Kontext des Kommunikationsbeziehungsnetzes (eigene Abbildung)	257
Abb. 133:	Struktur der Political Relations (eigene Abbildung)	258

Abb. 134: Medien konstituieren Tauschbeziehungen (Will/Geissler 2000, S. 23) 262
Abb. 135: Digitale Blume der Unternehmenskommunikation (eigene Abbildung).... 263
Abb. 136: Struktur der Online Relations (eigene Abbildung) 264
Abb. 137: Kommunikation als Kanalsystem (eigene Abbildung) 266
Abb. 138: Relations View – Qualitative Struktur und quantitative Indizes (eigene Abbildung) 270
Abb. 139: Relations View – Qualitative Struktur und quantitative Indizes einschliesslich der Interrelations (eigene Abbildung) 271
Abb. 140: Capital View – Qualitative Struktur und quantitative Indizes (eigene Abbildung) 272
Abb. 141: Indikatorenmodell: Capital und Relations View – Qualitative Struktur und quantitative Indizes (eigene Abbildung) 273
Abb. 142: Zusammenhang von Marketing und Branding (in Anlehnung an Will 2000b).. 277
Abb. 143: The scope of Corporate Branding (Gregory 1997, S. 52) 278
Abb. 144: Areas of Responsibility für das Corporate Branding (Einwiller/ Will 2001, S. 23)... 279
Abb. 145: Struktur des Corporate Branding (eigene Abbildung) 280
Abb. 146: Importance of Target Groups (Einwiller/Will 2001, S. 17) 281
Abb. 147: Strukturationstheoretisches Modell des Public Campaigning (Zühlsdorf 2002, S. 267).. 283
Abb. 148: Funktionen des Corporate Citizenship (Habisch 2003, S. 79) 287
Abb. 149: Politikfelder für die Integration von CSR (Habisch 2003, S. 171) 288
Abb. 150: Bausteine strategisch geplanter Kommunikation (Röttger 2001, S. 195) ... 290
Abb. 151: Strategischer Bezugsrahmen auf Basis der General Management Navigator (Ingenhoff 2004, S. 70) 292
Abb. 152: Sozialkapital als zentraler immaterieller Vermögenswert (Piwinger/ Porak 2005, S.15)... 293
Abb. 153: Messmodelle immaterieller Vermögenswerte (Sveiby 2004, o.S. zitiert nach Porak 2005, S. 166) 294
Abb. 154: Konzept der Communications Intelligence (eigene Abbildung) 296
Abb. 155: T-4-Kommunikationsmatrix (in Anlehnung an Eppler/Will 2001, S. 452) . 299
Abb. 156: Grundlegender Zusammenhang des Wertorientierten Kommunikationsmanagements und des entsprechenden generischen Kommunikationsprozesses (eigene Abbildung)... 300
Abb. 157: Erweiterter Zusammenhang von Wertorientiertem Kommunikationsmanagement und generischem Kommunikationsprozess unter Einbezug des Kommunikationsindikatorenmodell und eines PuK-Systems (eigene Abbildung)... 301
Abb. 158: Typologie der Kommunikationsinstrumente (eigene Abbildung) 302
Abb. 159: Typologische Kommunikationsinstrumente und die 4 Ts (eigene Abbildung)... 306
Abb. 160: Investitionssicht und Ausarbeitung der Inhalte, Strukturen und Prozesse der Interpretationssicht (eigene Abbildung).. 308
Abb. 161: Synopse zu D. 310
Abb. 162: Gesamtzusammenhang des Wertorientierten Kommunikationsmanagements (eigene Abbildung) 319

Überblick

A. Einführung in das Wertorientierte Kommunikationsmanagement

1. Ausgangslage in der Praxis und Stand der Forschung
2. Neues St. Galler Management-Modell und seine Erweiterungspotentiale der kommunikativen Dimension

B. Inhaltsebene des Wertorientierten Kommunikationsmanagements

1. Kommunikative Dimension der Inhalte
2. Kommunikation von Corporate Governance, Corporate Reputation und Corporate Reporting
3. Neuer Ansatz zur systematischen Kommunikation von Corporate Governance, Corporate Reputation und Corporate Reporting
4. Erster Teil der Communications View des Wertorientierten Kommunikationsmanagements

C. Organisationsebene des Wertorientierten Kommunikationsmanagements

1. Kommunikative Dimension der Strukturen und Prozesse
2. Aufbauorganisation des Wertorientierten Kommunikationsmanagements
3. Zweiter Teil der Communications View des Wertorientierten Kommunikationsmanagements

D. Wertorientiertes Kommunikationsmanagement im Neuen St. Galler Management-Modell

1. Ausgestaltung der kommunikativen Dimension der Unternehmensführung
2. Communications View: Kommunikationsperspektive im Unternehmens-, Führungs- und Organisationsmodell

Diese Schrift legt unter dem Titel »*Wertorientiertes Kommunikationsmanagement*« die Integration der Unternehmenskommunikation in das Unternehmensmanagement vor. Die Synopse stellt den Aufbau graphisch dar und wird nun im Überblick erläutert. Sie wird in jedem Abschnitt zur Einordnung detailliert wieder vorgestellt.

Die Notwendigkeit für diesen neuen, integrierten und wertorientierten Forschungsansatz für Kommunikationsmanagement ergibt sich aus drei wesentlichen Beobachtungen: Komplexere Umweltsphären, zusätzliche Interaktionsthemen und die zunehmende Bedeutung der immateriellen Werte für die Unternehmensbewertung beherrschen die Kommunikationsbedingungen von Unternehmen in der Praxis. Alle drei haben ihren Bezug zu den Anspruchsgruppen, mit denen die Unternehmung in Austauschbeziehungen steht.

Dieser kommunikativen Komplexität müssen Unternehmungen in ihrem Unternehmens-, Führungs- und Organisationsmodell begegnen. Daraus folgt, dass die »*kommunikative Dimension der Unternehmung*« (ein Terminus von Hans Ulrich aus dem Jahr 1968) ausgearbeitet werden muss, und zwar im Bezugsrahmen eines ganzheitlichen Management-Modells.

Auf diese Art und Weise wird die beschriebene Forschungslücke als Teil des Neuen St. Galler Management-Modells geschlossen, welches auf den grundlegenden Arbeiten von Ulrich (1968) und Ulrich/Krieg (1972) sowie Dubs et al. (2004) aufbaut. Dazu wird in vier Schritten vorgegangen:

- Abschnitt A, die **Einführung in das Wertorientierte Kommunikationsmanagement**, befasst sich zum einem mit der Ausgangslage in der Praxis und dem Stand der Forschung zur Unternehmenskommunikation im Sinne einer anwendungsorientierten Betriebswirtschaftslehre.
  Zum anderen wird das gewählte Neue St. Galler Management-Modell vorgestellt und dabei die inhaltlichen und organisationalen Erweiterungspotentiale aufgezeigt.
- Abschnitt B, die **Inhaltsebene des Wertorientierten Kommunikationsmanagements**, analysiert zum einen den normativen Prozess der Legitimation des unternehmerischen Handelns über Corporate Governance. Darüber hinaus werden die zugehörigen strategischen und operativen Entwicklungs- und Führungsprozesse über Corporate Reporting und Corporate Reputation berücksichtigt.
  Zum anderen wird der neue Ansatz als eine kommunikationsorientierte Rechnungslegung hergeleitet. Diese Art von Kommunikationsorientierung bietet zusätzliche Information aus der Kommunikationsbeziehung mit den Anspruchsgruppen an, um Informationsasymmetrien durch systematische Darstellung der immateriellen Werte abzubauen.
  Mit Hilfe des ersten Teils der **Communications View**, der Betrachtung der Unternehmung aus kommunikativer Perspektive, wird die kommunikative Dimension der Inhalte auf der Ebene des Führungsmodells als Teil des Management-Modells ausgearbeitet.
- Abschnitt C, die **Organisationsebene des Wertorientierten Kommunikationsmanagements**, baut auf der Inhaltsebene auf und analysiert die notwendige Aufbau- und Ablauforganisation. Damit wird die Kommunikationsperspektive der Führung erst möglich; denn neben den Inhalten benötigt es die Strukturen und die Prozesse, um die Kommunikationsfähigkeit der Unternehmung zu ermöglichen.
  Mit Hilfe des zweiten Teils der **Communications View** wird in diesem Abschnitt die kommunikative Dimension auf der Ebene des Organisationsmodells des Management-Modells ausgearbeitet.

- Abschnitt D, das **Wertorientierte Kommunikationsmanagement im Neuen St. Galler Management-Modell**, nimmt die Erweiterungen der vorherigen Abschnitte auf und verbindet damit das Unternehmens-, Führungs- und Organisationsmodell im Sinne der Communications View zur Ausarbeitung der kommunikativen Dimension.

A. Einführung in das Wertorientierte Kommunikationsmanagement

> Dieser Abschnitt behandelt die Einführung in das Wertorientierte Kommunikationsmanagement. Er beschreibt die Ausgestaltung der kommunikativen Dimension über eine konsequente Kommunikationsperspektive für die Unternehmensführung, die Communications View.
>
> Der Abschnitt hat zwei Schwerpunkte: Zum einem wird die Ausgangslage (A.1.) beschrieben, in der die Anforderungen der Praxis und der Stand der Forschung dargelegt werden. Zum anderen wird der Bezugsrahmen des Neuen St. Galler Management-Modells (A.2.) vorgestellt, in dem anschliessend die Erweiterungspotentiale herausgearbeitet werden. Zum Ende dieses Abschnitts wird ein Fazit (A.3.) gezogen.

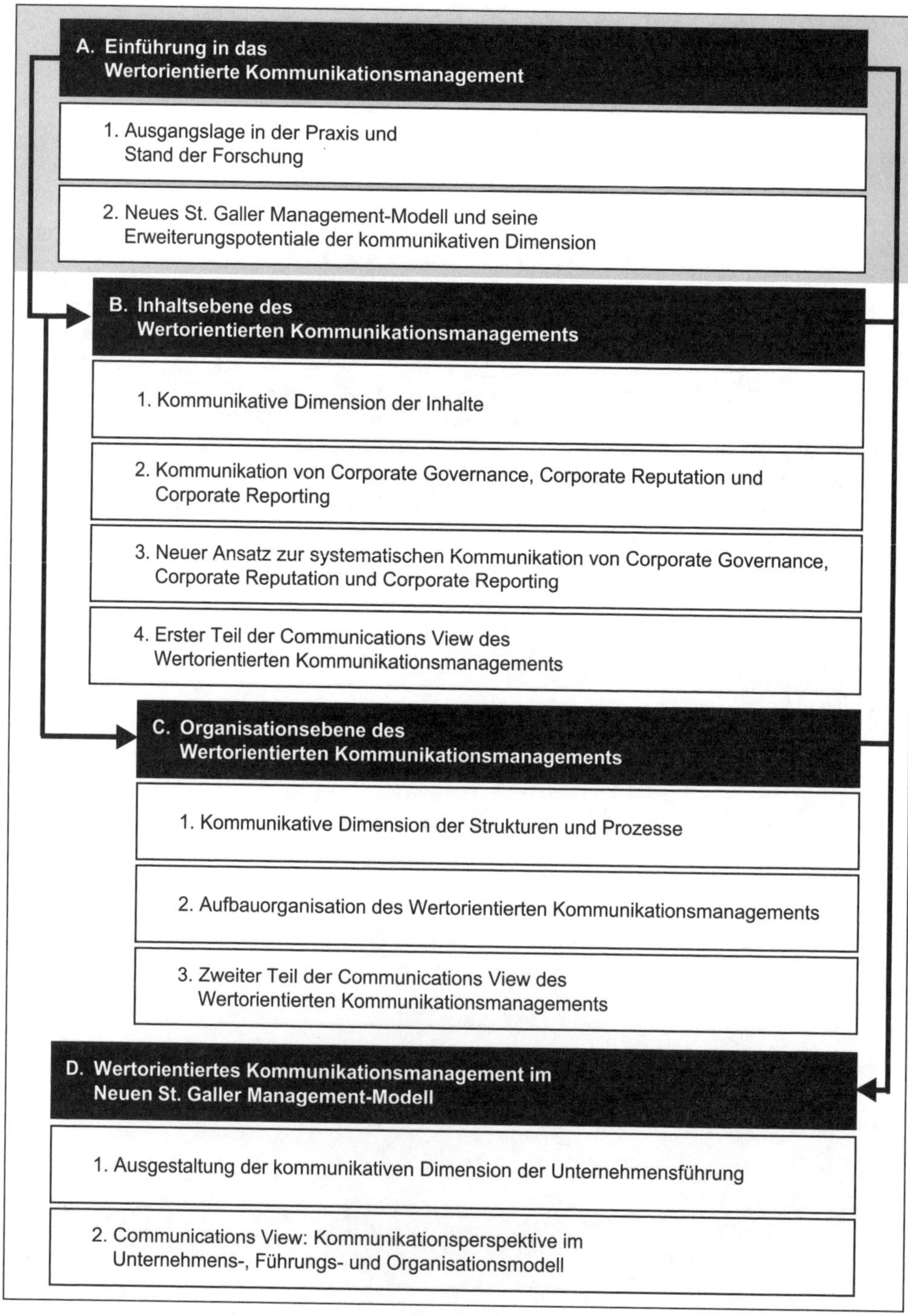

A. Einführung in das Wertorientierte Kommunikationsmanagement

- 1. Ausgangslage in der Praxis und Stand der Forschung
- 2. Neues St. Galler Management-Modell und seine Erweiterungspotentiale der kommunikativen Dimension

B. Inhaltsebene des Wertorientierten Kommunikationsmanagements

- 1. Kommunikative Dimension der Inhalte
- 2. Kommunikation von Corporate Governance, Corporate Reputation und Corporate Reporting
- 3. Neuer Ansatz zur systematischen Kommunikation von Corporate Governance, Corporate Reputation und Corporate Reporting
- 4. Erster Teil der Communications View des Wertorientierten Kommunikationsmanagements

C. Organisationsebene des Wertorientierten Kommunikationsmanagements

- 1. Kommunikative Dimension der Strukturen und Prozesse
- 2. Aufbauorganisation des Wertorientierten Kommunikationsmanagements
- 3. Zweiter Teil der Communications View des Wertorientierten Kommunikationsmanagements

D. Wertorientiertes Kommunikationsmanagement im Neuen St. Galler Management-Modell

- 1. Ausgestaltung der kommunikativen Dimension der Unternehmensführung
- 2. Communications View: Kommunikationsperspektive im Unternehmens-, Führungs- und Organisationsmodell

Abb. 1: Synopse zu A.

1. Ausgangslage

Dieses Hauptkapitel stellt die Ausgangslage vor: Nach einer Einleitung in das Thema einschliesslich der Forschungsfrage (A.1.1.) wird zunächst das Kommunikationsumfeld (A.1.2.) beschrieben. Daran anschliessend wird die Notwendigkeit der Wertorientierung des Kommunikationsmanagements präzisiert (A.1.3.) und der Stand der aktuellen Forschung (A.1.4.) vorgestellt.

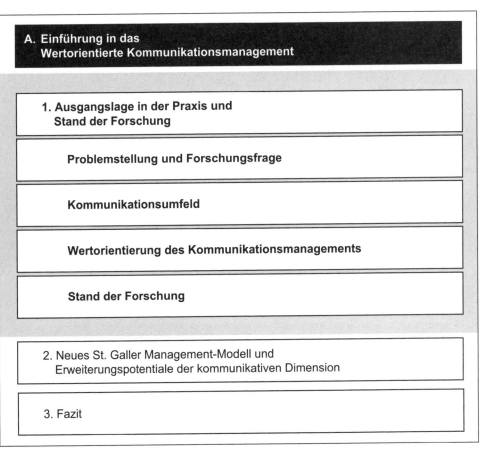

Abb. 2: Synopse mit Details zu A.1.

1.1. Einleitung

> Dieses Kapitel stellt zunächst das Problem vor (A.1.1.1.), auf dessen Basis die Forschungsfrage dieser Arbeit erörtert wird (A.1.1.2).

1.1.1. Problemstellung dieser Arbeit

Diese Schrift wird die »**kommunikative Dimension der Unternehmung**« ausarbeiten, die Ulrich erstmals 1968 neben der materiellen, wertmässigen und sozialen Dimension grundlegend definiert hat.

Die kommunikative Dimension erfasst »das Unternehmungsgeschehen als Komplex von Vorgängen der Informationsgewinnung, -verarbeitung und -verwendung; die Unternehmung selbst wird in dieser Dimension als Kommunikationssystem betrachtet. Alle Systemelemente werden hier als Träger (Sender, Übermittler, Empfänger) von Informationen erfasst und in ihrem Einbezug in das Kommunikationsnetz betrachtet« (Ulrich 1970, S. 50).

Die systematische Behandlung der kommunikativen Dimension (Ulrich 1970, S. 257 ff.) ist bislang aber nicht in ausreichendem Masse erfolgt – weder im »alten« St. Galler Management-Modell von Ulrich/Krieg (1972) noch im von Dubs et al. (2004) herausgegebenen »Neuen St. Galler Management-Modell«.[1] Auch kein anderes in der Managementlehre erarbeitetes Gesamtmodell leistet eine umfassende Ausarbeitung.[2] Man kann deshalb festhalten, dass es in der Managementlehre keine systematisch in das Management integrierte Unternehmenskommunikation[3] oder Corporate Communications[4] gibt.[5]

---

[1] Das Ulrich/Krieg'sche Modell heisst »St. Galler Management-Modell« (Ulrich/Krieg 1972). Der von Dubs et al. (2004) herausgegebene mehrteilige Band heisst »Einführung in die Managementlehre« und erarbeitet darin das »Neue St. Galler Management-Modell«, das Rüegg-Stürm im Jahr 2002 erstmals vorgestellt hat. Zur Unterscheidung wird in dieser Arbeit das Ulrich/Krieg'sche Modell als »altes« St. Galler Management-Modell bezeichnet und das Adjektiv in Anführungszeichen gesetzt. Das neue Modell wird als Neues St. Galler Management-Modell bezeichnet und das Adjektiv »neu« gross geschrieben, um den Charakter eines Eigennamens herauszustreichen. Es wird im Folgenden nicht in Anführungszeichen gesetzt.

[2] Vgl. dazu insbesondere Hahn (1992), der einen Bezugsrahmen für Unternehmensführung und Öffentlichkeitsarbeit auf Basis seines PuK-Modells skizziert; Zerfaß (1996), der sich mit der gesellschaftspolitischen Bedeutung von Unternehmensführung und Öffentlichkeitsarbeit befasst; Zerfaß (2004a) Erweiterung nimmt den in der aktuellen Forschung diskutierten Wertansatz auf, ohne die Integration ins Management zu behandeln; Bruhn (2003) verfolgt einen marketingorientierten Ansatz und fokussiert zudem auf die Integration der Instrumente.

[3] Der Terminus »Integrierte Unternehmenskommunikation« ist der Titel von Kirchners (2001) Dissertation, in der vor allem die Genese dieser deutschen Formulierung aus dem »Integrated Marketing Communication«-Konzept von Kitchen (1999) aufgezeichnet wird.

[4] Die englischsprachige Literatur arbeitet mit dem Terminus »Corporate Communications«, unter dem auch viele Abteilungen für Unternehmenskommunikation im deutschsprachigen Umfeld firmieren. Vgl. Argenti (2003) zum Terminus und Will (2001a) oder Will/Schmidt/Probst (1999) zur organisationalen Verortung der Abteilung. Die Begrifflichkeit von kommunikationsbezogenen Termini ist in der Managementlehre nicht eindeutig: Wenn im Kontext dieser Arbeit von Unternehmenskommunikation gesprochen wird, ist immer die Kommunikation der gesamten Unternehmung im Sinne einer ganzheitlichen Unternehmenskommunikation gemeint. Die englische Übersetzung Corporate Communications ist eindeutiger auf die Unternehmung (Corporation) ausgerichtet.

[5] Neben dem Terminus Unternehmenskommunikation oder Corporate Communications als organisationale Beschreibung der kommunikativen Dimension wird in dieser Arbeit der Terminus Kommunikationsmanagement verwendet, wenn es um die Beschreibung der Managementfunktion zur Ausgestaltung der kommunikativen Dimension geht. Vgl. dazu auch Bentele/Will (2006).

1. Ausgangslage

Die zunehmende Komplexität[6] der Kommunikationsbeziehungen – beispielsweise in der Kapitalmarktkommunikation, beim Wettbewerb um die besten Köpfe oder im Zusammenhang der Markenbewertungen ganzer Unternehmungen (mit Blick auf Aktionäre, Mitarbeiter, Kunden und Öffentlichkeit)[7] – verlangt heute jedoch eine ganzheitliche Gestaltung des Kommunikationsmanagements. Neben der Komplexität der Beziehungen zu Anspruchsgruppen, den Stakeholder Relations[8], ergeben sich weitere Gestaltungsaspekte aus Veränderungen im rechtlichen und medialen Umfeld der Unternehmungen.

Das **Neue St. Galler Management-Modell**[9] (siehe folgende Abbildung) wird in dieser Arbeit herangezogen, weil es die umfassendste Darstellung eines Management-Modells ist, bei dem einzelne Autoren die verschiedenen Prozesse, Ordnungsmomente und Interaktionsthemen für die Anspruchsgruppen auf Basis der Umweltsphären mit Bezug auf das Ganze beschreiben. Eine Ausgestaltung der kommunikativen Dimension als Systemvorstellung auf das ganze Realgebilde, wie Ulrich es formuliert, ist folglich innerhalb dieses Modells möglich. Mit dem Neuen St. Galler Management-Modell liegt ein vollständiges Modell vor, so dass keine Teile hinzugenommen werden müssen, um die kommunikative Dimension auszuarbeiten.

Bislang ist Kommunikationsmanagement in diesem Modell nur als Unterstützungsprozess definiert[10] (siehe Hervorhebung in der Abbildung). In dieser Arbeit wird argumentiert, dass diese Betrachtungsweise als Unterstützungsprozess nicht ausreicht, um den Anforderungen zu genügen, die sich heute an Unternehmungen in ihrer kommunikativen Dimension stellen.

Die Notwendigkeit, das Neue St. Galler Management-Modell um die systematische Integration der Kommunikation zu erweitern, ergibt sich aus drei wesentlichen Beobachtungen im praktischen Kommunikationsumfeld der Unternehmungen[11]:

- Zum einen sind die **Umweltsphären** der Unternehmung wesentlich komplexer geworden. Die Vernetzung der verschiedenen **Anspruchsgruppen**, nicht zuletzt wegen der digitalen

---

6 Luhmann bezeichnet die System-Umwelt-Theorie als kybernetische Systemtheorie, womit die Selektivität in den Vordergrund tritt, die er in der Formel der Reduktion von Komplexität beschreibt (Luhmann 2000, S. 9 f.). Um die so als überkomplex erlebte Welt zu reduzieren, muss eine dreistufige Selektion mittels Kommunikation (Information, Mitteilung und Verstehen) getroffen werden, was bedeutet, dass man sich auf einige Aspekte konzentriert, während man andere ganz vernachlässigt. Dazu ist es notwendig, die im entsprechenden Handlungskontext relevanten Determinanten herauszufiltern und so einen spezifischen Horizont abzustecken. Kommunikation als Mittel zur Komplexitätsreduktion spielt dabei eine wichtige Rolle. So erkennt Bleicher die Kommunikation als Mittel zum Aufbau von Verständigungspotentialen, die dann ihrerseits u. a. zur Komplexitätsreduktion führen (Bleicher 1994, S. 232). Vgl. zum Ansatz Luhmanns und der Verbindung zur Managementlehre im Sinne Bleichers ebenfalls Herger (Herger 2004, S. 48 ff.).
7 Vgl. dazu auch die empirische Studie von Einwiller/Will (2001) zu den Gründen für die Notwendigkeit eines integrierten Ansatzes für Corporate Branding, für den neben der zunehmenden Bedeutung des Kapitalmarktes und des »war for talent« auch die Synergien der Maskenkaskaden sowie die Koordinationsfunktion und die Transparenzfunktion genannt wurden.
8 Vgl. grundlegend zum Stakeholder-Ansatz Freeman (1984) und zu den kommunikativen Aspekten des Stakeholder-Ansatzes Heath (1994).
9 Vgl. zur Beschreibung des Neuen St. Galler Management-Modells Kapitel A.2.2. und insbesondere Unterkapitel A.2.2.2.
10 Das entsprechende Kapitel über »Kommunikationsmanagement« stammt dabei von Dyllick/Meyer (2004). Sie ordnen diese Funktion den Unterstützungsprozessen zu, ohne eine Ausarbeitung der Schnittstellen zu den Managementprozessen vorzunehmen, die für eine Integration in das Gesamtmodell notwendig ist.
11 Vgl. dazu Kapitel A.1.2.

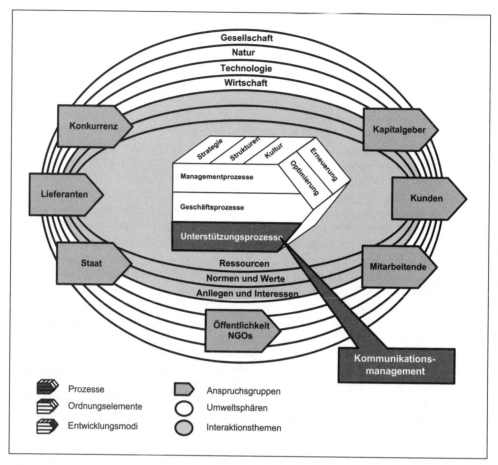

Abb. 3: Kommunikationsmanagement im Kontext des Neuen St. Galler Management-Modells (in Anlehnung an Rüegg-Stürm 2004, S. 70)

Medien, hat zugenommen. Dadurch hat sich die Erreichbarkeit dieser Anspruchsgruppen im Sinne von Sender-Empfänger-Beziehungen verändert. Zudem sind immer häufiger Ansprüche multipel: Mitarbeiter sind auch Aktionäre oder Aktionäre auch Kunden. Das alles beeinflusst die verschiedenen Ebenen der **Prozesse**. So ist beispielsweise die Finanzkommunikation heute auch eine Kapitalmarktmassenkommunikation gegenüber privaten Aktionären, die zu einem Gutteil über digitale Medien abgewickelt wird. Insofern ist Finanzkommunikation heute weit mehr als nur Investor Relations gegenüber institutionellen Anlegern.[12]

- Zum anderen sind die **Interaktionsthemen** der Unternehmung gegenüber ihren Anspruchsgruppen quantitativ vielfältiger und qualitativ anspruchsvoller geworden. Akti-

---

12 Bezüglich der Finanzkommunikation vgl. z. B. Labitzke (2004). Zum häufig synonym verwendeten Begriff »Investor Relations« vgl. Achleitner/Bassen/Pietzsch (2001) oder Wolters (2005).

onäre, Mitarbeiter, Kunden und die allgemeine Öffentlichkeit haben heute ein anderes Informationsbedürfnis als früher. Dieses Bedürfnis hat Einfluss auf die verschiedenen Ebenen der **Ordnungsmomente** und **Entwicklungsmodi**. Anspruchsgruppen wollen beispielsweise mehr und nachhaltiger wissen, wie verantwortungsvoll die Unternehmung ist – und zwar sowohl quantitativ als auch qualitativ.
- Des Weiteren zieht sich ein für die Unternehmung sehr wichtiges Thema quer durch die beiden ersten Beobachtungen: die **Unternehmensbewertung**. Sie ist heute mehr denn je von den immateriellen Vermögenswerten beeinflusst, die zum weit überwiegenden Teil nicht aktivierbar und somit auch nicht bilanzierbar sind. Ihre Darstellung kann über den Ansatz des Intellectual Capital systematisch kommunizierbar gemacht werden, wobei dazu eine Erweiterung mit Blick auf die Kommunikationsbeziehungen notwendig ist. Mit dieser Erweiterung gelingt es, das Kommunikationsmanagement wertorientiert und damit inhaltlich in das Unternehmensmanagement zu integrieren.[13]

So sind Corporate Governance sowie Corporate Reputation und Reporting zusammenhängende Interaktionsthemen, die weit mehr als nur die Darstellung der Transparenz von Führung und Kontrolle am Kapitalmarkt beschreiben. Nicht nur institutionelle Anleger, sondern auch private Aktionäre sowie Mitarbeiter und die Öffentlichkeit wollen über das Führungsverhalten informiert sein, was sich an der Veröffentlichung der individualisierten Vergütung exemplifiziert.[14]

Angesichts der veränderten Umweltbedingungen ist dabei eine Definition des Kommunikationsmanagements im Kontext von normativen, strategischen und operativen Aspekten der Managementprozesse nachgerade zwingend, um das Hauptziel der Unternehmensführung zu sichern: »den Bestand und die erfolgreiche Weiterentwicklung von Unternehmungen« (Hahn/Hungenberg 2001, S. 18). Anspruchsgruppen haben immer mehr Möglichkeiten, unternehmerische Handlungen zu interpretieren und nehmen damit immer stärkeren Einfluss auf die normative Orientierung der Unternehmung im Sinne der öffentlichen Legitimation ihrer Entscheidungen.[15]

Daraus folgt, dass die kommunikative Dimension ausgearbeitet werden muss, und zwar im Bezugsrahmen eines Management-Modells, welches die Kommunikation als Austausch von Information ganzheitlich integrieren kann: Auf Basis der Umweltsphären die Interaktionsthemen für die Anspruchsgruppen so zu gestalten und zu entwickeln, dass entsprechende Ordnungsmomente, Prozesse und Modi einen Mehrwert für die Führung der Unternehmung schaffen. Alle Kategorien des Neuen St. Galler Management-Modells werden somit betroffen sein.

Diese Arbeit behandelt die kommunikative Dimension im Rahmen der gestaltenden und lenkenden Institution Unternehmung, um die Inhalte der von den Führungskräften zu bewältigenden Sachaufgaben zu erfassen. Ulrich/Krieg (1972) stellen in dieser Formulierung – freilich ohne Bezug zur Unternehmenskommunikation – den Zusammenhang zwischen Unternehmungs- und Führungsmodell dar, die mit dem Organisationsmodell ein Management-Modell konstituieren.

---

13 Vgl. Will/Löw (2003) oder Pfannenberg/Zerfaß (2005).
14 Vgl. Will (2005c) oder Bentele/Andres (2005).
15 Vgl. dazu Ulrich (2004, S.156f.).

Wie kann diese Ausgestaltung der kommunikativen Dimension im Neuen St. Galler Management-Modell vorgenommen werden?[16]

Die Unternehmensführung erhält eine zusätzliche Perspektive – die Kommunikationsperspektive, die **Communications View**[17].

Die Communications View wird sowohl in das Führungsmodell als auch in das Organisationsmodell integriert, und zwar über die Einführung des **Communications Capital**. Das Communications Capital ist eine neue Kategorie des Intellectual Capitals – eine intellektuelle Fähigkeit, über welche die immateriellen Werte wie Management- oder Innovationsfähigkeit systematisch und wertorientiert darstellbar gemacht werden können.

Diese Darstellungsfähigkeit allein reicht aber nicht aus. Es bedarf einer zweiten Fähigkeit, der Kommunikationsfähigkeit des Managements mit den Anspruchsgruppen. Dies gelingt über die so genannten **Communications Relations**, indem im Rahmen des Führungsmodells die Inhalte und im Rahmen des Organisationsmodells die Strukturen und Prozesse der kommunikativen Dimension in den Austauschbeziehungen zu den Anspruchsgruppen einbezogen werden.

Die Kommunikationsperspektive der Führung, diese Communications View, hat sozusagen zwei Ausprägungen: Eine Darstellungsfähigkeit über das Communications Capital und eine Kommunikationsfähigkeit über die Communications Relations. Man muss das Immaterielle darstellbar und dann für die Anspruchsgruppen kommunizierbar machen. Diese Systematik wird als Capital View (Darstellung) and Relations View (Beziehung) bezeichnet.

Inhalte, Strukturen und Prozesse ermöglichen dann eine Planung, Steuerung und Kontrolle der Kommunikationsperspektive in Verbindung zum wertorientierten Controlling, das deshalb als Communications Controlling bezeichnet wird. Über dieses Communications Controlling wird die Darstellungs- und Kommunikationsfähigkeit des Unternehmensmanagements wertorientiert im Sinne einer kommunikationsorientierten Rechnungslegung operationalisiert. Schlussendlich kann das das Kommunikationsmanagement so eine Führungsfunktion und eine Unterstützungsfunktion wahrnehmen.

Eine solche Vorgehensweise gibt es bislang allenfalls fragmentarisch: Der wissenschaftliche Forschungsstand[18] zur kommunikativen Dimension wird bis dato vor allem durch die Kommunikationswissenschaften dominiert, in denen mit Bezug auf die Thematik dieser Arbeit **Public Relations** (PR) als eigenes Forschungsfeld etabliert sind. Die kommunikationswissenschaftliche PR-Forschung hat jedoch keinen Bezug zu Management-Modellen.[19] Einzige Ausnahme von dieser Beurteilung bietet allenfalls der Ansatz von Zerfaß (1996 und in Erweiterung 2004a), der in Richtung Integration der Unternehmenskommunikation in das Unternehmensmanagement weist.

Zusätzlich befasst sich die PR-Forschung mit integrierter Unternehmenskommunikation beziehungsweise mit **Corporate Communications** (CC), bei der das Management der Unternehmenskommunikation in sich und somit ohne Bezug zu einem Management-Modell untersucht wird.

---

16 Beantwortet wird diese Frage in den Abschnitten B. und C.
17 Die Terminologie der »Views« ist dabei nicht ohne Grund an die »View-Terminologie« der Market Based beziehungsweise Resource Based View der Strategieforschung angelehnt. Es geht auch hier darum, wie die kommunikative Dimension abgeleitet wird.
18 Vgl. dazu Kapitel A.1.4.
19 Einen Überblick hierzu geben Bentele/Will (2006).

1. Ausgangslage

In dieser Forschungsrichtung finden sich zum Teil auch betriebswirtschaftliche Ansätze (insbesondere Bruhn 2005), die aber ebenfalls nur das Management der Unternehmenskommunikation behandeln. Diese Ansätze bieten einen Management-Ansatz für die Integration der verschiedenen kommunikativen Instrumente in die Unternehmenskommunikation, nicht aber der Integration der kommunikativen Dimension in das gesamte Management-Modell. Auch hier gibt es eine Ausnahme: Hahn (1992) hat einen Aufsatz zur Verbindung von Unternehmensführung und Öffentlichkeitsarbeit vorgelegt.

Darüber hinaus gibt es Forschungsarbeiten, die sich in der Managementlehre mit Detailaspekten – wie Issues oder Reputation Management – ohne Berücksichtigung des Ganzen beschäftigen.[20] Zudem wird im Marketing als Teilgebiet der Managementlehre über das Forschungsgebiet Corporate Branding ein Ansatz verfolgt, der über das klassische, auf den Kunden ausgerichtete Leistungsversprechen hinausgeht, aber die Verknüpfung zu anderen Kommunikationsbereichen (insbesondere zur Kapitalmarktkommunikation und zur allgemeinen Öffentlichkeitsarbeit) vernachlässigt.[21]

In jüngster Zeit wird immerhin bereits eine Wertorientierung der Kommunikation propagiert, bei der die Autoren allerdings ausschliesslich auf die »Wertschöpfung durch Kommunikation« (Pfannenberg/Zerfaß 2005) oder »Value Corporate Communications« (Rolke/Koss 2005) abstellen. Beiden Ansätzen fehlt ein Management-Modell zur theoretischen Unterlegung der Integration eines derart angelegten Kommunikationsmanagements.[22]

Mit Einschränkungen kann das Forschungsfeld **Investor Relations** (IR) von der fehlenden Integration in das Management ausgenommen werden, welches zum einen die Kapitalmarktkommunikation und zum anderen die sich daraus ergebenden Rückschlüsse für die finanzielle Führung der Unternehmung analysiert.[23] Allerdings fehlt der IR-Forschung die Anbindung an Aspekte der allgemeinen Unternehmenskommunikation. Dass dies notwendig ist, haben erst jüngst Ernst/Gassen/Pellens (2005) in einer umfassenden empirischen Studie über das Informationsverhalten von privaten Aktionären festgestellt.[24]

Die Beobachtungen im Kommunikationsumfeld der Unternehmungen haben bereits Auswirkungen auf die Praxis des Unternehmensmanagements.[25] Da der Unternehmens-

---

20 Zu Issues Management siehe bspw. Ingenhoff (2004) oder Röttger (2001), zu Reputation Management v. a. Fombrun/van Riel (2004).
21 Vgl. bspw. Gregory (1997), Ind (1997) oder Tomczak/Will et al. (2001).
22 Die grundlegenden Arbeiten zur Wertorientierung titulieren unter »Value Reporting«, die international von Eccles (2001) und im deutschsprachigen Raum von Volkart (1995) verfasst wurden. Pfannenberg/Zerfaß (2005) haben einen Sammelband zur Wertorientierung vorgelegt, dem aber aufgrund der Sammlung von Beiträgen der Gesamtzusammenhang mit der wertorientierten Unternehmensführung fehlt. Rolke (2005) hat eine exemplarische Studie mit neuen Kennzahlen und einer Anleitung zum Kommunikations-Controlling verfasst, ohne auf den Management-Kontext einzugehen. Ähnliches gilt auch für Piwinger/Poraks (2005) Sammelband Kommunikations-Controlling.
23 Vgl. hierzu zur Übersicht bspw. Achleitner/Bassen/Pietzsch (2001).
24 Pellens/Gassen/Ernst (2005) haben in einer Erhebung unter den Aktionären der Deutschen Post AG herausgefunden, dass gerade private kleinere Aktionäre die allgemeinen Medien als ihre Hauptinformationsquelle für Unternehmensinformation bezeichnen. Die strikte Einteilung von Teilarenen ist mit diesem Ergebnis offensichtlich nicht in Einklang zu bringen; denn hier wird deutlich, dass Finanzkommunikation nicht auf die Finanzarena begrenzt bleiben kann, sondern vor allem auch über die öffentliche Arena stattfindet.
25 Zwei Praktikerbeispiele, die stellvertretend für die beschriebenen Entwicklungen sind: Hartmut Schick, Leiter der globalen Kommunikation der DaimlerChrysler AG hält fest: »Kommunikation ist eine wesentliche Funktion eines Unternehmens und braucht ein Strategisches Management für eine erfolgreiche Umsetzung (...). In den meisten Unternehmen ist die Kommunikation mittlerweile als erfolgskritische Managementfunktion anerkannt. Ich denke, es würde jeden Manager ›komplettieren‹, sich mit Wesen

kommunikation aber – wie zuvor dargestellt – hinsichtlich der funktionalen und organisationalen Verortung ein theoretischer Bezugsrahmen fehlt, sind Schnittstellen oftmals nicht definiert. Diese mangelnde Schnittstellendefinition führt zu erheblichen Reibungsverlusten in Unternehmungen. Die Kommunikationsfelder, auf denen es sehr oft zu Auseinandersetzungen über die Zuständigkeit in der Unternehmung kommt, sind Investor Relations und Corporate Branding sowie jüngst auch Corporate Governance.

Die Frage, ob Investor Relations eine Kommunikations*funktion* des Finanzbereichs ist oder ob sich hier eine ganzheitliche Aufgabe der Unternehmung stellt, ist mit Hilfe einer Schnittstellen-Definition zu klären. Ob Corporate Branding ein Kommunikations*inhalt* des Marketings ist oder ob sich hier eine Kommunikationsanforderung für die ganze Unternehmung stellt, kann ebenfalls über die Schnittstelle geklärt werden. Und in jüngster Zeit kommt vermehrt die Frage auf, ob Corporate Governance eine rein rechtliche und organisatorische Themenstellung der Unternehmung ist oder ob sich durch die Transparenzanforderung der Kodizes nicht auch eine Kommunikations*anforderung* stellt. Auch das lässt sich über die Schnittstellendefinition lösen. Die praktische Unternehmenskommunikation findet, um eine Begrifflichkeit von Ulrich/Krieg (1974) zu verwenden, im luftleeren Raum statt – anders formuliert: Sie ist nicht eingebunden.

Insofern kann man festhalten, dass die aktuellen Bereiche beziehungsweise Abteilungen für Unternehmenskommunikation nicht ausreichend geeignet sind, um die kommunikative Dimension der Unternehmung im Lichte der veränderten Umweltbedingungen zu gestalten und zu entwickeln. Selbst wenn man Investor Relations, Marketing und Brand Management hinzunimmt, die ja nicht in der integrierten Unternehmenskommunikation organisiert sind, fehlt die konsequente Einbindung in das Unternehmensmanagement.

Auf Basis dieser Ausführungen zu Theorie und Praxis wird in dieser Arbeit ein **Wertorientiertes Kommunikationsmanagement**[26] als Ausarbeitung der kommunikativen Dimension vorgestellt, um die Einbindung in das Management zu ermöglichen, die mit der Communications View skizziert wurde. Dem Kommunikationsmanagement soll dabei ein wertorientiertes und nicht etwa strategisches Adjektiv zugefügt werden. Warum?

Hungenberg beschreibt Strategisches Management auf Unternehmensebene als eine Gestaltungsfunktion, die sich mit der strategischen Ausrichtung einer Unternehmung befasst und somit die gesamte Unternehmung und nicht nur einzelne Geschäftsfelder betrachtet (Hungenberg 2001, S. 327 ff.). Dabei leiten sich die Ziele der Unternehmung aus dem über-

---

und Wirkung von Kommunikation auseinander zu setzen (...). Jede unternehmerische Tätigkeit, über die berichtet werden kann, erzeugt dabei zweierlei: Eine ökonomische Realität und ein mediales Abbild. Es ist dann aber vor allem das Bild in den Medien, das in die Köpfe und Herzen der Menschen gelangt und dort die Reputation von Unternehmen, Produkten und Personen prägt und damit letztendlich auch den unternehmerischen Erfolg beeinflusst. Diese Erkenntnis sollte aus meiner Sicht Teil einer kommunikativen Qualifizierung von Managern sein. Hier gilt es, in einem integrierten Konzept betriebswirtschaftliche und kommunikative Aspekte stärker als bisher miteinander zu verbinden« (Schick 2004, S. 6 f.). Der Leiter des Zentralbereiches Corporate Communications der Siemens AG, Eberhard Posner, schreibt im von Bruhn/Reichwald (2005) herausgegebenen zfo-Schwerpunktheft über Führung und Kommunikation: »Kommunikation ist eine wesentliche Voraussetzung für nachhaltigen Unternehmenserfolg: Kundenbindung und Mitarbeiterengagement, Vertrauen der Investoren und Verständnis in der Öffentlichkeit sind ohne Transparenz, glaubwürdige Information und sachlichen Dialog nicht zu erreichen. Für ein globales Unternehmen wie Siemens, das viele unterschiedliche Märkte bearbeitet, ist es besonders wichtig, bei aller Betonung seiner Vielfalt auch die Gemeinsamkeiten deutlich zu machen, die das Unternehmen ›Siemens‹ stärker und wertvoller machen als die Summe seiner Einzelteile« (Posner 2005, S. 159).

26 Vgl. dazu A.1.3.

1. Ausgangslage

geordneten Ziel ab, den Wert der Unternehmung zu maximieren. Der Unternehmenswert besteht konzeptionell aus zwei Komponenten: den summierten Einzelwerten der Geschäftsfelder und dem Wertbeitrag der Unternehmenszentrale (ebenda, S. 339).

Die Wertorientierung ist somit übergeordnet. Denn: »Eine wesentliche Grundlage für das wertorientierte Management ist die Ermittlung von Kennzahlen. Kennzahlen haben eine wichtige integrierende Funktion: Sie bilden die Basis für Zielvereinbarungen im strategischen und operativen Bereich, und sie messen ex post die Erreichung dieser Ziele durch das Management«, heisst es bei Ewert/Wagenhofer im einleitenden Artikel des Herausgeberbandes von Wagenhofer/Hrebicek mit dem Titel »Wertorientiertes Management« (Ewert/Wagenhofer 2000, S. 4).

Wertorientiertes Kommunikationsmanagement kann somit – über den bereits erwähnten Ansatz des Intellectual Capital – eine Anbindung an das Kennzahlensystem der Unternehmung und damit sui generis an das Strategische Management ermöglichen. Anders ausgedrückt: Wenn Kommunikation wertorientiert ist, kann sie auch strategisch sein, aber nicht umgekehrt.

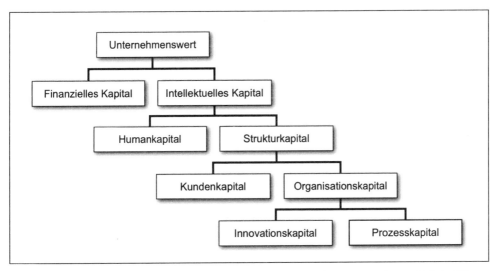

Abb. 4: Kategorien des Intellectual Capital (in Anlehnung an Edvinsson/Malone 1997, S. 52)

Die obige Abbildung zeigt das Grundprinzip des Intellectual Capital. Der Ansatz erlaubt, das Kennzahlensystem der Unternehmensführung um Einschätzungen der verschiedensten Anspruchsgruppen zu erweitern. Es ist auf diese Weise möglich, zusätzliche qualitative und quantitative Kennzahlen für die Unternehmensführung abzuleiten, welche die Interpretation von Entscheidungen durch die Anspruchsgruppen bewertbar machen.

Dazu muss man dem Intellectual Capital die erwähnte zusätzliche Kategorie Communications Capital hinzufügen. Diese intellektuelle Fähigkeit erlaubt es dann, das für Unternehmungen so wichtige Stakeholder Capital über Stakeholder Relations systematisch zu gestalten. Die so genannte Relations View ermöglicht die Einbindung des gesamten Beziehungsmanagements in die Unternehmensbewertung und damit in die Unternehmensführung.

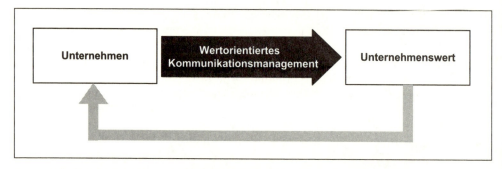

Abb. 5: Wertorientiertes Kommunikationsmanagement im Zusammenhang von Unternehmung und Unternehmenswert (eigene Abbildung)

Schmid beschreibt den Zusammenhang der Interpretation unternehmerischen Handelns folgendermassen: Unternehmerisches Handeln findet statt »in der realen Um- und Innenwelt des Unternehmens (Welt I), wo es Werte für das Unternehmen schaffen will, und in den Köpfen und Herzen der Stakeholder (Welt II), wo es das Image des Unternehmens und seiner Leistungen prägt und einen Stakeholder Value affiziert, das heisst schafft oder zerstört. Es müssen auch in diesen beiden Welten die Werte erschaffen und erhalten werden. Wir haben das Bild in der Welt des Stakeholders (Welt II) als Produkt II bezeichnet. Analog kann man vom Unternehmen II sprechen, das es zu schaffen und zu entwickeln gilt«. Das Management des Stakeholder Capital besteht für Schmid deshalb aus einer Kombination von einem »Verhalten« und einer geeigneten »Kommunikation«, die auch die Stakeholder-Interessen berücksichtigen (Schmid 2004a, S. 709).

Die Ausgangslage dieser Arbeit stellt sich somit wie folgt dar: In der Praxis ist die zunehmende Bedeutung der kommunikativen Dimension bereits eine tägliche Herausforderung für die Führung, aber die Integration in ein theoretisches Modell steht noch aus. Dies wird in dieser Arbeit über die Communications View geleistet, verstanden als konsequente Kommunikationsperspektive und dazu gehörige Darstellungs- und Kommunikationsfähigkeit der Unternehmensführung.

Bruhn/Reichwald stellen im Editorial des zfo-Schwerpunktheftes zur Kommunikation und Führung auf die Führungsfunktion ab. Ihr Zitat schliesst nahtlos an die hier vorgestellte Problemstellung an und dient als Schluss derselben:

»Es könnte den Anschein erwecken, als würde die zfo mit diesem Schwerpunktheft zwei Themen parallel abhandeln: Führung und Kommunikation. Dieser Schein trügt jedoch, denn es geht vielmehr darum, wie beide Disziplinen gemeinsam Erfolg für Unternehmen generieren können. Gerade hiervon sind viele Unternehmen heute weit entfernt. (...) Es kommen somit eine Reihe zukünftiger Herausforderungen auf Führungskräfte und Kommunikationsmanager zu, denn im wettbewerbsintensiven, wirtschaftlich kritischen und globalen Umfeld einerseits sowie in öffentlichem Darstellungsdruck, Anspruchsinflation bei Stakeholdern und einer Demokratisierung von Wissen und Information andererseits ist sicher: Die Integration von Führung und Kommunikation wird zum zentralen Erfolgsfaktor für Unternehmen« (Bruhn/Reichwald 2005, S. 129).

1.1.2. Forschungsfrage dieser Arbeit

Das Verständnis der Betriebswirtschaftslehre als anwendungsorientierter Wissenschaft (Ulrich 1984) basiert auf folgenden Grundannahmen: Ihre Probleme entstehen in der Praxis und sind interdisziplinär zu lösen; ihr Forschungsziel ist das Gestalten der betrieblichen Wirklichkeit, also Handlungsanweisungen für die Praxis zu generieren; ihre Aussagen sind wertend und normativ und ihr Forschungskriterium ist die praktische Problemlösungskraft ihrer Modelle und Handlungsanweisungen.

Dem (»alten« und Neuen) St. Galler Management-Modell liegt eine systemtheoretisch-kybernetisch fundierte Sicht zugrunde. Daraus resultiert, dass Managementsysteme zunächst sehr abstrakt als Systeme für das Management produktiver sozialer Gebilde bezeichnet werden. Darunter sind die formal verankerten Systeme für die Gestaltung, Lenkung und Entwicklung von Unternehmungen und anderen Organisationen verschiedenster Art zu subsumieren.

Diese Arbeit orientiert sich somit an dieser methodischen Vorgehensweise der anwendungsorientierten Betriebswirtschaftslehre Ulrichs (1984). Die Forschungsfrage geht diesen beiden Aspekten nach; es wird ein methodisches und nicht ein individuelles Vorgehen zur Erweiterung des Modells gewählt, bei dem zudem Regeln für die Gestaltung des Systems aufgestellt werden.

Aus diesen Ausführungen ist ableitbar, dass ein empirischer Teil nicht sinnvoll sein kann; denn diese Arbeit erweitert methodisch ein bestehendes Modell und bietet auf diese Art und Weise eine Neuerung an. Insofern kann die Forschungsfrage nicht empirisch geprüft werden; denn die bisherigen Führungs- und Organisationsmodelle der Unternehmenskommunikation entsprechen nicht der kommunikativen Dimension der Unternehmung, wie sie in dieser Arbeit vorgeschlagen wird.[27] Selbstverständlich werden existierende empirische Untersuchungen berücksichtigt, die sich mit einzelnen Aspekten der hier untersuchten kommunikativen Dimension beschäftigt haben.

In Anbetracht der postulierten unzureichenden Ausdifferenzierung der Führungsfunktion und der Unterstützungsfunktion des Kommunikationsmanagements in der Managementlehre stellt sich folgende Forschungsfrage:

> Wie kann Kommunikationsmanagement als Führungsfunktion und Unterstützungsfunktion wertorientiert in das Neue St. Galler Management-Modell integriert und für die Unternehmensführung nutzbar gemacht werden?

Diese Arbeit bezieht sich ausschliesslich auf die betriebswirtschaftliche Dimension des Kommunikationsmanagements. Dazu sind kommunikationswissenschaftliche Theorien und Modelle heranzuziehen, aber die Bezugsgrösse bleibt die Managementfunktion auf inhaltlicher und organisatorischer Ebene oder – in der Nomenklatur des gewählten Modells – Interaktionsthemen, Ordnungsmomente und Prozesse unter Berücksichtigung der Umweltsphären und Anspruchsgruppen.
- Der Erkenntnisgewinn für die Managementlehre ist, einen in Gutenberg'scher Begriffsfassung zusätzlichen »dispositiven Faktor« für die Führung des Managements einzufüh-

---

27 Vgl. dazu die Ergebnisse von Will/Probst/Schmidt (1999).

ren und so das Kommunikationsmanagement über das Intellectual Capital zu systematisieren. Dazu bedarf es sowohl einer Ausarbeitung der Führungs- und der Unterstützungsfunktion als auch der Fach- und der Handlungskompetenz, um die Interpretation unternehmerischen Handelns durch die Anspruchsgruppen bewerten zu können.
- Der Nutzenzuwachs für die Unternehmenspraxis ist, dass auf diese Art und Weise ein geschlossener Rahmen geboten wird, der die Schnittstellen sowohl inhaltlich wie auch organisatorisch definiert und auf diese Art und Weise einen Bezugsrahmen für die gesamte Führung der Unternehmung anbietet. Dieser geschlossene Bezugsrahmen ermöglicht es den Unternehmungen, jede Art von unternehmerischen Entscheidungen mit Blick auf die Interpretation durch alle Anspruchsgruppen zu bewerten – von Akquisitionen, über Unternehmenskrisen, Managementwechsel, Produktinnovationen bis hin zu Geschäfts- und Zwischenberichten.

1.2. Kommunikationsumfeld

> In diesem Kapitel werden die Veränderungen im Kommunikationsumfeld analysiert, welche bereits in der Einleitung angesprochen wurden: Zunächst die Anspruchsgruppen (A.1.2.1.) und sodann das rechtliche und mediale Umfeld der Unternehmung (A.1.2.2.).

1.2.1. Anspruchsgruppen der Unternehmung

> Dieses Unterkapitel differenziert in Zielgruppen (A.1.2.1.1.) und Zwischenzielgruppen (A.1.2.1.2.) der Unternehmung für das Kommunikationsmanagement.

Die Analyse der externen und internen Austauschbeziehungen von Unternehmungen basiert auf Anspruchsgruppen-Konzepten[28], die in der Regel in strategische und normativ-kritische unterschieden werden.[29] Wenn man aber die kommunikative Dimension der Unternehmung analysieren will, bietet sich eine Differenzierung in Ziel- und Zwischenzielgruppen der Unternehmung an, um den Kommunikationsprozess von »Sender-Mittler-Empfänger«[30] beschreiben zu können.

---

28 Müller-Stewens/Lechner nehmen eine weitere Differenzierung vor: Für sie sind Bezugsgruppen Gruppen, die einen bestimmten Bezug zur Unternehmung haben (Müller-Stewens/Lechner 2003, S. 25 f.). Demgegenüber sind Anspruchsgruppen ihrer Meinung nach Gruppen, die einen fest definierten Anspruch an eine Unternehmung haben. Beispiel: Bürger an einem bestimmten Unternehmensstandort haben möglicherweise einen Bezug zu einer Unternehmung, aber aus dieser Stellung heraus noch lange keinen Anspruch. Als Mitarbeiter, die in dieser lokalen Umgebung wohnen und in dieser Unternehmung arbeiten, haben sie demgegenüber einen Anspruch an die Unternehmung – nämlich für ihr Arbeitsangebot eine entsprechende finanzielle Gegenleistung durch Lohnzahlung zu erhalten.
29 Vgl. grundlegend Ulrich (2005).
30 Die klassischen Modelle des Kommunikationsprozesses stammen von Lasswell (1927) mit seiner nachrichtentechnischen Forschung und Shannon/Weaver (1967) mit ihrer Rezipientenorientierung, die Ausgangspunkte für sämtliche differenzierenden Modelle sind: Who says what in which channel to whom with what effect? Es bestimmt mindestens zwei Akteure (»Sender-Empfänger-Modell«), einen bestimmten Informationsinhalt, ein bestimmtes Medium sowie eine bestimmte Wirkung und eine

1. Ausgangslage

Die Begrifflichkeit von Ziel- und Zwischenzielgruppen verfolgt einen anderen Blickwinkel als den des Anspruchs; denn es geht bei der kommunikativen Dimension darum, den Informationsaustausch zwischen einem Sender (Unternehmung) und einem Empfänger (Zielgruppen) so zu organisieren, dass eine Austauschbeziehung (teilweise über Zwischenzielgruppen) überhaupt stattfinden kann.

Zielgruppen sind dabei Gruppen, welche die Unternehmung direkt zur Umsetzung ihrer Ziele benötigt und die gleichzeitig selber Ziele mit der Unternehmung verfolgen. Insofern sind dies alles Anspruchsgruppen. **Zwischenzielgruppen** sind in Unterscheidung zu Zielgruppen dann Gruppen, die letztendlich »zwischen« der Unternehmung und seinen unabdingbar benötigten Zielgruppen stehen. Während Zielgruppen eindeutig zum Bestand und zur Weiterentwicklung der Unternehmung benötigt werden, gilt dies in letzter Konsequenz für die Zwischenzielgruppen nicht.[31] Zwei Beispiele:

Eine Unternehmung braucht Aktionäre (Zielgruppe), aber sie braucht eigentlich keine Analysten (Zwischenzielgruppe). Erst wenn die kommunikative Dimension betrachtet wird, benötigt man Analysten, um in eine Austauschbeziehung mit dem Aktionär als Anbieter eines Kapitaleinsatzfaktors, hier Finanzkapital, zu treten. Das gilt insbesondere im Falle einer Massenkommunikation.

Mitarbeiter sind eine Zielgruppe, die eine Unternehmung zur Erreichung ihrer Ziele benötigt – nämlich als Anbieter von Humankapital und damit als Einsatzfaktor in der Produktionsfunktion. Und diese Mitarbeiter haben somit ein gemeinsames Ziel mit der Unternehmung; denn das Ziel der Mitarbeiter ist, dass ihr Einsatz als Humankapital in der Produktionsfunktion letztendlich zum Unternehmenserfolg beiträgt und damit ein Arbeitsentgelt ermöglicht. Der Mitarbeiter selbst ist eine Zielgruppe, ohne die es in der Unternehmung nicht geht. Betriebsräte und/oder Gewerkschaften sind demgegenüber lediglich eine Zwischenzielgruppe, die letztendlich zwischen Unternehmung und der Zielgruppe der Mitarbeiter stehen. In letzter Konsequenz kann eine Unternehmung ohne Betriebsräte und/oder Gewerkschaften funktionieren, aber zweifelsohne nicht ohne die Mitarbeiter selbst.

Folgende Abbildung stellt die wesentlichen Ziel- (äusserer Ring) und Zwischenzielgruppen (innerer Ring) dar.

Die Beziehung zu den Zielgruppen hat eine kommunikative Bedeutung, da man sich untereinander über die Ziele austauschen muss. Zwischenzielgruppen haben ebenfalls eine kommunikative Bedeutung, denn wegen ihrer Multiplikatorfunktion muss eine Unternehmung diesen Zwischenzielgruppen die Ziele ebenfalls vermitteln, damit diese sie dann an

---

Rückkoppelung des Informationsaustausches. Dabei unterscheidet man unmittelbare und mittelbare Kommunikationsformen. Das Modell hat als Teil der Rezipientenforschung grundlegend Eingang in die Kommunikationswissenschaft gefunden. »Die Mathematische Theorie der Kommunikation« von Shannon erschien 1948 und wurde innerhalb Jahre von Linguisten, Psychologen, Soziologen und sogar von Kunsthistorikern aufgegriffen. Eine Weiterentwicklung dieses Modells ist das von deFleur (2002), das Rückkoppelungsprozesse mit einbezieht und die mögliche Diskrepanz zwischen gesendeter Botschaft/Information und erhaltener Botschaft/Information berücksichtigt. Reimann stellt ein symmetrisches Modell auf, das vier Stufen des Kommunikationsprozesses unterscheidet und dabei neben Störfaktoren vor allem Rückmeldevorgänge berücksichtigt. Das Kommunikationsmodell von Westley und MacLean (1957) widmet sich dem Aspekt der Massenkommunikation und stellt damit eine Erweiterung des »ABX« Modells von Newcomb/Charters (1959) dar, das allein auf interpersonale Kommunikation ausgerichtet war.

31 Vgl. zur Differenzierung der Ziel- und Zwischenzielgruppen und ihre Bedeutung für den Kommunikationsprozess vor allem Kapitel C.2.2. über Communications Relations und die dortigen Untergliederungen in Bezug auf die einzelnen Gruppen. Vgl. ebenfalls Will 2001a.

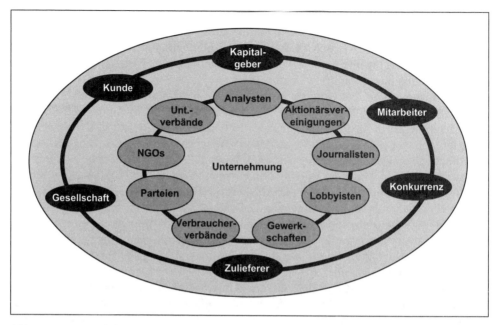

Abb. 6: Die wesentlichen Ziel- und Zwischenzielgruppen einer Unternehmung (in Anlehnung an Will 2003)

die Zielgruppen weiterleiten – selbstverständlich unter Berücksichtigung der jeweiligen medialen Selektionskriterien und Agenden.

1.2.1.1. Zielgruppen der Unternehmung

Die Liste der Zielgruppen der Kommunikation umfasst vor allem die Kapitalgeber, Finanzkapitalgeber (und insbesondere die Aktionäre als Eigentümer) und Mitarbeiter. Daneben steht der Kunde im Mittelpunkt der Zielgruppen von Unternehmungen. Darüber hinaus sind die Wettbewerber eine wichtige Zielgruppe von Unternehmungen, denn wann immer Kapital verteilt werden muss oder gute Mitarbeiter sich einen Arbeitsplatz suchen, so steht man im kommunikativen Wettbewerb mit Konkurrenzunternehmungen. Zulieferer sind ebenfalls ein Zielgruppenpotential, da sie auf der Beschaffungsseite der Produktion oder Dienstleistung stehen.[32] Schlussendlich muss die Zielgruppe Gesellschaft berücksichtigt werden, da diese fragmentierte Gruppe von Kommunen, Kirchen, politischen Institutionen und anderen Bereichen der Gesellschaft erheblichen Einfluss auf die Reputation von Unternehmungen nehmen kann.

Allein die Betrachtung dieses äusseren Rings der obigen Abbildung zeigt, wie wichtig die vernetzte Betrachtung der einzelnen Gruppen ist, schliesslich werden Kunden ansons-

---

32 Als aktuelles Beispiel dient sicherlich die Auseinandersetzung in der Öffentlichkeit zwischen Mercedes Benz bzw. DaimlerChrysler und der Robert Bosch GmbH über die fehlerhaften Elektronikbauteile in verschiedenen Mercedes Klassen (F.A.Z. vom 12.2.2005). Ein anderes Beispiel ist die in der Öffentlichkeit ausgetragene Auseinandersetzung zwischen dem damaligen VW-Einkaufschef Lopez und den Zulieferern des Konzerns (F.A.Z. vom 10.12.2003).

ten aus dem Marketing betreut und Mitarbeiter vielfach aus dem Personalbereich, ohne dass eine Doppel- oder Mehrfachbetrachtung einzelner Zielgruppen vorgenommen wird. Diese komplexe Situation kann von der Unternehmenskommunikation koordiniert, damit reduziert und gestaltbar gemacht werden.

Diese sechs Zielgruppen(-bereiche) – Kunden, Zulieferer, Mitarbeiter, Kapitalgeber sowie das Wettbewerbs- und das rechtlich-politische gesellschaftliche Umfeld – definieren je spezielle (Teil-)Öffentlichkeiten, die eingebettet sind in eine allgemeine Öffentlichkeit.

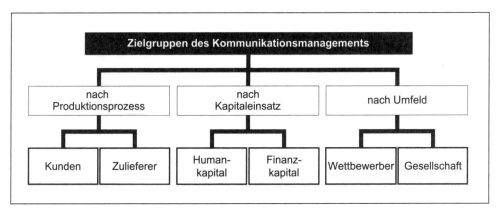

Abb. 7: Zielgruppen des Kommunikationsmanagements (in Anlehnung an Will 2001a, S. 51)

1.2.1.2. Zwischenzielgruppen der Unternehmung

Im inneren Ring der Abbildung über Ziel- und Zwischenzielgruppen verbergen sich die grössten Chancen wie auch die grössten Risiken; denn die Multiplikatoren oder Kontrolleure sind im Prinzip zwischen die Unternehmungen und ihre Zielgruppen geschaltet. Die Zwischenzielgruppen lassen sich zunächst einmal in zwei grosse Sub-Zwischenzielgruppen unterscheiden:

- Zum einen in die Zwischenzielgruppen, die bestimmte Zielgruppen vertreten: wie Gewerkschaften und Betriebsräte gegenüber den Mitarbeitern; Aktionärsvereinigungen gegenüber den Aktionären; beziehungsweise sämtliche andere Verbände mit entsprechenden Partikularinteressen (Unternehmerverbände, Verbraucherverbände). Hinzu kommen die Parteien als Teil der Regierungsorganisation sowie die Nicht-Regierungsorganisationen (NGOs).[33] Sie alle übernehmen eine Multiplikatorfunktion in einem massenkommunikativen Sinne.

- Zum anderen in die Zwischenzielgruppen, die von den Unternehmungen kommunikativ direkt betreut werden: Das betrifft insbesondere die Journalisten, die Analysten und die Lobbyisten. Diese zweite Gruppe bedient sodann teilweise die erste Sub-Zwischenzielgruppe. So kümmern sich beispielsweise die Journalisten um die allgemeine Öffentlichkeit, die Analysten um die Multiplikatoren des Kapitalmarktes und die Unternehmens-Lobbyisten um die Verbände, NGOs und um die Parteien. Natürlich lassen sich diese

---

33 Zur Neuen politischen Ökonomie vgl. bspw. Kirsch (2004) oder Frey (1977).

Gruppen nicht eindeutig abgrenzen, müssen aber für den Kommunikationsprozess differenziert werden.

Die Zwischenzielgruppen und deren Relationship-Management lassen sich wie folgt strukturieren:

Journalisten: Die Kommunikation mit der allgemeinen Öffentlichkeit (**Public/Media Relations**) erfolgt in der Regel durch die Abteilungen Presse- und Öffentlichkeitsarbeit. Dabei fungieren Journalisten als Multiplikatoren und Gatekeeper.[34] Die Kommunikation mit externen Zielgruppen via Presse ist somit eine allgemeine externe indirekte Kommunikation mit der allgemeinen Öffentlichkeit oder mit speziellen Öffentlichkeiten.

Analysten: Die Kommunikation mit den Kapitalmärkten erfolgt über die Finanzkommunikation der Unternehmungen (**Capital Relations**). Diese ist im kontinental-europäischen Raum meist innerhalb der Finanzabteilungen angesiedelt.[35] Es handelt sich folglich um eine spezielle externe indirekte Kommunikation.

Lobbyisten: Die Kommunikation mit der speziellen Öffentlichkeit der politischen Märkte obliegt der Politischen Kommunikation der Unternehmungen (**Political Relations**), die entweder in der allgemeinen Presse- und Öffentlichkeitsarbeit oder in einem eigenen Stabsbereich für Politik- bzw. Regierungsbeziehungen (Public Affairs) organisiert sind. Es handelt sich folglich um eine spezielle externe indirekte Kommunikation mit dem rechtlich-politischen Umfeld.

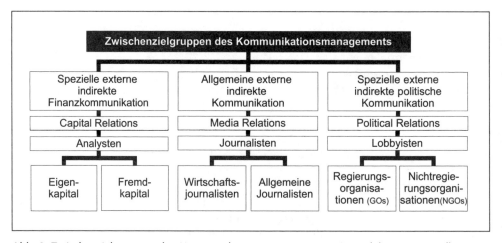

Abb. 8: Zwischenzielgruppen des Kommunikationsmanagements (in Anlehnung an Will 2001a, S. 52)

---

34 Zum Journalismus vgl. grundlegend bspw. Donsbach (1994).
35 Zu Investor Relations vgl. im Überblick Täubert (1998) und die Beiträge in Achleitner/Bassen (2001).

1.2.2. Umfeld der Unternehmung

> Dieses Unterkapitel analysiert die Veränderungen im rechtlichen (A.1.2.2.1) und medialen (A.1.2.2.2.) Umfeld der Unternehmung. Die rechtlichen Veränderungen haben sich im Wesentlichen durch Veränderungen der Publizitäts- und Rechnungslegungsvorschriften ergeben. Die Veränderungen im medialen Umfeld haben sich einerseits durch eine Fragmentierung der Kommunikationsmärkte und einen zunehmenden atomisierenden Wettbewerb im Medienumfeld sowie andererseits durch das Aufkommen neuer digitaler Medien ergeben.

1.2.2.1. Veränderungen im rechtlichen Umfeld

Die rechtlichen Veränderungen haben zwei kommunikative Dimensionen: Zum einen haben sich allgemeine Publizitätsvorschriften verändert, zum anderen die Vorschriften und Gesetze für die spezielle Rechnungslegung der Unternehmungen.

Im Kontext der **Publizitätsvorschriften** müssen folgende Entwicklungen berücksichtigt werden: Zum einen gibt es veränderte oder neue Gesetze, die direkte oder indirekte Auswirkungen über die Publizitätsanforderungen der Unternehmungen im Zusammenhang mit ihrer Kapitalmarktkommunikation stellen. Diese Gesetze betreffen insbesondere Corporate Governance im weiteren Sinne (so vor allem der Sarbanes-Oxley-Act in den USA, der unter anderem Ausführungen über die Corporate Governance der Unternehmungen macht).[36] Zum anderen gibt es direkte Vorschriften über die Publizitätsanforderungen an Unternehmungen vor allem im Zusammenhang mit der Kapitalmarktkommunikation der Unternehmungen und hier vor allem mit der Ad Hoc-Publizität. Diese Vorschriften werden in der Regel von den Börsen und/oder von den Aufsichtsbehörden erlassen (so beispielsweise die Regulation Fair Disclosure (Regulation FD) der Securities and Exchange Commission (SEC) der USA).

Die **Rechnungslegungsvorschriften** im Rahmen der Veränderungen im nicht US-amerikanischen rechtlichen Umfeld basieren alle auf den International Financial Reporting Standards (IFRS), die mit Beginn des Jahres 2005 als Oberbegriff für die bisher unter IAS laufenden International Accounting Standards (IAS) dienen. Die begriffliche Änderung ist darauf zurückzuführen, dass das 1973 gegründete International Accounting Standards Committee (IASC) nunmehr als International Accounting Standards Board (IASB) fungiert.

---

36 In den USA gipfelt die Corporate Governance Diskussion letztendlich im 2002 verabschiedeten Sarbanes-Oxley-Act, der zunächst als Reaktion auf die Unternehmensskandale wie Enron und Worldcom aufgefasst wurde. Allerdings hat dieses Gesetz auch weitergehende Funktionen mit Bezug auf die genannten Verhaltens- und Verfahrensänderungen: »Der Sarbanes-Oxley-Act ist aber als Ganzes und nicht nur als eine politische Antwort zu betrachten. Auch wenn das Gesetz Ausdruck einer früher unvorstellbaren Einmischung der amerikanischen Bundesregierung in den Bereich der Corporate Governance ist, so enthält es doch eine Vielzahl fortschrittlicher Corporate-Governance-Regelungen und versucht, durch Verfahrensverbesserung eine Wiederholung der Vergehen zu unterbinden, die zu den Verlusten der Anleger führten. Viele dieser Ideen sind nicht neu, sondern waren bereits seit einigen Jahren in der Diskussion. Ausserdem beinhalten viele der Mechanismen nicht so sehr gesetzliche Auflagen, sondern verlangen vielmehr von den Unternehmungen die Offenlegung bestimmter Aspekte, um dann die Märkte entscheiden zu lassen, wie sie solche Informationen bewerten« (Atkins 2003, S. 38). Auch dieses Zitat erklärt, dass Corporate Governance selbst in der engeren Definition in erster Linie ein Informations- und damit Kontrollmechanismus für Aktionäre ist.

Die Zielsetzung des IASB besteht (1) in der Entwicklung von verständlichen und durchsetzbaren Rechnungslegungsstandards, die hohe qualitative Anforderungen an die in Abschlüssen (Financial Statements) und sonstigen Finanzberichten (Other Financial Reporting) veröffentlichten Informationen stellen; (2) in der Einwirkung auf staatliche Stellen und andere Standardsetter bei der Festlegung von nationalen Rechnungslegungsnormen und (3) in der Förderung der Akzeptanz der publizierten Abschlüsse auf Grundlage der IFRS (KPMG 2004b, S. 1 f.).

Mit dieser Beschreibung der Zielsetzung des IASB wird deutlich, dass es sich einerseits um die Entwicklung von Rechnungslegungsstandards handelt, aber andererseits auch um die sich daraus ergebenden Finanzberichte und deren veröffentlichte Informationen sowie um die Förderung der Akzeptanz der publizierten Abschlüsse. Allein die Begriffserweiterung vom Accounting (im Akronym IAS) zum Reporting (im Akroynom IFRS) macht die Zielsetzung dieser neuen Rechnungslegung deutlich.

Interessant für die im Kontext dieser Arbeit zu berücksichtigenden neuen Standards ist vor allen Dingen IFRS 3 über die Bilanzierung von Unternehmenszusammenschlüssen (vergleiche dazu Küting/Wirth 2004 und KPMG 2004a, S. 61 ff.). Die für die aufzuzeigende systematische Darstellung des Intellectual Capital notwendigen Standards stehen vor allem in IAS 38 (in seiner Überarbeitung von 2004). Dort wird der Standard bei den immateriellen Vermögenswerten beschrieben, indem Aussagen über die Definitionskriterien für immaterielle Vermögenswerte (nicht-monetäre Vermögenswerte ohne physische Substanz) gemacht werden, und zwar in Bezug auf Identifizierbarkeit, Verfügungsmacht sowie auf den zukünftigen wirtschaftlichen Nutzen (KPMG 2004b, S. 55 ff.).

Der überwiegende Anteil der (intern) geschaffenen immateriellen Werte bleibt nicht aktivierbar und wird erst im Falle von Unternehmensübernahmen als Differenz von (bezahltem) Marktwert und Buchwert der Unternehmung als Goodwill sichtbar. Mit den im Goodwill verbleibenden Werten setzt sich der Arbeitskreis »Immaterielle Werte im Rechnungswesen« der Schmalenbach Gesellschaft auseinander.

Dort heisst es, dass »der Wandel von der Industrie- zur Dienstleistungs- und Hochtechnologiegesellschaft mit einer zunehmenden Bedeutung immaterieller Werte einhergeht. Grundstücke, Gebäude, Produktionsanlagen oder Vorräte stellen bei einer wachsenden Zahl von Unternehmungen und Branchen nicht mehr die entscheidenden Werttreiber dar. An ihre Stelle rücken physisch nicht greifbare wirtschaftliche Vorteile wie Rechte, Humankapital oder Marktpositionen. Diesen Wandel hat jedoch das deutsche Bilanzrecht bisher nicht nachvollzogen« (Arbeitskreis »Immaterielle Werte im Rechnungswesen« 2001, S. 998). In einer späteren Betrachtung schlägt der Arbeitskreis deshalb vor, sich an einer Klassifikation von Edvinson/Malone (1997) zur Differenzierung des Intellectual Capital zu orientieren und so in einem Intellectual Property Statement den Konzernlagebericht um Angaben zu nichtfinanziellen Leistungsindikatoren zu ergänzen (Arbeitskreis »Immaterielle Werte im Rechnungswesen« 2003, S. 1233 ff.).

Insofern ist dieser Bericht im Konzernlagebericht zwar freiwillig, basiert aber auf den neuen Rechnungslegungsstandards, die wiederum klarere Formulierungen zur Definition der immateriellen Vermögenswerte vorgeben. Eine Unternehmung soll nicht nur nach materiellen, sondern vielmehr auch nach immateriellen Werttreibern beurteilt werden können, dem so genannten Fair Value eines Unternehmens. [37]

---

[37] Vgl. dazu die Präambel des Deutschen Corporate Governance Kodex und das Kapitel über Fair Value Presentation im Neuen St. Galler Management Modell.

Der **Fair Value** ist ein Wertmassstab, der mit seiner weiteren rechtlichen Verankerung für das Kommunikationsmanagement von steigender Bedeutung ist. Trotzdem hat sich noch kein einheitlicher und eigenständiger Wertbegriff herausgebildet; vielmehr existieren je nach Perspektive und Datenverfügbarkeit verschiedene Wertbegriffe.[38] Der Fair Value als hypothetischer Marktpreis enthält eine Risikoprämie zur Erfassung des Cash Flows, die Marktteilnehmer für entsprechende Risiken verlangen würden. Konkrete Verfahren zur Festlegung des Fair Value werden gesetzlich nicht festgeschrieben. Zur Verfügung stehen neoklassische Ansätze wie die Portfolio-Selection-Theorie oder das CAPM oder aber Ansätze der Behavioral Finance. Eine entscheidende Rolle spielt auf jeden Fall auch die Kommunikation, die Werte schaffen, mitteilen aber auch vernichten kann. Insofern geht es daher auch darum, nicht über-zu-kommunizieren, sondern auch in der Kommunikation einen Fair Value für die Unternehmung als Zielgrösse anzustreben.[39]

1.2.2.2. Veränderungen im medialen Umfeld[40]

Neben den rechtlichen Veränderungen sind Veränderungen im medialen Umfeld der Unternehmung zu beobachten. Diese Veränderungen im Umfeld haben vor allem Auswirkungen auf den Faktor Aufmerksamkeit in Bezug auf Kontaktwahrscheinlichkeiten mit verschiedenen Zielgruppen der Unternehmung. Dabei gibt es einerseits Aspekte, die den Faktor Aufmerksamkeit zu einem knappen Faktor machen: Fragmentierung der Kommunikationsmärkte, Digitalisierung der Kommunikationskanäle sowie Atomisierung der Kommunikationsmedien. Sie machen es schwieriger, die Kommunikation mit den Anspruchsgruppen zu gestalten. Andererseits gibt es Faktoren, die im Überfluss vorhanden sind und es für die Unternehmung ebenfalls schwieriger machen, den Kommunikationsprozess zu organisieren.

Die Unterscheidung lässt sich aber auch noch anders machen: Aufmerksamkeit als knapper Faktor richtet sich aus Sicht der Unternehmung eher dahin, dass es zunehmend schwieriger wird, an die eigentlichen Zielgruppen heranzukommen. Aufmerksamkeit als reichlicher Faktor richtet sich aus Sicht der Unternehmung eher dahin, dass die Nachfrage der Zwischenzielgruppen nach unternehmensrelevanten Informationen immer grösser, immer personaler und immer politischer wird.[41] Folgende Abbildung zeigt Push- und Pull-Kommunikation.

Unternehmungen stehen heute nicht mehr vor einem Kommunikationsmarkt, sondern vor einer Vielzahl **fragmentierter Kommunikationsmärkte**: Es gibt beispielsweise Lifestyle-Kommunikation, Produkt-Launches, politisches Lobbying, Mitarbeiterkommunikation oder auch Aktienmarketing. Es gibt zudem globale Themen (Kapitalmärkte), internationale Themen (EU-bezogen bspw. Wettbewerbsrecht), nationale oder regionale Themen der Kommunikation, die teilweise in unterschiedlichen Segmenten fragmentiert sind. Gemein ist allen Fragmenten, dass die enge Abgrenzung der Märkte aus praktischer Beobachtung

---

38 Über IAS 39 gibt es allerdings eine Art »Ableitungshierarchie«: Marktwert, abgeleiteter Wert aus vergleichbaren Transaktionen, errechneter Barwert über DCF.
39 Zur Internationalisierung der Rechnungslegung und Corporate Governance vgl. auch Gentz/Kauffmann (2003, S. 61 ff.).
40 Vgl. hierzu grundlegend Bentele (2003) oder Meckel (2001).
41 Hummel/Schmidt (2001) weisen allerdings darauf hin, dass die Ökonomie der Aufmerksamkeit nicht unbedingt neu ist, sondern bereits sehr ausführlich in der Transaktionskostentheorie und Informationsökonomie behandelt wird.

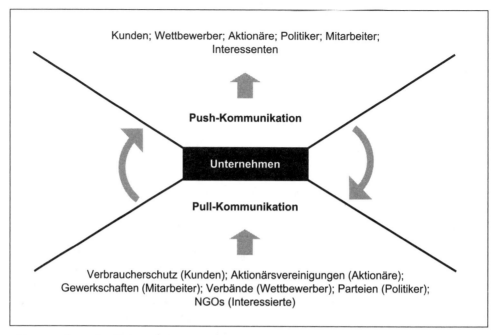

Abb. 9: Push- und Pullkommunikation (eigene Abbildung)

den Anspruchsgruppen nicht mehr gerecht wird, genauso wie einzelne Kommunikationsinstrumente auch nicht mehr nur auf eine dieser Zielgruppen fokussieren können.

Finanzkommunikation ist das beste Beispiel für diese Entwicklung. Im engeren Sinne handelt es sich dabei thematisch um die Darstellung des monetären Abbildes der Unternehmensstrategie gegenüber Investoren (Investor Relations) und/oder Kreditgebern (Creditor Relations). Aber Investorenbeziehungen, eben Investor oder Credit Relations, lassen sich beispielsweise nicht mehr nur auf einen Informationsaustausch mit institutionellen Investoren begrenzen, wie auch die klassische Kreditbeziehung zwischen Unternehmung und Bank heute ebenfalls mehr und mehr durch Multiplikatoren wie Rating-Agenturen beeinflusst wird.

Der zweite Grund, warum Aufmerksamkeit ein knapper Faktor geworden ist, betrifft die **Digitalisierung der Kommunikationskanäle:** Mit der digitalen Ökonomie hat sich die Bedeutung von Information und damit auch der Kommunikation als Austausch von Information umfassend gewandelt. Die neuen Medien haben das System der Kommunikation revolutionär verändert und tragen gleichzeitig auch zu langfristigen evolutionären Entwicklungen bei. Es gibt systemerhaltende, aber schnellere Entwicklungen (Online-Hauptversammlungen), vor allen aber systemverändernde Entwicklungen (Vermischung von unterschiedlichen Zielgruppen in Communities).

Die allgemeinen Veränderungen im Kontext der digitalen Ökonomie können im Wesentlichen in direkte und indirekte Entwicklungen unterschieden werden. Zunächst zu den hinlänglich bekannten direkten Trends: Kommunikation im Internet ist schneller, transparenter, besser zugänglich und es wird eine riesige Vielfalt an Informationen angeboten.

Doch die neue Einfachheit ist nur vordergründig, denn die genannten Vorteile werden kompensiert durch Unübersichtlichkeit und Komplexität aufgrund der Informationsflut. Tatsächlich wird die Suche nach Informationen dadurch langsamer und intransparent.

Eine eher indirekte Folge der digitalen Medien (und auch bedingt durch weitere Entwicklungen) ist das neue Phänomen der Vermengung oder Konvergenz von Kommunikatoren, Multiplikatoren und Rezipienten. Es gibt eine kommunikative Konkurrenz zwischen Unternehmungen und Medien. Wenn Unternehmungen als Medien auftreten, dann werden sie im Sinne von Glaubwürdigkeit und Vertrauen in der intermedialen Konkurrenz genauso beurteilt wie Medien selbst. Unternehmungen müssen in diesem Falle mediale Standards bei ihrer Informationsvermittlung übernehmen.

Die technischen Möglichkeiten erlauben es Unternehmungen im Prinzip schon heute, als Sender aufzutreten. Sie können ihre Informationen entweder zielgenau bestimmten virtuellen grossen Gemeinschaften (Communities) vermitteln oder über virtuelle Multiplikatoren (Personas oder Avatare) verbreiten oder sogar beides zusammen tun. Auf diese Weise erhalten bisherige Medien Konkurrenz sowohl aus der virtuellen (aus dem Internet) wie auch aus der realen Welt (von den Unternehmungen), was erhebliche Bedeutung nicht nur für die Medienstrukturen, sondern auch für die Medienakteure hat.

Im Kontext eines Wertorientierten Kommunikationsmanagements muss man dabei auf die Gestaltung der Communications Relations eingehen. Hinsichtlich der Communications Relations ist festzuhalten, dass sich die Rollen von Sendern und Empfängern in den digitalen Medien vermischen. So wird es für Unternehmungen viel eher möglich, selbst Informationen zu publizieren und damit zum Sender zu werden. Unternehmungen werden dies in der Regel sogar durch den Einsatz von Diskussionsforen fördern, da sich solche interaktiven Features mittlerweile in zunehmendem Masse als Standards etabliert haben und daher von den Usern als potentiellen Kunden auch erwartet werden. [42]

Neben der Vermischung von Sendern und Empfängern lösen digitale Medien eine weitere interessante Entwicklung aus: Sie stärken prinzipiell das Individuum und schwächen bestehende Machtapparate, wenn sich diese nicht rechtzeitig auf die neuen Möglichkeiten einstellen. Hierarchiestufen können durch eine E-Mail viel leichter übersprungen werden als über klassische Kommunikationskanäle. Ferner können im Intranet Mitarbeiter aus unterschiedlichen Abteilungen miteinander Informationen austauschen und sich übergreifend organisieren, und in Chatrooms vermengen sich nicht nur die klassischen Zielgruppen untereinander, sondern auch Zielgruppen mit Multiplikatoren wie etwa Journalisten.

Diese Entwicklung macht Aufmerksamkeit zu einem knappen Faktor, denn das Mediensystem atomisiert sich gleichzeitig. Es ist somit als dritte Komponente auch eine **Atomisierung der Kommunikationsmedien** zu beobachten: Immer mehr Medien fordern von den Unternehmungen Interviews, Gastbeiträge oder schlicht und ergreifend nachrichtenwertige Informationen, mit denen man sehr sorgfältig umgehen sollte; ansonsten wird per se geschrieben, was nicht unbedingt förderlich sein muss. Für das Kommunikationsmanagement ist es deshalb von extremer Bedeutung, die entscheidenden Multiplikatoren unter den Kommunikationsmedien zu selektieren, die individuellen Player in diesen Medien zu identifizieren und eine entsprechende Kontaktkaskade aufzubauen.

Zudem muss man berücksichtigen, dass die Grenzen zwischen den Off- und Onlineversionen einzelner Medien durchlässiger werden: Geschichten werden in der Printversion

---

42 Vgl. dazu das Unterkapitel C.2.2.3.5. zu Online Relations.

angerissen und in der Onlineversion in verlängerter Version fortgeführt; Verlinkungen zwischen on- und offline nehmen zu, was vor allen Dingen den Feedback-Faktor, also die Dialogform zwischen Leser und Blatt beziehungsweise User und Netz komplizierter gestaltet. Es ist heute viel schwieriger zu wissen, welche Medien wirklich welchen Einfluss auf welche Zielgruppe nehmen können.

1.3. Wertorientierung des Kommunikationsmanagements

Der eigentliche Zweck des Managements besteht darin – wie Hahn/Hungenberg formulieren –, den Bestand und die erfolgreiche Weiterentwicklung der Unternehmung zu sichern (Hahn/Hungenberg 2001, S. 11 ff.). Aus diesem übergeordneten Ziel leiten sich für die Autoren alle Sach-, Wert- und Sozialziele ab. Ein ganzheitliches Management-Modell dient dann dazu, den Rahmen zu stellen, um dieses Zielbündel entsprechend umzusetzen und über eine gesamtunternehmensbezogene Ergebnis- und Finanzplanung abzubilden. Generelle Zielplanung, strategische und operative Planung können somit in Bezug auf die Sach-, Wert- und Sozialziele auf ihren (monetären) Wertbeitrag hin gestaltet und entwickelt werden. Genau diese Überlegung muss auch für ein wertorientiert ausgestaltetes Kommunikationsmanagement gelten.

Das Problem ist jedoch, wie man die system-konforme Integration in das Management für diese zusätzliche Kompetenz eines umfassenden Kommunikationsmanagements gestaltet. Börsig/Coenenberg beobachten im Zusammenhang von Unternehmensbewertung und Kapitalmarktorientierung, dass »der langfristige Erfolg der Aktie von der glaubwürdigen Vermittlung wertrelevanter Information abhängt« (Börsig/Coenenberg 2003, S. V).

Deshalb wurde der Terminus **Wertorientiertes Kommunikationsmanagement** gewählt, um einerseits die Anbindung an die Wertorientierung zu schaffen, andererseits aber auch den Wert der Kommunikationsorientierung an sich zu eröffnen. Der gekoppelte Terminus Wertorientiertes Kommunikationsmanagement wird im Folgenden hergeleitet:

> **Herleitung:**
>
> Kommunikationsmanagement beschreibt die Entwicklung, Gestaltung und Lenkung aller internen und externen **Kommunikationsbeziehungen** (Communications Relations) und **Kommunikationsinstrumente** (Communications Programs) der Unternehmung als Ganzes mit seinen Anspruchsgruppen (Ziel- und Zwischenzielgruppen).
>
> Kommunikationsmanagement schafft die Strukturen für die dazu notwendige **Kommunikationsorganisation** und ermöglicht auf diese Weise einen dialogorientierten **Kommunikationsprozess** über Ziele der Unternehmung mit seinen Ziel- und Zwischenzielgruppen.
>
> Die Ziele der Unternehmung definieren die **Kommunikationsinhalte** und erlauben über den Dialog auch eine zusätzliche Feedback-Möglichkeit für das Management.
>
> Kommunikationsmanagement beschreibt nicht nur die Inhalte, Beziehungen, Instrumente, Organisation und Prozesse im Austausch mit den Anspruchsgruppen, sondern auch die **Kommunikationskoordination** aller Austauschbeziehungen in Teilarenen in Bezug auf die Ziele als Ganzes. Diese Koordinationsfunktion hat zusätzliche inhaltliche und organisatorische Ordnungsmomente.

1. Ausgangslage

Daraus ergibt sich eine Definition für Kommunikationsmanagement:

> **Kommunikationsmanagement entwickelt, gestaltet und lenkt sämtliche externen und internen dialogischen Kommunikationsbeziehungen des Systems Unternehmung mit seinen Anspruchsgruppen unter Einsatz der entsprechenden Kommunikationsinstrumente.**
>
> **Kommunikationsmanagement ist auf den inhaltlichen und organisatorischen Austausch von Informationen ausgerichtet. Bezugsgrösse ist die Unternehmung selbst, so dass sämtliche Ausprägungen in Bezug auf den Bestand, die Weiterentwicklung sowie die strategische Positionierung der Unternehmung als Ganzes definiert werden können.**

Natürlich geht es bei der Wertorientierung des Managements nicht nur um monetäre materielle und immaterielle Werte, sondern auch um normativ-ethische, die aber durch die normativen Grundlagen der unternehmerischen Tätigkeit im Prinzip abgedeckt sind (Ulrich 2004, S. 143 ff.). Diese normative Wertorientierung gilt für das Kommunikationsmanagement genauso, wie für alle anderen Funktionen – zumal, wie Peter Ulrich ausführt – die kritische Öffentlichkeit der ideelle Ort für die unternehmensethische Legitimation ist (ebenda, S. 156 f.). Öffentlichkeit ist die Arena, welche mit Hilfe der Öffentlichkeitsarbeit bearbeitet wird und somit sui generis eine Aufgabe des Kommunikationsmanagements.

Mit Referenz an die Wertorientierung des Managements oder wertorientiertes Management ist aber an dieser Stelle vor allem auch die finanzielle (materielle und immaterielle) Wertorientierung des Managements gemeint. Warum dies für ein ganzheitlich ausgerichtetes Kommunikationsmanagement entscheidend ist, zeigen Zitate zur Wertorientierung/Wertsteigerung/Wertschöpfung/zum Wertmanagement oder deren Anglizismen (Hervorhebungen durch den Autor):

»Investoren fordern von den Unternehmen und deren Management eine deutliche **Ausrichtung auf die Wertsteigerung**. Mit verstärkter Hinwendung von Unternehmen auf internationale Kapitalmärkte reagieren diese entsprechend darauf« (Wagenhofer/Hrebicek 2000, S. VIII).

»Ging es bei der Positionierung um die Beziehung zu den Anspruchsgruppen der Umwelt (Aussenverhältnis), so geht es jetzt [bei der **Wertschöpfung**] um die Beziehung zwischen den einzelnen Elementen innerhalb eines Unternehmens (Innenverhältnis)« (Müller-Stewens/Lechner 2003, S. 365).

»Die Interessen der Kapitalgeber rücken in den Vordergrund der Zielsysteme von Unternehmungen. (…) Um diesen Herausforderungen beggnen zu können, wurde in den letzten Jahren eine steigende Anzahl von Führungskonzepten entwickelt und veröffentlicht. Ihnen allen ist gemein, eine **wertsteigernde Unternehmungsentwicklung** zu ermöglichen« (Hahn/Hungenberg 2001, S. 191).

»Value-Based-Performance-Management-Konzepte sind umfassende Führungsansätze, die eine durchgängige Umsetzung der wertorientierten Unternehmensführung anstreben. (…) Die Kennzahlen sollen als ›Transmissionsriemen‹ der Konzepte die **wertorientierte Unternehmensführung** zur Umsetzung der Unternehmensstrategie durchgehend sicherstellen und zugleich Transparenz in der Darlegung der Zielerreichung schaffen. (…) Ziel ist es, durch Offenlegung und Kommunikation der von einer Unternehmung geschaffenen Werte die Informationsasymmetrie zwischen internen und externen Akteuren zu verringern« (Grüner 2003, S. 523 ff.).

Aus diesen Positionen der genannten Autoren ergibt sich folgende Herleitung für die Hauptdefinition dieser Arbeit:

> **Herleitung 1 von 2:**
>
> Die Zitate legen bereits eine Anzahl von Aspekten offen, die auch eine kommunikative Aufgabe der Wertorientierung offen legt:
> Im ersten Fall ist es die Fokussierung auf die Teilarena Kapitalmarkt für die Unternehmung;
> Im zweiten Fall die Verbindung von Innen- und Aussensicht der Unternehmung;
> Im dritten Fall die Nutzung als Führungskonzept für die Unternehmensentwicklung;
> Im vierten Fall die Betonung der Transparenz und Kommunikation zur Darlegung der Unternehmensziele.

Insofern bietet der wertorientierte Ansatz einen idealen Bezugsrahmen, wenn man Kommunikationsmanagement nicht nur als integrierte Kommunikationsanforderung, sondern gleichermassen auch als Gestaltungsmöglichkeit der Integration der Kommunikation in das Management einschätzt.

Der Deutsche Betriebswirtschaftertag der Schmalenbach-Gesellschaft hat sich über mehrere Jahre mit dem Thema »Kommunikation und Wertorientierung« befasst, wie die folgenden drei Zitate aus den Geleitworten zeigen (Hervorhebungen durch den Autor):

Zum Thema »Internationale Rechnungslegung« heisst es im Geleitwort des Präsidenten über die Tagung 2000:

»Wenn der Kapitalmarkt international ist und Investoren zwischen Aktien und Unternehmensanleihen über alle Staatsgrenzen hinweg wählen, dann muss auch die **Unternehmenskommunikation** an Aktionäre und Anleihegläubiger international verständlich, international vergleichbar und deshalb international standardisiert sein. Da die Investoren über genau diejenigen Ergebniszahlen und Erfolgs-Kennziffern laufend informiert werden wollen, nach denen das Management das Unternehmen auch tatsächlich intern steuert, müssen darüber hinaus Controlling und Rechnungslegung integriert werden. Dabei interessiert Investoren nicht das vorherige Geschäftsjahr, sondern die Zukunft. Deshalb schauen sie auf Erfolgs-Kennzahlen und Verbesserungs-Trends dieser Kennzahlen, auf die sie Zukunftserwartungen bauen können« (Esser 2001, S. V).

Im Folgejahr zum Thema »Wertorientierte Unternehmensführung« findet sich im Geleitwort des Präsidenten über die Tagung 2001 folgendes Zitat:

»Nachhaltigkeit der Wertsteigerung setzt eine Ausbalancierung der Spannungsverhältnisse zwischen den Interessengruppen eines Unternehmens voraus. Bei einer ausschliesslichen Orientierung an den Zielen der Shareholder handelt es sich um ein falsches Verständnis von wertorientierter Unternehmensführung. Nicht Konflikt, sondern Konsens ist gefragt. Ziel muss es sein, für alle Interessengruppen Wert zu schaffen: Für die Shareholder und zugleich auch die Kunden, die Arbeitnehmer und die übrigen Gesellschaftsgruppen. (...) Jede auch noch so erfolgreiche wertorientierte Unternehmensführung muss durch eine wirkungsvolle **Kapitalmarktkommunikation** begleitet werden: Die Strategie muss verkauft werden. Offenheit und Transparenz – nicht zuletzt auch bezüglich der Corporate Governance – sind die wichtigsten Voraussetzungen effektiver Kommunikation« (Börsig 2002, S. V).

1. Ausgangslage

»Bewertung von Unternehmen« war das Thema der Tagung 2002, in dessen Vorwort es heisst:

»Ein wesentlicher Grund für diese gestiegene Bedeutung der Unternehmensbewertung ist die zunehmende Kapitalmarktorientierung der Unternehmen. (…) Für die laufende Kurspflege börsenkotierter Unternehmen ist eine dauernde Bewertung des Unternehmens zur Kenntnis dessen ›inneren Werts‹ unerlässlich, um einem mit Fehlbewertungen einhergehenden Vertrauensverlust der Anleger vorbeugen zu können. Mit der zunehmenden Kapitalmarktorientierung deutscher Unternehmen spielt auch das Verhältnis des Unternehmens zu den Kapitalmarktakteuren eine zunehmende Rolle, da sowohl der Emissionserfolg als auch der langfristige Erfolg der Aktie von der **glaubwürdigen Vermittlung wertrelevanter Information** abhängt« (Börsig/Coenenberg 2003, S. V).

Diese drei Zitate verdeutlichen eine reduzierte Sicht der Unternehmenskommunikation; denn die Struktur der Kommunikation wird doppelt eindimensional auf den Kapitalmarkt und auf den Anleger, Aktionär oder Investor bezogen und der Prozess der Kommunikation wird nicht weiter beleuchtet, sondern im Prinzip vorausgesetzt.

Das grundsätzliche Verhältnis der wertorientierten Betriebswirtschaftslehre zur Kapitalmarktkommunikation vermag folgendes Zitat aus einem Beitrag »Wertorientierung und Betriebswirtschaftslehre: Von Schmalenbach bis heute« von Ballwieser auf dem Betriebswirtschafter-Tag 2001 verdeutlichen:

»Bis heute scheint offen zu sein, wie man den Erfolg der Einführung von Wertsteigerungskonzepten messen kann. (…) Ähnliches gilt für die mit **Value Reporting verbundene Kapitalmarktkommunikation**. So unstrittig ihr Wert a priori anzusehen ist, so unvollkommen scheint das Konzept in praxi umgesetzt zu werden« (Ballwieser 2002, S. 70).

Aus diesen Positionen ergeben sich für die Hauptdefinition dieser Arbeit folgende zu berücksichtigenden Aspekte:

Herleitung 2 von 2:

In dieser Betrachtung des wertorientierten Managements ging es darum aufzuzeigen, dass der Führungsansatz der Wertorientierung einen idealen inhaltlichen Bezugsrahmen bietet. Die kommunikativen Defizite lassen sich wie folgt zusammenfassen:

Erstens, die Kapitalmarktorientierung allein ist sowohl inhaltlich als auch instrumentell zu beengend, um die Gesamtpositionierung der Unternehmung gestalten zu können;
Zweitens, die Innenbetrachtung der Kommunikationsthematik wird den komplexen Beziehungen in der Aussenbetrachtung nicht ausreichend gerecht.

Umgekehrt bietet das wertorientierte Management einen sehr geeigneten, etablierten Ansatz, um diese beiden Defizite aufzulösen:

Erstens, aus Sicht der Kapitalmarktkommunikation werden bereits wichtige Informationen über die Unternehmung zusammengetragen und für den Kapitalmarkt aufbereitet. Diese Perspektive muss erweitert werden;
Zweitens, aus Sicht der Kapitalmarktkommunikation werden bereits wesentliche Instrumente der Kommunikation genutzt. Sie müssen lediglich um weitere Instrumente angereichert werden;
Drittens, aus Sicht der Unternehmung wird bereits ein Hauptakteur der Kommunikation vom wertorientierten Management berücksichtigt. Es müssen lediglich weitere Stakeholder hinzugenommen werden.

Daraus ergibt sich folgende Hauptdefinition dieser Arbeit:

> Wertorientiertes Kommunikationsmanagement entwickelt, gestaltet und lenkt sämtliche externen und internen dialogischen Kommunikationsbeziehungen (Communications Relations) und Kommunikationsinstrumente (Communications Programs) des Systems Unternehmung unter Einbezug eines Communications Controlling.
>
> Wertorientiertes Kommunikationsmanagement bietet dabei qualitative und quantitative Kennzahlen zur Bewertung von Unternehmungen an, die sich aus den dialogischen Kommunikationsbeziehungen ergeben und als kommunikationsorientierte Rechnungslegung in das gesamte Kennzahlensystem integriert werden.

1.4. Stand der Forschung

> Abschliessend zur Ausgangslage wird in diesem Kapitel der Stand der Forschung zu Public Relations (PR) (A.1.4.1.) und zur integrierten Unternehmenskommunikation beziehungsweise Corporate Communications (CC) (A.1.4.2.) beschrieben. Die PR-Forschung ist der Kommunikationswissenschaft zuzuordnen, während sich die CC-Forschung mit dem Management der Unternehmenskommunikation beschäftigt und somit teilweise in den Bereich der Wirtschaftswissenschaft fällt. In diesem Kapitel geht es nur um die beiden Hauptrichtungen der Forschung; die Forschung zu Detailaspekten wird in den entsprechenden Kapiteln der Abschnitte B und C erläutert.

Es gibt eine Vielzahl von wissenschaftlichen Arbeiten zu den Themen Öffentlichkeitsarbeit und **Public Relations** – mithin den wesentlichen Hauptbegriffen zum Thema Kommunikationsmanagement. Sie stammen im Wesentlichen aus der Kommunikationswissenschaft. Der wissenschaftliche Mainstream ist hierbei insbesondere auf die Frage ausgerichtet, ob und wie eine eigenständige kommunikationswissenschaftliche Grundlage und Perspektive für die PR-Forschung gelegt werden kann.

Zusätzlich gibt es einige umfassendere Ansätze für die integrierte Unternehmenskommunikation beziehungsweise **Corporate Communications**, die zwar keine Ansätze für Management-Modelle im hier beschriebenen ganzheitlichen Sinne der Integration der Unternehmenskommunikation in das Management darstellen, wohl aber das Management der Unternehmenskommunikation darlegen. Hier liegt der wissenschaftliche Mainstream darin, alle für die integrierte Unternehmenskommunikation notwendigen Instrumente zu definieren.

Daneben gibt es eingeführte Spezialdisziplinen wie Investor Relations, Corporate Branding oder Issue, Value, Reputation oder Knowledge Management, die Teilbereiche oder Teilaspekte des Themas Kommunikationsmanagements behandeln. Sie werden in verschiedenen Teilbereichen der Wissenschaftsdisziplinen Kommunikations- und Wirtschaftswissenschaften behandelt. Hier liegt der wissenschaftliche Mainstream vor allem in einer sehr detaillierten kommunikationsorientierten Ausarbeitung der jeweiligen Spezialdisziplin, ohne dass das gesamte Realgebilde berücksichtigt wird. Die Spezialdisziplinen werden in den folgenden Abschnitten B und C an den relevanten Stellen behandelt, während die beiden Forschungsrichtungen, Public Relations und Corporate Communications, in diesem Kapitel vorgestellt werden.

1.4.1. Forschungsstand zu Public Relations

Im von Bentele/Fröhlich/Szyszka herausgegebenen Sammelband »Handbuch der Public Relations«[43] konstatieren die Autoren einleitend, dass die Frage, ob das Handeln der Public Relations (PR) überhaupt stattfindet, kaum thematisiert wird, sondern im Prinzip positiv vorausgesetzt wird (Bentele/Fröhlich/Szyszka 2005, S.9). Das trifft den Kern der PR-Forschung, dass sozusagen die Begründung für die Notwendigkeit von PR nicht gegeben ist, und zwar weder in der Kommunikationswissenschaft noch in der Wirtschaftswissenschaft.

Bentele/Will erkennen in der PR-Wissenschaft eine im Entstehen befindliche Disziplin: »In dem Masse, in dem dieser Gegenstand als einheitlicher untersucht wird, kann von einer ›PR-Wissenschaft‹ bzw. einer wissenschaftlichen Disziplin ›Kommunikationsmanagement‹ gesprochen werden« (Bentele/Will 2006, S. 155), die in der Kommunikationswissenschaft und der Wirtschaftswissenschaft erforscht wird. In diesem Unterkapitel geht es deshalb zunächst um die Grundlagen der Kommunikationswissenschaft, die bis dato eher als Sonderforschungsfeld PR umrissen wurde.

Burkart legt mit »Kommunikationswissenschaft – Grundlagen und Problemfelder – Umrisse einer interdisziplinären Sozialwissenschaft« die wohl umfassendste Gesamtdarstellung zur Kommunikationswissenschaft[44] vor. In seiner Einleitung heisst es:

»Das Wort ›Kommunikation‹ ist vom modischen Etikett längst zum selbstverständlichen Bestandteil der Alltagssprache geworden. In der Regel geht es dabei auch um etwas ganz Alltägliches. ... Gerade diese Alltäglichkeit verdeckt jedoch zum Grossteil die Komplexität des Prozesses, der dabei intendiert wird. Sie wird erst bei näherer Betrachtung erkennbar und kommt unter anderem auch darin zum Ausdruck, dass Kommunikation in verschiedenen Wissenschaften aus unterschiedlichen Perspektiven als Erkenntnisobjekt auftaucht. Und keines dieser Fächer kann für sich in Anspruch nehmen, dem Kommunikationsprozess in allen seinen Dimensionen gerecht zu werden. Das Fach, aus dessen Perspektive der Kommunikationsprozess in diesem Buch betrachtet wird, ist die Publizistik- und Kommunikationswissenschaft« (Burkart 1998, S. 17).

Diese Aussage Burkarts ist wichtig, um die Wissenschaftsdisziplin festzulegen, auf deren Basis in dieser Arbeit das Kommunikationsmanagement behandelt werden soll. Die Publizistik- und Kommunikationswissenschaft bleibt im Rahmen dieser Arbeit eine Hilfswissenschaft, deren wissenschaftliche Erkenntnisse zum Kommunikationsprozess, zur Massenkommunikation und/oder als interdisziplinäre Sozialwissenschaft von grosser Bedeutung sind, aber nicht im Kern der Analyse stehen. Es geht hier nicht um Agenda-Setting, Sender-Empfänger-Modelle oder Medientheorie, die zwar alle für den unternehmerischen Gestaltungsprozess als Hilfsmittel zu nutzen sind, aber nicht den Kern der Analyse darstellen.[45]

Burkart spricht bewusst von kommunikationstheoretischen Ansätzen und nicht von Theorien, um damit herauszustreichen, dass über strenge Allaussagen in den Sozialwis-

---

43 Der Sammelband gibt vor allem einen sehr guten Überblick zu den verschiedenen disziplinären Perspektiven und den bestehenden Theorien und Modellen im Kontext der PR-Forschung. Eine Reihe der dort publizierenden Autoren werden im folgenden Überblick zum Stand der Forschung zur PR mit ihren im Sammelband kurz vorgestellten Ansätzen ohnehin berücksichtigt.
44 Einen Überblick zu dieser Wissenschaftsdisziplin geben vor allem auch Holtz-Bacha/Kutsch (2002); Glotz (2004) oder auch Pürer (2003).
45 Zu Agenda-Setting vgl. bspw. McCombs (2004); zu Sender-Empfänger-Modelle vgl. bspw. Sottong (1998).

senschaften eigentlich nicht verfügt wird. Auf der Basis dieser Theorieauffassung ordnet er den kommunikationstheoretischen Ansätzen drei allgemeine Dimensionen zu: Erstens eine grundlegende Dimension nach der Sichtweise des Erkenntnisobjektes Kommunikation, zweitens eine zweckorientierte Dimension nach dem Kommunikationsinteresse und drittens eine konkrete Dimension nach der Wahl des kommunikativen Realitätsbereiches.

In der Kommunikationswissenschaft werden die ökonomische und die gesellschaftliche Dimension oftmals im Kontext insbesondere der Medienökonomie[46], der Informationsgesellschaft oder der Medien und Kommunikationsgesellschaft verwendet. Schenk definiert: »Zum Forschungsgegenstand der Medienökonomie gehören die ökonomischen Aspekte des Mediensystems und deren Bedeutung für die Struktur und Funktion des gesamten Informationssystems. In der Hierarchie der Systeme stellt das Informationssystem in diesem Zusammenhang eine höhere, das heisst umfassendere Systemebene dar. Die Medienökonomie beschränkt sich damit nicht nur auf die Betrachtung ökonomischer Aspekte des Mediensystems im engeren Sinne, sondern betrachtet auch die Konsequenzen der Ökonomisierung für das gesamte Kommunikations- und Informationssystem der Gesellschaft« (Schenk 1989, S. 4).[47]

Innerhalb dieser Kommunikations- und Publizistikwissenschaft ist **Public Relations**[48] ein spezielles Forschungsfeld. Röttger legt in einem Herausgeberband »Theorien der Public Relations – Grundlagen und Theorien der PR-Forschung« das Problem der Kommunikationswissenschaft offen: »Public Relations wurde von der deutschsprachigen Kommunikationswissenschaft spät entdeckt, lange Zeit nur wenig erforscht und bis heute in grossen Teilen einseitig wahrgenommen – dieser Dreiklang prägte und prägt die PR-Theoriebildung bis heute« (Röttger 2004, S. 8). Mit Bezug auf die für diese Arbeit notwendige betriebswirtschaftliche Perspektive heisst es weiter: »Nicht nur mit Blick auf die jeweiligen Referenzpunkte unterscheiden sich die Perspektiven von BWL und Kommunikationswissenschaft auf Public Relations: Entscheidender Unterschied ist zudem der gehaltvollere und differenziertere Kommunikationsbegriff der Kommunikationswissenschaft. In zahlreichen betriebswirtschaftlichen Ansätzen findet sich bis heute ein unterkomplexes Verständnis von Kommunikation im Sinne eines Input-Output-Modells beziehungsweise als Endcoding-Decoding-

---

46 Zur Medienökonomie bietet sich vor allem auch Heinrichs Zweibänder »Medienökonomie« an, dessen erster Band zu Mediensystem, Zeitung, Zeitschrift, Anzeigenblatt in zweiter Auflage (2001) vorliegt. Heinrich (1999) beschreibt im zweiten Band Hörfunk und Fernsehen.

47 Karmasin geht bereits weiter: »Unsere Auffassung der Medienökonomie als umfassende Medientheorie geht jedoch einen Schritt weiter. Sie will als allgemeine Theorie medialer Kommunikation die vielen Ansätzen zugrundeliegende Dichotomie kommunikationswissenschaftlicher und ökonomischer Auffassungen der Medien überwinden. Deshalb muss die Medienökonomie (...), transdisziplinär verfasst sein. Eine solche transdisziplinäre Auffassung stellt u. E. auch die einzig adäquate wissenschaftliche Reaktion auf die Komplexität aktueller medialer Strukturen dar« (Karmasin 1998, S. 35). Karmasin definiert weiter die Medien- und Kommunikationsgesellschaft: »In allen Interpretationen der Informationsgesellschaft kommt den Medien eine zentrale Rolle zu. Diese zentrale Rolle wird in der Auffassung der Informationsgesellschaft als Mediengesellschaft reflektiert. (...) In einer Gesellschaft, die solcherart durch eine generelle Zunahme an Kommunikationschancen gekennzeichnet ist und in der Lebenswelten immer mehr medial bestimmt sind, geht es aber nicht mehr um Medien bzw. um Kommunikation bzw. um Mediatisierung per se, sondern um Prozesse der Selektion und damit der angemessenen Reaktion auf den Überschuss an Information. ... Die eigentliche Leistung der Medien ist also nicht mehr die Vermassung und Verbreitung der Information, die Kommunikation als solche, sondern die Information über Information« (Karmasin 1998, S. 29).

48 Andere grundlegende Werke zur PR sind bspw. Kunczik (2002) oder Merten (2001). Zudem behandelt dieses Forschungsfeld auch sehr intensiv das Verhältnis von Journalismus und PR. Vgl. dazu grundlegend Baerns (1985) oder in jüngerer Zeit Altmeppen/Röttger/Bentele (2004).

1. Ausgangslage

Prozess (Shannon/Weaver 1976; exemplarisch für die Marketingliteratur Kotler/Bliemel 1999). Fragen des Verstehens, der Akzeptanz oder etwa der Wirkung von Kommunikation bleiben damit in betriebswirtschaftlichen Überlegungen meist unterbelichtet« (ebenda, S. 10).

Röttger muss mit Bezug für den in der Kommunikationswissenschaft als Synonym für Unternehmenskommunikation verwendeten Begriff der Organisationskommunikation folgendes festhalten: »Kommunikationswissenschaftliche PR-Ansätze berücksichtigen stärker den organisatorischen Gesamtkontext, zugleich wird in ihnen jedoch die ökonomische Dimension des strategischen Kommunikationsmanagements und das Verhältnis von Unternehmenskommunikation und Unternehmenswert in der Regel zu wenig berücksichtigt« (ebenda, S. 9). Sie verweist auf Mast (2002) und Zerfaß (2004a) als Ausnahmen von dieser Feststellung, die allerdings im hier bereits einleitend erwähnten Verständnis unzureichend sind, wenn es um eine tatsächliche Anbindung an die Nomenklatur des Strategischen Managements geht.

Röttgers Sammelband ist neben dem bereits erwähnten Sammelband von Bentele/Fröhlich/Szyszka (2005) das aktuellste und umfassendste Werk einer kommunikationswissenschaftlichen Grundlage und Perspektive der PR-Forschung.[49] Im Abschnitt über Grundlagen und Systematisierungen gibt es einige Beiträge, auf die hier verwiesen sein soll:

Merten stellt die Frage, ob man PR-Theorien anders systematisch modellieren kann. Mit Bezug auf die Beliebigkeit der Theoriewahl in den Public Relations heisst es: »Ich werde daher ganz im Gegenteil zunächst versuchen zu begründen, warum es eine einheitliche Theorie der PR geben muss und ich werde in einem zweiten Schritt versuchen zu zeigen, dass die derzeit beste dafür mögliche Theorie die Systemtheorie ist« (Merten 2003, S. 47ff.). Für Merten ist offensichtlich, dass für eine Theorie der PR die Systemtheorie der aussichtsreichste Theorietyp ist. Für ihn macht sie den Kausalitätsbegriff entbehrlich, die Entstehung von Systemen beschreibbar, die Systeme von der Mikroebene (in Anlehnung an Luhmann und seine Begriffsfassung der Kommunikation als kleinstem sozialem System) bis hin zur Organisation auf der Makroebene der Gesellschaft nutzbar und ist für Merten hilfreich, um die Beziehung zwischen den Systemebenen herzustellen.

Bruhn/Ahlers schliessen den Grundlagen- und Systematisierungsabschnitt ab. In ihrem Beitrag zur Rolle von Marketing und Public Relations in der Unternehmenskommunikation, der als Bestandesaufnahme und Ansatzpunkt zur verstärkten Zusammenarbeit verstanden

---

49 Röttger stellt als Ergebnis ihrer Berufsfeldstudie zur PR fest, dass eine erhebliche Diskrepanz zwischen theoretischer Konzeption und praktischer Umsetzung im Hinblick auf die Einbindung kommunikativer Aufgaben und Funktionen in das Strategische Management und damit in die Entscheidungsprozesse von Unternehmungen besteht (Röttger 2000, S.330f.). Röttger zeigt am Beispiel der PR, dass – in Deutschland – Öffentlichkeitsarbeit überwiegend nicht im Sinne einer Management-Funktion wahrgenommen wird, was eine hierarchiehohe Ansiedlung der PR, ihre Einbeziehung in organisationspolitische Entscheidungsprozesse und eine wechselseitige Verschränkung von Kommunikations- und Organisationsstrategie implizieren würde (ebenda, S. 330f.). Als weiteren Forschungsbedarf sieht sie daher die Analyse der Einflussfaktoren und Bedingungen einer Integration von PR auf höchster Unternehmensebene. Röttger/Hoffmann/Jarren (2003) haben zudem eine umfangreiche Berufsfeldstudie zu Public Relations in der Schweiz vorgelegt, in der sie die Antworten von 950 PR-Verantwortlichen auswerten. Sie kommen zum Ergebnis, dass die Kommunikationsbranche in der Schweiz in den letzten Jahren zwar stark gewachsen ist, das Berufsfeld PR aber nicht klar definiert werden kann. Unklar bleibt beispielsweise die Abgrenzung zwischen Marketing und Werbung. Zudem machen die Autoren einen höheren Professionalisierungsgrad bei den externen PR-Beratungsagenturen aus, was mit der Tatsache korrespondiert, dass in den Unternehmungen Öffentlichkeitsarbeit mehrheitlich nicht zum zentralen Aufgabenbereich der Personen gehört, die dafür verantwortlich sind.

werden soll, machen die Autoren deutlich, wie das Verhältnis zwischen Marketing und PR zu beschreiben ist: »Im Kern geht es um die Frage, welche Rolle Marketing und Public Relations im Kommunikationsmix von Unternehmen spielen – aber ganz zugespitzt auch und insbesondere um die Frage, welche der beiden Disziplinen eine Vormachtstellung (im Sinne einer Führungsrolle) für die Unternehmenskommunikation beanspruchen will und durchsetzen kann« (Bruhn/Ahlers 2004, S. 97 ff.).

Für die Autoren lässt sich die Problemdimension in eine Hierarchie-, Akzeptanz-, Strategie- und Ressourcendimension unterscheiden. Mit Bezug auf die Strategiedimension heisst es dabei: »Das Ansehen eines Kommunikationsinstruments steht häufig im Zusammenhang damit, ob ihm eher eine strategische oder taktische Bedeutung zugesprochen wird. So ist in der Marketingliteratur weitgehend unbestritten, dass Marketing zu den strategischen Unternehmensfunktionen zählt. (…) Für Public Relations indessen gehen die Meinungen auseinander. So schreiben zahlreiche PR-Wissenschaftler Public Relations eine strategische Bedeutung innerhalb des Unternehmens zu (…), die von Marketingwissenschaftlern jedoch nicht uneingeschränkt bestätigt wird. (…) Auch Grunig stellte im Jahr 1992 fest, dass die meisten Theorien über Strategisches Management die Präsenz von Public Relations verneinten und Public Relations eher Instrumentalcharakter zugebilligt würde« (ebenda, S. 99).

Diese Einschätzung ist völlig richtig und beschreibt das Problem der kommunikationswissenschaftlich orientierten PR-Forschung, die keinen Beitrag zur Einbindung dieser Disziplin in das Strategische Management liefern kann. Allerdings meinen Bruhn/Ahlers abschliessend auch, dass eine Prozessbetrachtung vor diesem Hintergrund die Möglichkeit einer Beseitigung (oder zumindest Abschwächung) bestimmter Konflikte zwischen Marketing und Public Relations bietet, womit letztlich auch der Gesamtkommunikation geholfen ist. »Die Prozessanalyse der Unternehmenskommunikation fügt sich dabei in das übergeordnete Managementmodell der Unternehmenskommunikation ein und wird durch crossfunktionale Teams und entsprechende Anreizsysteme umgesetzt« (ebenda, S. 111).

Einen Überblick über den Stand den Forschung von Public Relations, deren Einordnung und Auffächerung geben Bentele/Will. Sie verweisen auf die Vielzahl der Definitionen, die aus der Betrachtung der Public Relations aus unterschiedlichen Perspektiven herrühren und auf die damit verbundene Varianz in der Verortung und Bedeutungsbeimessung. So betonen sie, dass PR häufig als ein Instrument innerhalb der Kommunikationspolitik (oder des Kommunikationsmix) von Unternehmen aufgefasst wird und daher in dieser wirtschaftswissenschaftlichen Sichtweise dem Marketing untergeordnet wird (Bentele/Will 2006, S. 154). »Erst neuere Ansätze geben die Unterordnung auf oder ›erfinden‹ Marketing als Kommunikation unter dem Begriff ›integrierte Marketingkommunikation‹ neu« (ebenda, S. 154). Auch aus kommunikationswissenschaftlicher Perspektive, die organisationsbezogen ist, wird PR »vor allem als Tätigkeit, häufig als Teil bzw. Funktion von Organisationen, darüber hinaus als Funktionselement innerhalb der gesamten Gesellschaft gesehen« (ebenda, S. 155).[50]

---

[50] Bentele/Will (2006, S. 156 ff.) geben in ihrem Beitrag auch einen Überblick zu den bestehenden Ansätzen in der PR-Theorie, die sie in allgemeine Theorien und Theorien mittlerer Reichweite einteilen. Eine ausführlichere Darstellung dieser Theorie-Einteilung bietet der Sammelband von Bentele/Fröhlich/Szyszka (2005), der in Teil 2 durch verschiedene Autoren einzelne Theorien beschreibt. Darin beschreibt Szyszka (2005, S. 161 ff.) die organisationsbezogenen Ansätze der allgemeinen Theorien. Dazu zählt er auch den Ansatz von Grunig/Hunt (1984): Managing Public Relations, der insbesondere von Grunig in diversen Forscherteams weiterentwickelt wurde. Dieser Ansatz der Excellence in Public Relations ist aber von der betriebswirtschaftlichen Managementlehre nie ernsthaft aufgenommen worden, wie Bentele/Will (2006, S. 160) dazu festhalten.

1.4.2. Forschungsstand zu Corporate Communications

Die Forschung zu **Corporate Communications** ist im Wesentlichen durch die angelsächsische Literatur bestimmt. Im deutschsprachigen Umfeld ist diese Forschungsrichtung am ehesten mit Ansätzen der »integrierten Unternehmenskommunikation« zu vergleichen. Beide sind auf das Management der Unternehmenskommunikation ausgerichtet und insofern besser von einer wirtschaftwissenschaftlichen Perspektive aus zu betrachten.

Kirchner hat eine umfangreiche theoretische und empirische Bestandsaufnahme bezüglich des Konzeptes der **Integrierten Unternehmenskommunikation** vorgelegt, die zwar als Dissertationsschrift vom Institut für Kommunikationswissenschaft an der Universität Salzburg angenommen wurde, aber den amerikanischen marketingorientierten Ansatz der Integrated Marketing Communications (IMC) verarbeitet.

Kirchners Problemstellung liefert einen »Beitrag zur Klärung dieser Frage – was denn Integrierte Unternehmenskommunikation ist – beziehungsweise zur Synthese und Überprüfung vorhandener Konzepte«. Ihre Forschungsfragen rangieren von »Was ist Integrierte Unternehmenskommunikation?« bis zu der Frage, ob das »Stufenmodell der Integrierten Unternehmenskommunikation in der Unternehmensrealität verifiziert wird« (Kirchner 2001, S. 19 f.).

Kirchner operiert mit dem auch in der Wirtschaftswissenschaft vielfach verwendeten Begriff der »Integrierten Unternehmenskommunikation«. Zur Begriffsdefinition der Integrierten Unternehmenskommunikation führt Kirchner aus:

»Nachdem die Notwendigkeit für Integration erkannt wurde, hat die Wissenschaft darauf mit der Entwicklung von Definitionen und Konzepten reagiert. Das Konzept der Integrierten Unternehmenskommunikation ist ein holistischer Ansatz, der versucht, über die Grenzen, die durch die Unterteilung von Kommunikation in Disziplinen wie Werbung, Sponsoring, Public Relations, Interne Kommunikation, Verkaufsförderung usw. errichtet wurden, hinwegzusehen. Es geht darum, Kommunikation so auszurichten bzw. so unter Beschau zu nehmen, wie Kunden und andere Bezugsgruppen sie erleben – als einen Fluss von Informationen von nichtunterscheidbaren Quellen. Wie jedes begriffliche Konstrukt, so steht auch das Konstrukt ›Integrierte Unternehmenskommunikation‹ für vielfältige Inhalte. Manche bezeichnen sie als ein ›gedankliches Konstrukt‹, andere als ›Prozess‹, wieder andere bezeichnen es als ›Optimierungskonzept‹« (ebenda, S. 34 f.).

Kirchner entscheidet sich in ihrer Definition für Integrierte Unternehmenskommunikation als »Prozess des Kommunikationsmanagements und als Bestandteil eines Integrierten Beziehungsmanagements« und definiert folgendermassen: »Integrierte Unternehmenskommunikation ist der Prozess des koordinierten Managements aller Kommunikationsquellen über ein Produkt, einen Service oder ein Unternehmen, um gegenseitige vorteilhafte Beziehungen zwischen einem Unternehmen und seinen Beziehungsgruppen aufzubauen und zu pflegen« (ebenda, S. 36). Aus dieser Überlegung heraus stellt Kirchner drei Bündel von Elementen für die Integrierte Unternehmenskommunikation heraus: Managementtheoretische, marketingtheoretische und kommunikationstheoretische Elemente der Integrierten Unternehmenskommunikation.

Auf dieser Basis stellt die Autorin verschiedene Modelle der Integrierten Kommunikation vor: Bruhn's Modell der Integrierten Unternehmenskommunikation, Kommunikationsmanagement nach Zerfaß, Gronstedt's Stakeholder Relations-Modell der Integrierten Kommunikation, Grunig's Konzeption vom Kommunikationsmanagement und das Northwestern

University-Modell der Integrierten Unternehmenskommunikation. Insgesamt kommt Kirchner bei der Behandlung der bestehenden Modelle zu dem Schluss, dass »das Integrationskontinuum eine Auflistung jener Variablen dar(stellt – der Autor), die Unternehmen erfüllen müssen, die ihren Kunden insgesamt eine integrierte Erfahrung ermöglichen wollen. (...) Die Mikroebene der Integration umfasst die Integration der Unternehmenskommunikation, für die – so die Hypothese – so genannte Stufen oder Ebenen unterschieden werden können« (ebenda, S. 183).[51]

Kirchners Ansatz der »integrierten Unternehmenskommunikation« auf Basis einer theoretischen und empirischen Bestandsaufnahme amerikanischer Grossunternehmungen analysiert das Konzept der Integrated Marketing Communications (IMC), welches insbesondere von Kitchen/Schultz, aber auch von Caywood an der Northwestern University Anfang der 90er Jahre entwickelt wurde.

Ihr Ansatz ist somit ein organisationstheoretischer Kommunikationsansatz, auch wenn sie marketingtheoretische Perspektiven (als Teil der organisationstheoretischen Perspektive) berücksichtigt. Kirchner stimmt der bezugsgruppenzentrierten Sichtweise als Fokus des Strategischen Management ausdrücklich zu und begründet dies folgendermassen:

»Die bezugsgruppenorientierte Sichtweise sollte jedoch – unabhängig von der Machtsituation – vor allem deshalb eingenommen werden, weil sich einerseits die Ansprüche der Umweltsysteme an die Unternehmen geändert bzw. erhöht haben und andererseits die Instrumentalisierung der Mediensysteme zur Kritik an den Unternehmen vielen Gruppen Gehör verschafft, was zu sofortigen oder langfristigen Umsatzeinbussen und damit zur Umkehrung der Machtsituation führen kann« (ebenda, S. 37).

Sie weist in diesem Zusammenhang allerdings darauf hin – mit Bezug auf Janisch (Janisch 1992, S. 23) – dass die bisher bestehende Anspruchsgruppen- bzw. Stakeholder-Literatur nicht über die Analyse und Erkennung der Anspruchsgruppen und der damit verbundenen Grundproblematik hinausgeht und damit mit anderen Worten die für das strategische Denken und Handeln einer Unternehmung ausserordentlich wichtigen, mit der Anspruchsgruppen-Problematik verbundenen Schlussfolgerungen praktisch unberücksich-

---

51 Kirchner untersucht in ihrer empirischen Studie von 1997 die Umsetzung des Konzepts der integrierten Unternehmenskommunikation und erarbeitet dafür einen Vorschlag zur Operationalisierung der Umsetzung im Forschungsprozess (Kirchner 2001, S. 269 ff.). Sie kommt zu dem Ergebnis, dass in fast zwei Dritteln der untersuchten Unternehmungen Kommunikationsaufgaben an der Unternehmensspitze aufgehängt sind und der Kommunikationschef direkt an ein Vorstandsmitglied rapportiert. Organisiert sind die Mehrzahl der Kommunikationsfunktionen, die im überwiegenden Teil der Unternehmungen in ihrer Gesamtheit zur Anwendung kommen, entweder unter der Dachabteilung Marketing oder aber unter der Dachabteilung Corporate Communications, wobei die Kompetenzaufteilung zwischen den beiden Abteilungen im Vergleich zur Struktur noch recht traditionell erscheint. Im Hinblick auf die strategische Ausrichtung ergab die Untersuchung, dass die kurzfristige Verkaufsorientierung bei den meisten Firmen noch überwiegt. Gleichzeitig fand sie heraus, dass die Verantwortlichen von einer Steigerung des Kommunikationsbudgets im Lauf der nächsten Jahre ausgehen. Zudem ist das Integrationsausmass der Kommunikationsfunktionen in der Wahrnehmung der Befragten sehr hoch und fast alle Unternehmungen haben Massnahmen initiiert, die die formale und inhaltliche Integration vorantreiben sollen. Kirchner kommt aufgrund ihrer deskriptiven Analyse insgesamt zum Schluss, dass die Kommunikationskoordination schon weit fortgeschritten ist, allerdings noch weiteres »Integrationspotenzial« insbesondere im Hinblick auf die strategische Verankerung und die Bezugsgruppen Orientierung vorhanden ist.

tigt lässt. Insofern stellt Kirchners Ansatz zwar auf Stakeholder Relations ab, betrachtet diese aber mehr aus einer organisationalen Perspektive.[52]

Am weitesten in der Theorieentwicklung ist die betriebswirtschaftliche Teildisziplin des Marketings, wobei nur wenige Autoren dabei tatsächlich die Unternehmenskommunikation in den Vordergrund rücken[53]: Bruhns (2003) in dritter Auflage vorliegendes Buch zur »Integrierten Unternehmens- und Markenkommunikation«[54] bildet die grosse Ausnahme und erkennt in der Dialogkommunikation »Aufbau und Intensivierung der Beziehung zu den Zielgruppen, vor allem Kundenbindung« als die zentrale Aufgabe der Kommunikationspolitik[55], wie das Schaubild über die Entwicklungsphasen der Kommunikation sehr gut verdeutlicht.

Bruhn definiert die »Integrierte Kommunikation«[56] als einen »Prozess der Analyse, Planung, Organisation, Durchführung und Kontrolle, der darauf ausgerichtet ist, aus differenzierten Quellen der internen und externen Kommunikation von Unternehmen eine Einheit herzustellen, um ein für die Zielgruppen der Kommunikation konsistentes Erschei-

---

52 Grundsätzlich bemerkt Janisch über das Verhältnis zwischen Unternehmung und Anspruchsgruppen im Fazit ihrer Dissertation »Das strategische Anspruchsgruppenmanagement – vom Shareholder Value zum Stakeholder Value« folgendes: »Eine Unternehmung – will sie langfristig sinnvoll überleben – muss nicht nur auf dem Markt, sondern insbesondere vor sämtlichen strategischen Anspruchsgruppen und deren Nutzenvorstellungen bestehen. (…) Dies bedeutet mit anderen Worten, dass die Unternehmung im klaren Bewusstsein, bezüglich der sinnvollen Überlebensfähigkeit von ihren strategischen Anspruchsgruppen abhängig zu sein, sämtliche Aktivitäten und Entscheidungen auf ihre Anspruchsgruppen ausrichtet, mit den beiden Hauptbestrebungen, die direkte Bedrohung durch die Anspruchsgruppen zu mindern, respektive wenn möglich deren Gegenleistungsbeiträge durch entsprechende Massnahmen zu erhöhen« (Janisch 1992, S. 413). Diese Einschätzung lässt sich nur durch einen Dialog mit den einzelnen Anspruchsgruppen umsetzen; denn ansonsten kann man ja gar nicht die jeweiligen Nutzenvorstellungen abfragen und aufeinander abstimmen. Insofern ist ihre Schlussfolgerung zwar abgehoben, dennoch auf das Verständnis zwischen Unternehmung und Anspruchsgruppen ausgerichtet: »Ähnlich also wie ein Staatsmann, der vor dem Plebiszit seiner Wähler bestehen muss, von denen er direkt abhängig ist, gilt es für die Unternehmung und deren Führung – will sie auch zukünftig ihre sinnvolle Daseinsberechtigung gesichert wissen – vom Plebiszit ihrer Anspruchsgruppen getragen zu werden« (ebenda, S. 424).
53 Weitere Autoren, die versuchen eine Brücke zwischen Management und Kommunikation zu schlagen, sind Bleicher (1986), Dill (1986) oder Bruhn/Dahlhoff (1993).
54 Bruhn hat 1997 gemeinsam mit Boenigk eine empirische Untersuchung zum Stand der Integrierten Kommunikation in Deutschland und der Schweiz durchgeführt (Bruhn/Boenigk 1999). Darin kommen die Autoren zu einem ähnlichen Ergebnis wie Rolke in seiner 2002 durchgeführten Studie (vgl. Bruhn/Ahlers 2004, S. 75 f.). Auf inhaltlicher Ebene kommen Bruhn/Boenigk zu dem Ergebnis, dass Mediawerbung, PR und Verkaufsförderung als wichtig erkannt werden und im Fall der beiden Erstgenannten auch strategisch hoch eingestuft werden. Allerdings fliessen den einzelnen Instrumenten Ressourcen unterschiedlichen Umfangs zu: Für die Mediawerbung wird der grösste Teil ausgegeben, während PR bei der Mittelzuwendung erst auf dem sechsten Platz folgt. (vgl. ebenda 2004, S. 76).
55 Bruhns (2003) Abhandlung zum hier analysierten Forschungsfeld heisst auch »Kommunikationspolitik«. Weitere Arbeiten dieses Autors zum genannten Forschungsfeld sind »Integrierte Kommunikation in Theorie und Praxis« (2000) oder »Marktorientierte Unternehmensführung« (1997).
56 Eine gemeinsame Behandlung des Themas aus verschiedenen Wissenschaftsperspektiven zu Integrierter Kommunikation in Theorie und Praxis liefern Bruhn/Schmidt/Tropp (2000) als Herausgeber eines Sammelbandes über betriebswirtschaftliche und kommunikationswissenschaftliche Perspektiven. In ihrem Vorwort heisst es: »Über Integrierte Unternehmenskommunikation zu sprechen gleicht einer Rechnung mit drei Unbekannten: Unternehmen, Kommunikation und Integration. Wie immer man diese Unbekannten theoretisch wie praktisch füllt, immer erweist sich sofort, dass jede Startoperation weitreichende Folgen hat, da keines der drei Konzepte ohne Berücksichtigung der anderen bestimmt werden kann« (Bruhn/Schmidt/Tropp 2000, S. V). Allerdings bleiben die dort vorgestellten Perspektiven nebeneinander stehen, statt integriert betrachtet zu werden.

	Phase der unsystematischen Kommunikation (50er Jahre)	Phase der Produktkommunikation (60er Jahre)	Phase der Zielgruppenkommunikation (70er Jahre)	Phase der Wettbewerbskommunikation (80er Jahre)	Phase des Kommunikationswettbewerbs (90er Jahre)	Phase der Dialogkommunikation (ab 2000)
Zentrale Aufgabe der Komm.-Politik	Information, Erinnerung an »alte« Marke	Kommunikative Unterstützung des Verkaufs	Vermittlung eines zielgruppenspezifischen Kundennutzens	Kommunikative Profilierung gegenüber Wettbewerbs-Marken	Vermittlung eines konsistenten Bildes des Unternehmens	Aufbau und Intensivierung der Beziehungen zu den Zielgruppen, v. a. Kundenbindung
Relevante Zielgruppen	Relativ undifferenziert, auf Endverbraucher gerichtet	Handelskomm. gewinnt an Bedeutung	Vertikales Marketing: verbraucher- und handelsbezogene Komm.	Erweiterung der Zielgruppen um die Öffentlichkeit	Integration der externen Marktkomm. und internen Komm.	Externe und interne Anspruchsgruppen
Bedeutung der Komm. im Marketingmix	Geringe Bedeutung	Ergänzung zu Produkt- und Verkaufspolitik	Gleichberechtigte Bedeutung gegenüber anderen Mixelementen	Komm. wird wichtiger als der Preis (Komm.-mix)	Zentrale Bedeutung für die Durchsetzung am Markt	Komm. als zentrales Element im Beziehungsmarketing
Zentrales Komm.-Objekt	Einzelne Produkte/ Marken	Produkte und Produktlinien	Verschiedene Markenstrategien	Neben dem Produkt wird das Unternehmen als Ganzes kommuniziert	Produkt und das Unternehmen hinter dem Produkt	Marken, das Unternehmen selbst, Kundenbeziehungen
Schwerpunkte im Einsatz von Komm.-Instrumenten	Mediawerbung, Plakate	Mediawerbung, Verkaufsförderung, Persönliche Komm.	Mediawerbung, Verkaufsförderung, Persönliche Komm., Messen und Ausstellungen	Imagewerbung, Public Relations, Sponsoring, Direct Marketing	Individuelle Werbung, Event Marketing, Tele-Marketing, Dialogkomm.	Primär dialogorientierte Komm.-instrumente (v. a. Direct Marketing, Pers. Komm., Online-Komm., Interne Komm. sowie klassische Komm.-Instrumente, die um dialogische Komponenten erweitert werden
Verhalten von Rezipienten	Kaum Verhaltensbeeinflussung, eher Wecken von Neugierde	Nutzung der Komm. als zuverlässige Produktkomm.	Beginnendes Misstrauen gegenüber Werbeversprechen	Sinkende Glaubwürdigkeit der Komm. und Reaktanz (Zapping)	Informationsüberlastung, Ablehnung der klassischen Werbung	Hohe Anspruchshaltung, sinkende Kundenbindung u. -zufriedenheit, abnehmende Unternehmensloyalität, Abwechslungssuchende (Variety Seeker)
Bedeutung der Werbeträger	Zeitungen, Plakate	Zeitungen, Rundfunk	Fernsehen, Printmedien, Rundfunk	Fernsehen, Printmedien, Rundfunk	Suche nach alternativen Medien (z. B. Ereignisse)	Abkehr von Medien der Massenkomm., Suche nach Medien, die einen Dialog zwischen dem Unternehmen und seinen Zielgruppen ermöglichen

1. Ausgangslage

Kosten der Komm.	Relativ unbedeutend im Marketingmix	Investitionen in Vertriebs-Komm.	Investitionen in den Aufbau von Marken	Steigende Kosten für vielfältigen Einsatz von Komm.-Instrumenten	Überproportionale Steigerung der Komm.-Kosten	Überproportionale Steigerung, Kostenexplosion bei klassischen Medien, sehr hohe Pro-Kopf-Ausgaben bei Pers. Komm.
Rolle der Agenturen	Geringe Bedeutung von Agenturen, direkter Kontakt zu Medienunternehmen	Etablierung von Werbeagenturen	Überwiegend Full-Service-Agenturen	Beginn der Herausbildung von Spezialagenturen (PR-, VFK, Sponsoring-Agenturen)	Zurück zu Full-Service-Agenturen, Agenturnetzen	Abnahme der Bedeutung klassischer Mediaagenturen, Bedeutungszunahme spezialisierter Agenturen mit Kompetenzen im Relationship Marketing
Organisation der Komm. im Unternehmen	Keine kommunikationsspezifischen Organisationseinheiten	Etablierung von Stabsabteilungen	Komm. als Aufgabe der Linie, häufig nach Produktgruppen getrennt (Produktmanagement)	Spezialabteilungen für einzelne Komm.-Instrumente	Despezialisierung in der Organisation, Einsatz von Komm.-Managern	Dezentrale Einheiten, Prozessorientierung, Projektorganisation, Enpowerment der Mitarbeiter
Hauptprobleme im kommunikativen Auftritt	Keine kommunikative Profilierung	Zu undifferenzierte Kommunikation	Verstärktes Aufkommen von Wettbewerbern mit homogenem Angebot	Zu starke Differenzierung in der Komm. und damit inkonsistente und uneinheitliche Wahrnehmung durch die Rezipienten	Innerbetriebliche Widerstände (personelle, organisatorische, konzeptionelle) gegen die Integration	Integration von Instrumenten der transaktions- u. dialogorientierten Komm.; Implementierungsbarrieren der Kundenorientierung in der Komm.

Abb. 10: Entwicklungsphasen der Kommunikation (Bruhn 2003, S. 7)

nungsbild über das Unternehmen bzw. ein Bezugsobjekt des Unternehmens zu vermitteln« (Bruhn 2003, S. 17).

Anlass für die integrierte Kommunikation als Herausforderung der Kommunikationsarbeit sind für Bruhn die »verschärften Kommunikationsbedingungen, die sich insbesondere durch Informationsüberlastung sowie steigenden Kommunikationswettbewerb kennzeichnen lassen«. Diese »stehen einer zunehmenden Kommunikationsvielfalt in Unternehmen gegenüber« (ebenda, S. 1).

Zu den theoretischen Erklärungsansätzen der integrierten Kommunikation unterteilt Bruhn in entscheidungstheoretische, systemtheoretische und verhaltenswissenschaftliche Theorien, deren Betrachtungsebenen die Kommunikationssender (Entscheidungstheorie), Kommunikationssysteme (Systemtheorie) sowie Kommunikationsempfänger (Verhaltenstheorie) sind. Für den hier gewählten Ansatz ist der systemtheoretische Erklärungsansatz zielführend. Bruhn führt dazu aus, dass der in St. Gallen in den 90er-Jahren entwickelte integrierte Managementansatz sich dadurch auszeichnet, dass es sich um ein offenes und komplexes System handelt, bei dem viele, voneinander abhängige interne Elemente im System und externe Faktoren existieren. Die wechselseitige Beeinflussung wird insbesondere durch die Vernetztheit dokumentiert.

Für die integrierte Kommunikation muss der Vernetzung durch Interdependenzanalysen Rechnung getragen werden. Aufgrund der Vernetztheit und Vielfalt der Einflussfaktoren muss dabei auf reduktionistische Analysen verzichtet werden. Vielmehr ist eine simultane Betrachtung aller Elemente bzw. Elementeausprägungen eines Systems notwendig und keine isolierte Betrachtung, wie sie etwa auch in der klassischen Kommunikationspolitik von Unternehmungen vorherrschte (ebenda, S. 27). Bruhn zeigt damit den Weg auf, wie die integrierte Kommunikation bereits im »alten« St. Galler Management-Ansatz einzubauen gewesen wäre. Eine Auseinandersetzung mit dem Neuen St. Galler-Management-Modell konnte allein schon deswegen nicht stattfinden, da es zu diesem Zeitpunkt noch nicht vorgelegen hat.

Bruhns Ansatz ist ein marketingorientierter Kommunikationsansatz. In den Abschnitten sechs (ebenda, S. 173 ff.) und sieben (ebenda, S. 199 ff.) geht Bruhn auf die inhaltliche und organisationale Gestaltung der Unternehmens- und Markenkommunikation ein. Allerdings ist die inhaltliche Umsetzung der integrierten Kommunikation keine Auseinandersetzung mit tatsächlichen Inhalten der Unternehmenskommunikation, sondern allenfalls eine prozessuale Beschreibung, wie Kommunikationsziele integriert werden können. Bruhn beschreibt Positionspapiere, Soll-Ist-Vergleiche, Stärken-Schwächen-Analysen sowie die Hierarchisierung von Botschaften und die Dokumentation von Kommunikationsregeln. Dieses Verständnis der inhaltlichen Umsetzung ist mit dem Ansatz der Inhalte als Interaktionsthemen für ein Wertorientiertes Kommunikationsmanagement nicht zu vereinbaren. Konsequenterweise ist auch Bruhns organisatorische Gestaltung der integrierten Kommunikation eher eine Aufzählung der funktionalen Möglichkeiten der Aufbauorganisation denn eine auf die Inhalte und Prozesse ausgerichtete Kommunikationsorganisation.

Ein weiterer Aspekt in dieser Schrift betrifft die Leistungsfähigkeit von Koordinationskonzepten der Kommunikation (ebenda, S. 48 ff.). Unter diesen führt Bruhn auch das so genannte Corporate Communications-Konzept an. Für Bruhn finden sich dort nur wenige Ansätze für eine integrierte Kommunikation, er hält aber das Corporate Communications-Konzept für den der integrierten Kommunikation am nächsten. Dennoch hält er das Corporate Communications-Konzept für das Konzept, welches dem der integrierten Kommunikation am nächsten kommt: »Nur sehr selten [werden] genaue Angaben über die Verzahnung der verschiedenen Kommunikationsbereiche gemacht (...) Dem Anliegen einer integrierten Kommunikation kommt das Corporate Communications-Konzept am nächsten. Die Ansprüche an die beiden Konzepte sind sehr ähnlich. Sie unterscheiden sich jedoch im Konkretisierungsgrad und in den Auswirkungen im Hinblick auf die Struktur der Kommunikationsarbeit im Unternehmen. (...) In den nächsten Jahren wird es darauf ankommen, den Integrationsgedanken auch im Corporate Communications-Konzept weiter zu entwickeln. In den letzten zehn Jahren hat es hierzu im deutschsprachigen Raum keine substantiellen Fortschritte gegeben« (ebenda, S. 49 f.).

Heath's Ansatz des »Management of Corporate Communications« – vom Interpersonal Context to External Affairs – ist ein **interpersonaler Kommunikationsansatz**, der sehr stark auf die interpersonale Austauschbeziehung abstellt. »As used in this book management is thought of as joint inactments by people as they coordinate efforts and interact with stakeholders outside the company with the intention of achieving mutual benefit. This view assumes that managers cannot control but can guide employees«, heisst es im Vorwort (Heath 1994).

Das Kapitel sechs »Companies as negotiated inactment of stakeholder interests« beschreibt auf dieser Basis die Stakeholder Interessen und die Notwendigkeit sich daraus ergebender Stakeholder Relations. Dort heisst es: »Companies are inactments of individual self-interests. Self-interests are inacted through the negotiation of stakes. ... Efforts to define and exchange stakes are heavily influenced by the meanings that shape interpretative and relational schemate. This analysis emphasises the importance of interpretivist insight into the meaning of people inact« (ebenda, S. 173 f.).

Mit Bezug auf Freeman (1984) differenziert Heath in Stakeholders und Stakeseekers, die »negotiate their exchanges based on their interpretative schemata, cognitive abilities, and message design logics, as well as communication plans and skills. Theses factors are sensitive to prevailing circumstances« (ebenda, S. 150). Der Ansatz von Heath macht somit deutlich, dass Stakeholder Relations zunächst einmal auf interpersonaler Kommunikation beruhen, dann aber gleichermassen – je grösser die Stakeholder-Gruppe – in Massen-Communications Relations resultieren.

Die Stakeholder-Analyse bedarf also auch der Überlegung, ob die Austauschbeziehung symmetrisch oder asymmetrisch ist. Für Heath sind diese »stakes« im Sinne von Ansprüchen essentiell für die Definition der Beziehung zwischen internen und externen Personen von Unternehmungen. Die Stakeholder-Beziehung basiert nach Heath's Ansatz zwar auf einer interpersonalen Grundbeziehung, bedarf seiner Meinung nach dann aber auch eines Kommunikationsprozesses, der die Verhandlung über die jeweiligen Ansprüche einzelner Personen oder Gruppen mit der Unternehmung erst ermöglicht.

Das Management of Corporate Communiations im Heath'schen Sinne ist insofern im Wesentlichen eine Stakeholder-Relations-Auseinandersetzung, für die dann Prozesse benötigt werden – bis hin zum Issues Management, für das Heath einer der führenden amerikanischen Vertreter dieses Forschungsfeldes ist. Entscheidend ist allerdings, dass das Issues-Management aus seiner Betrachtung heraus ein Hilfsmittel ist, um die Verhandlungsbeziehungen über die Ansprüche von Personen und Gruppen mit der Unternehmung et vice versa zu klären.

Van Riel legt mit den »Principles of Corporate Communication«[57] einen **integrativen Kommunikationsansatz** vor, denn für ihn ist »Corporate Communication: Integrating three forms of communication«, womit er Management Communication, Marketing Communication and Organizational Communication meint: »The three main forms of Corporate Communication are described as Marketing Communication, Organizational Communication and Management Communication. Marketing Communication is used as a general term to cover advertising, sales promotion, direct mail, sponsorship, personal selling and other (communications) elements in the promotional mix. Organizational Communication covers public relations, public affairs, investor relations, labor-market communication, corporate advertising, environmental communication and internal communication« (van Riel 1992, S. 8).

An anderer Stelle beschreibt er Management Communication als »Communications by Senior Managers with internal and external target groups« (ebenda, S. 1). Auch van Riel bietet somit einen Bezug zu Zielgruppen oder, anders ausgedrückt, Stakeholder-Gruppierungen an. Zudem zählt van Riel eine breite Palette an Teildisziplinen auf, die seiner Meinung nach zu Corporate Communications dazugehören sollten.

Van Riel sieht dabei den Aufbau von Vertrauen als ein zentrales Element, das die Unternehmenskommunikation unter Berücksichtigung des Erscheinungsbildes seinen Anspruchs-

---

[57] Van Riels differenziert die Schreibweise von Corporate Comunication mit und ohne »s« in der Endung folgendermassen: »I prefer Corporate Communications without an »s«. With an »s«, it implies integration of methods; without an »s«, it denotes the integrated communication function« (Van Riel 1995, S. 26).

gruppen die Unternehmung und ihr Handeln dialogisch näher bringen sollte. Im Zuge dieses Vorgehens grenzt er Corporate Identity und Corporate Image folgendermassen ab: »In general terms, ›Corporate Image‹ can be described as the picture people have of a company, whereas ›Corporate Identity‹ denotes the sum total of all forms of expression that a company uses to offer insight into its nature« (van Riel 1995, S. 27). Die Unternehmenskommunikation muss also über den Weg des ›Corporate Branding‹ zu erreichen versuchen, dass das bei den Anspruchsgruppen entstehende Bild dem gewünschten entspricht. Zentral ist dabei die Reputation, die sich eine Unternehmung schafft und die wiederum darüber entscheidet, inwieweit Anspruchsgruppen der Unternehmung Vertrauen schenken, das heisst letztendlich, inwieweit die Unternehmung am Markt erfolgreich sein kann.

Argentis »Corporate Communications«, bereits in dritter Auflage erschienen, ist sicherlich das umfassendste Konzept für Coporate Communications: Nach einführenden Kapiteln werden Image und Reputation, Corporate Advertising, Media, Investor und Government Relations sowie Internal Communications und Crisis Communications abgehandelt.

Argenti bietet damit eine Liste von Teilbereichen an, die aus seiner Sicht zu Corporate Communications dazugehören sollten. Argentis Ansatz ist insgesamt ein **strategischer Kommunikationsansatz**.

Argenti nennt vier Gründe für die zunehmende Bedeutung von Corporate Communications:

- Erstens benennt er die »more sophisticated area«, die sich vor allem durch die technologische Entwicklung, insbesondere durch das Internet ergeben hat. Information fliesst mit Lichtgeschwindigkeit.
- Zweitens benennt er die »more sophisticated general public« in Bezug auf Organisationen. Die Öffentlichkeit ist deutlich besser ausgebildet und viel skeptischer in Bezug auf die Unternehmensabsichten.
- Drittens benennt er die »more beautiful packaged information« die dazu führt, dass es zur Vermittlung von Unternehmensnachrichten eine hohe Hürde im Unternehmensumfeld gibt.
- Viertens benennt er die »inherently more complex organizations«, die dazu geführt haben, dass es in Unternehmungen viel schwieriger ist, eine kohärente Kommunikationsstrategie einzuführen und durchzuhalten (Argenti 2003, S. X).

In diesem Umfeld erkennt Argenti vor allem auch die Notwendigkeit, »Corporate Communications must be closely linked to a company's overall vision and strategy. Since few managers recognize the importance of the communication function, they are reluctant to hire the quality stuff necessary to succeed in today's environment. As a result, communications people are often kept out of the loop. Successful companies connect communication with strategy through structure, such as having the head of Corporate Communications report directly to the CEO. The advantage of this kind of reporting relationship is that the communication professional can get the companies strategy directly from those at the top of the organization. As a result, all the company's communications will be more strategic and focused« (ebenda, S. 12).

Argentis strategischer Kommunikationsansatz ist allerdings auf US-amerikanische Verhältnisse ausgerichtet. Jedoch bietet er die weitestgehende Einbindung in die klassische Strategische Managementlehre an, wie sein gesamtes Kapitel zwei »Communicating strategically« (ebenda, S. 21–36) verdeutlicht.

Für Argenti beginnt die strategische Überlegung bei der Organisation selbst. In der Bestimmung der Ziele und der dazu notwendigen finanziellen und intellektuellen Ressourcen muss von Beginn an eine Diagnose der jeweiligen Reputationsauswirkungen einbezogen werden. Diese Reputationsberücksichtigung ist die eine Seite, während die andere Seite des »communicating strategically« ist, die jeweiligen Konstituenten der Organisation zu berücksichtigen.

Argenti ist dabei einer der wenigen, die eine Unterscheidung in »primary constituencies« (Mitarbeiter, Kunden, Aktionäre, Gesellschaft) und »secondary constituencies« (Medien, Zulieferer, Regierungen, Banken) vornehmen und mit dieser Differenzierung dem hier vorgenommenen Ansatz der Unterscheidung in Ziel- und Zwischenzielgruppen folgen. Argentis strategischer Kommunikationsansatz ist somit auch einer, der auf die Shareholder-Relations wesentlichen Wert legt. Eine Analyse der verschiedenen »constituencies« beinhaltet dann vor allen Dingen auch, was jede dieser verschiedenen Gruppierungen über die Organisation weiss.

Argenti muss aber ebenfalls erkennen, dass die Bedeutung von Corporate Communications nach wie vor unzureichend ist. Gemeinsam mit Foreman hat er ein weiteres Buch geschrieben: »The Power of Corporate Communications«, in dem es einleitend heisst: »We would like to make one thing perfectly clear: The purpose of our book is redress the imbalance between the importance of Corporate Communications and it's relatively neglect to make the field of Corporate Communications visible, and to demonstrate it's influence on the bottom line. In other words, we want to put the spotlight on what has been placed inappropriately in the background of corporate life« (Argenti/Forman 2002, S. 1).

Der Literaturüberblick verdeutlicht die einleitend zum Stand der Forschung von Bentele/Fröhlich/Szsyska attestierte fehlende Thematisierung der Handlungsfrage. Das bezieht sich zwar auf die PR-Forschung, gilt aber gleichermassen für die CC-Forschung.

Integrierte Kommunikation ist sicher richtig und wichtig, aber nur die notwendige Bedingung für systematisches Kommunikationsmanagement. Hinreichend macht es erst die Bedingung, diese integrierte Kommunikation auch in das Management integriert zu bekommen, weshalb in dieser Arbeit der Terminus Wertorientiertes Kommunikationsmanagement verwendet wird.

Wertorientiertes Kommunikationsmanagement geht aus Sicht des Autors dieser Arbeit über die bestehenden Ansätze hinaus und bietet so eine Antwort auf die Handlungsfrage.

2. Bezugsrahmen

Nach der Ausgangslage wird nunmehr im zweiten Hauptkapitel des Abschnitts A der Bezugsrahmen für das Wertorientierte Kommunikationsmanagement dargelegt. Dazu werden zunächst die einzelnen Bezüge des Kommunikationsmanagements ausgeführt (A.2.1.), um dann einen ganzheitlichen Bezugsrahmen für die Integration der Kommunikation in das Management aufzuzeigen (A.2.2.).

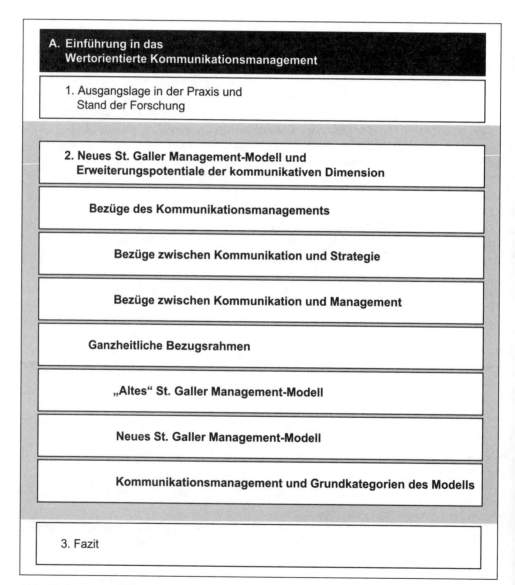

Abb. 11: Synopse mit Details zu A.2.

2.1. Einzelne Bezüge des Kommunikationsmanagements

> In diesem Kapitel werden die Bezüge zwischen Kommunikation und Strategie (A.2.1.1.) sowie zwischen Kommunikation und Management aufgezeigt (A.2.1.2.).

2.1.1. Bezüge zwischen Kommunikation und Strategie

> Die Unternehmensstrategie ist in der Praxis der Unternehmenskommunikation oftmals Ausgangsbasis für die Inhalte. Deshalb muss zunächst geklärt werden, welche Stellung das Strategische Management beziehungsweise die Unternehmensstrategie im Kontext der Unternehmensführung hat, in der die Unternehmenskommunikation ihre Rolle finden soll (A.2.1.1.1.). Daran anschliessend stellt sich dann die Frage, welchen Einfluss die kommunikative Dimension auf die Unternehmensstrategie nehmen kann (A.2.1.1.2.).

2.1.1.1. Stellung der Unternehmensstrategie im Kontext der Unternehmensführung

Management ist die Gestaltung, Entwicklung und Lenkung unternehmerischen Geschehens (Ulrich 2001, S. 66). Eine Unternehmung kann nun über die fünf Managementfunktionen (Mackenzie 1969) beschrieben werden: Planung, Organisation, Personal (Ressourcen), Führung und Kontrolle, welche die notwendigen Gestaltungs- und Entwicklungsaufgaben der Unternehmensführung darstellen.

Markt- und Wettbewerbsanalysen sind dabei die Basis für die Einschätzung von Margenvorteilen im Wettbewerb. Damit steht die Ausgangslage für die Strategie im Kontext der Unternehmensführung fest. Entsprechende Aktionen können dann geplant werden, und zwar im Sinne von Gestaltung, Entwicklung und Lenkung mit Hilfe der fünf Managementfunktionen, wie folgende Abbildung skizziert.

Bereits in der ersten der Managementfunktionen (die in der obigen Abbildung unten aufgeführt sind) hat Kommunikation eine Bedeutung; denn Voraussetzungen von Planungen, aber vor allen Dingen sich daraus ergebende Prognosen und Einschätzungen, sind wichtige Informationen für verschiedenste Anspruchsgruppen. Je strukturierter Zukunftsaussagen sein müssen, desto wichtiger wird auch die Gestaltung der Kommunikation einer **Unternehmensplanung** gegen aussen. Selbstverständlich sind Planungsprozesse zuvorderst interne Managementprozesse, aber dennoch materialisiert sich die Information zu einem bestimmten Zeitpunkt nach aussen.

Aufbauend auf solchen Planungen werden entsprechende Ressourcen bereitgestellt, welche die **Organisation** und vor allen Dingen das **Personal** und das **Kapital** betreffen. Auch hier hat die Kommunikation ihre eigene Bedeutung; denn die Veränderung und/oder die Beibehaltung von Organisationsformen sowie die Quantität und Qualität des Personals und des Kapitals sind Determinanten, die für verschiedene Anspruchsgruppen der Unternehmung wichtig sind. Nicht ohne Grund wird ja im Zusammenhang des Intellectual Capitals auch von Humankapital und Organisationskapital gesprochen.

Ganz besonders wichtig wird die Kommunikation aber im Kontext der eigentlichen **Führung** und **Kontrolle**, die selbstverständlich auf Basis der Planungsprozesse und der notwendigen Ressourcenbereitstellung von Human- und Finanzkapital und deren organisationalem Rahmen stattfindet.

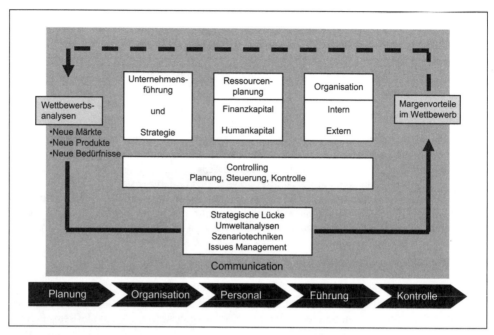

Abb. 12: Die Bedeutung der Kommunikation in den fünf Managementfunktionen (eigene Abbildung)

Grundsätzlich verstehen Hahn/Hungenberg unter Führung als Tätigkeit einen Prozess der Willensbildung und Willensdurchsetzung, der einen Prozess der Informationsgewinnung, -verarbeitung und -abgabe darstellt (Hahn/Hungenberg 2001, S. 28 f.). Unter Führung als eine Gesamtheit von Personen verstehen sie die Träger dieses Prozesses, die Willensbildungen und auch Willensdurchsetzungen gegenüber anderen Personen wahrnehmen. Auf der Ebene der Führung als Prozess differenzieren Hahn/Hungenberg dabei in Planungs-, Steuerungs- und Kontrolltätigkeiten.[58]

Führungsprozesse sind also auch Kommunikationsprozesse, bei denen auf Basis einer geplanten und mit Ressourcen ausgestatteten unternehmerischen Entscheidung geführt wird. Diese Führung findet einerseits über Kennzahlen statt, aber andererseits eben auch über die Interpretation der Kennzahlen sowie das Feedback der verschiedensten Anspruchsgruppen zu den Kennzahlen. Dies verdeutlicht die obige Darstellung.

Hungenberg ordnet Strategien zu den Objekten des Strategischen Management, die für ihn Ausgangs- und Mittelpunkt desselben sind (Hungenberg 2001, S. 7). Sie bestimmen die geschäftliche Ausrichtung und die langfristigen Ziele, die angestrebte Marktposition, die entsprechenden Ressourcen und die Führung. Dabei soll das Strategische Management auch

---

58 Im Neuen St. Galler Management Modell wird der Aspekt der Führung als Prozess vor allem im Rahmen der operativen Führungsprozesse als Teil der Managementprozesse behandelt und dabei vor allen Dingen in Aspekte der Führung von Mitarbeitenden (Wunderer/Bruch 2004, S. 85 ff.) sowie Prozesse der finanziellen Führung (diverse Autoren) und auch des Qualitätsmanagements (Lehmann 2004, S. 363 ff.) differenziert.

die Voraussetzungen schaffen, um die normativen Ansprüche langfristig erfüllen zu können, wie folgende Abbildung verdeutlicht.

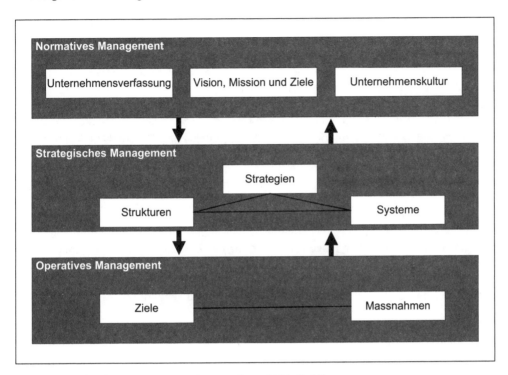

Abb. 13: Modell des Managements (Hungenberg 2001, S. 21)

Strategie als Teil des **Strategischen Managements** hat folglich eine integrierende und koordinierende Funktion für die Unternehmensführung, die der Kommunikation der Ansprüche gegen innen und aussen bedarf. Die Kommunikation hat die koordinierende Funktion für die Interpretation und ist somit das Pendant zur koordinierenden Funktion der Strategie für Planung, Steuerung und Kontrolle des Führungsprozesses.

Somit bleibt aber die Frage, was eine **Unternehmensstrategie** ist. Müller-Stewens/Lechner greifen auf die Auffassung von Mintzberg zurück, um die Frage zu erläutern, was eine Strategie ist, da der Terminus auch ihrer Meinung nach mehrere Konnotationen im Sinne der »Five P's of Strategy« (Plan, Ploy, Pattern, Position und Perspective) haben kann (Müller-Stewens/Lechner 2003, S. 20 ff.).

Mal ist es also ein *Plan* im Sinne einer *Weg-Zielbeschreibung*, sodann ein *Spielzug* im Sinne von *Winkelzügen im Wettkampf* mit Konkurrenten, auch ein *Muster* im Sinne von *Handlungen und Entscheidungen*, gegebenenfalls eine *Verortung* im Sinne einer *Markt- und Wettbewerbsposition* oder eine *Orientierung* im Sinne einer *Weltanschauung über die Umwelt* der Unternehmung.

Argenti hat mit Referenz auf Porter die Verbindung von Strategie und Kommunikation einer Unternehmung beschrieben. »By creating a coherent strategy (...) the organisation is well on its way to reinventing its handling of communications. Just as important for the firm, however, is the ability to link the overall strategy of the firm to the communications efforts. Michael Porter set the agenda for discussion of strategy in 1979. (...) Managers looking towards the development of communication strategies in the next century need to think about how external forces shape its strategy as well« (Argenti 1998, S. 43).

Das Problem ist die Art und Weise, wie Strategie und Kommunikation miteinander verbunden werden können. Der Eindruck, dass das Thema zwar erkannt, aber nicht umgesetzt wird, kann an vielen Stellen festgemacht werden. Es fehlt offensichtlich der zentrale Fokus für die Bedeutung des Kommunikationsmanagements im Kontext des Strategischen Managements. Argenti/Forman fassen das folgendermassen zusammen: »Since the 1970s, numerous studies have identified how organizations develop their strategies and, in some instances, how they succeed or fail as they attempt to move from a formulated strategy to its implementation. (...) Some of these studies also discuss the importance of communication to the process of implementing strategy, but none of them considers communication to be a central focus« (Argenti/Forman 2000, S. 233).

Argenti und Argenti/Forman bemängeln folglich die fehlende Verbindung von Strategie und Kommunikation und den fehlenden Fokus der Strategie für die Kommunikation.

Nach der grundsätzlichen Frage der Bedeutung des Zusammenhangs von Strategie und Kommunikation stellt sich damit die weitere Überlegung, wie Kommunikation in den strategischen Sichtweisen berücksichtigt wird, um eine zusätzliche Koordinationsfunktion im Kontext der Interpretation liefern zu können, wie sie Hungenberg für die Strategie selbst konstatiert.

Die beiden etablierten Sichtweisen zur Ableitung von Strategien sind zum einen die Market Based View, die vor allem Porter vertritt, und die Resource Based View, die vor allem Hamel/Prahalad propagieren. Die Frage ist, welcher Zusammenhang bei beiden strategischen Perspektiven zur Kommunikation besteht: Im Fall der Resource Based View bietet die Kommunikation eine zusätzliche Kernkompetenz und im Fall der Market Based View liefert sie einen zusätzlichen Bestandteil der Generierung von immateriellen Werten entlang der propagierten Wertschöpfungskette. Der Ressourcen-Ansatz wird auch als eine Inside-Out-Perspektive eingestuft, da man sich in erster Linie mit den Kompetenzen innerhalb der Unternehmung auseinandersetzt, während im Markt-Ansatz die Outside-In-Perspektive vorherrscht, bei der man sich in erster Linie mit der Wettbewerbssituation auseinandersetzt.

In der **Resource Based View** gehen die Autoren von einer konsequenten Zukunftsbetrachtung der Unternehmung aus, bei der das Strategische Management seine Analysen auf die zukünftigen Märkte ausrichtet. Dazu stellt man konzernübergreifende Fähigkeiten in den Mittelpunkt, geht strategische Allianzen ein und entwickelt Strategien in unstrukturierten Arenen. Hamel/Prahald fordern daher eine strategische Architektur statt der statischen strategischen Planung, die gemeinsames Wissen aller Linien und Stäbe verlangt (Hamel/Prahald 1994). Da man sich nun nicht an aktuellen Portfolios orientieren soll, muss man in **Kernkompetenzen** investieren, die zum zukünftigen Aufbau von Geschäftsfeldern und Produkten führen könnten. Zur Identifikation von solchen Kernkompetenzen müssen alle Funktionen und Bereiche zusammenarbeiten, um einen unternehmensinternen Lernprozess zu gestalten. Aus Sicht dieses Ansatzes ist ein Wertorientiertes Kommunikationsmanagement, das alle Anspruchsgruppen gesamtunternehmensbezogen und vernetzt betrachtet, eine zusätzliche Kernkompetenz, die Einschätzungen, Erwartungen und Entwicklungen in das Kompetenz-Portfolio einbringt.

In der **Market Based View** baut Porter auf den **Wertaktivitäten** für die Wertschöpfungskette auf, die er in einem Längsschnitt in primäre und unterstützende Wertaktivitäten unterscheidet. Im Wesentlichen arbeitet Porter sodann wettbewerbsorientiert und anhand der Kostenführerschaftsstrategie. Interessanterweise formuliert er aber zusätzlich, dass neben den Strategien für die Geschäftsfeld- und Branchenebenen auch Strategien für die Unternehmens- und Konzernebenen entwickelt werden müssen (Porter 1986). An diesem Punkt setzen Überlegungen an, wie immaterielle Werte einer Unternehmung aus dem Produkt- und Brand-Portfolio abgeleitet werden, beziehungsweise auch auf Ebene der Unternehmung selbst formuliert werden können. Aus Sicht dieses Ansatzes konzentriert sich ein Wertorientiertes Kommunikationsmanagement darauf, die immateriellen Werte darzustellen.

Sichtweisen	Kommunikationsaspekte
Market Based View	Kommunikation als eigene **Wertaktivität** der Wertschöpfungskette zur Vermittlung immaterieller Werte
Resource Based View	Kommunikation als eigene **Kernkompetenz** zur Bildung von strategischen Allianzen mit verschiedenen Anspruchsgruppen

Abb. 14: Kommunikationsaspekte der strategischen Sichtweisen (eigene Abbildung)

Diese Kommunikationsaspekte zeigen, dass es in beiden strategischen Sichtweisen eine kommunikative Sichtweise gibt, eine Communications View mithin, die einmal über eine Wertaktivität und ein anderes Mal über die notwendige Kernkompetenz beschrieben wird. Auf diese Art und Weise lässt sich die Verbindung zwischen Strategie und Kommunikation darlegen und damit als Teil der Unternehmensführung beschreiben.

2.1.1.2. Kommunikative Dimension der Unternehmensstrategie

Nur wenige Autoren haben sich explizit mit der kommunikativen Dimension in den beiden etablierten strategischen Sichtweisen auseinandergesetzt:[59] Rindova/Fombrun bauen auf Porters Wettbewerbsvorteilen auf und führen eine kommunikative Interaktion ein, indem sie zwischen den Aktionen selbst und den **Interpretationen dieser Aktionen** durch bestimmte Anspruchsgruppen unterscheiden. Sie liefern dazu drei Gründe: Zum einen ignorieren ökonomische Theorien über Wettbewerbsvorteile die Interpretationen, zum zweiten fokussieren sich die Theorien auf wettbewerbliche Interaktionen zwischen Rivalen, aber nicht auf die Rolle der Ressourcen-Halter und zum dritten erklären die bekannten Ansätze nicht, wie die strategischen Aktionen der Firmen und der Ressourcen-Halter die jeweiligen Branchenbedingungen kreieren. Sie stellen deshalb folgendes Modell auf.

Das Modell liefert zwei Weiterentwicklungen: (1) Wettbewerb limitiert sich nicht nur auf Ressourcen, sondern beinhaltet auch Interpretationen multipler Anspruchsgruppen, und (2) Marktstellungen auf bestimmten Aktionen werden nicht nur dazu eingesetzt, Wett-

---

[59] Vgl. zur Darstellung der beiden Sichtweisen auch Will (2005a, S. 62 ff.) und dort insbesondere Kapitel 6. Sichtweisen (69 ff.).

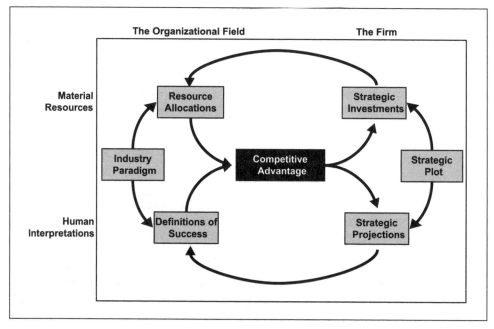

Abb. 15: A systematic model of competitive advantage (Rindova/Fombrun 1999, S. 702)

bewerber zu bekämpfen, sondern auch um die Wahrnehmung und Re-Aktionen von Anspruchsgruppen zu beeinflussen (Rindova/Fombrun 1999, S. 705).

Aus diesem Ansatz leiten Rindova/Fombrun vier Implikationen für die Strategie-Forschung ab: (1) Die Entwicklung von Wettbewerbsvorteilen ist ein interaktiver Prozess; (2) Wettbewerbsvorteile werden durch einen sozialen Prozess gebildet; (3) Wettbewerbsvorteile bilden sich aus Beziehungen und (4) das Schaffen von Wettbewerbsvorteilen ist ein Lernprozess (ebenda, S. 706).

Eine solche ausführliche kommunikative Betrachtung in Bezug auf Hamel/Prahalads Resource Based View gibt es leider nicht. Es gibt allerdings Ansätze: Im Editorial der Milleniumsausgabe von »Die Unternehmung« schreibt Bruhn einleitend über Schreyöggs Beitrag über die Entwicklungstendenzen und Zukunftsperspektiven des Strategischen Managements folgendes: »Als zentral (in Schreyöggs Beitrag – der Autor) werden dabei die abnehmende Planbarkeit strategischer Systeme und die zunehmende Entwicklung hin zu kompensierenden organisatorischen Ansätzen angesehen. (...) Um überhaupt sinnvoll arbeiten zu können, gehört es demnach zu den Hauptaufgaben der Führung, die Umwelt richtig zu *interpretieren*« (Bruhn 1999, S. 385 – Hervorhebung durch den Autor).

In Schreyöggs Überblicksbeitrag findet sich nur am Rande der Hinweis auf Kommunikation – nämlich bei der Beschreibung von Hamel/Prahalads Ansatz der Kernkompetenzen: »Das Strategische Management wird aus dieser Sicht ganz und gar ein Kompetenzmanagement. Kernkompetenzen sollen gepflegt werden durch: *verbesserte Kommunikation*, Beseitigung von Lernbarrieren, eine nur lose Kopplung der Subsysteme usw.« (Schreyögg 1999, S. 394 – Hervorhebung durch den Autor).

Ausführlicher, wenn auch nicht zentral, befasst sich Bouncken im Rahmen der Identifikation von Kernkompetenzen mit der Kommunikation. Für sie sind Kompetenzen auch eine Integrationsleistung von Ressourcen und Fähigkeiten, die insbesondere eine Koordination zwischen Menschen und deren Fähigkeiten betrifft. Kernkompetenzen sind eine Bündelung von Ressourcen und Kompetenzen, die zusammenwirken müssen, um eine bestimmte Marktleistung zu erbringen (Bouncken 2000, S. 868).

Als Quelle von Kernkompetenzen benennt sie neben anderen auch die *Aussenwirkung der Unternehmung*. Darunter listet sie Faktoren wie Marketing, Public Relations oder die Vergangenheit der Unternehmung auf. Des Weiteren unterscheidet Bouncken die Informationsbereiche über Kernkompetenzen und führt hier unter Aussenwirkung Produkte/Dienstleistungen, Unternehmensimage und Erfolgsgeschichte auf (ebenda, S. 869f.).

Bouncken stellt sodann einen eigenen weiterführenden integrativen Ansatz vor, bei dem sie – fast im Porterschen Sinne – wertschöpfungsübergreifende Bereiche und wertschöpfende Phasen unterscheidet. Zu den letzteren zählt Bouncken neben der Kreationskompetenz und der Ausführungskompetenz auch die **externe Kommunikationskompetenz**. Die interne Kommunikation ordnet sie übergreifenden Bereichen zu. Auch wenn Bouncken die Differenzierung in interne und externe Kommunikationskompetenz so weit führt, dass sie sie unterschiedlich im Sinne der übergreifenden Klammer einstuft, so zählt sie die Produkt- und Unternehmenskommunikation u.a. eindeutig zu den Kernkompetenzen.

Abb. 16: Kompetenzmodell nach Bouncken (Bounken 2000, S. 877)

Das Erweiterungspotential für die Entwicklung eines Wertorientierten Kommunikationsmanagements auf Basis der etablierten Sichtweisen zur Ableitung von Strategien ergibt sich somit einerseits aus der Interpretationsfähigkeit nach aussen und andererseits aus der Feedbackfähigkeit nach innen. Diese Erweiterung ist in folgender Tabelle zusammengestellt:

Sichtweisen	Kommunikationsaspekte	Erweiterung
Market Based View	Kommunikation als eigene **Wertaktivität** der Wertschöpfungskette zur Vermittlung immaterieller Werte	**Interpretationsfähigkeit** von strategischen Aktionen nach aussen (outside-in)
Resource Based View	Kommunikation als eigene **Kernkompetenz** zur Bildung von strategischen Allianzen mit verschiedenen Anspruchsgruppen	**Feedbackfähigkeit** von strategischen Allianzen nach innen (inside-out)

Abb. 17: Interpretations- und Feedbackfähigkeiten in den strategischen Sichtweisen (eigene Abbildung)

Interpretationsfähigkeit und Feedbackfähigkeit sind entscheidende Bausteine der Communications View; denn auf diese Art und Weise können Inhalte für Stakeholder besser interpretiert und über Feedbackmöglichkeiten kann eine Austauschbeziehung effizienter gestaltet werden.

Die Einbindung des Wertorientierten Kommunikationsmanagements in das Strategische Management über die Erweiterung des Kennzahlensystems erhält in diesem Kapitel ihre theoretische Begründung; denn über die Interpretationsfähigkeit und die Feedbackfähigkeit sind die beiden wesentlichen Bausteine des Zusammenhangs von Unternehmungen beziehungsweise Unternehmensstrategie und Unternehmenswert hergeleitet.[60]

2.1.2. Bezüge zwischen Kommunikation und Management

> Nachdem im vorherigen Unterkapitel die zentralen Bezüge zwischen Kommunikation und Strategie für das Kommunikationsmanagement herausgearbeitet wurden, geht es nunmehr um die Bezüge zwischen Kommunikation und Management. Es werden zunächst zwei Kommunikationsmodelle mit Bezug zu Unternehmungen vorgestellt (A.2.1.2.1.) und sodann zwei Management-Modelle mit Bezug zur Kommunikation analysiert (A.2.1.2.2.).

2.1.2.1. Kommunikationsmodelle mit Bezug zu Unternehmungen

Neben der Dissertation von Kirchner (2001) ist auch die Habilitation »Organisationskommunikation« von Herger (2004) eine kommunikationswissenschaftliche Abhandlung mit wirtschaftswissenschaftlichem Bezug. Hergers »Organisationskommunikation« geht der Frage nach, inwieweit die Organisationskommunikation als eigenständige Managementfunktion konzipiert werden kann, ohne die Funktionalitäten des Marketing oder der Public Relations zu gefährden.

---

60 Vgl. dazu auch Kapitel B.1.2.

Bei Herger heisst es grundlegend: »Mit der zunehmenden Wahrnehmung der Organisationskommunikation als strategische Bedrohung, welche die Handlungsspielräume der Organisation wesentlich einzuengen vermag, öffnet sich das Bewusstsein für die Entwicklung und Etablierung der Organisationskommunikation als eigenständiges organisationales Funktionssystem neben dem Controlling-, dem Human Ressources- oder dem Marketing-Management« (Herger 2004, S. 14 f.). Und an anderer Stelle: »Ziel der vorliegenden Arbeit ist es, die Steuerung der Organisationskommunikation aus funktionaler Perspektive zu beobachten und dabei theoretisch fundierte Handlungszusammenhänge abzuleiten, diese in der empirischen Befragung zu erklären und als Managementkonzept zu entwickeln« (ebenda, S. 16).

Herger nutzt dabei unter anderem den funktional strukturellen Ansatz von Luhmann, um mittels (Organisations-)Kommunikation die Komplexität sozialer Systeme zu reduzieren. Er nutzt dabei auch die Allgemeingültigkeit des Luhmann'schen Konzepts als Grundlage, um die Organisationskommunikation mit der Managementlehre zu verbinden. Dabei verbindet er dieses auch mit der Steuerungsfrage als Gegenstand des Managements, wie sie im »alten« St. Galler Management-Konzept im Sinne einer komplexitätsbewältigenden Aufgabe von Gestaltung, Lenkung und Entwicklung eingeführt wurde. Hergers Arbeit bezieht sich im Wesentlichen auf das »alte« St. Galler Management-Konzept im Sinne Bleichers (ebenda, S. 49 ff.).

Die bisherigen Steuerungsmodelle der Organisationskommunikation – er unterscheidet nur marketingorientierte Ansätze und kommunikationswissenschaftliche Ansätze – greifen für Herger alle zu kurz: »Für die Betrachtung der marketingorientierten Modelle der Organisationskommunikation kann insgesamt festgehalten werden, dass mit der Instrumentalisierung der Public Relations unter der Marketingfunktion eine folgenschwere Komplexitätsreduktion der Organisationskommunikation einsetzt. Das Reflexionsniveau wird dadurch eingeschränkt – vorab die Reflexion gegenüber der Öffentlichkeit – und die Möglichkeit differenzierender Selektion wird reduziert« (ebenda, S. 92).

Die kommunikationswissenschaftlichen Ansätze kommen der Anforderung einer Gleichstellung der Instrumente wesentlich näher, bleiben aber wegen der fehlenden Perspektive im Management der Organisationskommunikation schwach ausgebildet. (ebenda, S. 92). Deshalb bietet Herger seinen Ansatz der Organisationskommunikation aus funktionaler Perspektive an, welches er schlussendlich mit organisationalen Managementprozessen verknüpft (ebenda, S. 301 ff.).

Herger differenziert dabei in eine transaktionsorientierte und eine interaktionsorientierte Funktion: Die transaktionsorientierte Marktkommunikation fokussiert auf Bezugsgruppen in Transaktionsmärkten und die interaktionsorientierten Public Relations auf Bezugsgruppen in Interaktionsmärkten. Beide Funktionen können zudem in die Themen Produkt- und Unternehmenslevel unterschieden werden, wie die beiden Abbildungen verdeutlichen.[61]

---

61 Herger hat seinen Ansatz einer umfangreichen empirischen Untersuchung unterzogen, die er im Frühjahr 2002 in 324 schweizerischen Grossunternehmen durchführte. Mittels einer schriftlichen Befragung der Leiter Public Relations und/oder Marktkommunikation versucht Herger die Entscheidungsprämissen herauszufiltern. Die Organisationskommunikation insgesamt wird als eigenständiges Funktionssystem innerhalb von Organisationen erfasst und analysiert und zwischen den verschiedenen organisationalen Ausprägungen werden Vergleiche gezogen. Detailliert betrachtet wird die Organisationskommunikation im Hinblick auf die strategischen und operativen Programme, das Personal und die Kommunikationswege der Organisationskommunikation sowie die Entscheidungsprämissen nach organisationalen Ausprägungen (Unternehmensgrösse, Rechtsform, Geschäftbeziehungen, Kunden-Nutzen-Strategie, Marktprä-

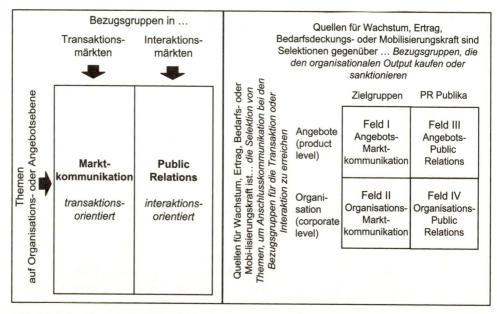

Abb. 18: links: Die zwei Funktionsfelder der Organisationskommunikation; rechts: Das System der Organisationskommunikation (in Anlehnung an Herger 2004, S. 126 f.)

Herger zeichnet nach, dass die »Organisationskommunikation als interaktions-orientierte Kommunikation den Unterstützungsprozessen zuzurechnen« ist (ebenda, S. 301). Allerdings zeigt Herger nicht auf, wie der in der Terminologie des Neuen St. Galler Management-Modells als Unterstützungsprozess bezeichnete Prozess in einer Organisationskommunikation definiert und mit anderen Unterstützungsprozessen sowie mit den Geschäfts- und Managementprozessen verknüpft werden kann.

Hergers **organisationalem Kommunikationsansatz** fehlen somit zwei Bestandteile für eine Integration seines Ansatzes in das Unternehmensmanagement: Zum einen mangelt es an einer Spezifizierung der übergreifenden Interaktionsthemen. Zum anderen fehlen Herger die Anknüpfungspunkte zur tatsächlichen Schnittstellendefinition mit den Unterstützungs-, Geschäfts- und Managementprozessen im Sinne des Neuen St. Galler Managementmodells.[62]

---

senz und Wirtschaftssektor). Im Ergebnis zeigt sich, dass die Kommunikation auf der Ebene der Organisation mit zunehmender Grösse, bei Dienstleistungs- und Handelsunternehmen, bei börsenkotierten Unternehmungen und solchen mit einer Strategie der Problemlösungsorientierung signifikant stärker gewichtet wird. Zu den Kommunikationsaufgaben mit der höchsten Implementierungsrate zählen die Medien-/Pressearbeit und die interne Kommunikation, während Issues Management und Investor Relations aus dieser personalen Perspektive die geringste Implementierungsrate aufweisen. Bei internationalen Unternehmungen sind die Entscheidungsstrukturen der Organisationskommunikation tendenziell auf höherer Führungsebene verortet (Herger 2004, S. 189 ff.).

62 Hergers Abhandlung berücksichtigt offensichtlich aufgrund zeitlicher Koinzidenz nicht den erweiterten Ansatz des Neuen St. Galler Management-Modells, sondern nur die Ausführungen von Bleicher (1999) zum St. Galler Management-Konzept.

Zühlsdorfs Dissertation »Gesellschaftsorientierte Public Relations« skizziert einen gesellschaftsorientierten Kommunikationsansatz. Sie erkennt in der exponentiell gewachsenen Mediatisierung der Gesellschaft, in diesen massenmedialen Kommunikationsprozessen, in mehrfacher Hinsicht die Relevanz für gesellschaftsbezogene Unternehmenskommunikation.

Zum einen stellen die massenmedialen Kommunikationsprozesse in rein quantitativer Hinsicht einen bedeutsamen Faktor für unternehmerisches Handeln dar; zum anderen bezieht sich ein Grossteil der massenmedialen Kommunikation auf negative Ereignisse der Unternehmenstätigkeit und damit auf einen qualitativen Aspekt. In diesem Zusammenhang erarbeitet sie Erklärungsansätze für die Kommunikationsprozesse zwischen Unternehmungen und kritischer Öffentlichkeit (Zühlsdorf 2002, S. 13 ff.).

Bei der Problemdiskussion gesellschaftsorientierter Unternehmenspolitik unterscheidet Zühlsdorf drei Merkmale der Interaktion zwischen Unternehmungen und Öffentlichkeit: Den normativen Charakter der Auseinandersetzung, den akteurbezogenen Charakter mit zivilgesellschaftlichen Protestgruppen und den katalysatororientierten Charakter der öffentlichen Thematisierung durch die Medien (ebenda, S. 33).

Damit differenziert sie die gesellschaftsorientierte Unternehmenspolitik auf der Ebene der Zielbündel (normative Ebene), auf der Ebene der Stakeholder (akteurbezogene Auseinandersetzung) sowie auf der Ebene der Zwischenzielgruppen (der katalysatororientierten Betrachtung der Medien). Im Kontext ihrer betriebswirtschaftlichen Diskussion und der dortigen Unternehmens-Umfeld-Interaktion nimmt die Stakeholderanalyse relativ breiten Raum ein. Sie bezieht sich dabei auf eine Einteilung der unternehmerischen Anspruchsgruppen in Anlehnung an Dyllick (1984), bei der Eigentümer, Management und Mitarbeiter als interne Anspruchsgruppen sowie Fremdkapitalgeber, Lieferanten, Kunden, Politik und kritische Öffentlichkeit als externe Anspruchsgruppen bezeichnet werden (ebenda, S. 119).

Für den hier vorgestellten Ansatz gilt es dabei einerseits herauszuarbeiten, welche Stakes eine Anspruchsgruppe in der interpersonalen oder massenmedialen Beziehung zur Unternehmung hat, und zum anderen, wie die Communications Relations zu auf diese Art und Weise definierten Stakeholdern vorgenommen werden können. Es geht also weniger um die Anspruchsgruppe im Sinne des Anspruches, sondern vielmehr um die Zielgruppe im Sinne der kommunikativen Erreichbarkeit.

Diese Problematik erkennt auch Zühlsdorf, wenn sie Paul Achleitner zitiert, der folgende Situation charakterisiert: »Sobald sich im Umfeldbereich die Konflikte häufen (mit Stakeholdern – der Autor), wird mit der Einrichtung einer entsprechenden Stabsstelle reagiert: Public Affairs für Medienbeziehungen, Governmental Affairs für Regierungsbeziehungen, Political Risk Units für Investitionsanalysen, volkswirtschaftliche Abteilungen für ökonomische Analysen, Planungsabteilungen für allgemeine Umweltanalysen usw.) Der anschliessende Wildwuchs an konkurrierenden Abteilungen verhindert letztlich in vielen Fällen ein koordiniertes und systematisches Vorgehen« (P. Achleitner zit. nach Zülsdorf 2002, S. 129). Damit wird dargelegt, dass für die Austauschbeziehungen mit den Stakeholdern ein koordiniertes und systematisches Vorgehen benötigt wird, wie es bereits im vorherigen Unterkapitel vorgeschlagen wurde.

Zühlsdorfs **gesellschaftsorientierter Kommunikationsansatz** mündet in dem Vorschlag eines strukturationstheoretischen Modells des Public Campaigning[63] – wie folgende Abbil-

---

[63] Vgl. dazu auch das Unterkapitel C.2.3.2. zu Corporate Campaigning.

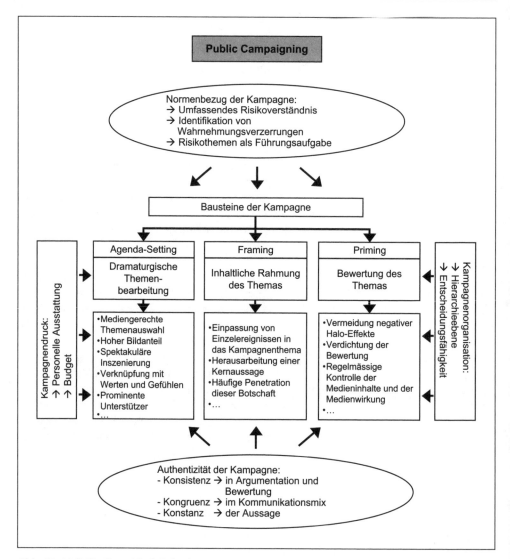

Abb. 19: Vollständiges Modell der kampagnenorientierten PR (Zühlsdorf 2002, S. 263)

dung skizziert –, bei dem Einsichtsfähigkeit (über Normen und Interpretationen) sowie Handlungsvermögen (über allokative Ressourcen und autoritative Ressourcen) eine Einflussnahme auf gesellschaftliche Definitionsprozesse ermöglichen sollen. Zühlsdorf bietet allerdings keinen auf diesem Modell aufgebauten Kommunikationsprozess zur Umsetzung ihres Public Campaigning an (ebenda, S. 265 ff.).[64]

---

64 Zühlsdorfs Befragung von 940 deutschen Industrieunternehmen zum Status quo des PR-Managements und zur Praxisrelevanz der verschiedenen Formen der Öffentlichkeitsarbeit wurde im Sommer 1997 mittels Fragebogenversand durchgeführt. Im Ergebnis bildet fast die Hälfte der Befragten (41 %) ein

2.1.2.2. Management-Modelle mit Bezug zur Kommunikation

In diesem Unterkapitel wird der Blickwinkel verändert: Während im vorigen Unterkapitel Kommunikationsmodelle mit Bezug zur Unternehmung analysiert wurden, werden nunmehr zwei Management-Modelle reflektiert, in denen ein Bezug zur Kommunikation hergestellt wird. Die Kommunikationswissenschaft befasst sich quasi sui generis mit Kommunikationsprozessen. Die oben vorgestellten Autoren differenzieren sich im Mainstream der PR-Forschung insofern, dass sie einen Bezug zum System Unternehmung herstellen. Solche detaillierten Arbeiten gibt es aus der Perspektive der Wirtschaftswissenschaft nicht. Zwei Management-Modelle ragen aber hier heraus, indem sie einen deutlichen Bezug zwischen Unternehmensführung und Öffentlichkeitsarbeit herstellen.

Hahn hat in einem Aufsatz das Planungs- und Kontrollsystem (PuK) um die Öffentlichkeitsarbeit erweitert (Hahn/Hungenberg 2001). Dieser Aufsatz bietet für das Kommunikationsmanagement vor allem zweierlei: Zum einen die Integration von strategischer Planung und Kontrolle im Sinne eines strategischen Controllings, welches Hahn nicht isoliert betrachtet, sondern in das Gesamtsystem einbettet.[65] Dies ist kompatibel zur Einbindung der Finanzkommunikation in die Unternehmenskommunikation. Zum anderen ermöglicht Hahns sechsphasiger Entscheidungsprozess einschliesslich der Stellung des Führungsprozesses eine sehr gute Integration des Kommunikationsmanagements als Führungsaufgabe.

Die folgende Abbildung zeigt zunächst das gesamte Planungs- und Kontrollsystem (PuK). Man erkennt hier, dass der gesamte Prozess die normative Ebene der Unternehmungskultur, -philosophie und -politik und damit schlussendlich die generelle Zielplanung berücksichtigt, die dann mit der strategischen und operativen Ebene vernetzt ist. Zudem verknüpfen Hahn/Hungenberg auch die monetäre Betrachtung der Unternehmung, in dem sie die Ergebnis- und Finanzplanung mit den drei Ebenen der Planung verbinden. Dies erlaubt im Übrigen die gemeinsame Betrachtung von monetären und ethischen Werten, weil keine monetären Werte ausserhalb der normativen Betrachtung der Unternehmungskultur entstehen, solange diese normative Ebene der Kultur und Philosophie nur auf ethischen Werten beruht.[66] Schlussendlich verbinden Hahn/Hungenberg die Planungsebene zudem mit der Steuerungs- und Kontrollebene und daher mit einem Feedback.

Die Erstauflage des PuK stammt von Hahn (1974) allein, so dass der folgende Aufsatz von 1992 sich auch auf das PuK-System beziehen kann. Im Aufsatz zu »**Unternehmungs-**

Cluster, in dem Zühlsdorf die »PR-Generalisten« zusammenfasst. Diese zeichnen sich dadurch aus, dass sie auf den verschiedenen Ebenen des Management-Entscheidungsprozesses arbeiten, sich eines Mix von Kommunikationsinstrumenten bedienen und dabei nach Zielgruppen differenzieren. Ein theoretisches Defizit macht Zühlsdorf aber für die verbleibenden 59% der befragten Unternehmungen aus: Zum einen ein einseitig marktorientiertes PR-Verständnis, zum anderen ein zu geringer Einsatz konzeptioneller, analytischer Tätigkeiten zugunsten des operativen Geschäfts. Organisatorisch sind PR-Aufgaben meist einer Stabsstelle zugeordnet, hierarchisch also recht hoch aufgehängt, aber eben nicht als Kernaufgabe in die unternehmerische Tätigkeit integriert. Als weiteres Manko verweist die Arbeit auf den geringen Differenzierungsgrad des eingesetzten PR-Instrumentariums im Hinblick auf die Zielgruppen. Gesellschaftsorientierte Fragestellungen werden zudem kaum auf die Agenda genommen. Zühlsdorf kommt zum Schluss, dass beim Grossteil der befragten Unternehmungen ein marktorientiertes Verständnis von PR vorherrscht und die Öffentlichkeitsarbeit mehr einer undifferenzierten Pressearbeit entspricht, die produkt-, image- und mitarbeiterbezogene Ziele verfolgt (Zühlsdorf 2002, S. 198).

65 Vgl. dazu auch das Hauptkapitel C.4. zum Communications Controlling.
66 Vgl. dazu auch die Ausführungen zur normative Legitimation unternehmerischen Handelns im weiter ausführenden Unterkapitel A.2.2.3.3. mit Bezug zu Ulrich (2004).

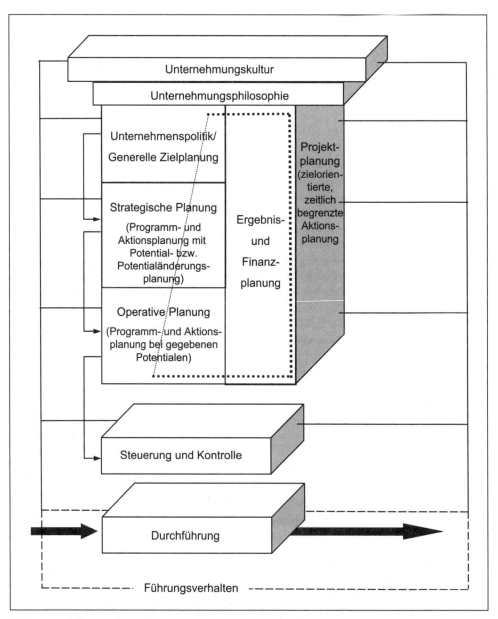

Abb. 20: Teilplanungskomplexe eines Planungs- und Kontrollsystems mit integrierter ergebnis- und liquiditätsorientierter Planungs- und Kontrollrechnung (Hahn/Hungenberg 2001, S. 5)

führung und Öffentlichkeitsarbeit« (Hahn 1992, S. 137 ff.) heisst es: »Führung – verstanden als Tätigkeit – beinhaltet einen Prozess der Informationsgewinnung, -verarbeitung und -abgabe, vor allem aber einen Kommunikationsprozess innerhalb der Unternehmung und mit Personen bzw. Personengruppen ausserhalb der Unternehmung« (ebenda, S. 138). Und weiter: »Als Führungs- und Führungsunterstützungsfunktion beinhaltet Öffentlichkeitsarbeit eine systematische und wirtschaftlich sinnvolle Gestaltung der Beziehungen zwischen der Unternehmung und einer nach Gruppen gegliederten externen und internen Öffentlichkeit, um bei diesen Gruppen Verständnis und Vertrauen in das unternehmerische Entscheiden und Handeln zu gewinnen und auszubauen« (ebenda, S. 139).

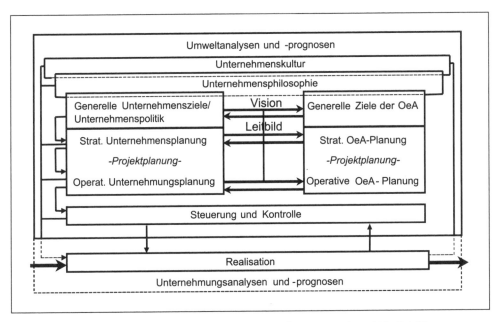

Abb. 21: Öffentlichkeitsarbeit im Planungs- und Kontrollsystem (Hahn 1992, S.141)

Die Abbildung zu diesem Aufsatz zeigt sehr anschaulich, wie die Öffentlichkeitsarbeit in das Planungssystem integriert ist, und zwar zweiseitig (durch die Pfeile angedeutet). Das bedeutet aber vor allem auch, dass Hahn Öffentlichkeitsarbeit eben nicht nur als eine Unterstützungsfunktion für die Führung, sondern eben auch als Führungsfunktion versteht. Allerdings wurden die beiden Funktionen von Hahn nicht weiter ausgearbeitet.

Die weitestgehende ganzheitliche Behandlung des Themas Kommunikationsmanagement im Kontext der Betriebswirtschafts- und Managementlehre stammt von Zerfaß (1996 und in Ergänzung 2004a). Seine wirtschaftswissenschaftliche Dissertation von 1996 mit stark kommunikationswissenschaftlicher Ausrichtung lautet sehr ähnlich wie Hahns Aufsatz: »**Unternehmensführung und Öffentlichkeitsarbeit – Grundlegung einer Theorie der Unternehmenskommunikation und Public Relations**« und ist 2004 mit einer rund 30seitigen Ergänzung (Kapitel 9: »Unternehmenskommunikation revisited«) in zweiter Auflage erschienen.

Zerfaß erkennt in der Öffentlichkeitsarbeit ein komplexes und in der Praxis bedeutsames Problem, das durch die bislang vorliegenden Zugriffe der Kommunikations- und Wirtschaftswissenschaften nur unzureichend erfasst wird. In drei grundlegenden Kapiteln zur Sozialtheorie, Kommunikationstheorie und betriebswirtschaftlichen Theorie entwickelt er einen gemeinsamen Bezugsrahmen zwischen menschlichem Handeln, strukturellen Bedingungen des sozialen Handelns sowie der gesellschaftlichen Integration dieses sozialen Handelns und seiner Organisationsformen.

Im Kontext des betriebswirtschaftlichen Bezugsrahmens hält Zerfaß fest, dass das soziale (Zerfaß 1996, S. 85 ff.) wie kommunikative Handeln (ebenda, S. 141 ff.) in betriebswirtschaftlicher Sichtweise zuvorderst dem Wirtschaften verpflichtet ist, aber auch politische, rechtliche und pädagogische Aktivitäten umfasst (ebenda, S. 235 ff.). Diese drei Handlungen sind der zentrale Bezugspunkt der Unternehmensstrategie, deren Formulierung, Realisierung und Durchsetzung er als Kern der Managementaufgabe identifiziert. Zerfaß teilt dabei die Unternehmenskommunikation in verschiedene Handlungsfelder und Teilbereiche ein:

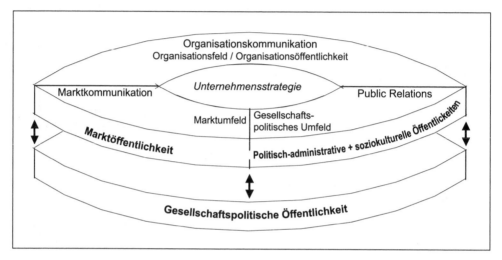

Abb. 22: Handlungsfelder und Teilbereiche der Unternehmenskommunikation (Zerfaß 2004a, S. 289)

Auf dieser Überlegung basieren seine Perspektiven eines kommunikationswissenschaftlich und betriebswirtschaftlich aufgeklärten PR-Managements, welches er schlussendlich – nach einer Beschreibung verschiedener Vorgehensweisen der PR-Analyse, -programm, -planung, -realisation und -kontrolle – in folgenden Gesamtzusammenhang stellt, mit dem er die Handlungsfelder, Adressaten und Foren der Öffentlichkeitsarbeit beschreibt.

Aus Sicht dieser Arbeit ist der Kommunikationsansatz – anders als Zerfaß es beschreibt – nur sehr eingeschränkt als ein strategischer zu bezeichnen, sondern vielmehr als ein gesellschaftspolitischer Ansatz zu definieren. Dem Ansatz fehlt zum einen die im Prinzip durch den Titel der Dissertation vorgegebene Verknüpfung von Unternehmensführung mit der Öffentlichkeitsarbeit, da das Modell neben dem Strategischen Management stehen bleibt. Zum anderen mangelt dem Ausgangsmodell von 1996, dass keine Kommunikationsprozesse zur Erreichung verschiedenster Stakeholder vorgestellt und auch nicht organisatorisch in der Unternehmung verortet werden.[67]

---

67 Die von Zerfaß 2004a vorgelegte Ergänzung in der zweiten Auflage beschränkt sich ausschliesslich auf die angefügten 30 Seiten am Ende der ursprünglichen Dissertation (Zerfaß 2004a, 389 ff.). Dieser Kommunikationsansatz kann als begrenzt-strategischer Kommunikationsansatz bezeichnet werden, da es

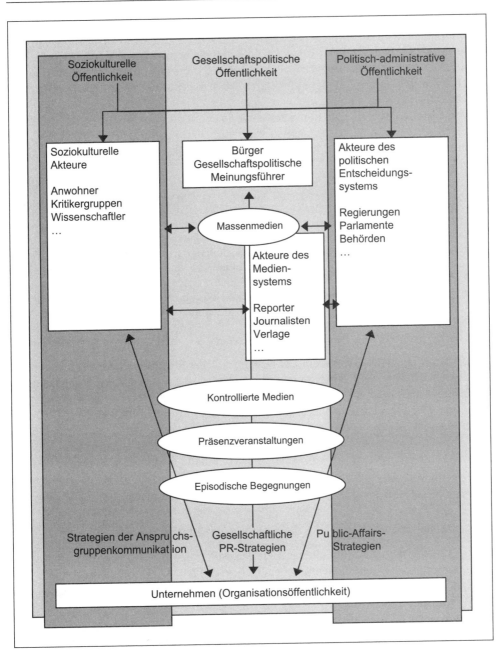

Abb. 23: Handlungsfelder, Adressaten und Foren der Öffentlichkeit (Zerfaß 2004a, S. 353)

Sowohl Hahn als auch Zerfaß bieten aber auf unterschiedlichen Herangehensweisen eine Verbindung von Unternehmensführung und Öffentlichkeitsarbeit an, benennen jedoch beide nicht die dazu dann notwendigen Interaktionsthemen sowie die Strukturen und Prozesse, die zur Ausarbeitung der kommunikativen Dimension notwendig sind. Insofern bietet sich keiner der beiden hier reflektierten Ansätze per se zur angestrebten Integration der Unternehmenskommunikation in die Unternehmensführung an.

Deshalb wird das hier skizzierte Wertorientierte Kommunikationsmanagement in den für die Erweiterung notwendigen Kategorien vollständig in das ausgearbeitete Neue St. Galler Management-Modell integriert, welches nunmehr im folgenden Kapitel vorgestellt wird.

2.2. Ganzheitlicher Bezugsrahmen des Neuen St. Galler Management-Modells

> Dieses Kapitel stellt nach der Reflexion der einzelnen Bezüge im vorgegangenen Kapitel nunmehr den gewählten ganzheitlichen Bezugsrahmen dar. Dabei wird zunächst die kommunikative Dimension rückblickend im »alten« St. Galler Managementmodell betrachtet (A.2.2.1.) und sodann das Neue St. Galler Management-Modell mit seinen Kategorien im Detail vorgestellt (A.2.2.2.) Zudem wird der ganzheitliche Bezugsrahmen des Kommunikationsmanagements zu den anderen Kategorien des Neuen St. Galler Management-Modells separat beschrieben (A.2.2.3.).

Wenn man sich mit der Erweiterung des Neuen St. Galler Management-Modells im Kontext der kommunikativen Veränderungen auseinandersetzt, ist zunächst der Blick auf das »alte« St. Galler Management-Modell sinnvoll. Wie die Autoren des Neuen Modells anmerken, geht das »alte« Modell insbesondere auf die Arbeiten von Hans Ulrich (1968/1970), »Die Unternehmung als produktives soziales System«, sowie Hans Ulrich und Walter Krieg (1972/1974), »St. Galler Management-Modell«, zurück. Des weiteren bietet sich vor allem an, den von Dyllick/Probst (1984) herausgegebenen Band »Management« heranzuziehen, der eine Auswahl von Texten Hans Ulrichs zusammenstellt, die durch die Autoren in einer Einführung in einen Kontext gestellt werden.

2.2.1. Darstellung des »alten« St. Galler Management-Modells

In »Die Unternehmung als produktives soziales System« beschreibt Ulrich die kommunikative Dimension des Unternehmensgeschehens (Ulrich 1970, S. 257 ff.). Sie steht neben drei anderen Dimensionen: die in physikalischen Grössen fassbare »materielle Dimension«, eine

---

letztlich einer Überarbeitung des gesamten Buches bedurft hätte, um die in der Erweiterung richtig aufgeführten Aspekte unter den bestehenden Postulaten der strategischen, der integrierten oder der situativen Unternehmenskommunikation tatsächlich einbinden zu können. Im Rahmen der strategischen Unternehmenskommunikation wird in der Version von 2004 nunmehr PR als Investition und Werttreiber identifiziert, gleichermassen findet aber im zuvor grundlegenden gesellschaftspolitischen Kommunikationsansatz der Kapitalmarkt keine oder eine nur sehr untergeordnete Berücksichtigung. Ohne die integrierte Einbindung einer Kapitalmarktperspektive ist aber eine Berücksichtigung beispielsweise von Reputationswerten, Reputationskapital oder Reputationsbilanzen gar nicht möglich. Insofern benennt Zerfaß in der Tat die richtige strategische Herausforderung, kann sie aber in sein Modell gar nicht integrieren. Vgl. zum erweiterten Ansatz von Zerfaß (2004a) auch Unterkapitel B.2.2.2.3.

die zwischenmenschlichen Beziehungen im weitesten Sinne betrachtende »soziale Dimension« sowie die den Ausdruck »Wert« weit interpretierende und damit nicht nur wirtschaftliche, sondern auch ethische Werte umfassende »wertmässige Dimension«.

Die »kommunikative Dimension« wird nunmehr im Detail vorgestellt wird. Ulrich betrachtet die Unternehmung selbst als Kommunikationssystem mit den klassischen kommunikationswissenschaftlichen Elementen als Sender, Übermittler und Empfänger von Informationen. Für ihn bezeichnet die Betrachtungsweise der **kommunikativen Dimension** die formale Gestaltung des Kommunikationsnetzes der Unternehmung. Das Unternehmensgeschehen kann somit von vier Gesichtspunkten aus erfasst werden und auf die Unternehmung als Ganzes wie auch auf einzelne operationelle Funktionsbereiche angewendet werden (ebenda, S. 50).

Diese grundlegende Einordnung der kommunikativen Dimension Ulrich's lässt zwei Schlüsse zu:
- Es lässt sich daraus keine Reduzierung der Information und des Informationswesens auf das Kennzahlensystem des Controlling ableiten.
- Zudem ergibt sich durch die simultane Betrachtung der vier Dimensionen die Notwendigkeit der ganzheitlichen Ausgestaltung der kommunikativen Dimension.

Im Rahmen der Grundlagen der Unternehmenslehre und hier im Kontext des Systemansatzes geht Ulrich auch auf den Zusammenhang von Information und Kommunikation ein (ebenda, S. 128ff.). Die Kommunikationstheorie von Shannon (1967) und die Kybernetik von Wiener (1952) bieten für ihn die Grundlage zur Betrachtung von Information und Kommunikation für das Verhalten dynamischer Systeme. Systemtheoretisch wird das Verhalten von dynamischen Systemen und ihrer Subsysteme durch Kommunikationsvorgänge ausgelöst, gelenkt und beendet, wobei die Aktivität der Elemente selbst oft weitgehend aus »kommunizieren« besteht.

»Steuerung, Regelung und Anpassung stellen Kommunikationsvorgänge dar, durch die ein ›Sender‹ ein bestimmtes Verhalten des ›Empfängers‹ bewirkt. So stellt die Einführung von Rückkopplungs-Schleifen in ein System, so dass es zu einem Regelsystem wird, einen zusätzlichen Kommunikationsprozess dar, der in sich nicht selbst regulierenden Systemen fehlt; Steuerung ist nur möglich durch Kommunikation zwischen Ziel setzenden und zu steuernden Systemen, und Anpassung ist nur durch gegenseitige Kommunikation zwischen Systemen und Umwelt erreichbar. Man kann auch sagen, dass diese von der Kybernetik primär untersuchten Regelungs- und Steuerungsvorgänge nur verstanden werden können, wenn man sie als Kommunikationsvorgänge erfasst« (Ulrich 1970, S. 131).

Die spezielle Behandlung der kommunikativen Dimension nimmt diese systemtheoretische und kybernetische Betrachtung wieder auf (ebenda, S. 257ff.). Ulrich unterscheidet dabei Kommunikationsprozesse in der Unternehmung, die insbesondere auch durch den gewählten organisatorischen Aufbau der Unternehmung geprägt wird. Daneben gibt es Kommunikationsprozesse, die das System Unternehmung mit seiner Umwelt verbindet. »Da sich die Unternehmung als Ganzheit der dynamischen Umwelt nur aktiv anpassen kann aufgrund von Informationen über diese, spielt die Kommunikation der Unternehmung mit der Umwelt eine bedeutende Rolle; dabei nimmt die Unternehmung nicht nur Informationen von aussen auf und wird dadurch in ihrem Verhalten beeinflusst, sondern gibt auch Informationen ab und beeinflusst damit die Umwelt« (ebenda, S. 262).

Ulrich stellt hingegen abschliessend zu diesem Kapitel fest, dass es noch nicht möglich ist, ein brauchbares Modell für die Gestaltung des Kommunikationssystems der Unternehmung als Ganzes zu entwickeln. Allerdings kann aus seiner Sicht gerade der Systemansatz dazu dienen, eine stets verbesserte Integration in Richtung auf ein umfassendes Kommunikationssystem zu ermöglichen.

Im »alten« St. Galler Management-Modell (Ulrich/Krieg 1972/1974) wird nunmehr die kommunikative Dimension im Prinzip nur noch implizit verfolgt, während die anderen drei Dimensionen explizit abgehandelt werden: die materielle Dimension durch die Darstellung der Märkte und Marktleistungen, die soziale Dimension durch die soziale Umweltsphäre und die wertmässige Dimension durch die Beschreibung des Drei-Stufen-Modells der Führung.

Dass die kommunikative Dimension nicht explizit behandelt wird, kann im Prinzip nur damit erklärt werden, dass die Notwendigkeit der Kommunikation der Unternehmung als soziales System mit seiner Umwelt zu dieser Zeit (Anfang der 70er Jahre) deutlich geringer ausgeprägt war. Ulrich/Kriegs Darstellung des Zusammenhangs zwischen Unternehmung und Umwelt beschreibt aber bereits Anfang der 70er Jahre die auch heute noch relevanten Zielgruppen:

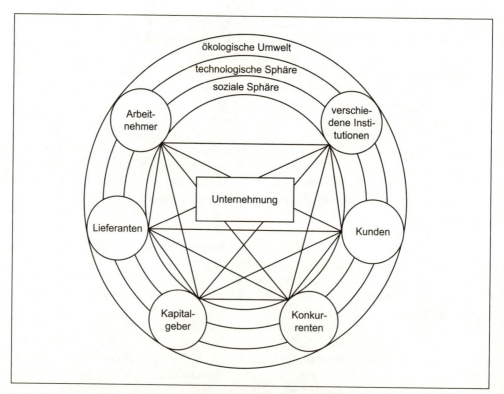

Abb. 24: Die Umwelt der Unternehmung (Ulrich/Krieg 1974, S. 20)

Das **Management-Modell** besteht grundsätzlich aus drei Teilen: Unternehmensmodell, Führungsmodell und Organisationsmodell. Unternehmensmodell und Führungsmodell sind dabei funktionale Modelle, die sachlogische Zusammenhänge analysieren (Ulrich/Krieg 1974, S. 16). Beim Organisationsmodell geht es nach der Sachlogik und dem Charakter des

2. Bezugsrahmen

Führungssystems um die Frage des strukturellen Aufbaus der Unternehmung als reales System (ebenda, S. 37f.).

Das **Unternehmensmodell** (siehe oben) berücksichtigt die kommunikative Dimension implizit. Insofern geht es zunächst darum, Kommunikationsmanagement in die Sachlogik und den Charakter des Führungssystems zu integrieren, ehe man sich mit Fragen der Organisation befasst.

Im **Führungsmodell** wird die kommunikative Dimension ebenso wenig explizit behandelt, obwohl die Unternehmensführung als informationsverarbeitendes System betrachtet wird, in welchem Informationen über unternehmensinterne und -externe Tatbestände und Geschehnisse genauso verarbeitet werden wie Wertvorstellungen zu Entscheidungen und Anordnungen. Im Rahmen der normativ ausgestatteten Unternehmenspolitik wird das Unternehmensleitbild erarbeitet, das die allgemeine Zwecksetzung und Ausrichtung beschreibt, dessen Führungskonzept die erste Konkretisierung ist. Dabei werden leistungswirtschaftliche, finanzwirtschaftliche und soziale Teilkonzepte mit entsprechenden Zielen, Potentialen und Strategien unterschieden.

	Leistungswirtschaftliches Konzept	Finanzwirtschaftliches Konzept	Soziales Konzept
Ziele	– Marktziele – Produktziele – Produktivitätsziele	– Liquiditätsziele – Gewinnziele – Wirtschaftlichkeitsziele	– Gesellschaftliche Ziele – Mitarbeiterorientierte Ziele
Leistungspotential	– Absatzpotential – Produktionspotential – Entwicklungspotential	– Finanzielles Potential – Kapitalstruktur	– Soziales Potential
Strategien	– Absatzstrategie – Produktionsverfahren – Entwicklungsstrategie	– Finanzierungsstrategie – Rechnungsverfahren	– Gesellschaftliche Strategie – Führungsstil

Abb. 25: Das Führungskonzept (Ulrich/Krieg 1974, S. 34)

Im Rahmen des **Organisationsmodells** hat Ulrich bereits in »Die Unternehmung als produktives soziales System« bemerkt, dass die Aufbauorganisation wesentlichen Anteil an der Frage des Aufbaus der Kommunikationsprozesse hat. Die im Führungsmodell angelegten Vorgänge bilden die gedankliche Grundlage für die organisatorische Hierarchie und die Strukturierung der Führungsprozesse. Mit dem Organisationsmodell will Ulrich das organisatorische Denken des Chefs mit diesem Führungsmodell verknüpfen.

Im von Dyllick/Probst herausgegebenen Sammelband »Management« setzt sich Ulrich mit dem »Beruf des Chefs« auseinander und beschreibt in folgender Abbildung die Vielfalt der Kommunikationsinstrumente, die zu den Aufgabenbereichen und Methodiken des Chefs gehören.

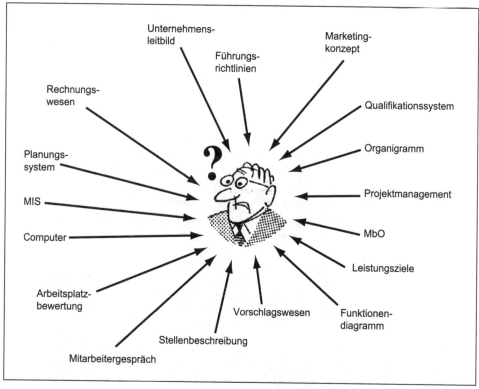

Abb. 26: (Ulrich 1984, S. 70 zit. nach Dyllick/Probst, 1984)

Eine Vielzahl der dort genannten Führungsinstrumente hat insbesondere unter der Berücksichtigung einer heute deutlich komplexeren Struktur in den verschiedenen Teil-Kommunikationsmärkten und Zielgruppen eine hohe kommunikative Bedeutung.

Ein Beispiel: Leistungsziele sind Zielvereinbarungen zwischen der Unternehmung und ihren Anspruchsgruppen, also auch gegenüber Kapitalgebern. Die ganze Problematik der Kommunikation von harten Zielen gegenüber dem Kapitalmarkt mit Bezug auf Renditen und weichen Zielen mit Bezug auf den Zusammenhang dieses einen materiellen Zieles gegenüber anderen Stakeholdern verdeutlicht die Komplexität dieses einen Leistungszieles. Nimmt man Vergütungskriterien für das Top-Management und deren Kommunikation gegen aussen hinzu, wird das Fragezeichen des Chefs sicherlich eher grösser als kleiner.

Zusammenfassend zum »alten« St. Galler Management-Modell kann man festhalten, dass dieses der Kommunikation eine eigene Dimension widmet, ohne die Kommunikation stärker zu differenzieren. Die Begründung dafür liegt darin, dass die internen wie auch externen Kommunikationsbeziehungen zu den verschiedenen Stakeholdern zu dieser Zeit nicht komplex genug waren, als dass sie einer eigenen Behandlung bedurft hätten.

Der Rückblick auf das »alte« Modell lohnt aber dennoch, um die grundlegende Einordnung der Kommunikationsdimension aufzunehmen. Insofern ist es sinnvoll, die Komplexität der Kommunikationsbeziehungen zu den Stakeholdern zu beleuchten. Wertorientiertes Kommunikationsmanagement kann bereits auf Basis dieses Modells in eine inhaltliche

2. Bezugsrahmen

Führungsebene und eine organisationale Struktur- und Prozessebene unterteilt werden.[68]

Die Grundüberlegung der Einbindung der Kommunikation als Prozess zur Entwicklung und Pflege tragfähiger Beziehungen zu den externen und internen Anspruchsgruppen ist dann konsequent, wenn sie weit über die Wahrnehmung unmittelbar ökonomischer Interessen hinausgeht und Rückkopplungseffekte wie Issues Management zu berücksichtigen hat, wie es Rüegg-Stürm im einleitenden Beitrag über das Neue St. Galler Management-Modell beschreibt (Rüegg-Stürm 2004, S. 65 ff.).

2.2.2. Darstellung des Neuen St. Galler Management-Modells

> In diesem Unterkapitel wird zunächst der Ansatz des Modells (A.2.2.2.1.) und sodann das Modell im Überblick vorgestellt (A.2.2.2.2.). Darauf folgt eine Beschreibung der Prozessperspektive (A.2.2.2.3.) und anschliessend die Darstellung des Kommunikationsmanagements im Modell (A.2.2.2.4.).

Im Geleitwort zur Erstausgabe des Neuen St. Galler Management-Modells von 2002 schreibt Gomez von der bislang unerreichten Klarheit, optimalen Vereinfachung und unmittelbaren Anwendbarkeit in der Praxis des »alten« St. Galler Management-Modells. Das Neue St. Galler Management-Modell muss diesem gerecht bleiben und seine klare Grundaussage erhalten, aber dennoch die Entwicklung sowohl der Praxis des Managements als auch des Managementwissens berücksichtigen. In Anlehnung an Pestalozzis Kopf, Hand und Herz muss eine ganzheitliche Managementlehre heute vernetztes Denken, unternehmerisches Handeln und persönliches Überzeugen vermitteln, was das Neue St. Galler Management-Modell bereitzustellen versucht (Gomez 2002, S. 5).

Der Autor des einführenden Überblicksbeitrags zum Neuen St. Galler Management-Modell, Rüegg-Stürm, verweist im Vergleich zum »alten« Modell darauf, dass man Führungskräften und Studierenden im Kontext einer fortschreitenden disziplinären Auffächerung der Betriebswirtschaftslehre einen integralen Bezugsrahmen zur Verfügung stellen will. Die Weiterentwicklung des ursprünglichen Ulrich/Krieg'schen Unternehmensmodells vollzieht dabei eine Weiterentwicklung in dreierlei Hinsicht (Rüegg-Stürm 2002, S. 6 f.):

- Die **ethisch-normative Dimension** und damit die gesellschaftlich und ökologisch ausserordentlich bedeutsame Rolle von Unternehmungen nimmt einen wesentlich höheren Stellenwert ein.
- Das Modell berücksichtigt die enorm gewachsene Bedeutung einer **prozessorientierten Sichtweise** von Unternehmungen, und zwar wegen des technologisch forcierten Zeitwettbewerbs und des Managements von sozialen Prozessen.
- Die »interpretative Wende« in den Sozialwissenschaften (Reckwitz 1997, von Rüegg-Stürm (2002, S. 7) zitiert) führt dazu, die Management-Praxis in **sozialen Konstruktions- und Interpretationsleistungen** begründet zu sehen. Sie muss durch eine sorgfältige,

---

[68] Abschnitt B befasst sich deshalb mit der Inhaltsebene und Abschnitt C mit der Organisationsebene des Wertorientierten Kommunikationsmanagements zur Ausarbeitung der kommunikativen Dimension der Unternehmensführung.

kontextbezogene Analyse komplexer Beziehungs- und Kommunikationsprozesse explizit erklärt werden.

2.2.2.1. Modell-Ansatz

Zum Verständnis einer **anwendungsorientierten Managementlehre** und der impliziten Berücksichtigung von Kommunikation schreiben die Herausgeber des Neuen St. Galler Management-Modells einleitend von einer modernen Managementlehre als einer anwendungsorientierten Sozialwissenschaft. Diese beschäftigt sich im Rahmen von Forschung und Lehre mit Gestaltungs-, Lenkungs- und Entwicklungsproblemen in organisationalen, d. h. sozialen und technischen Kontexten. Für sie vollziehen sich dabei die Lenkungs- und Entwicklungsprozesse von Organisationen als Kommunikations- und Beziehungsprozesse, die beobachtenden, beschreibenden, deutenden, legitimierenden und auf diese Weise auch koordinierenden Charakter haben können (Dubs et al. 2004, S. 13).

Dieses Verständnis der Anwendungsorienterung und die Beschreibung der Kommunikationsprozesse sind für die hier vorzustellende Integration der Kommunikation sehr hilfreich. Zudem ist das Neue St. Galler Management-Modell sehr geeignet, weil es eine Einführung in die Managementlehre als Gemeinschaftswerk[69] mit einem Grundverständnis ist, welches es sich zum Ziel gesetzt hat, eine systematische Einführung in eine integrierte Managementlehre zu bieten, deren Elemente streng aufeinander bezogen sind. Allerdings ist das Werk damit nicht aus einem Guss, sondern zeichnet sich durch eine Vielfalt von Beobachtungsperspektiven und Diskursen aus. Vielfalt und Diversität sind für die Autoren gleichermassen Herausforderung und Chance; denn es müssen immer wieder Übersetzungsleistungen von der einen in die andere Teildisziplin geleistet und engführenden, einseitigen Perspektiven einzelner Forschender und Research Communities entgegen gewirkt werden (Dubs et al. 2004, S.15).

Von den vier Herausgebern beschreibt Dubs auch die kommunikativen Anforderungen an die unternehmerische Tätigkeit und an die Führung von Unternehmungen (Dubs 2004a, S. 31 ff.). Einflussmöglichkeiten von Menschen in ihren verschiedenen Rollen auf das wirtschaftliche Geschehen werden aus seiner Sicht oft leider übersehen: »Dabei sind wir selbst als Einzelperson nicht völlig machtlos, sondern wir können unseren Einfluss über Interessenvereinigungen (Arbeitgeber- und Arbeitnehmerorganisationen, Parteien, nichtstaatliche Organisationen [engl. non-governmental organizations, so genannte NGOs] oder Bürgerinitiativen usw.) verstärkt geltend machen« (Dubs 2004a, S. 31).

Unter Einbezug von Praktikeraussagen beschreibt Dubs in differenzierter Weise den Shareholder- versus Stakeholder-Ansatz; da auch Beschreibungen von Modellen letztendlich

---

69 Das Neue St. Galler Management-Modell ist das einzige Modell im deutschsprachigen Raum, welches ein Gemeinschaftswerk einer integrierten Managementlehre einer gesamten Lehr- und Forschungseinrichtung ist. Das ist der entscheidende Grund für die Auswahl dieses Modells für die in diesem Abschnitt B aufzuzeigende kommunikative Erweiterung; denn alle Ebenen der Management-Prozesse sind in diesem Modell bereits berücksichtigt. Kommunikationsmanagement ist dabei in den Grundzügen beschrieben. Somit kann die Integration eines hier wertorientiert ausgelegten erweiterten Kommunikationsmanagements modell-endogen ganzheitlich und anwendungsorientiert vorgenommen werden. Es muss keine andere Management-Funktion zusätzlich in das Modell integriert werden. Beispiel: Zur Erläuterung der Kommunikationsanforderungen von Corporate Governance muss »nur« analysiert werden, ob dieses Thema auf der Ebene der operativen finanziellen Führung im Modell verbleiben kann oder ob zum Zwecke der erweiterten Betrachtung im Kontext der Legitimation eine andere Zuordnung sinnvoll sein kann. Dies kann alles modell-endogen geleistet werden. Zu den Vergleichsmöglichkeiten von Management-Modellen vgl. Jeschke (1992): »Vergleich von Managementmodellen«.

der Darstellung unternehmerischen Handelns und mithin seiner Legitimation dienen, resümiert er – wieder mit implizitem Bezug auf kommunikative Anforderungen, wenn von der umfassenden Beschreibung der Unternehmung und der Umwelt die Rede ist:

»Damit stehen Anforderungen wie Verantwortung gegenüber allen Stakeholdern, Einhalten moralischer Grundsätze (Umsetzen eines ›Code of Conduct‹ in jeder Unternehmung), Verzicht auf kurzfristigen Prestigeerfolg sowie Verpflichtung gegenüber der sozialen und ökologischen Umwelt in einem unmittelbaren Zusammenhang. (...) Die Probleme stecken (aber – Einfügung des Autors) nicht primär in den Zielformulierungen, sondern sie entstehen, wenn reale, alltägliche wirtschaftspolitische und unternehmerische Aufgaben zu bearbeiten sind. (...) Die Orientierung an Werten und das vernetzte Denken lassen sich aber nur verwirklichen, wenn die Unternehmung und ihre Umwelt umfassend umschrieben werden. Am einfachsten geschieht dies in der Form eines Management-Modells, dass als Bezugsrahmen für die gedankliche Einordnung aller Fragestellungen und Herausforderungen im Kontext des Managements dient« (ebenda, S. 40 f.).[70]

Ein anderer Herausgeber, Rüegg-Stürm, erläutert den Sinn eines Modells anhand der Metapher einer **Orientierungskarte für Managementfragestellungen** differenziert nach fünf Punkten (Rüegg-Stürm 2002, S. 11 ff.):

- Modelle helfen rasch, **Wichtiges von weniger Wichtigem** unterscheiden zu können, ohne damit Handlungsanweisungen oder gar Rezepte zu vermitteln.
- Ein Modell bietet einen **Ordnungsrahmen**, der logische Verbindungen und gewisse Wirkungen aufzeigt.
- Ein Modell dient der **Strukturierung organisationaler Kommunikation** und dabei insbesondere der Aufmerksamkeitssteuerung.
- Ein Modell erleichtert rasche Verständigung und ermöglicht damit die **kollektive Handlungsfähigkeit** einer Organisation.
- Ein Modell bildet die Wirklichkeit nicht ab, sondern erzeugt sie in **Prozessen der Sinnkonstitution**.

Auf dieser Grundlage beschreibt Rüegg-Stürm die **Unternehmung als komplexes System**, bei dem die Systemelemente in vielfältiger Interaktion zueinander und damit in dynamischer Beziehung stehen. Diese Systembeschreibung eines Modells hängt dabei in zentraler Weise vom Kontext ab, innerhalb dessen das Beobachtete interpretiert wird. Komplexität impliziert somit immer, dass die Beobachtung und Interpretation des Geschehens in und um Unternehmungen unausweichlich selektiv oder, mit den Worten Luhmanns (1984), mit kontingenten Selektionsleistungen verbunden ist. Das System als geordnete Ganzheit von Elementen kennt dabei materielle und immaterielle Elemente. Die Komplexität des Systems ergibt sich vor allem daraus, dass nicht ohne weiteres überschaubare Beziehungen und Wechselwir-

---

70 Diese Einschätzung der Bedeutung eines Modells stützt auch Schwaninger bei der Beschreibung des Modellbegriffs: »Im Zusammenhang mit Modellen wird oft nur von Analyse – dem Zerlegen des zu untersuchenden Gegenstands in seine Teile – gesprochen. Einen Sachverhalt zu verstehen erfordert jedoch primär die Synthese, – das Verknüpfen und Zusammenfassen der Teile, etwa der Erkenntnisse, die analytisch gewonnen wurden, zu einem Ganzen(...) Das Neue St. Galler Management-Modell ist ein mehrdimensionales gedankliches Ordnungsschema – ein ›Leerstellengerüst für Sinnvolles‹ (Ulrich 2001), fachsprachlich ausgedrückt: ein heuristisches Schema, das einem hilft, Sachverhalte oder Probleme zu strukturieren, Bezüge zu erkennen oder herzustellen. Gleichzeitig soll es helfen, keine wichtigen Aspekte zu vergessen, die für eine anstehende Untersuchung oder einen zu fällenden Entscheid relevant sein könnten« (Schwaninger 2004, S. 59 f.).

kungen bestehen, ein gewisses Eigenverhalten der Systemelemente zu nur sehr begrenzt vorhersehbaren Entwicklungen führen, die letztendlich emergent sind, d. h. »in keiner Weise auf Eigenschaften oder das Verhalten einzelner Elemente zurückgeführt werden können, sondern aus dem Zusammenwirken der Verhaltensweisen der Systemelemente hervorgehen (...) und vor allem von gewachsenen Mustern der laufenden Interaktionen abhängen« (ebenda, S. 17 ff.).

Der Modell-Ansatz bietet also Voraussetzungen für die Integration eines Wertorientierten Kommunikationsmanagements; denn er ist anwendungsorientiert mit aufeinander bezogenen Elementen und trotz alledem multiplen Perspektiven; er hebt zudem die Geltendmachung von Interessenlagen der Anspruchsgruppen hervor. Im folgenden Unterkapitel wird das Modell nun in seinen einzelnen Kategorien näher präsentiert.

2.2.2.2. Modell-Überblick[71]

Auf Basis der Orientierungskarte für Managementfragestellungen werden im Neuen St. Galler Management-Modell sechs Grundkategorien unterschieden, die sich auf die zentrale Dimension des Managements als Funktion im Sinne Ulrichs Gestalten, Lenken (Steuern) und Weiterentwickeln zweckorientierter, soziotechnischer Organisationen beziehen, die hier zunächst im Überblick graphisch dargestellt werden:

- **Umweltsphären** (Gesellschaft, Natur, Technologie und Wirtschaft) sind zentrale Kontexte der unternehmerischen Tätigkeit.
- **Anspruchsgruppen** sind organisierte oder nicht organisierte Gruppen von Menschen, Organisationen und Institutionen, die von den unternehmerischen Wertschöpfungsaktivitäten betroffen sind.
- **Interaktionsthemen** sind verschiedene Typen von Inhalten kommunikativer Prozesse mit den Anspruchsgruppen. Diese Kommunikationsprozesse beschreiben personen- und kulturgebundene (Anliegen, Interessen, Normen und Werte) und objektgebundene Elemente (Ressourcen).
- **Ordnungsmomente** (Strategie, Struktur und Kultur) geben dem organisationalen Alltagsgeschehen dabei eine kohärente Form, indem sie ihm eine gewisse Ordnung auferlegen und es auf die Erzielung bestimmter Wirkungen und Ergebnisse ausrichten.
- **Prozesse** charakterisieren eine sachliche und zeitliche Logik beim Vollzug bestimmter Aufgabenfelder zur Erzielung der Wertschöpfungsketten und der dazu notwendigen Führungsarbeit.
- **Entwicklungsmodi** beschreiben grundlegende Muster der unternehmerischen Weiterentwicklung und unterscheiden sich vor allen Dingen durch erneuernde und optimierende Modi.

---

71 Dieses Unterkapitel bezieht sich auf die Ausführungen zu den Kategorien des Neuen St. Galler Management-Modells von Rüegg-Stürm (2004, Band 1, S.69 ff.)

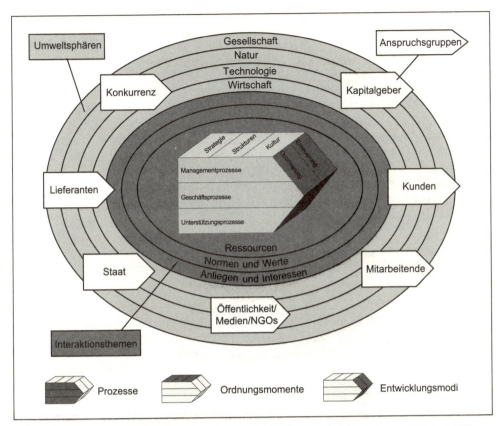

Abb. 27: Das Neue St. Galler Management-Modell im Überblick (Rüegg-Stürm 2004, S. 70).

2.2.2.3. Kategorie der Prozesse des Modells[72]

Prozesse sind eine der sechs im vorherigen Kapitel vorgestellten Grundkategorien (Rüegg-Stürm 2002, S.64ff.). In der Prozessperspektive unterscheidet das Neue St. Galler Management-Modell Managementprozesse, Geschäftsprozesse und Unterstützungsprozesse.

- **Managementprozesse** umfassen die grundlegenden Aufgaben im Sinne der Gestaltung, Lenkung und Entwicklung einer zweckorientierten, soziotechnischen Organisation.
- **Geschäftsprozesse** verkörpern den praktischen Vollzug der marktbezogenen Kernaktivitäten einer Unternehmung in Bezug auf die Stiftung des Kundennutzens.
- **Unterstützungsprozesse** dienen der Bereitstellung der Infrastruktur zur Erbringung dieser Kernaktivitäten in den Geschäftsprozessen.

---

[72] Dieses Unterkapitel bezieht sich auf die Ausführungen zur Kategorie der Prozesse des Neuen St. Galler Management-Modells von Dubs et al. (2004, Band 2, 3 und 4)

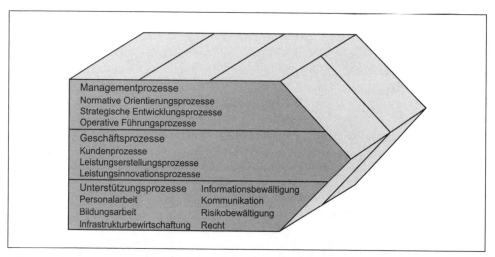

Abb. 28: Die Prozesse im Rahmen des Neuen St. Galler Management-Modells (Rüegg-Stürm 2002, S. 70, 73 und 75)

Allerdings hängen Management-, Geschäfts- und Unterstützungsprozesse zusammen; denn Unterstützungsprozesse dienen den Geschäftsprozessen und beide haben Auswirkungen auf die drei Prozesskategorien der Managementprozesse, wie folgende Abbildung zeigt:

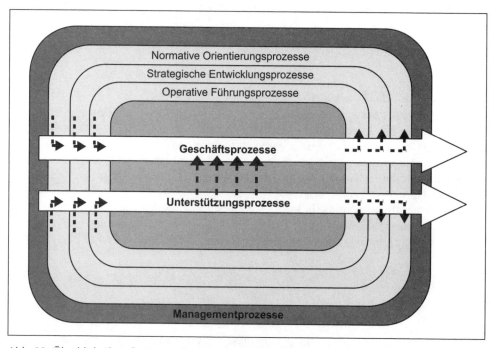

Abb. 29: Überblick über die Prozesskategorien (Rüegg-Stürm 2004, S. 111)

Managementprozesse werden in drei Sub-Kategorien unterteilt – normative Orientierungsprozesse, strategische Entwicklungsprozesse und operative Führungsprozesse. Dabei bezieht sich das Normative vor allen Dingen auf die ethische Legitimation der unternehmerischen Tätigkeit, das Strategische auf die wettbewerbsbezogene, langfristige Zukunftssicherung einer Unternehmung und das Operative auf die unmittelbare Bewältigung des Alltagsgeschäfts.

- **Normative Orientierungsprozesse** dienen der Reflexion und Klärung der normativen Grundlagen, die auch Verhaltensprinzipien für den Umgang mit verschiedenen Anspruchsgruppen erarbeiten sollen.
- **Strategische Entwicklungsprozesse** umfassen die Aufgabenfelder einer integrierten Strategie- und Wandelarbeit und sind vor allen Dingen orientiert am strategischen Prozessmanagement der Prozessentwicklung.
- **Operative Führungsprozesse** sind hingegen ausgerichtet am operativen Prozessmanagement und mithin der Prozessführung von einzelnen Geschäfts- und Unterstützungsprozessen anhand von Führungskenngrössen. Dazu zählt man Prozesse der Mitarbeiterführung, Prozesse der finanziellen Führung und Prozesse des Qualitätsmanagements.

Dabei wird unter jedem Managementprozess auch verstanden, dass in den Teilprozessen ein Führungskreislauf geschlossen wird, der institutionalisierte Feedbackschlaufen beinhaltet. Das gilt konsequenterweise auch für alle Unterstützungsprozesse, wird aber für den Unterstützungsprozess des Kommunikationsmanagements nicht weiter beschrieben.

Aus diesem Grund bezieht sich die in den folgenden Abschnitten B und C angebotene Erweiterung im Wesentlichen auf die Schnittstellen zwischen den drei Teilprozessen des Managementprozesses mit dem Unterstützungsprozess des Kommunikationsmanagements. Auf diese Weise kann man das Kommunikationsmanagement sowohl in seiner Führungs- als auch in seiner Führungsunterstützungsfunktion für die Unternehmensführung und damit für die Führung insgesamt verorten.

Zu den **Geschäftsprozessen** zählt man Kundenprozesse, Leistungserstellungsprozesse und Leistungsinnovationsprozesse. Unter den Kundenprozessen wird vor allen Dingen auch die Markenführung benannt, deren eindeutiger Bezug auf das Marketing nicht ausreichend ist. Kunden werden nicht mehr nur durch eine Kommunikationsmassnahme angesprochen, sondern durch eine integrierte Kommunikationsstrategie. Geschäftsprozesse, die im Vergleich zur Konkurrenz in entscheidender Weise zu einem als überlegen wahrgenommenen Kundennutzen beitragen, werden als Kernprozesse bezeichnet.[73]

Unter den **Unterstützungsprozessen** werden Prozesse der Kommunikation eingeordnet, die »der Entwicklung und Pflege tragfähiger Beziehungen zu den externen und internen Anspruchsgruppen weit über die Wahrnehmung unmittelbarer ökonomischer Interessen hinaus« dienen (ebenda, S. 75 f.). Nach Rüegg-Stürm werden die Unterstützungsprozesse gestaltet, weiterentwickelt und geführt durch Managementprozesse, d.h. im einzelnen: Personalmanagement, Bildungsmanagement, Facility Management, Informationsmanagement, Risikomanagement, Rechtsmanagement und eben auch das Kommunikationsmanagement (Rüegg-Stürm 2004, S. 7).

---

[73] In dieser Zuordnung von Prozessen wird deshalb das Verhältnis von Marketing und Unternehmenskommunikation behandelt. Das geschieht vor allem im Rahmen des Corporate Branding als Teil der Kommunikationsprogramme (Communications Programs). Vgl. dazu C.2.3.

2.2.2.4. Kommunikationsmanagement als Unterstützungsprozess im Modell[74]

Dyllick/Meyer beschreiben im Kontext des Neuen St. Galler Management-Modells das grundlegende Verständnis der Kommunikation, die unterschiedlichen Arenen und Funktionsweisen der Unternehmenskommunikation und vor allem die Kommunikation mit einer kritischen Öffentlichkeit (Dyllick/Meyer 2004, S. 117 ff.).

Mit Verweis auf die Vielfalt der Definitionen des Begriffs Kommunikation definieren sie Kommunikation folgendermassen: »Kommunikation wird als zielgerichteter, (Einfügung durch den Autor: verbale und nonverbale Elemente umfassender Austausch) von Informationen zwischen Akteuren verstanden, der eine Beeinflussung der Adressaten bezweckt« (ebenda, S. 118). Sie verzichten auf eine explizite Definition von Kommunikationsmanagement zugunsten einer Beschreibung von Unternehmenskommunikation als Austausch von Informationen zwischen der Unternehmung und den internen und externen Anspruchsgruppen in ihren jeweiligen Kommunikationsarenen.

Dyllick/Meyer grenzen dabei **vier Arenen der Unternehmenskommunikation** voneinander ab, die ihrer Meinung nach jeweils mit anderen Akteuren, Inhalten, Zielen und unter anderen Bedingungen stattfinden. Es sind diese: Mitarbeiterkommunikation, Marktkommunikation, Finanzkommunikation und Öffentlichkeitsarbeit. Mitarbeiterkommunikation ist interne Kommunikation, alle anderen Arenen sind externe Kommunikation.

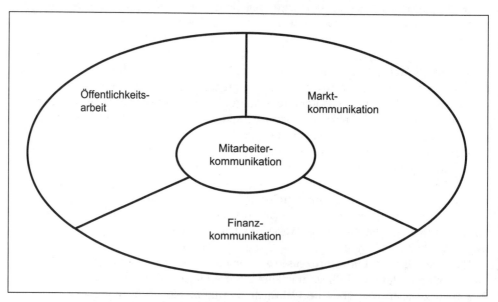

Abb. 30: Hauptarenen der Unternehmenskommunikation (Dyllick/Meyer 2004, S. 120)

- **Mitarbeiterkommunikation** hat vor allen Dingen eine **Verständigungs- und Koordinationsfunktion** in Unternehmungen zur Abstimmung der Strategien und Strukturen, Herausbildung einer gemeinsamen Unternehmenskultur, Lenkung und Optimierung

---

[74] Diese Unterkapitel bezieht sich auf die Ausführungen von Dyllick/Meyer (2004, S. 117 ff.) über das Kommunikationsmanagement im Neuen St. Galler Management-Modell.

laufender Prozesse sowie Weiterentwicklung und Restrukturierung bestehender Geschäftsprozesse und -strukturen. Die Mitarbeiterkommunikation ist für die betriebliche Leistungserstellung unabdingbar und somit auch ein Element der Führung.
- **Marktkommunikation** hat vor allen Dingen eine **Überzeugungs- und Beeinflussungsfunktion**. Sie bezieht sich in erster Linie auf Kunden, aber auch auf Lieferanten und auf die Konkurrenz als externe Anspruchsgruppen der Unternehmung. Die wichtigsten Instrumente der Marktkommunikation sind Werbung und Verkaufsförderung. Während diese vornehmlich einen einseitigen Kommunikationsprozess darstellen, sind Verkaufsförderung und Lieferantengespräche im Beschaffungs- und Absatzmarkt in der Regel direkter Natur und damit auch dialogisch ausgerichtet.
- **Finanzkommunikation** hat vor allen Dingen die Funktion der **Vertrauensbildung und Erwartungssteuerung gegenüber den Finanzmärkten**. Dieser Arena wird eine wichtige Funktion wegen der gestiegenen Bedeutung der Finanzmärkte zugestanden. Dabei wird zunehmend zur traditionellen Finanzberichterstattung ein Value Reporting über die immateriellen Werttreiber der Unternehmung ausgebaut. Das Interesse der Investoren als entscheidende Anspruchsgruppe für die Finanzkommunikation ist in der Regel rein finanzieller Natur. Es geht dabei um Erwartungssteuerung einerseits, aber auch um Reputationsaufbau andererseits (ebenda, S. 123 f.).
- **Öffentlichkeitsarbeit** ist vor allen Dingen eine **Verständigungs- und Legitimationsfunktion** mit entsprechenden Potentialen. Öffentlichkeitsarbeit soll idealerweise dialogisch ausgestaltet sein, um mit allen Stakeholdern entsprechende Dialoge führen zu können. Dabei geht es darum, Anspruchsgruppen von der eigenen Position zu überzeugen und zu beeinflussen.

Dyllick/Meyer setzen sich sodann vor allen Dingen mit Unternehmungen und Öffentlichkeit auseinander und dort mit Prinzipien verständigungsorientierter Kommunikation. »Öffentlichkeitsarbeit als Umgang mit der öffentlichen Exponiertheit von Unternehmen und mit öffentlichen Auseinandersetzungen stellt besondere Herausforderungen an Unternehmungen und Management, die sich von denen anderer Kommunikationsarenen deutlich unterscheiden« (ebenda, S. 124).

Die Autoren bieten keine Bezüge zu den anderen Grundkategorien, zu den Managementprozessen sowie auch nicht zu den verschiedenen Kommunikationsarenen. Die Darstellung ist nicht auf den ganzheitlichen Bezugsrahmen ausgerichtet, wie folgende Abbildung beschreibt.

In der von Dyllick/Meyer angebotenen Beschreibung des Unterstützungsprozesses Kommunikationsmanagement fehlen vor allem drei Aspekte:
- Erstens, die ganzheitliche Betrachtung der verschiedenen miteinander verwobenen Arenen, wie sie Wilbers beispielsweise für die Anspruchsgruppen aufzeigt (Wilbers 2004, S. 331 ff.);
- Zweitens, die Integration des Kommunikationsmanagements mit den Managementprozessen und den anderen Unterstützungsprozessen;
- Drittens, die eigentliche Darstellung des Prozesses im Kommunikationsmanagement und seiner Strukturen und damit die Anbindung zu den anderen Grundkategorien.

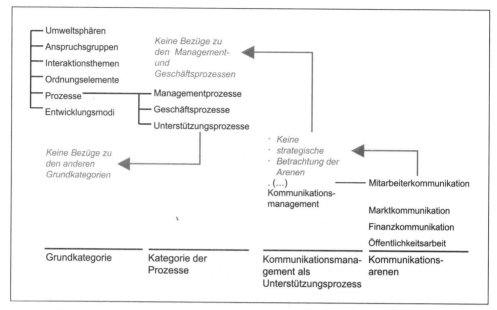

Abb. 31: Überblick der Einordnung des Kommunikationsmanagements im Neuen St. Galler Management-Modell (eigene Abbildung)

2.2.3. Kommunikationsmanagement in Beziehung zu anderen Grundkategorien

> Dieses Unterkapitel stellt den Zusammenhang von Kommunikationsmanagement zu den anderen Grundkategorien des Modells und die entsprechenden Erweiterungsmöglichkeiten vor: A.2.2.3.1. für die Umweltsphären, A.2.2.3.2. für die Ordnungsmomente und A.2.2.3.3. für die Interaktionsthemen mit den Anspruchsgruppen. Die Kategorie der Entwicklungsmodi wird nicht explizit behandelt.

2.2.3.1. Kommunikationsmanagement und Umweltsphären

In der Einleitung zum Abschnitt über die Unternehmung und ihre Umwelten mit Bezug auf die Umweltsphären erläutert Dubs das Spannungsverhältnis im Zielbündel einer Unternehmung, wenn man nur eine eindimensionale, lineare Denkweise im Management berücksichtigt (Dubs 2004b, S. 239 ff.). Solange das Kriterium der Gewinnmaximierung letztendlich die Erfüllung aller Ansprüche an die Unternehmung erlaubt hat, war »der Aufbau und die Führung einer Unternehmung relativ einfach« (ebenda, S. 239).

Die folgenden **Veränderungen in den Umweltsphären** beschreibt er dann wie folgt: »Sie (die Unternehmungen und das Management – der Autor) übersahen aber die langsam aufkommende Marktsättigung und die allmählich entstehenden Beeinträchtigungen der ökologischen Umwelt. Oder es entstanden soziale Spannungen zwischen Unternehmungen und Mitarbeitenden, als sich die Gewinne rückläufig entwickelten und nicht mehr alle Anspruchsgruppen gleichermassen an der Verteilung des Volkseinkommens teilhaben konnten. Oder einzelne Anspruchsgruppen begannen sich gegen den technischen Fortschritt

2. Bezugsrahmen 75

zu wenden, weil sie um die Sicherheit fürchteten (zum Beispiel bei den Atomkraftwerken) oder weil sie mögliche langfristige Folgen (zum Beispiel der Gentechnologie) nicht abschätzen konnten, was Ängste und Widerstände auslöste« (ebenda, S. 239f.).

Diese Zielkonflikte lassen sich nur lösen, wenn es Entscheidungskriterien gibt, mit deren Hilfe diese Vor- und Nachteile einzelner Lösungen beurteilt werden können. Solche Entscheidungen der Unternehmungen fallen auf Basis der Wertvorstellungen des normativen Managements und der langfristigen Ziele des Strategischen Managements. Dubs führt dabei aus, dass je stärker sich das Management mit normativen Fragen auseinandersetzt und je klarer es über einen Orientierungsrahmen verfügt, desto besser es auch grundlegende Entscheidungen treffen kann. Dazu müssen die Trends in den Umweltsphären analysiert und deren Konsequenzen sorgfältig abgeleitet werden.

Das Neue St. Galler Management Modell unterscheidet dabei vier Umweltsphären: Gesellschaft, Natur, Technologie und Wirtschaft, zu denen die Zusammenhänge mit den Interaktionsthemen erläutert werden.

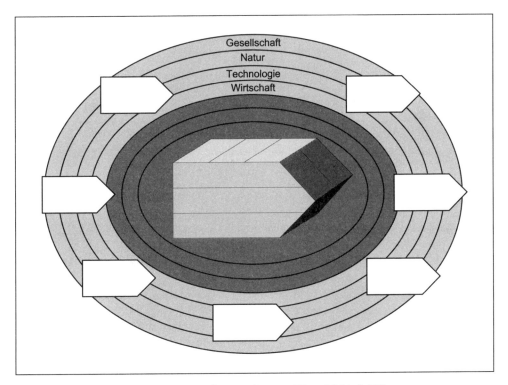

Abb. 32: Umweltsphären einer Unternehmung (Rüegg-Stürm 2004, S. 72)

- Die **Unternehmung in der gesellschaftlichen Umwelt** (Walter Busch 2004, S. 243 ff.) wird dabei über Konzepte und Instrumente einer sozial verantwortungsbewussten Unternehmensführung erläutert und am Beispiel der Initiative Global Compact der UNO illustriert. Eine explizite Beschreibung der dazu notwendigen kommunikativen Austauschbeziehungen gibt es nicht.

- Die **Unternehmung in der ökologischen Umwelt** wird in den kommunikativen Zusammenhang gestellt; denn »(un)erwünschte ökologische Auswirkungen wirtschaftlicher Tätigkeiten führen zu Reaktionen, die wiederum auf die Unternehmen und deren Tätigkeit zurückwirken. Zu nennen sind hier als wichtigste Bereiche Staat und Behörden (Umweltpolitik), Öffentlichkeit (öffentlicher Druck), aber auch Konsumenten (Ablehnung von Produktrisiken, Bevorzugung umweltverträglicher Produkte) und Markt (Konkurrenzangebote), die sensibel auf ökologische Probleme reagieren« (Dyllick 2004, S. 257 f.).[75]

Im Kontext ökologierelevanter Anspruchsgruppen und externer Lenkungssysteme erkennt Dyllick neben Politik und Markt auch die Öffentlichkeit als ein solches Lenkungssystem. Die Wirkung der Öffentlichkeit basiert dabei auf dem Einsatz öffentlichen Drucks, während die Wirkung der Politik durch Regulierungsmechanismen und die Wirkung des Markts auf Angebot und Nachfrage basiert.
- Die **Unternehmung in der technologischen Umwelt** wird vor allem in den Kontext der Ressourceneffizienz und damit unternehmerischer Kernfähigkeiten gestellt. Technologien verändern dabei Unternehmungen, Prozesse und bewirken Folgeprobleme (Fahrni 2004, 271 ff.).
- Die **Unternehmung in der wirtschaftlichen Umwelt** wird zunächst aus einer makro- und mikropolitischen Perspektive analysiert und anschliessend werden die Interdependenzen zwischen der wirtschaftlichen und gesellschaftlichen Umwelt dargestellt. Dabei wird die ökonomisch-technische, politische und soziale Globalisierung und der damit einhergehende verschärfte Wettbewerb beschrieben sowie entsprechende gegensteuernde nationalstaatliche Interessenpolitiken und der damit zusammenhängende Regulierungseifer (Jäger/Dubs 2004, S. 299 ff.).

Alle vier Umweltsphären der Unternehmung haben Anknüpfungspunkte im Kontext von Kommunikationsmanagement und Umweltsphären. Im Einzelnen sind dies:
- Eine sozial verantwortungsbewusste Unternehmensführung – unabhängig davon, ob lokal (beispielsweise Standortkommunikation) oder global (beispielsweise Global Compact) ausgerichtet – kann nur in einem dialogischen Austausch der dazu notwendigen Information mit den Anspruchsgruppen funktionieren.[76]
- Eine ökologische Unternehmensführung wird von vorne herein in den Kommunikationszusammenhang gestellt. Das betrifft sowohl die Ebene der Produktkommunikation im Kontext der Produktionstechniken (beispielsweise Umweltzertifikate) als auch die Ebene der Unternehmenskommunikation im Kontext von gesellschaftlich akzeptierten Technologien (beispielsweise Gentechnologie).[77]
- Eine technologisch orientierte Unternehmensführung hat zwei Kommunikationsdimensionen: Zum einen die Frage der Verbesserung der Kommunikationskanäle und damit

---

75 In diesem Zusammenhang sind insbesondere auch die Bemühungen zu erkennen, die unter dem Begriff des »Sustainable Development« firmieren. Vgl. dazu auch das entsprechende Kapitel C.2.3. im Rahmen der Campaigning-Ansätze der Communications Programs.
76 Vgl. dazu beispielsweise allgemein und speziell im Bezug auf den Global Compact (Habisch 2005).
77 Vgl. hierzu auch Dyllick (1992) zur ökologischen Unternehmensführung; Will (2001b) zur politischen Unternehmenskommunikation bezüglich der Zielgruppe Gesellschaft und Bonfadelli (2004) mit dem Anwendungsbeispiel Gentechnologie.

der Austauschbeziehung zu verschiedenen Anspruchsgruppen sowie andererseits die Frage der Veränderung des Kommunikationsprozesses im Kontext neuer Sender-Empfänger-Beziehungen.[78]

- Eine wirtschaftlich orientierte Unternehmensführung hat eine Vielzahl von Kommunikationsdimensionen, die jeweils auf die verschiedenen Teilmärkte ausgerichtet sind: Kapitalmarkt, Mitarbeiter, Gesellschaft und Politik. Das Problem ist die Einheitlichkeit der Information; denn man kann unterschiedlichen Stakeholdern keine inhaltlich unterschiedliche Information anbieten, sondern allenfalls eine sprachlich angepasste.

2.2.3.2. Kommunikationsmanagement und Ordnungsmomente

Die Ordnungsmomente werden in drei Segmente unterteilt: Strategie, Struktur und Kultur. Sie geben dem Alltagsgeschehen eine kohärente Form und eine gewisse Ordnung (Rüegg-Stürm 2004, S.80ff.).

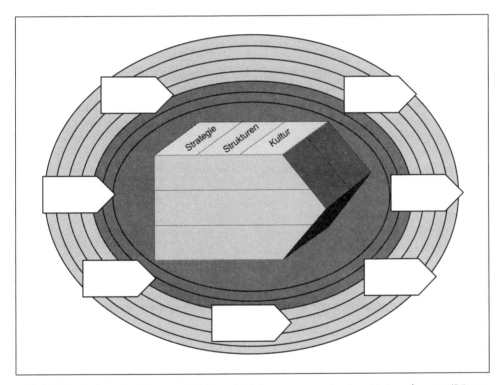

Abb. 33: Strategien, Strukturen und Kultur als Ordnungsmomente einer Unternehmung (Rüegg-Stürm 2004, S. 81)

- Das Kapitel über **Strategie** erläutert Modelle und Konzepte für das Strategische Management, welches wiederum im Rahmen der strategischen Entwicklungsprozesse von Müller-Stewens vorgestellt wird (Müller-Stewens 2004, S. 39ff.). Das Ziel der Strategie-

---

78 Vgl. dazu beispielsweise Will/Geissler (2000).

lehre ist es, zunächst einmal zu erklären, warum Firmen sehr unterschiedliche Strategien verfolgen, von denen einige besser sind als andere. Ziel des Strategischen Management ist es auf dieser Basis, Wissen über diese Probleme und Fragestellungen zu entwickeln zu können (von Krogh 2004, S. 388). Im Beitrag über strategische Entwicklungsprozesse schreibt Müller-Stewens, dass es im Strategischen Management, dem Gebiet, welches sich um das Thema Strategie bemüht, darum geht, explizit Strategien auszuformulieren und damit kommunizierbar zu machen (Müller-Stewens 2004, S. 39 ff.). Müller-Stewens weist dabei darauf hin, dass es für die verschiedenen Anspruchsgruppen und ihre Themen verschieden ausgestaltete Strategien gibt: Marktstrategien, Investorenstrategien oder beispielsweise Wettbewerbsstrategien. Hierbei gibt es im Rahmen des Stakeholder-Positionierungsansatzes ein Optimierungsproblem; denn manche Strategien können konfliktär sein oder werden (ebenda, S. 49 ff.). Auch das ist eine Kommunikationsaufgabe, denn die Konfliktbeziehung muss im Ausgleich der Stakeholder optimiert werden. Die andere Optimierung betrifft die im Kapitel über Kommunikation und Strategie diskutierte Interpretation unternehmerischer Entscheidungen.

- In der Grundkategorie der Ordnungsmomente werden auch **Strukturen** behandelt (Gomez 2004a, S. 429 ff.). Die Zusammenarbeit von Menschen erfordert dabei eine Koordination, die durch eine entsprechende Organisation beziehungsweise durch Strukturen hergestellt wird. Dabei gibt es die institutionelle, die instrumentale oder die funktionale Perspektive von Organisationen. Gomez stellt in seinen Ausführungen die instrumentale Sicht in den Vordergrund und damit die Frage, welche Oberflächenstruktur der Unternehmung zur Verfügung stehen muss, um eine Unternehmung möglichst effektiv und effizient zu führen. Bei der instrumentalen Perspektive von Organisationen steht das Führungsinstrument im Fokus. Gomez nutzt dabei die Beschreibung eines »fest verdrahteten Ordnungsmusters der Zusammenarbeit der Menschen in Unternehmen, die über die betriebswirtschaftliche Organisationslehre zu gestalten ist« (ebenda, S. 432).
- Das Ordnungsmoment **Kultur** wird von Gomez als »die Tiefenstruktur des Unternehmens bezeichnet« (ebenda, S. 432). Wunderlich beschreibt diesen Teil der Ordnungsmomente und stellt dabei folgende Aspekte für den hier in Rede stehenden Zusammenhang von Kommunikationsmanagement und Ordnungsmomenten vor: Die Unternehmung reproduziert sich als ein Konglomerat an Verhaltensdispositionen und -mustern, die über eine die innere Verfassung und das äusseres Erscheinungsbild einer Corporate Identity Einheit und Gemeinsamkeit, Stabilität und Vertrauenswürdigkeit, Wettbewerbsfähigkeit und Erfolg sowie Abgrenzung gegenüber anderen Unternehmungen verwirklichen soll. (Wunderlich 2004, S. 460).

Dubs nimmt sich im selben Kapitel sodann der Frage der Beeinflussung und Prägung der Unternehmenskultur an, da neben den formellen Strukturen auch informelle Strukturen, Normen und Wertvorstellungen, Einstellungen und Haltungen von Vorgesetzten und Mitarbeitenden sowie die gelebten Formen der Kommunikation, Führung und Zusammenarbeit das Geschehen einer Unternehmung und deren Erfolg prägen (Dubs 2004c, S. 473 ff.). Auch hier wird der Kommunikation eine gestaltende Funktion eingeräumt, da »die spezifische Form der alltäglichen Wahrnehmungs-, Interpretations-, Beschreibungs- und Kommunikationsmuster jeder Unternehmung eine eigene Prägung oder eben ›Kultur‹ (gibt – der Autor), die je nach unternehmerischen Gegebenheiten von allen Mitarbeitenden mehr oder weniger bewusst wahrgenommen, gelebt, bloss geduldet oder gar erduldet wird« (ebenda, S. 474).

Für Dubs ergeben sich längerfristig positive Einflüsse auf die Entwicklung einer Unternehmenskultur dann, wenn die Unternehmensleitung die für sie gültigen Normen und Werte in verbindlicher Weise definieren und sorgfältig begründen, den Bezug zu den Interaktionsthemen sowie den Strategien und Strukturen herstellen kann. Dabei muss die Unternehmensleitung durch Glaubwürdigkeit, Verlässlichkeit und Berechenbarkeit, Offenheit und Verantwortung gegenüber den Anliegen und Interessen aller Anspruchsgruppen berücksichtigen (ebenda, S.477). Auch das ist eine Kommunikationsaufgabe.

Alle drei Ordnungsmomente haben folgende Anknüpfungspunkte im Kontext des Kommunikationsmanagements:
- Im Neuen St. Galler Management Modell wird kein direkter Bezug zwischen dem Ordnungsmoment der Strategie und dem Kommunikationsmanagement hergestellt. Lediglich bei der Beschreibung der strategischen Entwicklungsprozesse wird auf den Aspekt der Ausformulierung mit Blick auf die Anspruchsgruppen verwiesen.[79]
- Im Kontext der Struktur steht implizit die Frage nach der Koordination durch Kommunikation im Fokus. Sie wird aber nicht explizit behandelt.
- Der Kommunikation im Zusammenhang von Kultur kommt dabei offensichtlich eine herausragende Funktion zu, denn gerade im Kontext globaler Entwicklungen und weltweiter Einflüsse werden Kompetenzen interkultureller Kommunikation für die Unternehmung und ihre internationalen Handlungsfelder zu einem strategischen und operativen Erfolgsfaktor.[80]
- Alle drei Ordnungsmomente haben nicht nur eine interne, sondern auch eine externe Ordnungsfunktion gegenüber den Anspruchsgruppen, die allerdings nur über eine systematische Austauschbeziehung gestaltet und entwickelt werden kann. Insofern zeigt gerade diese Beschreibung des Zusammenhangs zwischen Kommunikationsmanagement und Ordnungsmomenten die Notwendigkeit der Ausarbeitung der kommunikativen Dimension.

2.2.3.3. Kommunikationsmanagement mit Anspruchsgruppen über Interaktionsthemen

Während andere Grundkategorien des Neuen St. Galler Management-Modells nach der Grundlegung einzeln abgearbeitet werden, werden die Interaktionsthemen lediglich im Zusammenhang mit dem Beziehungsgeflecht zwischen Unternehmung und ihren Anspruchsgruppen behandelt. Allerdings wird in diesen beiden Grundkategorien an verschiedenen Stellen Bezug zum Kommunikationsmanagement genommen.

Rüegg-Stürm erläutert die **Bedeutung der Interaktionsthemen** damit, dass zwischen einer Unternehmung und ihren Anspruchsgruppen vielfältige Austauschbeziehungen stattfinden, die meist Gegenstände betreffen, die als Themenfelder im Sinne von Issues verstanden werden können (Rüegg-Stürm 2004, S. 77 ff.). Wilbers erläutert im Kapitel über An-

---

79 Auf diese Notwendigkeit macht auch Bronn aufmerksam: »Most researches agree on the increasing importance of the role of communications within organisations. Establishing itself as a contributor to a strategy formulation has been identified as one of the most important goals for the public relations industry«. Sie kommt dabei zu dem Schluss: »Research indicates that public relations managers are aware of the steps needed to become more strategic. They believe that public relations education needs changing, that the profession needs to be redefined, and that public relations should be recognized as a management discipline« (Bronn 2001, S. 323).
80 Vgl. hierzu generell auch Bleicher (Bleicher 1992, S. 59ff oder 1996, S. 73 ff.).

spruchsgruppen und Interaktionsthemen den Issue-Zusammenhang: »Diese unterschiedlichen Beziehungsnetze müssen dabei nicht nur auf die Frage, wer die relevanten Anspruchsgruppen sind und wie mit ihnen umzugehen ist, beurteilt werden, sondern auch worum es dabei geht. Eine solche Beziehung hat immer einen Gegenstand, ein Thema (*Issue*)« (Wilbers 2004, S. 334).

Insofern wird hier Issues Management als Teil des Beziehungsmanagements zu den Anspruchsgruppen aufgefasst und somit als eine untergeordnete Gestaltungsfunktion. Issues Management ist im Rahmen des Anspruchsgruppenkonzeptes eine operative Führungsunterstützungsaufgabe für das Kommunikationsmanagement und keine strategische, wie das oftmals aus der Kommunikationswissenschaft vorgegeben wird (beispielsweise Röttger, 2001).[81]

Zu den thematischen Beziehungen, den Interaktionsthemen, im Kontext des gesamten Modells erläutert Rüegg-Stürm: »Unter Interaktionsthemen, die in einem inneren Kreis des Management-Modells zwischen Umweltsphären und Unternehmung angesiedelt sind, soll mit anderen Worten all das verstanden werden, was über die Anspruchsgruppen an die Unternehmung herangetragen, dieser zur Verfügung gestellt oder streitig gemacht wird – oder umgekehrt betrachtet: worum sich eine Unternehmung aktiv bemühen muss. Dabei unterscheiden wir einerseits *personen-* und *kulturgebundene* Elemente wie *Anliegen, Interessen, Normen* und *Werte* und andererseits *objektgebundene* Elemente, d. h. *Ressourcen*« (Rüegg-Stürm 2004, S. 77 f.). Die Inhalte werden somit nicht weiter ausgeführt, sondern lediglich auf diese Meta-Interaktionsthemen bezogen. Insofern müssen selbstverständlich auch die hier aufgezeigten thematischen Erweiterungen auf diese Meta-Ebene bezogen werden können.

Wilbers benennt aus didaktischen Gründen sieben Anspruchsgruppen, die zur Unternehmung in unterschiedlichen Beziehungen stehen, deren Inhalte Ressourcen, Normen und Werte sowie Interessen und Anliegen sind (Wilbers 2004, S. 331). Er teilt diese **sieben Anspruchsgruppen in vier Kommunikationsarenen** ein, wobei zu jeder Arena spezifische Akteure, Inhalte, Ziele und Bedingungen gehören:[82]

- die **Marktarena** mit den Kundenbeziehungen (Customer Relations), Lieferantenbeziehungen (Supplier Relations) und Beziehungen zur Konkurrenz (Competitor Relations);
- die **interne Arena** mit den Beziehungen zu den Mitarbeitenden (People Relations);
- die **Arena der Finanzkommunikation** mit den Beziehungen zu den Kapitalgebern (Investor Relations);
- sowie die **öffentliche Arena** mit den Beziehungen zur Öffentlichkeit (Public Relations) und zum Staat (Political Relations).

Allerdings ist auch für Wilbers diese Einteilung nicht statisch. Sein Fazit lautet deshalb: »Bildlich gesprochen: Das Beziehungsnetz der Unternehmung ist wie ein Mobile: Zieht man an einem Teil, verändern sich gleichzeitig die anderen Teile« (ebenda, S. 333).

---

81 Vgl. dazu das Unterkapitel C.4.1.1. und die dort beschriebene Einordung von Issues Management. Zur Kritik an der kommunikationswissenschaftlichen Einordnung des am Issues Management vgl. Will (2001c) und Will (2003).
82 Vgl. dazu das Kapitel C.2.2. über die Communications Relations und deren einzelne Untergliederungen.

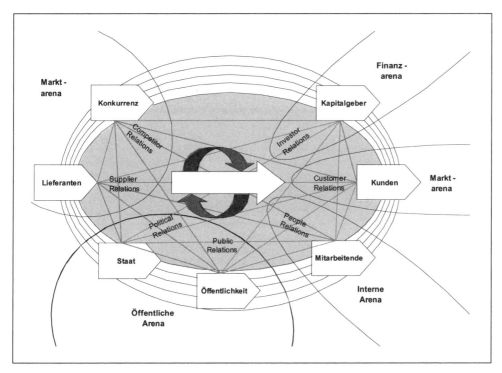

Abb. 34: Anspruchsgruppen, Relations und Arenen im Neuen St. Galler Management-Modell (Wilbers 2004, S. 336)

Zwar enthält die Einteilung die wesentlichen Anspruchsgruppen, vernachlässigt aber, die Gestaltung des Kommunikationsflusses zu diesen Anspruchsgruppen zu analysieren. Dazu benötigt man die in der Ausgangslage beschriebene Differenzierung in Ziel- und Zwischenzielgruppen.

Anspruchsgruppen und Interaktionsthemen werden aber auch mit Bezug auf die **normativen Grundlagen der unternehmerischen Tätigkeit** (Ulrich 2004, S. 143 ff.) analysiert. Wilbers (Wilbers 2004, S. 331 ff.) stellt fest, dass je nach strategischer oder normativ-kritischer Perspektive des Anspruchsgruppenkonzepts die Fragen zu beantworten sind, wen man überhaupt als relevante Anspruchsgruppe betrachtet und wie man mit der als relevant betrachteten Anspruchsgruppe umzugehen gedenkt, was in folgender Tabelle zusammengefasst ist.

Ulrich (Ulrich 2004 S. 143 ff.) setzt sich mit der Frage der Legitimation auseinander: Während unternehmensstrategisch Stakeholder als Gruppen bezeichnet werden, die ein aktuell oder latentes Einflusspotential gegenüber der Unternehmung haben, haben sie in einem normativ kritischen Stakeholder-Konzept dann eine Berechtigung als Gruppen einer Unternehmung, wenn sie legitime Ansprüche an die Unternehmung haben. Für Ulrich geht es nicht darum, wer wirkungsmächtige Ansprüche erheben kann, sondern welche Ansprüche um ihrer selbst willen berechtigt sind und daher berücksichtigt werden sollen.

	Strategisches Anspruchsgruppenmanagement	Normativ-kritisches Anspruchsgruppenkonzept
Perspektive	Ökonomische Rationalität	Ethische Vernunft
Zur Geltung gebrachte Logik	Normative Logik des Marktes	Normative Logik der Zwischenmenschlichkeit
Stellung der Unternehmung	Unternehmung als Teil der Marktwirtschaft	Unternehmung als Teil der Gesellschaft / Lebenswelt
Erfolgsmassstab der Unternehmung	Selbstbehauptung	Lebensdienlichkeit
Anspruchsgruppenkonzept	Strategisches Anspruchsgruppenkonzept	Normativ-kritisches Anspruchsgruppenkonzept
Beurteilung von Anspruchsgruppen	Einfluss(potential)	Legitimität
Frage der Abgrenzung der Anspruchsgruppen	Wer kann bzw. könnte einen Einfluss auf die Unternehmung ausüben?	Wer hat legitime Ansprüche an die Unternehmung?

Abb. 35: Übersicht über die Grundkonzepte (Wilbers 2004, S. 332)

Aus dieser Überlegung leitet sich für ihn ab, dass andere legitime Ansprüche anderer Stakeholder nicht in jedem Fall »auf Kosten« der Shareholder gehen. »Es gibt also keinen guten Grund, weshalb eine verantwortungsbewusste Unternehmensleitung sich gegen einen unternehmensethisch aufgeklärten Umgang mit den verschiedenen Stakeholder-Ansprüchen stellen müsste. ... Das macht die unternehmerische Aufgabe im Vergleich zu einer rein markterfolgsorientierten Perspektive zwar gewiss nicht einfacher, aber dafür gesellschaftlich sinnvoller und für die Führungskräfte letztendlich wohl auch persönlich erfüllender« (ebenda, S. 155).

Deshalb ist für Ulrich die **kritische Öffentlichkeit der ideelle Ort der unternehmensethischen Legitimation**. »Selbstverständlich haben dabei alle Anspruchsgruppen ihre Ansprüche genauso öffentlich zu begründen und zur Disposition zu stellen, wie sie das von der Unternehmung bei der Rechtfertigung ihres Tuns erwarten (...) Unternehmensleitungen sind aber gut beraten, ihre prinzipielle Legitimationspflicht vor der allgemeinen Öffentlichkeit aller mündigen Bürger anzuerkennen und ernst zu nehmen« (ebenda, S. 156 f.).

Zum Umgang mit Anspruchsgruppen schlägt Wilbers einen vierstufigen Zyklus vor, der dann auch die Frage klären kann, welche Anspruchsgruppen auf Basis von welchem Anspruchsgruppenkonzept zu berücksichtigen sind (Wilbers 2004, S. 351 f.). Je nach Anspruchsgruppenkonzept ergeben die vier Schritte der Ermittlung (erster Schritt) und Einordnung (zweiter Schritt) der Anspruchsgruppen sowie der Bewertung (dritter Schritt) und der sich daraus ableitenden Aktionen (vierter Schritt) unterschiedliche Ergebnisse. Während das strategische Anspruchsgruppenkonzept primär für die ökonomische Rationalität und die normative Logik des Marktes steht, repräsentiert das normativ-kritische Anspruchsgruppenkonzept die ethische Vernunft und die normative Logik der Zwischenmenschlichkeit (ebenda, S. 356).

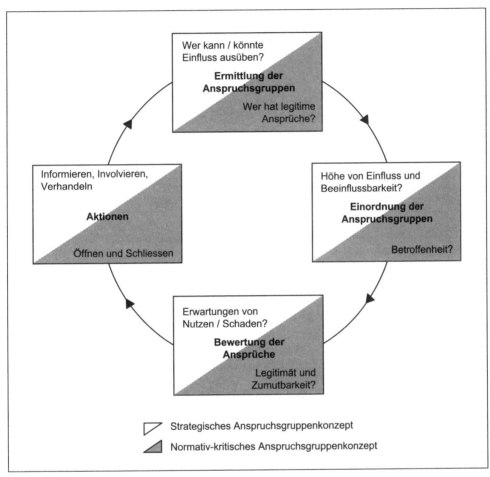

Abb. 36: Vier-Stufen-Modell für den Umgang der Unternehmung mit ihren Anspruchsgruppen (Wilbers 2004, S. 358)

Zweifelsohne ist das normativ-kritische Anspruchsgruppenkonzept das »kommunikativere«, da ihm in weiten Teilen die monetäre Logik des Marktes als Begründung fehlt und stattdessen die normative Logik der Meinung in den Vordergrund rückt. Zwar sind aus didaktischen Gründen beide Konzepte zugespitzt differenziert und in der Praxis ohnehin häufig in Mischformen anzutreffen, doch dient die systematische Differenzierung auch der Einordnung der im hier vorgelegten Ansatz möglichen Differenzierung in eine Interpretationssicht und eine Investitionssicht auf die Unternehmung.

Diese in der Ausgangslage beschriebene Differenzierung in Ziel- und Zwischenzielgruppen wird weder im strategischen noch im normativ-kritischen Anspruchsgruppenkonzept gemacht. Folgende Tabelle zeigt, welche kommunikative Bedeutung die beiden Gruppen in den beiden Konzepten haben können und zeigt damit die Erweiterungsmöglichkeiten mit Blick auf Interaktionsthemen und Anspruchsgruppen auf.

Im strategischen Konzept stehen die Zielvereinbarungen der Anspruchsgruppen sowie die jeweilige Multiplikatorfunktion der Zwischenzielgruppen im Vordergrund der Überlegungen. Im normativ-kritischen Konzept steht der Legitimationsanspruch der Anspruchsgruppen und die Kontroll- oder Wächterfunktion der Zwischenzielgruppen im Fokus der Betrachtung.

	Kommunikative Bedeutung	
	Strategisches Anspruchsgruppenkonzept	Normativ kritisches Anspruchsgruppenkonzept
Zielgruppen	Zielvereinbarung	Legitimationsanspruch
Zwischenzielgruppen	Multiplikatorfunktion	Kontrollfunktion

Abb. 37: Kommunikative Bedeutung von Ziel- und Zwischenzielgruppen und sich daraus ergebende Erweiterungsmöglichkeiten mit Blick auf Interaktionsthemen und Anspruchsgruppen (eigene Abbildung)

Die Bedeutung der Zielgruppen richtet sich somit danach, ob und welche Ziele sie mit der Unternehmung in welchem der beiden Anspruchsgruppenkonzepte verfolgen. Die Bedeutung der Zwischenzielgruppen richtet sich demgegenüber danach, welchen Grad an Multiplikatorfunktion oder Kontrollfunktion sie im Massenkommunikationsprozess gegenüber welchen definierten Zielgruppen alleine oder gemeinsam mit anderen übernehmen.

3. Fazit zur Ausgangslage und zum Bezugsrahmen für das Wertorientierte Kommunikationsmanagement

Der Abschnitt über die Einführung in das Wertorientierte Kommunikationsmanagement hat folgendes herausgearbeitet:

Die **kommunikative Dimension der Unternehmung** ist im Grunde im Neuen St. Galler Management-Modell bereits auf Basis des »alten« Modells angelegt, aber im praktischen Management und in der theoretischen Managementlehre nicht ausgearbeitet: In funktionaler Perspektive fehlt die Einbindung der Kommunikation beziehungsweise des Kommunikationsmanagements in das Führungskonzept. In organisationaler Perspektive entsprechen die Abteilungen für Unternehmenskommunikation nicht der eigentlichen kommunikativen Dimension der Unternehmung als Ganzes.

Die Notwendigkeit zur Ausarbeitung der kommunikativen Dimension ergibt sich einerseits aus der zunehmenden Komplexität der Kommunikationsbeziehungen und andererseits aus der zunehmenden Wertorientierung des Managements.

- Die **Komplexität** ist vor allem eine prozessuale Komplexität der Kommunikationsbeziehungen zu den Anspruchsgruppen (differenziert in Ziel- und Zwischenzielgruppen), eine rechtliche Komplexität der Kommunikationspublizität im Sinne der Informationsasymmetrie und der Informationsqualität/-quantität sowie eine mediale Komplexität der Kommunikationsmärkte -medien und -kanäle im Sinne von Fragmentierung, Atomisierung und Digitalisierung.
- Die **Wertorientierung** ist dabei zu sehr auf die Akteure des Kapitalmarktes reduziert, wodurch auch ein Ausgleich der Interessen und Ziele unterschiedlichster Anspruchsgruppen schwierig ist. Der Wertorientierung fehlt zudem das Kommunikationsmanagement von immateriellen Werten, die ganz wesentlich die Bewertung von Unternehmungen beeinflussen.
- Auf diese Art und Weise erst lässt sich eine Communications View im Sinne der Interpretation unternehmerischen Handelns herleiten und in die Unternehmensführung integrieren.

Der Stand der Forschung in den beiden grossen Forschungszweigen Public Relations und integrierte Kommunikation beziehungsweise Corporate Communications bietet keine Ansätze, die beide Aspekte – die Komplexitätsreduktion und die Kommunikationsorientierung – gleichermassen berücksichtigen.

Aufbauend auf dieser Ausgangslage wurde ein Bezugsrahmen für die beschriebenen Herausforderungen gesucht. Dabei wurden zunächst einzelne Bezüge abgehandelt.

Der Bezug zwischen Strategie und Kommunikation bietet einen Ansatz für die **Interpretations- und Feedbackfähigkeit** aus den beiden etablierten Sichtweisen, Market und Resource Based View, zur Ableitung der Strategie. Versteht man Kommunikation vor allem als eigenständige Wertaktivität, dann ermöglicht sie in erster Linie eine Interpretation strategischer Aktionen mit Bezug auf immaterielle Werte gegen aussen. Versteht man Kommunikation demgegenüber eher als eine Kernkompetenz, dann ermöglicht sie vor allem ein Feedback strategischer Allianzen im internen Ablauf.

Der Bezug zwischen **Kommunikation und Management** eröffnet verschiedene Perspektiven, die ein Management-Modell definieren. Die vorgestellten Modelle bieten aber nur Einzelperspektiven: Eine Organisationsperspektive (Herger) oder die Gesellschaftsperspektive (Zerfaß und Zühlsdorf.). Einzig Hahn bietet eine zusammenhängende Perspektive auf das Management-Modell PuK, welches jedoch im Vergleich zum Neuen St. Galler Management-Modell stärker auf das Planungs- und Kontrollsystem und weniger auf Anspruchsgruppen und Interaktionsthemen fokussiert.

Gerade diese Ausrichtung auf die Anspruchsgruppen und die Interaktionsthemen ermöglicht aber erst die systematische Analyse der externen und internen Communications Relations. Aus diesem Grund wurde das Neue St. Galler Management-Modell als ganzheitlicher Bezugsrahmen herangezogen. Dieses Modell hat für den Gang dieser Arbeit mehrer Vorteile:

- Die **kommunikative Dimension** Ulrichs aus dem »alten« Modell wird aufgenommen, in dem die Lenkungs- und Entwicklungsprozesse von Organisationen als Kommunikations- und Beziehungsprozesse verstanden werden.
- Das Neue St. Galler Management-Modell kennt dabei eine Grundkategorie **Kommunikationsmanagement als Unterstützungsprozess**, ohne sie im Detail auszuarbeiten.
- Die **Anspruchsgruppen** und **Interaktionsthemen** stellen den Bezug zum Kommunikationsmanagement her, in dem die Austauschbeziehungen und die Themen (Issues) dieser Beziehungen vorgestellt werden. Folgendes wird aber nicht betrachtet:
  - Es fehlt die Nennung von Themen unterhalb der im Modell aufgeführten Interaktionsthemen.
  - Die Anspruchsgruppen werden in Arenen eingeteilt, ohne die Vernetzung zwischen den Gruppen herzustellen.
  - Auch im Kontext der Umweltsphären fehlen die Bezüge zur Kommunikation, die für die sozialen, ökologischen, technischen und wirtschaftlichen Aspekte der Umweltsphären notwendig sind.
  - Selbiges gilt auch für die Ordnungsmomente, bei denen mit Blick auf die Interpretation von Strategien die Koordination mittels Strukturen und der Vermittlung von Normen und Werten im Rahmen der Kultur die Bezüge zur Kommunikation fehlen.

Das Modell ermöglicht aber diese Bezüge über die Schnittstellen insbesondere zu den Managementprozessen. Auf diese Art und Weise wird die **kommunikative Dimension der Unternehmung über Inhalte und Instrumente** ausgearbeitet.

Während die Kommunikationsorientierung vor allem eine inhaltliche Erweiterung der Interpretationssicht im Rahmen des Führungskonzeptes bedeutet (**die kommunikative Dimension der Inhalte**), ist die Komplexitätsreduktion eine strukturelle und prozessuale Erweiterung des Organisationsmodells (**die kommunikative Dimension der Organisation**).

Beides führt zu einer Integration des Wertorientierten Kommunikationsmanagements in die Unternehmensführung und mithin zu einer Führungs- und einer Unterstützungsfunktion. Über eine solche Vorgehensweise kann eine Communications View der Unternehmung gestaltet und entwickelt werden, die sowohl Inhalte als auch Strukturen und Prozesse so aufzeigt, dass sie in das Unternehmensmanagement integrierbar sind. Genau damit befassen sich die beiden folgenden Abschnitte B und C.

B. Inhaltsebene des Wertorientierten Kommunikationsmanagements

> Abschnitt B befasst sich mit der Inhaltsebene des Wertorientierten Kommunikationsmanagements. Diese inhaltliche Erweiterung hat zwei Schwerpunkte:
>
> Zum einen werden die Schnittstellen der Kommunikationsfunktion mit den drei Ebenen der Managementprozesse zur Orientierung, Entwicklung und Führung über die Interaktionsthemen Governance, Reporting und Reputation aufgezeigt.
>
> Zum anderen wird die systematische Integration der Interpretationssicht über den Ansatz des Intellectual Capital vorgestellt, um auf diese Art die Verbindung der Interpretations- mit der Investitionssicht zu ermöglichen.
>
> Mit Hilfe dieser Vorgehensweise wird ein neuer Kommunikationsansatz eingeführt. Bezugsrahmen ist dabei die Nomenklatur des Neuen St. Galler Management-Modells. Dazu wird zunächst die kommunikative Dimension der Inhaltsebene beschrieben, um den Gesamtzusammenhang aufzuzeigen (B.1.).
>
> Daraufhin werden bestehende Kommunikationsansätze für Corporate Governance, Corporate Reporting und Corporate Reputation vorgestellt und die Lücken für die Gestaltung der kommunikativen Dimension herausgearbeitet (B.2.).
>
> Sodann wird ein neuer Kommunikationsansatz eingeführt, mit dem die kommunikative Dimension gestaltet und entwickelt werden kann. So wird das Führungsmodell erweitert (B.3.).
>
> Zum Schluss des Abschnitts wird ein Fazit gezogen, welches Corporate Governance, Corporate Reporting und Corporate Reputation als Inhalte zur Legitimation unternehmerischen Handelns darstellt. Damit ist der erste Teil der Communications View, die Kommunikationsperspektive, für die Führung entwickelt (B.4.).
>
> Dieser erste Teil ist dann die Grundlage für die Diskussion der Strukturen und Prozesse im Rahmen des Organisationsmodells im Abschnitt C.

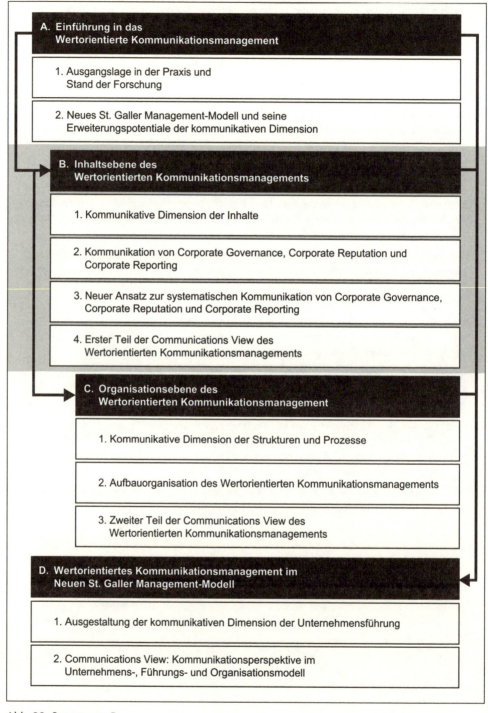

Abb. 38: Synopse zu B.

1. Kommunikative Dimension der Inhalte

Dieses Hauptkapitel B.1 skizziert die kommunikative Dimension der Inhalte für die Unternehmensführung. Es geht dabei um den Zusammenhang von Interaktionsthemen. Dabei wird zunächst die kommunikative Dimension der Managementprozesse beschrieben, wodurch die Schnittstellen definiert werden (B.1.1.). Sodann wird die Interpretation unternehmerischen Handelns (B.1.2.) dargestellt. Darauf baut die Darstellung der Interpretationsmöglichkeit über das Intellectual Capital auf (B.1.3.).

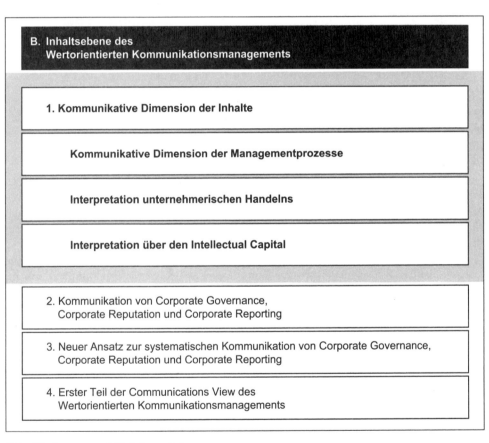

Abb. 39: Synopse mit Details zu B.1.

1.1. Kommunikative Dimension der Managementprozesse[83]

Managementprozesse sind im Neuen St. Galler Management-Modell als Prozesse beschrieben, die die grundlegenden Aufgaben im Sinne der Gestaltung, Lenkung und Entwicklung einer zweckorientierten, soziotechnischen Organisation umfassen. Die kommunikative Dimension der Managementprozesse muss dieser Definition folglich gerecht werden und sich ebenfalls auf grundlegende Aufgaben ausrichten.

Dabei stellen die **Interaktionsthemen** verschiedene Inhalte für die kommunikativen Prozesse mit den Anspruchsgruppen dar und dienen als Referenzgrössen für die kommunikative Dimension der Managementprozesse. Diese Themen ergeben sich aus Anliegen und Interessen, Normen und Werten sowie Ressourcen, um die sich eine Unternehmung aktiv bemühen muss.

Managementprozesse[84] unterteilen sich dabei in normative Orientierungsprozesse, die der Reflexion und Klärung der normativen Grundlagen dienen; in strategische Entwicklungsprozesse, die sich der Strategie- und Wandelarbeit und damit der Prozessentwicklung widmen; und in operative Führungsprozesse, die unter anderem anhand von Führungskenngrössen für Prozesse der Mitarbeiterführung, der finanziellen Führung und des Qualitätsmanagements verantwortlich sind.

Die kommunikative Dimension der **normativen Orientierung** wird hier über **Corporate Governance** beschrieben, da es sich dabei um die transparente Darstellung der gesamten Unternehmensführung handelt, d.h. um eine Legitimation der Führung gegenüber den Anspruchsgruppen. Dies betrifft alle Interaktionsthemen; denn Anliegen und Interessen müssen abgestimmt, Normen und Werte akzeptiert sein und finanzielle und personale Ressourcen zur Verfügung stehen.

Die kommunikative Dimension der **strategischen Entwicklung** und der **operativen Führung** wird über **Corporate Reporting** und **Corporate Reputation** beschrieben. Corporate Reporting beschreibt dabei die transparente Rechnungslegung und Corporate Reputation die transparente Positionierung des normativ legitimierten unternehmerischen Handelns.

Insofern hat Corporate Governance eine übergeordnete Bedeutung in Bezug auf die kommunikative Dimension der Managementprozesse, wie folgende Abbildung zusammenfasst:

Im Neuen St. Galler Management-Modell ist Corporate Governance auf operativer Ebene im Rahmen der operativen finanziellen Führung – im Kapitel über Financial Reporting – verortet, wie folgende Abbildung verdeutlicht:

---

83 Vgl. zum Kapitel B.1.1. auch das Kapitel A.2.2., insbesondere Unterkapitel A.2.2.2., sowie das Kapitel über Managementprozesse im Neuen St. Galler Management-Modell (Ulrich 2004, S.23ff; Müller-Stewens 2004, S.39ff; und diverse Autoren zu den operativen Führungsprozessen 2004, S. 85 bis 362. Alle Autoren im Band II).

84 Die kommunikative Dimension der Geschäftsprozesse und der Unterstützungsprozesse wird im Abschnitt C im Rahmen der Organisationsebene des Wertorientierten Kommunikationsmanagements mitbehandelt.

1. Kommunikative Dimension der Inhalte

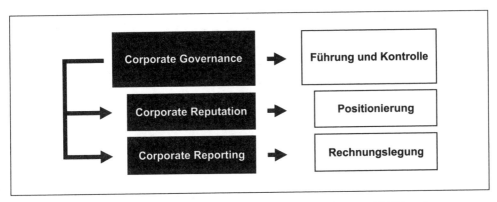

Abb. 40: Übergeordnete Bedeutung von Corporate Governance (eigene Abbildung)

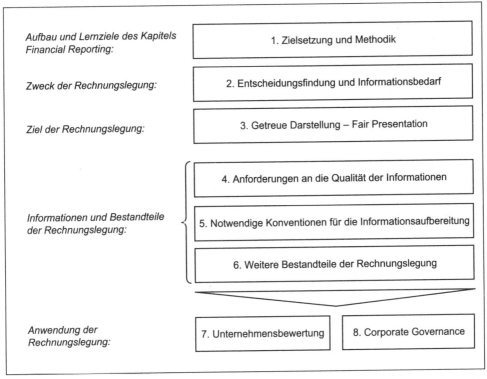

Abb. 41: Aufbau des Kapitels über Financial Reporting im Neuen St. Galler Management-Modell in der Pilotversion von 2002 (Behr 2002, S. 446)[85]

---

85 In der Version von 2004 ist diese Abbildung so nicht mehr vorhanden, ist aber für den hier vorgenommenen Überblick die geeignete Darstellung. In der Version von 2004 ist Corporate Governance inhaltlich allerdings nicht anders verortet und in Kapitel FI32.4.4 beschrieben. Sofern im Folgenden nicht anders erwähnt, bezieht sich der Text auf die Version von 2004.

Es wird also auch hier ein Kontext zwischen Reporting und Governance hergestellt, aber erstens ist die Hierarchie umgedreht (Governance als Teil des Reporting), zweitens sind beide auf operativer Ebene verortet und drittens fehlt der Teil der Reputation. Ziel der dort skizzierten Rechnungslegung ist die Fair Presentation, die ebenfalls das explizite Hauptziel der Transparenz von Corporate Governance Kodizes ist (Cromme 2002, S. 20).

Diese operative Verortung im Neuen St. Galler Management-Modell ist aber insofern nachvollziehbar, als die Historie der Corporate Governance eine aus der Rechnungslegung kommende Betrachtung ist. Das »Sub-Thema« Corporate Governance hat sich aber inzwischen zu einem »eigenen« Thema entwickelt, so dass jetzt eine Einordnung von Corporate Governance im Rahmen der normativen Orientierung sinnvoll ist.[86]

Aus seiner Genese heraus war Corporate Governance zweifelsohne zunächst ein Thema der finanziellen Führung – nämlich als transparente Darstellung der Führung und Kontrolle nach am Kapitalmarkt akzeptierten Kriterien der Erfolgsmessung und -vergütung. Aus dieser Beschreibung heraus ist es logisch, dass man Corporate Governance als einen Prozess der finanziellen Führung und damit als einen Prozess der operativen Führung im Rahmen der Managementprozesse beschreibt.

Corporate Governance hat aber heute eine ganz andere Bedeutung. Gomez (2004b), aber auch Hilb (2004b) empfehlen eine weiter gefasste Betrachtung von Corporate Governance und seiner organisatorischen Verankerung. Beide Autoren halten fest, dass Corporate Governance eben nicht auf der Ebene der operativen finanziellen Führung im Rahmen der Unterstützungsprozesse bleiben darf, sondern im Kontext eines weiter gefassten Führungsansatzes betrachtet werden sollte.[87]

Es bedarf grundsätzlich – wie Gomez formuliert – einer sorgfältigen ganzheitlichen Zielbestimmung und damit der Stärkung einer **glaubwürdigen Führung** (2004, S. 20 ff.). Corporate Governance ist mithin im Sinne Ulrichs (1970) Teil des Führungsmodells und bietet damit eine Integration von Führung und Kommunikation, die Bruhn/Reichwald (2005) als zentralen Faktor für den Unternehmenserfolg definieren.

Corporate Governance hat somit eine enge Verbindung zur Führung von Unternehmungen – nämlich bei der Interpretation des Unternehmens als Aktions-, Interessen- und Vertragszentrum (vgl. Hahn/Hungenberg 2001). Aus systemtheoretischer Sicht dient die Unternehmung dazu, die Ziele der an ihr interessierten Anspruchsgruppen zu erfüllen, die wiederum die Unternehmung aus ihrer jeweiligen Einschätzung interpretieren. Deshalb sind für Hahn/Hungenberg **Führungstätigkeiten** auch immer personenbezogene **Informations- und Kommunikationsprozesse** (Hahn/Hungenberg 2001, S. 28 f.).

Müller-Stewens/Lechner haben Corporate Governance in der zweiten Auflage ihres General Management Navigators explizit neu aufgenommen und begründen dies folgendermassen:

»Kaum ein wirtschaftliches Thema wurde in aktueller Zeit in den westlichen Industrieländern so intensiv diskutiert wie das der Corporate Governance. Es ist allerdings nahe

---

86 Vgl. Entwicklung von Corporate Governance im Unterkapitel B.2.1.1.
87 Diese Ansicht einer breiten Definition teilt auch Davis (1999), der zudem einen strategischen Ansatz für Corporate Governance fordert. Davis kapriziert dabei auf die Öffentlichkeit und die Gesellschaft als solche, hält aber ebenfalls fest, dass gerade in diesem Zusammenhang die Definition von Corporate Governane noch unzureichend definiert ist.

liegend, dass gerade in Zeiten des Umbruchs die relative Leistungsfähigkeit der Ressource ›Führungsorganisation‹, als Teil der Wertschöpfung eines Unternehmens, besonderes Augenmerk erfährt. Der Umbruch ist die Phase, in der sich die Führungsorganisation insbesondere bewähren muss, in der neue ›Corporate Strategies‹ entwickelt und vor allem auch umgesetzt werden müssen. (...) Verkürzt gesagt, geht es hier um die Regelung des Verhältnisses zwischen relevanten Anspruchsgruppen und dem eingesetzten Top-Management« (Müller-Stewens/Lechner 2003, S. 315).

Für Müller-Stewens/Lechner geht es also um die Regelung des Verhältnisses zwischen relevanten Anspruchsgruppen und dem eingesetzten Top-Management auf der Gestaltungsebene ihres Ansatzes. Die Autoren benutzen somit den Plural – Anspruchsgruppen –, womit impliziert wird, dass es kein Thema ist, welches sich nur auf eine Anspruchsgruppe – Aktionäre – begrenzt. Denn: Ähnlich wie die anfängliche Shareholder Value-Debatte der 80er Jahre würde auch Corporate Governance viel zu eindimensional eingeordnet, wenn man die gute Unternehmensführung und -kontrolle auf finanzielle Prozesse und damit auf den Kapitalmarkt reduzierte.

Ulrich spricht deshalb beispielsweise von einer »Zivilisierten Marktwirtschaft«, die eine wirtschaftsethische Orientierung geben soll (Ulrich 2005, S. 9 ff.). Er argumentiert mit einer ethischen Dimension, die die Sachlogik des Marktes, die Marktwirtschaft, gesellschaftlich in die übergeordneten Gesichtspunkte einbindet. Ulrich geht es um die wirtschaftsethische Orientierung der Bürger in ihrem Denken und Handeln und somit um die Perspektive der Anspruchsgruppen. Aus Sicht der Unternehmung stellt er die Frage, wie eine Unternehmung eine Good Corporate Citizen wird (ebenda, S. 128 ff.).

In diesem Abschnitt wird insofern eine Änderung vorgenommen, als dass nicht nur der finanzielle (eher materielle und quantitative) Aspekt gegenüber der Anspruchsgruppe Aktionäre bzw. Investoren berücksichtigt, sondern eben auch der normative und damit eher qualitative Aspekt der Transparenz gegenüber allen Anspruchsgruppen herausgearbeitet wird. Dann lassen sich Fragen wie die von Ulrich in einem Austauschprozess zwischen Unternehmung und Anspruchsgruppen (über die Differenzierung von Ziel- und Zwischenzielgruppen) geeigneter beantworten.

Warum sollten aber Corporate Governance und Corporate Reporting und Reputation – wie bereits in der Problemstellung beschrieben – als **zusammenhängende Interaktionsthemen** betrachtet werden?

Corporate Governance kann die Darstellung der transparenten Unternehmensführung und -kontrolle nicht im Ulrich/Krieg'schen *luftleeren Raum* vornehmen, sondern braucht weitere Anhaltspunkte im Sinne von Führungskenngrössen. Corporate Reputation umfasst dabei eine Führung über Interpretationen, Corporate Reporting eher eine Führung über Investitionen: Hierzu bietet sich das Verfahren des Intellectual Capitals als zweite Komponente neben dem Finanzkapital an. Wenn man mit diesem Ansatz arbeitet, hat man eine theoretische Konstruktion, über die man die transparente Positionierung eines Unternehmens (Corporate Reputation) und die transparente Rechnungslegung einer Unternehmung (Corporate Reporting) gewissermassen beide auf derselben Grundlage beurteilen kann – nämlich auf Basis materieller und immaterieller Kennzahlen, wie folgende Abbildung verdeutlicht.[88]

---

88 Vgl. zur Entwicklung von Corporate Reputation und Corporate Reporting Unterkapitel B.2.2.1.

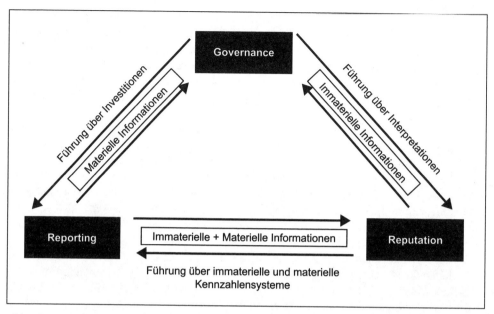

Abb. 42: Corporate Reputation und Reporting im Kontext von Corporate Governance (eigene Abbildung)

Der Zusammenhang von Corporate Reputation und Reporting ergibt sich aus der ganzheitlichen Betrachtung der materiellen und immateriellen Werte einer Unternehmung und deren investiver und interpretativer Darstellung. Damit trifft dieser Zusammenhang auch den Grundansatz des Neuen St. Galler Management-Modells, welches explizit eine ganzheitliche Betrachtung der Unternehmensführung ausarbeitet.

Corporate Reputation stellt dabei die Interaktionsthemen gegenüber den Anspruchsgruppen bereit, die zu einer **Positionierung der Unternehmung** führen, während **Corporate Reporting** die Interaktionsthemen gegenüber den Anspruchsgruppen bereitstellt, die zur **Rechnungslegung der Unternehmung** gehören. Dabei begrenzen sich die Anspruchsgruppen aber nicht auf die eine oder andere Interaktionsthematik, sondern beziehen ihre Informationen aus beiden Themen.

Beide Interaktionsthemen unterscheiden sich in Bezug auf die Sichtweise – Investitionssicht und Capital-View (aus dem Corporate Reporting) sowie Interpretationssicht und Relations-View (aus der Corporate Reputation). In beiden Fällen werden aber sowohl die materiellen als auch die immateriellen Werte analysiert – entweder mittels materieller oder immaterieller Kennzahlen.

Das **Führungsmodell** beinhaltet zusätzlich eine **Communications View**, die diese beiden Sichtweisen für das Management zusammenfasst, wie folgende Tabelle verdeutlicht. Die **Relations View** betrachtet unternehmerisches Handeln aus Sicht der Positionierung gegenüber den Anspruchsgruppen und damit aus Sicht der Kommunikationsfähigkeit. Die **Capital View** betrachtet dieses unternehmerische Handeln aus Sicht der Rechnungslegung gegenüber den Anspruchsgruppen damit aus Sicht der Interpretations- beziehungsweise Darstellungsfähigkeit.

1. Kommunikative Dimension der Inhalte

	Inhalt	Ziel	View
Führungsmodell	Corporate Governance	Führung	Communications View
	Corporate Reputation	Positionierung	Relations View
	Corporate Reporting	Rechnungslegung	Capital View

Abb. 43: Führungsmodell und kommunikative Dimension der Inhalte (eigene Abbildung)

Im späteren **Organisationsmodell** des Abschnitts C wird diese Communications View strukturell und prozessual ausgearbeitet, indem den bislang sieben Kategorien des Intellectual Capital eine achte Kategorie **Communications Capital** für die Darstellungs- und Kommunikationsfähigkeit hinzugefügt wird. Diese intellektuelle Managementfähigkeit gestaltet und entwickelt die **Communications Relations** mit allen Stakeholdern. Dazu bedient sich das Organisationsmodell auch bestimmter Instrumente über die **Communications Programs** und einer entsprechenden Wertorientierung über das **Communications Controlling**.[89]

Die Communications View mit ihren beiden »Sub«-Sichtweisen erlaubt auf diese Art und Weise eine konsequente Berücksichtigung einer Kommunikationsperspektive in der Führung. Hierzu braucht es ein Konzept, wie die Interpretation unternehmerischen Handelns durch die Anspruchsgruppen systematisch berücksichtigt werden kann, die nun im folgenden Kapitel behandelt wird.

1.2. Interpretation unternehmerischen Handelns

Das vorherige Kapitel verdeutlicht den übergeordneten Charakter von Corporate Governance als Interaktionsthema zur normativen Orientierung. Es geht immer um eine **Fair Presentation der Unternehmung** gegenüber seinen Anspruchsgruppen. Das Ziel der Rechnungslegung ist die getreue Darstellung – eben die Fair Presentation. Diese Norm der getreuen Darstellung benötigt somit entsprechende Daten zur Ableitung des Unternehmenswertes, um deren Bedeutung es im Rahmen der Interpretation unternehmerischen Handelns in diesem Kapitel geht.

Diese Kennzahlen und deren Erläuterung gegenüber den Anspruchsgruppen sind Kern der Interaktionsthemen Corporate Reputation und Corporate Reporting. Die Fragestellung dieses Kapitels ist, wie sich die materiellen und immateriellen Werte beziehungsweise das

---

[89] Vgl. zum Zusammenhang von Führungs- und Organisationsmodell sowie zum Zusammenhang von Communications Relations, Communications Programs und Communications Controlling als Bestandteile des Communications Capital im Kontext des Intellectual Capitals vor allem Hauptkapitel C.1. über die kommunikative Dimension der Strukturen und Prozesse sowie insbesondere das Kapitel C.2.1., Überblick zur Aufbauorganisation.

Finanz- und Intellektuelle Kapital auf einander beziehen lassen, um eine **Investitionssicht und Interpretationssicht des Unternehmenswertes** anbieten zu können.

Eine zusätzliche Interpretationssicht auf das Unternehmen reduziert Informationsasymmetrien[90] und damit das Investitionsrisiko und senkt konsequenterweise die Kapitalkosten. Sämtliche Kapitaleinsatzfaktoren – vom Finanzkapital über alle Komponenten des Intellectual Capital – können einerseits aus einer Investitionssicht beleuchtet werden und führen dann zum Buch-, Markt-, Geschäfts- oder Unternehmenswert der Unternehmung. Sie können aber auch aus einer Interpretationssicht analysiert werden und führen dann zum Reputationswert des Unternehmens, wie die nächste Abbildung skizziert:

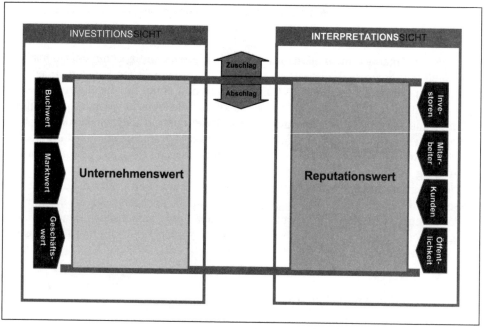

Abb. 44: Ganzheitlich integrierte Investitions- und Interpretationssicht (eigene Abbildung)

Das Grundkonzept dieser ganzheitlichen Betrachtung ist, dass unternehmerisches Handeln nicht nur über die rechenbaren investitiven Aspekte beurteilt werden sollte, sondern zusätzlich auch über die – im Sinne der Rechnungslegung – nicht rechenbaren bzw. nicht bewert-

---

90 Der Ansatz der Behavioral Finance verbindet traditionelle wirtschaftswissenschaftliche Untersuchungsmethoden mit Methoden der Psychologie. Behavioral Finance unterscheidet sich von anderen Fachrichtungen und methodischen Ansätzen in der Ökonomie dahingehend, dass sie nicht grundsätzlich von rationalen, nutzenmaximierenden Wirtschaftsakteuren ausgeht, sondern nutzt die Ergebnisse von Untersuchungen systematischer menschlicher Handlungsmuster bei Entscheidungen – Individuen (Montier 2002) oder Unternehmungen (Baker 2004) – unter Ungewissheit und Zeitdruck. Der Ansatz integriert mögliche emotionale Faktoren bei Anlegern in Fall von Investitionsentscheidungen. Die Informationsvermittlung ist ein wesentlicher Faktor, der zu Asymmetrien zwischen den Marktteilnehmern führt, die in der Folge eine reine neoklassische Sichtweise auf den Ablauf des Marktgeschehens verunmöglichen. Die Wertkommunikation dient dem Abbau von Markineffizienzen, indem Informationsasymmetrien via Transparenz überwunden werden sollen.

1. Kommunikative Dimension der Inhalte

baren interpretativen Aspekte. Sofern diese zwei Seiten einer Medaille nach ein und demselben Beurteilungsmuster bewertet werden, können zusätzliche Informationen für die Anspruchsgruppen zum Abbau von Informationsasymmetrie geboten werden. Beide Seiten bedingen aber einander, da **Interpretationen in die Investitionsentscheidung** einfliessen – als Zuschläge oder Abschläge auf den Unternehmenswert.

Wie ist das gemeint? Investorenkapital kann beispielsweise über die unterschiedlichen Investoren (private oder institutionelle) und ihre Renditeansprüche aus Investitionssicht beschrieben werden (hard factor), aber ebenso über die Aussagen von Analysten oder Investoren selbst, wenn die Reputationsansprüche im Vordergrund stehen (soft factor). Porak hält zu den weichen Faktoren fest: »Offensichtlich determinieren nicht nur die in Bilanz, Erfolgsrechnung und Cashflow-Statement wiedergegebenen Finanzdaten den Wert eines Unternehmens. (…) Welche ›soft factors‹ und welche zu Grunde liegenden kommunikativen Prozesse für die Wahrnehmung des Unternehmens sind auf dem Kapitalmarkt und damit für die Unternehmensbewertung relevant?« (Porak 2005, S.156).

Das Problem für beide oben beschriebenen Wert-Ansätze ist aber, dass ein Gutteil der immateriellen Werte nicht aktivierbar und deshalb nicht bilanzierbar ist. Es bedarf deshalb offensichtlich einer Vorgehensweise, die beide Sichtweisen systematisch miteinander in Beziehung setzt. Eine Möglichkeit besteht darin, dass man Investitionssicht und Interpretationssicht einer Unternehmung über einen **Residualwert** miteinander in Beziehung zu setzen versucht und damit einen ganzheitlichen Ansatz vollzieht. Wie hängen die Werte aber zusammen?

Ein **Buchwert** definiert sich über die in den Büchern, also in der Bilanz stehenden Werte, die nach den Ansätzen der Rechnungslegung bestimmt sind. Ein **Barwert** definiert sich im Idealfall – auf die ganze Unternehmung bezogen – über die Summe der diskontierten Cashflows, also über Einzahlungsüberschüsse über alle definierten Einheiten aus dem Controlling. Ein **Marktwert** definiert sich über den am Markt erzielbaren Preis, bei börsennotierten Unternehmungen also über die Marktkapitalisierung. Der **Geschäftswert** entspricht nun der über den Marktwert zu zahlenden Residualgrösse, die sich ergibt, wenn der Unternehmenswert im Falle des Verkaufs über dem Marktwert liegt.[91]

Für die oben angeführten Buch-, Bar-, Markt- und Geschäftswerte gibt es Definitionen im Accounting und/oder Controlling. Die Schwachstelle in der Berechnung ist insbesondere der Geschäftswert, der zwar auch definiert ist, aber vor allem durch seine ex-negativo-Ausgrenzungen in seinen Bestandteilen sehr ungenau bleibt. Heyd/Lutz-Ingold beschreiben das Problem der Ex-negativo-Beurteilung im Kontext von »Relevance« und »Reliability« der Rechnungslegung; denn zur Beurteilung der Fähigkeit einer Unternehmung, Cash Flow aus betrieblicher Leistungserstellung zu generieren, müssen den Anspruchsgruppen auch Frühindikatoren zur Höhe, Sicherheit und zeitlichen Verteilung des Cash Flows zur Verfügung gestellt werden (Heyd/Lutz-Ingold 2005, S. 187 ff.). Dabei geht es um Interpretationen von Chancen und Risiken, um Potenziale von Unternehmungen und die Entwicklung im Zeitablauf sowie letztendlich um Strategien der Unternehmungen auf Konzern-, Business- und funktionaler Ebene.

---

91 Die Problematik der verschiedenen Wertgrössen in Bezug auf die Wertkommunikation beschreibt Volkart (1997). Vgl. hierzu auch Unterkapitel B.2.2.2. in diesem Abschnitt.

Heyd/Lutz-Ingold resümieren deshalb: »Wird der Jahresabschluss dagegen als Teil eines Business Reporting[92] gesehen, welches der optimierten Erfüllung entscheidungsorientierter Informationsbedürfnisse der Adressaten nach IAS/IASB verpflichtet ist, so sind die Bedürfnisse der (aktuellen und potenziellen) Kapitalgeber nicht nur mit Hinblick auf die Gestaltung der Unternehmenspolitik zu erforschen (Aktionsseite des Shareholder Value), sondern auch was deren Informationsansprüche angeht (Informationsseite des Shareholder Value)« (ebenda, S. 187).

Mit der Aktionsseite und der Informationsseite wird hier genau das beschrieben, was im Ansatz dieser Arbeit mit einer Investitionssicht und einer Interpretationssicht auf den Unternehmenswert benannt wird.

Diese Problematik wird in ähnlicher Art und Weise von Coenenberg behandelt. Er nimmt dabei folgende Definition vor, indem er im Rahmen der ressourcenorientierten Analyse einerseits einen **kurzfristigen Geschäftswert** definiert, der aufgrund konkreter initiierter Projekte bis zu einem überschaubaren Prognosehorizont erwartet werden kann, und andererseits davon einen **langfristigen Geschäftswert** abgrenzt, der sich aus unternehmerischen Entscheidungen nach dem Prognosehorizont ergeben kann. Je länger die betrachtete Zeitspanne beispielsweise zur Berechung eines DCF, desto unsicherer das jeweilige Ergebnis. Auf die gesamte Unternehmung bezogen bedeutet dies, dass die Summe aller DCFs umso ungenauer wird, je länger die betrachtete Zeitspanne ist (Coenenberg 2003, S. 167f.).

Für den Unternehmenswert heisst das, dass das Intellectual Capital so systematisch wie möglich berücksichtigt sein sollte. Denn: Der langfristige Geschäftswert beruht auf Wettbewerbspotentialen, die noch nicht das Konkretisierungsstadium einzeln bewertbarer und veräusserbarer immaterieller Vermögenswerte erreicht haben (ebenda, S. 168). Diese Unterscheidung ist sehr wichtig, da sie genau den Unterschied zwischen einer möglichen Aktivierbarkeit und einer zumindest im konkreten Zeitpunkt nicht möglichen Aktivierbarkeit herausarbeitet. Dabei bringt Coenenberg diesen langfristigen Geschäftswert in einen Zusammenhang mit dem Intellectual Capital, da genau in dieser »Unkonkretheit« die »Unberechenbarkeit« des Geschäftswertes liegt.

Hier entsteht somit das Potential für die Interpretation unternehmerischen Handelns, da man im kurzfristigen Fall allenfalls die Berechnungsmethoden für die Diskontierungen oder die Bilanzierungsansätze interpretieren kann. Allerdings zeigt der Ansatz von Coenenberg sehr gut, dass man die Investitionssicht und die Interpretationssicht zusammenbringen muss, wenn man den Unternehmenswert (UW) vollständig beschreiben will. Denn: Einerseits ist die mangelnde Konkretisierung für die Ungenauigkeit des langfristigen Geschäftswertes verantwortlich und kann sehr gut über das Intellectual Capital konkretisierbarer gemacht werden. Andererseits »steckt« aber auch in jedem kurzfristigen und damit konkreteren Geschäftswert immer ein Anteil Intellectual Capital (beispielsweise Innovationsfähigkeit, die zu bestimmten neuen Produkten führt).

Die Coenenberg'sche Darstellung der folgenden Abbildung ist somit lediglich eine andere Aufbereitung als die obige Abbildung von Investitions- und Interpretationssicht:

Eine **integrierte Betrachtung** von Reputationswert einerseits sowie Buch-, Bar- und Marktwert **mit Bezug auf den Unternehmenswert** in der Unternehmensführung andererseits haben Will/Löw vorgestellt. Sie gehen dabei davon aus, dass ein höherer Anteil von immateriellen Werten zu einer weniger exakt kalkulierbaren Cashflow-Berechnung im

---

92 Zur Unterscheidung aller unterschiedlichen Reporting-Begriffe vgl. Unterkapitel B.2.2.1.

1. Kommunikative Dimension der Inhalte

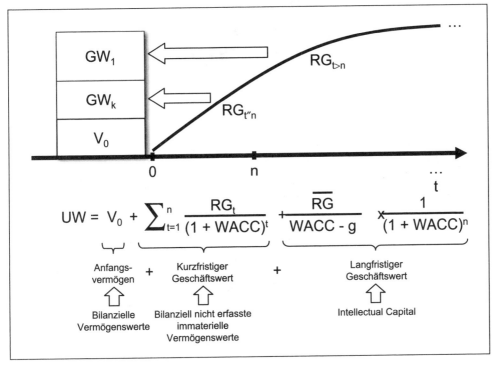

Abb. 45: Verbindung von langfristigem Geschäftswert und Intellectual Capital (Coenenberg 2003, S. 168)

Rahmen der Barwertmethode führt. Deshalb haben sie eine ganzheitliche Unternehmenssteuerung vorgestellt, die eine kommunikationsorientierte Steuerung und eine wertorientierte Steuerung miteinander verknüpft (Will/Löw 2003, S. 47 ff.).

Die folgende Abbildung verdeutlicht zunächst, dass die Begriffe Buchwert, Barwert und Marktwert der Investitionssicht entstammen. Allerdings kommen schon bei diesen Berechnungen kommunikative Elemente zum Tragen: »Die **Barwertmethode** und die **Marktwertmethode** sind nur dann identisch, wenn die Annahmen über die Zukunftsentwicklung, welche in den Diskontierungsmethoden einzugehen haben, und die Interpretationen dieser Wertentwicklung am Kapitalmarkt übereinstimmen. Auch der eigentlich nur in der Buchhaltung interessante Buchwert bekommt herausragende Bedeutung, wenn im Fall eines Eigentumsübergangs die Differenz aus Markwert und Buchwert als immaterielle Werte aktivierbar oder als Geschäftswert sichtbar werden und der Gesamtwert zu bezahlen ist« (ebenda, S. 47).

Eine interpretative Sichtweise ergibt sich dann, wenn man den **Reputationswert** des Meinungsmarktes beziehungsweise der Öffentlichkeit in den Vordergrund rückt. Im Vergleich zum Buchwert wird der Reputationswert immer dann besonders wichtig, wenn der Anteil der nicht aktivierbaren immateriellen Werte besonders hoch ist, die ja nicht im Buchwert enthalten sind. Die Barwertmethode führt zu abweichenden Ergebnissen im Vergleich zur Marktwertmethode, wenn – wie die Autoren ähnlich wie Coenenberg erläu-

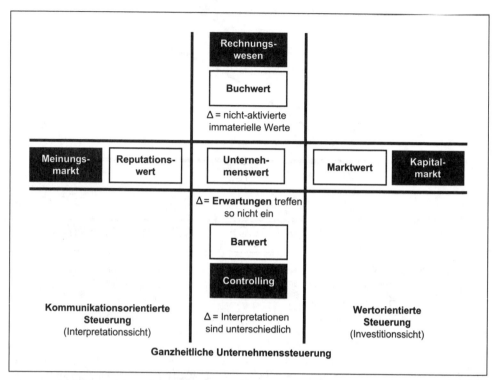

Abb. 46: Investitions- und Interpretationssicht in der ganzheitlichen Unternehmenssteuerung (Will/Löw 2003, S. 48)

tern – die Bandbreite möglicher Realisierungen prognostizierter und in die Barwertermittlung eingehender Werte mit zunehmendem Anteil nicht bilanzierter immaterieller Werte steigt. Je höher der immaterielle Anteil, desto unsicherer die Prognose der diskontierten Cashflows.

Unabhängig von diesen Abweichungen ist zu berücksichtigen, dass es für externe Beobachter einer Unternehmung auch noch zu einer höheren Wahrscheinlichkeit interpretatorischer Fehler in Bezug auf die Investitionsentscheidung für den Unternehmenswert kommen kann, wenn der Anteil der immateriellen Werte hoch ist. Das geschieht dann, wenn beispielsweise eine Unterbewertung der Unternehmung durch Unterzeichnung des Reputationswertes als Differenz von Buch- und Marktwert zu beobachten ist, weil bestimmte Einzahlungsüberschüsse aus dem immateriellen Wertanteil einer DCF-Rechung nicht nur sich nicht realisieren, sondern von externen Beobachtern anders eingeschätzt, mithin anders interpretiert werden. Es gibt folglich ein Investitionsrisiko, dass investive Returns nicht so eintreten wie erwartet, und ein Interpretationsrisiko, dass investive Returns aussen nicht so interpretiert werden wie innen (ebenda, S. 49).

Aus der Differenz zwischen Buch-, Markt- und Unternehmenswert (im Falle eines Unternehmensverkaufes) ergibt sich auf Basis dieses Ansatzes ein Spielraum zur Interpretation der immateriellen Werte gegenüber den verschiedenen Anspruchsgruppen der Unter-

1. Kommunikative Dimension der Inhalte

nehmung, wie folgende Abbildung zeigt: Der Reputationswert (linke Seite) bietet die Möglichkeit, diese qualitativen Zu- oder Abschläge über eine Interpretationssicht zu bewerten, wodurch systematisch zusätzliche Informationen zum Abbau von Informationsasymmetrien generiert werden:

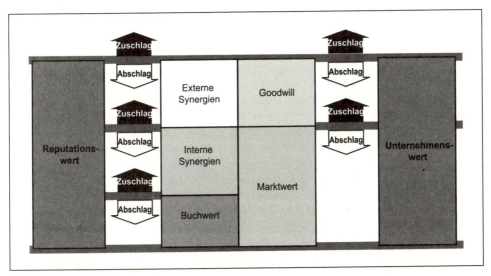

Abb. 47: Reputationswert der Interpretationssicht und Unternehmenswert der Investitionssicht (eigene Abbildung)

Dabei enthält der Marktwert sowohl materielle als auch immaterielle Werte, die entsprechend von den relevanten Stakeholdern des Kapitalmarktes in ihrer Werthaltigkeit eingeschätzt worden sind. Dasselbe gilt aber auch für den Reputationswert, bei dem ebenfalls die materiellen und immateriellen Werte der Unternehmung von den relevanten Stakeholdern des Meinungsmarktes eingeschätzt worden sind.

Die Stakeholder sind zum Teil die selben (beispielsweise operieren Institutionelle Aktionäre sowohl am Kapital- als auch am Meinungsmarkt), zum Teil stehen zwischen Unternehmung und Stakeholdern so genannte Mittler oder Multiplikatoren (beispielsweise operieren Private Aktionäre direkt oder indirekt (über Fonds) am Kapitalmarkt, während Analysten und Journalisten am Meinungsmarkt operieren).

Unternehmenswert und Reputationswert sind nur dann deckungsgleich, wenn die Annahmen über die Returns der materiellen und immateriellen Werte des finanziellen und intellektuellen Kapitals mit den Einschätzungen tatsächlich übereinstimmen. Wird hingegen beispielsweise ein Management in der Öffentlichkeit überschätzt und entspricht seine tatsächliche Managementfähigkeit nicht dieser Einschätzung, so ist der Reputationswert (unter der Ceteris Paribus-Annahme) dieser Unternehmung höher als der Unternehmenswert. Ein Käufer würde also zuviel bezahlen. Ob und wie viel der Marktwert vom Unternehmenswert abweichen kann, hängt dabei ausschliesslich von den Einschätzungen über zusätzliche externe Synergien im Falle eines Unternehmensübergangs ab. Sofern sich die Betrachtung nicht auf eine Veränderung des Portfolios bezieht, also gar kein Verkauf stattfindet, fällt der obere Teil der vorherigen Abbildung mit den externen Synergien und dem Goodwill einfach weg.

Inwieweit ein hoher Reputationswert den Markwert hinter sich herziehen kann, kann nur im Einzelfall beurteilt werden. Genauso verhält es sich aber auch umgekehrt; denn – um beim selben Beispiel zu bleiben – ist die Einschätzung über ein Management in der Öffentlichkeit schlechter als ihre tatsächliche Fähigkeit in der Unternehmung, so bleibt der Reputationswert hinter dem Marktwert zurück. Auch hier muss im Einzelfall beurteilt werden, ob ein schlechter Reputationswert den Marktwert nach unten ziehen kann.

In der Hierarchie ist der Reputationswert natürlich »nur« dazu da, um letztendlich dem Investor, und zwar dem Human- wie Finanzkapital-Investor, zusätzliche Informationen darüber zu liefern, ob der Marktwert und/oder der Unternehmenswert »fair« ist. Ist die Interpretationssicht auf eine Unternehmung und somit ihr Reputationswert aus den verschiedensten Gründen wie beispielsweise durch unzufriedene Kunden oder unzureichend motivierte Mitarbeiter »schlechter« als der Marktwert oder der Unternehmenswert, dann müssen ceteris paribus eigentlich Markt- und Unternehmenswert sinken. Nur dann gilt die Identitätsgleichung wieder. Der Reputationswert darf im aufgezeigten Beispiel nur dann steigen und sich dem Markt- oder Unternehmenswert annähern, wenn die Bedingungen für die Interpretation – in diesem Falle die Zufriedenheit der Kunden oder die Motivation der Mitarbeiter – wieder besser werden.

Offensichtlich ist jedoch aus den Überlegungen von Coenenberg (2003) einerseits und Will/Löw (2003) andererseits, dass der Ansatz des Intellectual Capital die Möglichkeit eröffnet, materielle und immaterielle Werte auf Basis eines auf eine Investitionssicht und eine Interpretationssicht ausgerichteten Kennzahlensystems zu beurteilen.

Der Ansatz des Intellectual Capital basiert auf der Grundüberlegung, dass gerade die immateriellen Vermögenswerte zunehmende Bedeutung für die Bewertung von Unternehmung haben. Aus dieser zunehmenden Bedeutung immaterieller Werte ergibt sich ein Problem für das Reporting, aber auch für die Reputation. Black/Carnes/Richardson beschreiben diese Situation für die Fortune-500-Unternehmungen folgendermassen:

»Our findings add support to existing research that internally generated accepted accounting principles, such as Edvinsson and Malone (1997), decry the failure of financial statements to value many intangible assets that are critically important to modern corporations. ...We do not provide a method for evaluating and measuring, in dollar terms, an individual firm`s reputation. However, a firm could choose to disclose non-financial factors related to its internally generated intangible assets in the management discussion and analysis section of an annual report, or in other ways that are appropriate« (Black/Carnes/Richardson 2000, S. 39f.).

Das ist ein ganz wichtiges Ergebnis aus Sicht des Wertorientierten Kommunikationsmanagements; denn einerseits wird die Bedeutung der Reputation zwar bestätigt, andererseits aber keine Methode angeboten, wie man die Reputation in das Reporting einbinden kann. Genau in diese Methodenlücke wird der Ansatz der Interpretation unternehmerischen Handelns über das Intellectual Capital eingepasst.

Während Corporate Governance als Managementprozess der normativen Orientierung definiert wurde und im Hinblick auf Corporate Reporting und Reputation eine übergeordnete Rolle einnimmt, bieten Corporate Reporting und Reputation Wert-Ansätze an, die man zum einen verknüpfen kann und die zum anderen Kennzahlen für die operative Führung und strategische Entwicklung bieten.

1. Kommunikative Dimension der Inhalte

Damit ist erläutert, wie die Interpretation unternehmerischen Handelns berücksichtigt werden kann. Insbesondere auf operativer Ebene dienen gemeinsam betrachtete Kennzahlen dieser Interpretationsfähigkeit, die für die Legitimation gegenüber den Anspruchsgruppen benötigt wird. Dazu wird nun der Ansatz der Interpretation über das Intellectual Capital vorgestellt.

1.3. Interpretation über das Intellectual Capital

> Die kommunikative Dimension der Inhalte dient der Legitimation unternehmerischen Handelns. In diesem Kapitel wird nunmehr mit dem Intellectual Capital ein Ansatz vorgestellt, wie Kennzahlen entwickelt werden können, die dann dem Reporting und der Reputation zur Verfügung gestellt werden können.
> Für diese kommunikative Dimension des Intellectual Capital muss man sich zum einen mit Fragen der Bewertung immaterieller Werte (B.1.3.1.) und danach mit den verschiedenen Kategorisierungen der immateriellen Werte auseinandersetzen (B.1.3.2.), ehe danach die einzelnen Inhalte von Corporate Governance, Reporting und Reputation behandelt werden können.

1.3.1. Bewertung von immateriellen Werten

Die **langfristigen Vermögenswerte** einer Unternehmung bestehen aus materiellen und immateriellen Vermögenswerten. Nominelle Vermögenswerte sind Finanzanlagen (siehe folgende Abbildung). Selbstverständlich bezieht sich die kommunikative Dimension auf alle drei Kategorien, aber materielle und nominelle Vermögenswerte lassen sich in der Rechnungslegung klarer bewerten. Immaterielle Vermögenswerte lassen sich, wie es ebenfalls die folgende Abbildung verdeutlicht, in drei Sub-Kategorien einteilen.

Dabei sind insbesondere die nicht-identifizierbaren **immateriellen Vermögenswerte**[93] ein Problem für die Unternehmensbewertung. In der aktuellen Diskussion werden jetzt sowohl auf amerikanischer (SFAS 141/142), als auch auf internationaler (IFRS 3, IAS 38), sowie auch auf nationaler (DRS 12) Ebene neue Rechnungslegungsstandards[94] gesetzt, die sich mit der Bewertung der immateriellen Vermögenswerte auseinandersetzen.[95] Dabei stehen insbesondere Aspekte der möglichen Aktivierbarkeit und Bilanzierbarkeit sowie Fragen der Abgrenzung im Vordergrund, um ein »Verschwinden« der immateriellen Werte im Goodwill zu vermeiden.[96]

---

93 Vgl. zur Rolle der immateriellen Vermögenswerte grundlegend auch Hommel (1998); Buigues et al. (2000); Mard et al. (2002); Krag/Kasperzak (2000).
94 Gemäss einer Studie von PriceWaterhouseCoopers (2004) sind allein in Deutschland 452 Unternehmen von der Umstellungspflicht des Konzernabschlusses auf IAS/IFRS zum Jahr 2005 betroffen. Das bedeutet, dass bereits der erste Zwischenabschluss im Jahr 2005 nach den neuen Standards aufzustellen ist und gleichzeitig die Vorjahresangaben anzupassen sind. Die entsprechende EU-Verordnung wurde Ende 2004 mit der Verabschiedung des BilReG (Bilanzrechtsreformgesetz) in deutsches Gesetz umgewandelt.
95 Vgl. zu den Unterschieden in den verschiedenen nationalen Rechnungslegungsstandards hinsichtlich immaterieller Werte bspw. Esser/Hackenberger (2004); Lüdenbach/Hoffmann (2003); Langecker/Mühlberger (2003).
96 Zur Goodwill-Abschreibung vgl. bspw. Mard et al. (2002).

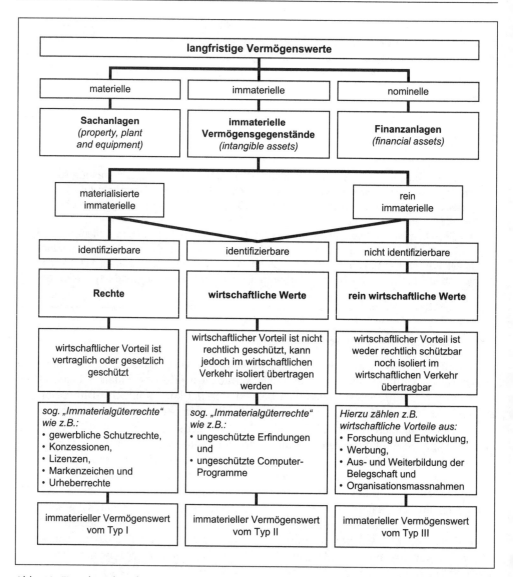

Abb. 48: Einteilung langfristiger Vermögenswerte und Differenzierung der immateriellen Vermögensgegenstände (Heyd/Lutz-Ingold 2005, S. 5)

Die nächste Abbildung verdeutlicht, dass auf Basis des Rahmenkonzepts der abstrakten Aktivierungsfähigkeit fünf spezielle Normen aus den Rechnungsstandards und seine Interpretationen zur konkreten Aktivierungsfähigkeit von immateriellen Vermögenswerten führen können. Anhand dieser Abbildung und der vorherigen zur Einteilung von identifizierbaren und nicht-identifizierbaren immateriellen Vermögenswerten ist abzulesen, dass wesentliche Aspekte der in der öffentlichen Bewertung von Unternehmungen wichtigen Faktoren auch unter den neuen Bedingungen nicht in die offizielle Rechnungslegung einbezogen werden können.

1. Kommunikative Dimension der Inhalte

Bilanzierung immaterieller Vermögenswerte im „House of IAS"

Empfehlungsebene

4. Etage – Orientierungshilfen

Rechnungslegungsnormen nationaler Rechnungslegungssysteme (Local-GAAP)

für branchenspezifische immaterielle Güter

z.B. Ausgaben für die Erschliessung oder die Förderung und den Abbau nicht regenerativer Ressourcen bei der rohstoffgewinnenden Industrie

3. Etage – Leitlinien

Leitlinien zur Implementierung von IAS 38	Leitlinien zur Implementierung von IFRS 3
zurzeit nicht existent	zurzeit nicht existent

Verpflichtungsebene

2. Etage – allg. Normen

Vorwort

Die Auslegung der Bestimmungen in IAS 38 und IFRS 3 soll im Zusammenhang mit der Zielsetzung des jeweiligen Standards und der Zielsetzung des Vorworts erfolgen (P. 14 S. 3)

1. Etage – spezielle Normen

konkrete Aktivierungsfähigkeit

Standards		SIC/IFRIC-Interpretationen	
IAS 38	IFRS 3	zu IAS 38	zu IFRS 3
Bilanzierung immaterieller Vermögenswerte „Intangible Assets"	Bilanzierung von Unternehmenszusammenschlüssen „Business Combinations"	SIC-6 „Kosten der Anpassung vorhandener Software" / SIC-32 „Website-Kosten"	zu IFRS 3 existieren derzeit keine Interpretationen

Theorieebene

Fundament – Rahmenkonzept

abstrakte Aktivierungsfähigkeit

| Immaterielles Gut erfüllt die Definition eines Vermögenswertes (F. 49a) | Der mit dem immateriellen Gut verbundene wirtschaftliche Nutzen wird dem Unternehmen wahrscheinlich zufliessen (F. 83a) | Die Anschaffungs- oder Herstellungskosten des immateriellen Gutes lassen sich verlässlich ermitteln (F 83b) | Das immaterielle Gut stellt einen wesentlichen Sachverhalt dar (F. 84 S. 1 i. V. m. m. F. 29 und F. 30) | Ansatzverbot für den originären Firmenwert mangels zuverlässiger Bewertbarkeit (F. 34 S. 4) |

Abb. 49: Bilanzierung immaterieller Vermögenswerte im IAS/IFRS-Rechnungslegungssystem (Heyd/Lutz-Ingold 2005, S. 23)

Immaterielle Vermögenswerte sind vor allem wegen der **jährlichen Werthaltigkeitstests**, die so bezeichneten Impairment-Tests, in der Diskussion über den fairen Unternehmenswert. Coenenberg (2003) weist in diesem Zusammenhang darauf hin, dass diese regelmässigen Impairment-Tests im Prinzip zu einer dauerhaften Unternehmensbewertung führen. Das Problem der unzureichenden Aussagekraft der Rechnungslegung für die Unternehmensbewertung bleibt aber mit Bezug auf immaterielle Werte auch nach der Einführung dieser Impairment-Tests bestehen. Damit kann im Prinzip auch keine faire Unternehmensbewertung vorgenommen werden.

Die neue Rechnungslegung nach IAS 38 identifiziert ein so genanntes Intangible Asset (nach IAS 38.8) durch die kumulative Erfüllung folgender drei Kriterien: erstens Identifizierbarkeit (identifiability), zweitens Verfügungsmacht (control) und drittens künftiger wirtschaftlicher Nutzen (future economic benefit). Die Identifizierbarkeit bezieht sich auf die Abgrenzung eines Vermögenswertes von anderen; die Verfügungsmacht erfordert, dass die Unternehmung die Fähigkeit hat, den Nutzen aus dem Vermögenswert zu ziehen und andere von der Nutzung auszuschliessen; Kriterium des künftigen wirtschaftlichen Nutzens erfordert, dass aus der Nutzung des immateriellen Vermögenswertes wirtschaftliche Vorteile hervorgehen.[97]

Entscheidend ist dabei, dass intern geschaffene immaterielle Vermögenswerte getrennt von anderen, in der Regel durch Erwerb oder Tausch erworbenen immateriellen Vermögenswerten behandelt werden. Letztere können überwiegend nach den obigen Kriterien eingestuft und deshalb aktiviert werden. Der überwiegende Anteil der intern geschaffenen immateriellen Vermögenswerte genügt aber den Definitionskriterien nicht, ist deshalb Aufwand und somit nicht aktivierbar.

Das gilt vor allem für den Goodwill als künftigen wirtschaftlichen Nutzen von Vermögenswerten, die nicht individuell identifiziert und somit nicht separat ausgewiesen werden können (KPMG 2004b, S. 305). Ein Goodwill entsteht dabei vor allem bei Unternehmensübernahmen als Differenz aus Buchwert und (bezahltem) Marktwert. Ohne weiter auf die Problematik der Werthaltigkeitsprüfung (Impairment-Test) für immaterielle Vermögenswerte einzugehen (Regelung in IFRS 3 und IAS 36), bleibt die Werthaltigkeit des Goodwills damit schwer einschätzbar, solange es keinen Unternehmensübergang gibt.

Ähnliche Regelungen gibt es auch in den USA – vor allem die von der FASB erlassenen Standards SFAS 141 und 142. Auf die Details in der unterschiedlichen Rechnungslegung wird an dieser Stelle nicht eingegangen. Im Grundsatz geht es – wie bei den rechtlichen Veränderungen – auch bei diesen Standards um eine strukturiertere Darstellung der immateriellen Vermögenswerte, um eine bessere Informationsbereitstellung im Sinne einer Fair Value-Presentation für die Anleger zu gewährleisten. Im Rahmen der 2001 veränderten Regeln SFAS 141 zu »business combinations« und SFAS 142 zu »goodwill and other intangible assets« wurde der bereits erwähnte jährliche Werthaltigkeitstest (»impairment-only-approach«) für den Geschäftswert eingeführt. Er ist damit nur noch ausserplanmässig abzuschreiben. Wegen der Abschaffung der planmässigen Abschreibungen ist es umso wichtiger für die Unternehmen, eine klarere Differenzierung in immaterielle Vermögenswerte und wirkliche »Restgrösse« im Sinne des Goodwill zu treffen.[98]

Im Falle einer Akquisition wird bei einer Erstkonsolidierung nach SFAS 141 gefordert, dass die erworbenen immateriellen Vermögensgegenstände verstärkt separat ausserhalb des Firmenwertes bilanziert werden. Insofern erlaubt SFAS 141 und SFAS 142 für die Folgebilanzierung eine genauere Analyse dessen, was am Ende im derivativen Firmenwert sozusagen »übrig bleibt«. Der Einfluss der Impairment-Tests hat somit eine über die Rechnungslegung betreffenden Aspekte hinausgehende Bedeutung; denn Unternehmensbewertungen sind die zentralen Ausgangsgrössen der Werthaltigkeitsuntersuchungen, weshalb die den Planungen der Unternehmungen zugrunde liegenden Zukunftserwartungen eine grosse Rolle spielen.

---

97 Homberg/Elter/Rotenburger (2004).
98 Vgl. hierzu bspw. Richter (2004).

Pfeil/Vater zeichnen die sich aus den SFAS 141 und 142 ergebenden Folgen für die Unternehmungen nach: Zwar erhöht das SFAS-Regelwerk die Transparenz der unternehmerischen Ertrags-, Finanz- und Vermögenslage, legt aber gleichzeitig die mit der Notwendigkeit der Sonderabschreibung auf Goodwill verbundene Qualität des Managements offen. Hohe Sonderabschreibungen bedeuten in diesem Fall ein negatives Qualitätsurteil. Zudem bemerken sie, dass zwar die Einstufung einzelner Intangibles transparenter wird, aber gleichzeitig die Frage offen bleibt, ob der Informationsgehalt in den Märkten ausreichend Beachtung im Rahmen der Unternehmensbewertung findet. Insofern wird eine höhere Informationseffizienz gefordert, denn die in den letzten Jahren beobachtbaren Übertreibungen an den Börsen lassen zumindest darauf schliessen, dass die Kapitalmärkte nicht immer die Realität widerspiegeln und nur diejenigen Faktoren berücksichtigen, die der Öffentlichkeit auch bekannt sind (Pfeil/Vater 2002, S. 665 ff.).

Die Autoren fordern als Fazit, dass die verstärkte Beachtung der immateriellen Werttreiber durch die Pflicht zur Extraktion und Bewertung einzelner Intangibles zu einer stärkeren Auseinandersetzung mit dem noch jungen Gebiet des Intellectual Capital führt. Die Autoren stellen fest: »Es gilt deshalb, monetäre und nicht-monetäre Kennzahlen zu entwickeln, die den Wert der wichtigsten Unternehmensressource genauer approximieren« (ebenda, S. 671). Der für diese Arbeit interessante Punkt an der Analyse von Pfeil/Vater ist vor allem, dass aus ihrer Sicht ausserplanmässige Abschreibungen die Qualität des Managements in Frage stellen.

Pellens bemerkt zur Ermittlung des Goodwill auf Basis einer empirischen Studie der bereits nach IFRS im Jahre 2004 bilanzierenden deutschen Unternehmen, dass der nach IASB in Fortsetzung der FASB-Regelungen vorzunehmende Werthaltigkeitstest keine Ausgestaltung der Methoden für die Unternehmensbewertungen vorsieht, sofern – was die Regel ist – kein Marktpreis vorliegt (Pellens/Crasselt/Ruhwedel 2005, S. 24). Die Ausgestaltung der Unternehmensbewertungsverfahren lässt erheblichen bilanzpolitischen Spielraum zu, da zwar alle die investitionstheoretisch fundierten Verfahren der Unternehmensbewertung nutzten, aber die Wahl der Parameter (Dauer der Detailprognose, Wachstumsannahmen und der Kalkulationszins) höchst unterschiedlich sind. So wird beispielsweise der Zeitraum für die detaillierte Cashflow-Prognose zwischen zwei und zehn Jahren angelegt. Bei den Wachstumsannahmen reichen die Parameter von Entwicklungen ohne Wachstum bis hin zu Wachstumsraten von 10%. Interessant ist auch das Ergebnis, dass der Zuschnitt der Berichtseinheiten (cash generating units) teilweise gross gewählt wird, womit Goodwill-Abschreibungen aufgeschoben werden können, wenn Bereiche mit negativer Entwicklung mit einem anderen besser dastehenden Bereich zusammengefasst werden.

Allerdings bieten der Wegfall der gleichermassen geltenden linearen Abschreibung des Goodwills und die sich ergebenden Ermessensspielräume aus IFRS 3 und IAS 36 den Unternehmungen die Möglichkeit, den aus ihrem Blickwinkel wahren Goodwillwert an den Kapitalmarkt zu kommunizieren. Und genau damit ist das Problem der Kommunikation der Werthaltigkeitstests beschrieben (ebenda, S. 24).

Ein Unternehmenswert ist am Ende eine Kombination aus materiellen und immateriellen Werten, die sich eben nicht nur am Kapitalmarkt im engeren Sinne, sondern unter Einbezug der Meinungsmärkte auch am Kapitalmarkt im weiteren Sinne ergeben. Um diese Kombination bestimmen zu können, muss man beide Teil-Werte bestimmen können. Welche richtige Mischung von materiellen und immateriellen Werten führt zu einer möglichst exakten Bewertung der Unternehmung? Dazu dient die folgende Kategorisierung des Intellectual Capitals.

1.3.2. Kategorisierung des Intellectual Capital

In diesem Unterkapitel wird abschliessend zur kommunikativen Dimension der Inhalte der Frage nachgegangen, wie man das Intellectual Capital für die von Coenenberg (2003), Will/Löw (2003) und Pfeil/Vater (2002) hergeleiteten Zwecke kategorisieren kann.

Von den vielen Definitionen der immateriellen Werte beziehungsweise intangible assets ist die von Edvinsson/Malone die eingängigste und in der Literatur am häufigsten verwendete Defintion: »**Intangible assets** are those that have no physical existance but are still of value for the company« (Edvinsson/Malone 1997, S. 23).

Das Chartered Institute of Management Accountance (CIMA) und das Centre for Business Performance an der Cranfield School of Management haben sich in einer umfangreichen Studie zu **Intellectual Capital** zunächst einmal mit der Definition auseinandergesetzt (Starovic/Marr 2003).

Ihrer Meinung nach gibt es eine Reihe von generischen Definitionen für Intellectual Capital, die zum Teil von Unternehmungen mit ihren eigenen Konzepten erstellt wurden. Im Rahmen des Meritum-Projektes[99] verschiedener europäischer Universitäten wurden die wesentlichen Hauptkategorien von Intellectual Capital abgeleitet:

- **Human Capital** als Knowledge, Fähigkeiten und Erfahrung der Mitarbeiter, die sie jederzeit mitnehmen können, falls sie die Unternehmung verlassen. Dabei ist **Structural Capital** der Teil von Knowledge, der in der Firma verbleibt. Dabei handelt es sich um organisatorische Routinen, Prozeduren, Systeme, Datenbanken und auch Unternehmenskultur.
- **Relational Capital** als die Verbindungskompetenz zu allen externen Relations einer Firma wie beispielsweise Kunden, Lieferanten oder anderen Partnern der Unternehmung. Es umfasst den Teil des Human Capital, der eingebunden ist in das Beziehungsnetz der Unternehmung mit ihren Stakeholdern (Investoren, Kreditgebern, Kunden oder Lieferanten – also: **Investor Capital, Customer Capital, Supplier Capital**) plus deren Wahrnehmung durch die Unternehmung.

Diese Definition lehnt sich an die Klassifikation des International Federation Accountants Committee (IFAC) an, die entsprechend der nachstehenden Grafik folgenden Zusammenhang herstellen. Der Mitarbeiter steht absolut im Mittelpunkt, **Human Focus**, und sollte deshalb auch bei der Kennzahlensystematik im Vordergrund stehen – insbesondere auch mit Blick auf seine Fähigkeiten in alle vier Dimensionen der Grafik, für die die entsprechenden Strukturen geschaffen sein müssen[100]:

---

99 MERITUM steht für MEasuRing Intanglibles To Understand and improve innovation Management. Die teilnehmenden Universitäten sind: Copenhagen Business School, Research Institute of the Finish Economy and the Swedish School of Economics and Business Administration, Group HEC, Norwegian School of Management, IADE-Universidad Autonoma de Madrid, Universidad de Sevilla und Stockholm University.

100 Die herausragende Bedeutung der Mitarbeiter und des Managements, des Human Capital, wird auch bei der Ableitung der Communications Relations deutlich werden. Darin wird gezeigt, dass sich fast alle Kategorien des Intellectual Capital auf die eine oder andere Art und Weise auf das Human Capital beziehen. Vgl dazu die Unterkapitel B.3.2.3. und B.3.2.4.

1. Kommunikative Dimension der Inhalte

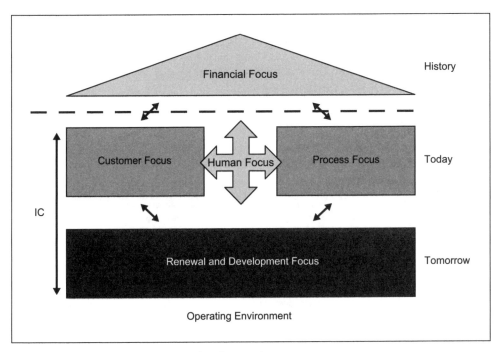

Abb. 50: Der Skandia IC-Navigator (Skandia 1994)

Es geht bei der Kategorisierung also immer um Humankapital und um Strukturkapital – mithin das, was die Mitarbeiter aus ihren Fähigkeiten machen können, wenn sie die richtige Struktur zur Verfügung haben. Hier kommen folglich die Aspekte zusammen, die Gomez (2004a) als »fest verdrahtetes Ordnungsmuster« (Struktur) und auch als »Tiefenstruktur des Unternehmens« (Kultur) im Rahmen der Ordnungsmomente bezeichnet hat.[101]

Humankapital wird definiert als die Fähigkeit und Fertigkeit sowie das Wissen und das Wesen, die in Personen verkörpert sind und die durch Ausbildungs- und Weiterbildungsinvestitionen, sowie durch Erfahrung erworben werden können. Vom Humankapital abgegrenzt wird das **Strukturkapital**, das beschreibt, »was im Büro bleibt, wenn die Mitarbeiter nach Hause gehen« (Edvinsson/Brünig 2000, S. 19). Das Humankapital kann abends nach Hause gehen, das Strukturkapital (Prozesse, Strukturen, Datenbanken, Kundenbeziehungen etc.) bleibt da. Für Daum/Edvinsson ist das, was den wirklichen Wert einer Organisation darstellt, weder das Finanzkapital, noch das Humankapital, sondern das Strukturkapital (Daum/Edvinsson 2001, S. 4f.).

Unter dem Begriff des Intellectual Capital haben sich folglich unterschiedliche Ansätze herausgebildet, wie folgende Tabelle zusammenstellt. Ebenso wie der hier im Weiteren verwandte Ansatz des Arbeitskreises Immaterieller Werte im Rechnungswesen der Schmalenbach-Gesellschaft, nehmen die meisten Ansätze eine Unterscheidung zwischen Human-

---

[101] Vgl. dazu auch Unterkapitel A.2.2.3.2.

kapital und – bei Edvinsson/Malone (1997) – unter Strukturkapital zusammengefassten verschiedenen Komponenten des Intellektuellen Kapitals vor:

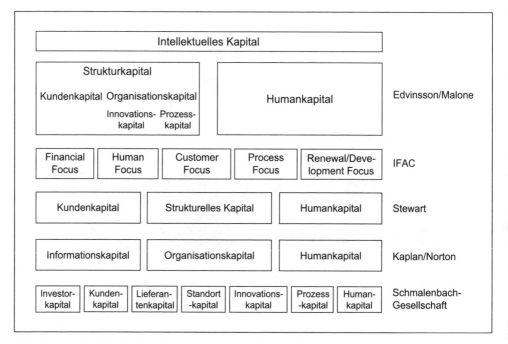

Abb. 51: Ansätze für die Einteilung des Intellectual Capitals (eigene Abbildung)

Natürlich sind die Kategorien nicht überschneidungsfrei, wodurch eine eindeutige Zuordnung zu einer Kategorie der immateriellen Werte nicht immer ohne weiteres möglich ist und auch die Kategorisierung an sich für unterschiedliche Branchen unterschiedliche Bedeutung hat (Haller/Dietrich 2001, S. 1051).

Im Kontext der Bilanzierung von Humankapital sind allein schon die Identifizierbarkeit, aber vor allem die Verfügungsmacht und der wirtschaftliche Nutzen nahezu kaum nachweisbar. Es gibt allerdings wenige Ausnahmen, anhand derer die Problematik sehr gut nachgezeichnet werden kann: Beispielsweise die Bewertung des Spielervermögens im Profisport. Dabei steht aber nicht die Transferzahlung (für einen Spieler) selbst im Vordergrund, sondern das durch die Transferzahlung erlangte identifizierbare, kontrollierbare und zukünftigen wirtschaftlichen Nutzen ergebende Spielervermögen selbst ist Gegenstand der Aktivierung. Diese Aktivierung ergibt sich aus dem Lizenzspielerstatut des Deutschen Fussballbundes.

Treffen die bilanzrechtlichen Einstufungskriterien zu, kann Spielervermögen nach Anschaffungskosten oder im Falle von Änderungen durch die Neubewertungsmethode aktiviert und über die Vertragsdauer (das Verfügungsrecht) planmässig abgeschrieben werden. Zudem verlangt IFRS die Überprüfung durch den Verein, ob zum Bilanzstichtag eine ausserplanmässige Wertminderung und dann im Sinne des Impairment-Tests eine entsprechende ausserplanmässige Abschreibung vorgenommen werden darf (Homberg/Elter/Rotenburger

2004, S. 249 ff.). Lüderbach/Hoffmann machen allerdings darauf aufmerksam, dass ein jährlich durchzuführender Impairment-Test nicht auf individueller Basis durchgeführt werden kann, da ein Fussballspieler Zahlungsströme nur im Verbund mit anderen Vermögenswerten der betreffenden Vereins-Kapitalgesellschaft generieren kann (Lüderbach/Hoffmann 2004, S. 1442 ff.).

Eine solche Vorgehensweise ist für das Topmanagement allein schon aufgrund des fehlenden aktiven Marktes und auch anderer Ausschlusskriterien gar nicht möglich. Man kann aber darauf hinweisen, dass solche Bewertungsüberlegungen helfen können, die Qualität des Topmanagements und damit die Managementfähigkeit eines Unternehmens sowie die Qualität der Technologie- und Innovationsfähigkeit hilfsweise bewertbar zu machen. Das ist schliesslich das Argument von Pfeil/Vater (2002), die Sonderabschreibungen mit der (schlechten) Qualität des Managements in Beziehung bringen, oder das Argument von Daum/Edvinsson (2001), dass eine Beurteilung des Humankapitals nur im Verbund mit dem Strukturkapital vorgenommen werden sollte.

2. Kommunikation von Corporate Governance, Corporate Reputation und Corporate Reporting

> Das erste Hauptkapitel dieses Abschnitts hat sich mit der kommunikativen Dimension der Inhalte im Überblick befasst und dabei herausgearbeitet, dass über Interaktionsthemen aus der Corporate Governance, der Corporate Reputation und des Corporate Reporting eine zusammenhängende Legitimation ihres Handelns gegenüber den Anspruchsgruppen der Unternehmung kommuniziert werden kann.
>
> Mit Hilfe dieser Vorgehensweise können Unternehmungen ihr Handeln den Anspruchsgruppen systematisch vermitteln. Anspruchsgruppen übernehmen die Information nicht einfach, sondern interpretieren sie. Damit Unternehmungen wie auch Anspruchsgruppen eine gemeinsame Basis zur Interpretation haben, werden die Kategorien und Indikatoren des Intellectual Capital verwendet.
>
> In diesem zweiten Hauptkapitel B.2. geht es um die Ausarbeitung der oben aufgezeigten kommunikativen Dimension. Es geht um die normative Orientierung mit Hilfe von Corporate Governance sowie um die strategische Entwicklung und operative Führung mittels Corporate Reputation und Corporate Reporting.
>
> Dazu wird zunächst die kommunikative Dimension des Interaktionsthemas Corporate Governance (B.2.1.) ausgearbeitet. Daran anschliessend werden die Interaktionsthemen Corporate Reputation und Corporate Reporting mit ihren bestehenden Kommunikationsansätzen behandelt (B.2.2.) Zum Schluss dieses Hauptkapitels wird ein Zwischenfazit für die Kommunikationsansätze gezogen (B.2.3.), welches als Ausgangslage für den neuen Kommunikationsansatz im Hauptkapitel B.3. genommen wird, mit dem die Kommunikation systematisiert wird.

B. Inhaltsebene des Wertorientierten Kommunikationsmanagements

1. Kommunikative Dimension der Inhalte

2. Kommunikation von Corporate Governance, Corporate Reputation und Corporate Reporting

Kommunikation von Corporate Governance der normativen Orientierung

Kommunikation von Corporate Reputation und Corporate Reporting für die strategische Entwicklung und operative Führung

Zwischenfazit zu den bestehenden Kommunikationsansätzen

3. Neuer Ansatz zur systematischen Kommunikation von Corporate Governance, Corporate Reputation und Corporate Reporting

4. Erster Teil der Communications View des Wertorientierten Kommunikationsmanagements

Abb. 52: Synopse mit Details zu B.2.

2.1. Corporate Governance als normative Orientierung

In folgenden Kapitel B.2.1. geht es um die Darstellung von Corporate Governance als normative Orientierung zur Legitimation unternehmerischen Handelns. Zur Ableitung der kommunikativen Dimension wird nunmehr die Entwicklung dieses Interaktionsthemas in historischer, rechtlicher und kommunikativer Hinsicht analysiert (B.2.1.1.) und sodann die Transparenzforderung als Kernfunktion beschrieben (B.2.1.2.), um sich daraus ergebende Kommunikationsanforderungen vorzustellen (B.2.1.3.). Die drei Unterkapitel (B.2.1.1. bis 2.1.3.) werden mit dem Beispiel des Deutschen Corporate Governance Kodex beschrieben.

2.1.1. Entwicklung der Corporate Governance

> In Unterkapitel B.2.1.1. geht es zunächst um die historische (B.2.1.1.1.) Entwicklung und sodann um die rechtliche Verankerung (B.2.1.1.2.). Abschliessend werden die kommunikativen Voraussetzungen behandelt (B.2.1.1.3.).

2.1.1.1. Historische Entwicklung

Witt nutzt den englischen Begriff **Corporate Governance** »in Ermangelung einer wortwörtlichen Übersetzung mit Begriffen wie: ›Unternehmensverfassung‹, ›Spitzenorganisationen‹, ›Strukturregelungen des Unternehmens‹, ›Unternehmensüberwachung‹, ›Spitzenverfassung‹, ›Unternehmensführung und -kontrolle‹ usw. bezeichnet« (Witt 2003, S. 1).

Corporate Governance ist international sowohl in der Praxis als auch in der Theorie zu einem viel diskutierten Thema im Zusammenhang mit der Unternehmensverfassung geworden.[102] Im historischen Kontext wird der Begriff Corporate Governance schlagwortartig für **Unternehmensführung und -überwachung** benutzt.[103] Selbstverständlich hängt eine solche Betrachtung der Unternehmensführung und -überwachung von der jeweiligen Wirtschaftsverfassung der Nationalstaaten ab. Dies bedeutet aus unternehmensrechtlicher Betrachtung zunächst einmal, zwischen dem mehr angelsächsischen (aber auch in der Schweiz) vorherrschenden One-Tier-Board und dem vor allem in Deutschland vorherrschenden Two-Tier-Board zu differenzieren.

Aus kommunikativer Sicht ist diese rechtliche Unterscheidung weniger bedeutend; denn es besteht wenig Unterschied, ob ein Rechtskorpus wie ein Verwaltungsrat oder zwei Rechtskorpora wie Aufsichtsrat und Vorstand ihre jeweiligen Funktionen im Rahmen transparenter Unternehmensführung und -überwachung vornehmen und kommunizieren. In abgeleiteter Perspektive gilt dies auch für die vom Verwaltungsrat oder Aufsichtsrat einzusetzenden Ausschüsse für bestimmte spezielle Fragen der Unternehmensführung und -überwachung. Aus kommunikativer Sicht geht es ausschliesslich um die **Transparenz von unternehmerischer Führung und Kontrolle** auf Basis der jeweiligen Wirtschaftsverfassungen.

Entsprechend der angelsächsischen Kapitalmarktorientierung wurden das Thema Corporate Governance und die entsprechenden Corporate Governance Kodizes in Europa vor

---

[102] Vgl. zur allgemeinen Bedeutung von Corporate Governance: Albach (2001), Shleifner,/Vishny (1997), Scott (1997), Zingales (1997).
[103] Vgl. Hopt et al. (1998).

allen Dingen zunächst in England behandelt, wo mit dem Cadburry Committee (1992), dem Greenbury Report (1995) und dem Hampel Report (1998) sowie schlussendlich dem Combined Code (ebenfalls 1998) die Grundlage gelegt wurde. Auf europäischer Ebene hat sich eine Expertenkommission mit dem Thema befasst, dabei aber nicht empfohlen, die unterschiedlichen Corporate-Governance-Standards der einzelnen Mitgliedsstaaten zu harmonisieren. Allerdings sollen Mindesterfordernisse festgelegt werden, die sich auf insgesamt fünf Aspekte beziehen: Das Prinzip der Transparenz, die Orientierung an Aktionärsinteressen, die Zusammenarbeit von Vorstand und Aufsichtsrat, die Stellung der Wirtschaftsprüfer sowie die Absage an einen einheitlichen Kodex für Europa (Winter 2003, S. 51 ff.).

Hilb gibt einen Überblick über die historische Entwicklung aus supranationaler, kontinentaler und nationaler Perspektive (Hilb 2005a, S. 33):

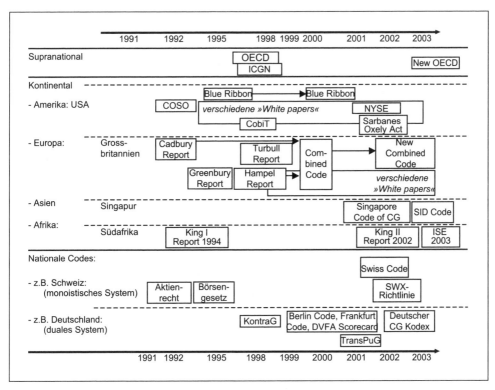

Abb. 53: Entwicklung ausgewählter internationaler und nationaler Kodizes und Gesetze zur Corporate Governance (Hilb 2005a, S. 33)

Auf Basis dieser historischen Entwicklung differenziert Hilb New Corporate Governance und Traditional Corporate Governance folgendermassen (Hilb 2005b, S. 1 ff.):

Neue beziehungsweise New Corporate Governance differenziert sich damit zum einen sektoral, des Weiteren firmenspezifisch und zum anderen Stakeholder orientiert. Auch diese Darstellung unterstreicht, dass das neue Corporate Governance weitaus breiter zu verstehen ist als rein auf den Kapitalmarkt bezogen. Daraus ergibt sich eine weitergehende Kommunikationsaufgabe als die der reinen Kapitalmarktkommunikation.

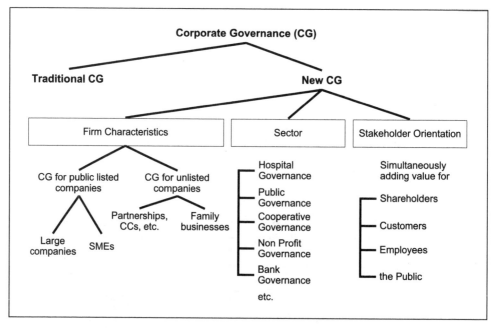

Abb. 54: New vs. Traditional corporate governance (Hilb 2005b, S. 11)

Einen Vergleich der **Corporate Governance-Systeme** bietet Witt (2003), der verdeutlicht, dass Corporate Governance massgeblich durch national unterschiedliche Gesellschafts-, Handels- und Kapitalmarktrechtssituationen geprägt ist. Gemein ist jedoch allen Corporate Governance-Systemen, dass sie zum Abbau von Informationsasymmetrien beitragen und entsprechende Strukturen und Prozesse anbieten sollen, um mögliche Interessenkonflikte zwischen unterschiedlichen Anspruchsgruppen der Unternehmung zu vermeiden. Aus betriebswirtschaftlicher Sicht wird Corporate Governance immer dann zu einem interessanten Problem in einer Unternehmung, wenn folgende Bedingungen erfüllt sind (Witt 2003, S. 5f.):
- wenn es eine Arbeitsteilung und Delegation in der Unternehmung gibt und zwischen den beteiligten Personen Informationsasymmetrien bestehen;
- wenn es zwischen den beteiligten Personen Interessenkonflikte geben kann;
- wenn nicht die Möglichkeit des Abschlusses vollständiger Verträge besteht.

Witts Arbeit listet unter den Interessengruppen an Corporate Governance Anteilseigner, Mitarbeiter, Fremdkapitalgeber, Lieferanten, Kunden, Staat/Fiskus, Anwohner und Öffentlichkeit auf, womit er dieses betriebswirtschaftliche Problem zu einem Stakeholder-Problem macht (Witt 2003, S. 6ff.). Er listet institutionelle Governance-Strukturen unter folgenden vier Modellen auf[104]:

---

[104] Neben den betriebswirtschaftlichen Modell-Ansätzen gibt es auch volkswirtschaftliche Ansätze zum ökonomischen Prinzip von Corporate Governance. Pitelis analysiert dazu wie folgt: »Corporate Governance refers to who controls the capitalist firm, especially the modern joint stock, public limited, giant

- Modelle der reinen Anteilseignerorientierung (Shareholder-Value-Ansatz),
- Modelle mit Anteilseigner- und Mitarbeiterorientierung (Mitbestimmungsansatz),
- Modelle der reinen Mitarbeiterorientierung (Labour-Managed-Firm-Ansatz) und
- Modelle der Orientierung an allen Interessengruppen (Stakeholder-Value-Ansatz).

Diese vier vorgestellten institutionellen Corporate Governance-Strukturen enthalten keine Besonderheiten nationalen Rechts und dienen somit der Ableitung der durch die Corporate Governance zu lösenden Interessenkonflikte zwischen den Anspruchsgruppen. Sein Fazit zu den unterschiedlichen Modellen: »Corporate Governance-Systeme die neben den Anteilseignern und den Managern auch noch andere Stakeholder institutionell einbinden, müssen folglich besondere Kooperationsrenten erwirtschaften, um im Vergleich mit anderen Systemen wettbewerbsfähig sein zu können« (ebenda, S. 59).

Zusammenfassend kommt Witt zum Schluss: »Die beiden betriebswirtschaftlichen Funktionen der Corporate Governance in Unternehmen sind zum einen die Sicherstellung der Effizienz der Leistungserstellung und zum anderen die Festlegung von Regeln, wie der entstehende Überschuss der Unternehmung auf die einzelnen Interessengruppen zu verteilen ist. Der Interessenausgleich zwischen den Stakeholdern findet zum Teil auf den Märkten statt, z. B. auf Arbeitsmärkten, Managermärkten oder Kapitalmärkten. Zu einem Teil wird er aber auch institutionell herbeigeführt, z. B. durch unternehmerische Leitungs- und Kontrollgremien, in denen verschiedene Interessengruppen vertreten sind und einen Einfluss auf die Unternehmensentscheidungen nehmen können« (Witt 2003, S. 225).

Nippa geht in seinem Überblick zu Corporate Governance anders vor: »Trotz unzähliger praktischer und wissenschaftlicher Beiträge existieren noch keine einheitlichen Begrifflichkeiten und Definitionen (...) Offensichtlich sind jedoch Aussagen zur Corporate Governance unterschiedlich zu bewerten, sofern sie sich entweder ›nur‹ auf die Kontrolle und Steuerung der angestellten Manager, durch die diese beauftragenden Anteilseigner – wie in der ursprünglichen, engen Begriffsfassung – oder aber allgemein auf die effiziente, ressourcenoptimale Unternehmensführung im Sinne aller Interessengruppen in der weitesten Definition beziehen« (Nippa 2002, S. 4). Mit Bezug auf die Information und Kommunikation erkennt er, dass diese für die Erklärungs- und Gestaltungsansätze selten explizit dargestellt und noch seltener kritisch hinterfragt werden und dass umfassende Darstellungen der

---

corporation as well as what for, how and to what effect. In the context of this definition, extant economic debates on Corporate Governance have been surprisingly narrow in focus, in effect dealing with the issue of intra-firm alignment of incentives between shareholders and managers, in context of a separation of ownership from management. Management-oriented theories, such as ›Stakeholder‹ and ›Stewardship‹ theories have dealt with broader issues yet did not adequately draw on extent alternative economic theory of the firm, value-creation and (thus) (shareholder or stakeholder) value. As much of the discussion of the theory of the firm (and value) has taken place within economics, it seems useful to draw an extent theory and explore it's implications. In particular, it is interesting to assess the dominant agency-based perspective by considering the implications of alternative economics theories of the firm on ›governance‹«. Dies ist ein interessanter Ansatz, denn er öffnet für die Corporate Governance-Debatte die Überlegung, dass die Wertentwicklung und nachhaltige wirtschaftliche Perfomance über das Unternehmen hinaus zu betrachten, zu analysieren und zu monitoren sind. Pizelis schliesst seinen Beitrag folgendermassen: »We suggested that a more comprehensive theory of value creation and appropriation requires a synthesis of resource allocation and resource creation perspectives and went on to develop a model of the determinants of value-wealth creation at the firm, meso and national levels. (...) For sustainable value creation Corporate Governance needs to be aligned to national and global governance. All these have important implications for the policy« (Pitelis 2004, S. 210 ff.).

ökonomischen Relevanz von Information und Kommunikation für eine differenzierte Ausgestaltung der Corporate Governance fehlen.

Nippa macht die Unterscheidung zwischen einer **Corporate Governance im engeren Sinne** (Kapitalmarkt) und einer **Corporate Governance im weiteren Sinne** (Meinungsmarkt beziehungsweise Öffentlichkeit). In der folgenden Abbildung ist die weiteste Fassung seines Verständnisses von Corporate Governance, somit die »total organizational Governance«, unten rechts eingeordnet, bei der jegliche Interessen aller Wirtschaftsunternehmungen berücksichtigt werden.

Allerdings kann auch bei einer engen Begriffsfassung die Kapitalmarktkommunikation nicht mehr nur auf Investor Relations begrenzt bleiben, weil der Kapitalmarkt in praxi sehr fragmentiert ist. Allein die differenzierte Analyse verschiedenster Shareholder-Gruppierungen (Private oder Institutionelle Investoren) sowie die Berücksichtigung anderer Stakeholder-Gruppen (vor allem Mitarbeiter) erfordert eine ganzheitliche Kommunikationsfunktion im Rahmen von Corporate Governance. [105]

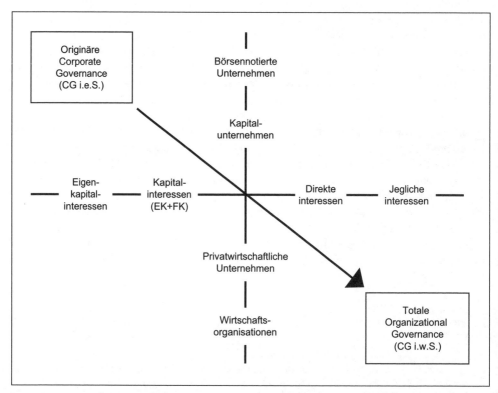

Abb. 55: Verschiedene Formen der Corporate Governance (in Anlehnung an Nippa 2002, S. 9)

---

105 Vgl. dazu das Unterkapitel über Capital Relations in C.2.2.3.1.

Die von Nippa vorgeschlagene Einteilung einer Corporate Governance im engeren Sinne und einer Corporate Governance im weiteren Sinne ist hilfreich. Auf dieser Basis können in der theoretischen Diskussion laut Hawley und Williams (1996) vier Ansätze differenziert werden: Ein finanzwirtschaftlicher Ansatz, ein Stewardship-Ansatz, ein Stakeholder-Ansatz und ein politischer Ansatz. Alle Ansätze ausser dem finanzwirtschaftlichen Ansatz gehen über eine Corporate Governance im engeren Sinne hinaus und binden weitere Stakeholder ein. Diese Differenzierung kommt am Ende aber auch zum Schluss, dass eine Orientierung am Stakeholder die weitestgehende Legitimation gegenüber allen Anspruchsgruppen ermöglicht (Nippa 2002, S.11).

Die **Themen im engeren Sinne** hängen in gewissem Masse deshalb auch mit der jeweiligen Wirtschaftsverfassung zusammen. Die Entwicklung zeigt aber, dass die Öffentlichkeit nicht nur die spezifischen Themen im engeren Sinne diskutieren will, sondern auch allgemeinere **Themen im weiteren Sinne**. Im engeren Sinne befasst sich Corporate Governance mit einer finanzwirtschaftlichen Perspektive, im weiteren Sinne auch mit Ansätzen als Steward, Stakeholder oder Politik.

Selbst wenn man Corporate Governance auf die enge Perspektive des Kapitalmarktes beschränkt, bleibt zu klären, wie alle Aktionäre – institutionelle wie private – zum einen erreicht werden können und zum anderen, welche Informationsbedürfnisse sie haben. Die Principal-Agent-Problematik wird deshalb noch problematischer, weil der Principal mindestens aus zwei unterschiedlichen Teil-Principalen, den institutionellen und den privaten Investoren beziehungsweise Aktionären, besteht.

Corporate Governance ist in erster Linie auf den Eigentümer ausgerichtet und in klassischer Principal-Agent-Theorie findet eine Arbeitsaufteilung zwischen dem Aktionär als Eigentümer (Principal) statt, die den Aufsichtsrat oder Verwaltungsrat oder das Board (Agent) mit der wirksamen Kontrolle der möglichst auf den Unternehmenserfolg ausgerichteten Führung beauftragt.

Genauso wie Shareholder-Value-Ansätze hat Corporate Governance somit zunächst eine Shareholder-Orientierung (Aktionär). Genauso wie sich aber auch die Shareholder-Value-Ansätze vor allem in den (kontinental)europäischen Ländern sehr schnell zu Stakeholder-Value-Ansätzen weiterentwickelt haben, werden sich die Corporate Governance-Ansätze nicht auf eine sehr eindimensional ausgerichtete Aktionärssicht begrenzen lassen.

So ist auch bereits jetzt in der Corporate-Governance-Debatte zu erkennen, dass eine eindimensionale Ausrichtung auf den Aktionär gesellschaftlich nicht akzeptiert wird. Genau dann wäre man bei einer normativen Betrachtung, die über eine rein finanzielle Wertbetrachtung hinausgeht und ethische Normen und Werte mit einbezieht.

Die **historische Entwicklung von Corporate Governance** im Lichte eines Interaktionsthemas zur normativen Orientierung im Sinne der Legitimation gegenüber den Anspruchsgruppen einer Unternehmung lässt sich somit folgendermassen zusammenfassen:

- Corporate Governance ist in seiner Transparenzforderung gegenüber Anspruchsgruppen unabhängig vom jeweiligen Wirtschaftssystem und immer dann bedeutend, wenn es eine Arbeitsteilung im Sinne von Principal und Agent mit möglichen Interessenkonflikten und Informationsasymmetrien gibt.
- Je weiter dabei der Kreis der Anspruchsgruppen gezogen wird, desto mehr entfernen sich die Themen auch von einer rein kapitalmarktorientierten Betrachtung einerseits und müssen andererseits die Erklärungsfunktion des Kapitalmarktes gegenüber anderen Anspruchsgruppen berücksichtigen.

2.1.1.2. Rechtliche Verankerung

Neben der historischen Entwicklung muss die rechtliche Verankerung analysiert werden. Auf die grundlegenden Rechtsaspekte der Kommunikation aus Publizitäts- und Rechnungslegungsperspektive wurde bereits bei der Beschreibung der Ausgangslage eingegangen.[106]

Die folgende Beschreibung der Publizitätsvorschriften und Gesetze orientiert sich exemplarisch an Deutschland, ist aber mehr oder weniger auf andere Länder unter Berücksichtigung der jeweiligen Unternehmensverfassungen und der Bedeutung der Kapitalmärkte übertragbar. Im Grundsatz werden die amerikanischen Publizitätsvorschriften und Gesetze in Europa nachvollzogen – nahezu jedes Land hat seine »Regulation Fair Disclosure« – also eine Ad-hoc-Publizität – und seinen Sarbanes-Oxley-Act – also sein Gesetz über Unternehmensintegrität, Anlegerschutz, Informationsvergabe, etc.[107]

Die jüngeren Veränderungen der deutschen Publizitätsvorschriften beginnen im Prinzip bereits mit der Verabschiedung des Gesetzes zur Kontrolle und Transparenz im Unternehmensbereich (KonTraG), welches 1998 verabschiedet wurde. Das KonTraG ist die Grundlage für eine moderne Kontrolle und Transparenz im Unternehmensbereich im Zuge der Entwicklungen am Kapitalmarkt, wie die folgende Abbildung zeigt.

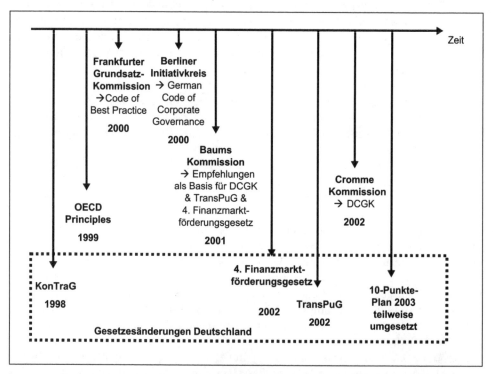

Abb. 56: Entwicklung der Aufsichtsratspraxis in Deutschland (Ruhwedel/Epstein 2004, S. 1)

---

106 Vgl. zum rechtlichen Umfeld von Unternehmungen auch Unterkapitel A.1.2.2.1.
107 Einen Überblick dazu bietet bspw. Smerdon (2004).

Der Deutsche Corporate Governance Kodex (DCGK) enthält eine Vielzahl von expliziten und impliziten Anforderungen zur Transparenz der Unternehmensführung und -kontrolle und mithin zur Publizität der Unternehmungen. Der DCGK ist mit der Verabschiedung des Transparenz- und Publizitätsgesetztes (TransPubG) und dem damit eingeschobenen Paragraphen 161 AktG für börsennotierte Unternehmungen seit 2002 verpflichtend.

Das bedeutet, dass Unternehmungen in einer Entsprechenserklärung, der so genannten »**Comply-or-Explain**«-**Regel**, insbesondere zu den so genannten Soll-Empfehlungen Stellung nehmen müssen, ob sie diese Empfehlungen annehmen (Comply) oder nicht annehmen (Explain). Das »Explain« geht aber nicht soweit, dass man den Grund der Nichtübernahme einer Soll-Empfehlung tatsächlich erklären, sondern vielmehr nur den Umstand der Nichtannahme im Rahmen der Entsprechenserklärung notifizieren muss.

Der Deutsche Corporate Governance Kodex selbst ist somit kein Gesetz, sondern vielmehr ein flexibles und freiwilliges Regelwerk für börsennotierte Unternehmungen in Deutschland. Rechtlich verpflichtend hingegen ist die Erklärung dieser börsennotierten Unternehmungen, ob und inwieweit sie den Empfehlungen des Kodex folgen.

Corporate Governance ist im Lichte einer Reihe gesetzlicher Neuerungen zu betrachten:[108] Das »Hauptgesetz« ist das UMAG, das Gesetz zur Unternehmensintegrität und Modernisierung des Anfechtungsrechts, in dem sowohl eine Verschärfung der Innenhaftung der Organe einer Unternehmung durch ein erweitertes und erleichtertes Klagerecht der Aktionäre geschaffen wurde als auch bestimmte Reformen im Rahmen des qualitativen Informationsaustausches anlässlich der Hauptversammlung zwischen Aktionären und Unternehmungen festgelegt wurden. Auch wenn es keine direkte Vergleichbarkeit gibt, so ist das UMAG von ähnlicher Tragweite wie der Sarbanes-Oxley Act (SOX) in den USA.

Zuvor war bereits das Gesetz zur Anlegerschutzverbesserung (AnsvG) verabschiedet worden, aus dem insbesondere der Emittentenleitfaden zur Ad-hoc-Veröffentlichung sowie zu den Insider Tatbeständen abgeleitet wird. Des Weiteren sind das Bilanzrechtsreformgesetz (BilReG) und das Bilanzkontrollgesetz (BilKoG) in Kraft. Beim Bilanzrechtsreformgesetz wurden die notwendigen Anpassungen durch die ab 2005 gültige IFRS-Rechnungslegung vorgenommen. Mit dem Bilanzkontrollgesetz wurde eine privatwirtschaftlich organisierte Überprüfungsinstanz (Enforcement-Stelle) geschaffen, die in einem zweistufigen Verfahren zur Kontrolle von Unternehmensabschlüssen geschaffen worden ist.

Des weiteren gibt es das Kapitalanlegermusterverfahrensgesetz (KapMuG) sowie das sich im Verfahren befindliche Kapitalinformationshaftungsgesetz (KapInHaG), die zum einen eine gesetzliche Grundlage für Musterverfahren im Rahmen von Kapitalmarktklagen festlegen und zum anderen Aussagen über die Haftung von fehlgeleiteter Information am Kapitalmarkt machen.

Das in der Öffentlichkeit am meisten diskutierte Gesetz ist jedoch das Vorstandsvergütungs-Offenlegungsgesetz (VorstOG), mit dem die individualisierte Veröffentlichung einzelner Vorstandsgehälter gesetzlich festgelegt wurde. Dieses Gesetz war aus Sicht der deutschen Bundesregierung notwendig geworden, weil ihrer Meinung nach zu wenig börsennotierte deutsche Aktiengesellschaften der im Corporate Governance Kodex empfohlenen individualisierten Veröffentlichung nachgekommen waren. Allerdings richtet sich dieses Gesetz

---

108 Das UMAG (vom 22.09.2005) wurde am 27.09.2005 im Bundesgesetzblatt verkündet (Vgl. www.bmj.bund.de)

nahezu identisch nach den Empfehlungen über die individualisierte Veröffentlichung von Vorstandsgehältern des Deutschen Corporate Governance Kodex aus.

2.1.1.3. Kommunikative Voraussetzung

Abschliessend zur Entwicklung von Corporate Governance werden die kommunikativen Voraussetzungen beschrieben. Hilb differenziert vier Dimensionen, in denen sich die traditionelle und die neue Sichtweise auf Corporate Governance unterscheiden (Hilb 2005b, S. 10ff.).

Dimension	Traditional corporate governance	New corporate governance
Situational Implementation	No difference between national-, industry- and corporate culture	Implementation appropriate to the specific context of each firm (Keep it situational)
Strategic Direction	Strategic development is not a function of the Supervisory board	Strategic development is a central function of the Supervisory board (Keep it strategic)
Integrated board management	Only isolated nomination and renumeration committees in Publicly Listed companies	Integrated and targeted selection, appraisal, compensation and development of the Supervisory and Managing boards (Keep it integrated)
Holistic Monitoring	Controlling the financial dimension only	Holistic monitoring of results from the perspectives of shareholders, clients, employees and the public (Keep it controlled)

Abb. 57: Differences between Traditional- and New Corporate Governance (Hilb 2005b, S. 10)

Daraus ergibt ein Vorgehensmodell, »**Reversed KISS-Principle**« über das Hilb zunächst den externen und internen Kontext der (1)»Situational Dimension« bearbeitet, sodann die (2)»Strategic Dimension« über die Board Composition, Board Culture, Board Structure und Board Vision bearbeitet, um im dritten Schritt die (3)»Integrated Board-Management-Dimension« zu behandeln. Hier sind die Unterschritte: Board Selection, Board Feedback, Board Compensation und Board Development. Die vierte und letzte Dimension ist die (4)»Controlling Dimension«, in der neben dem Auditing, dem Risk Management und dem Controlling auch die Internal und External Communications behandelt werden. Hilb ist es dabei wichtig, dass auf Basis der Fehlentwicklungen in der Praxis vor allen Dingen auch die Fehler der klassischen Agency Theory mit Bezug auf Corporate Governance analysiert sein müssen (ebenda, S. 5).

Die **Kommunikationsfunktion** wird im Rahmen der vierten, der »Controlling Dimension« behandelt (Hilb 2005b, S. 157ff.). Bei der Kommunikationsfunktion des Boards differenziert Hilb in eine »Internal Communication between Board and Management« und eine »External Communication between Board and Stakeholders« (ebenda, S.174).

Die grundsätzliche »**Communication Policy of Boards**« wird in der nachfolgenden Abbildung verdeutlicht. Es geht Hilb folglich darum, Strategien und Ziele sowie die Instrumente zur Zielerreichung zunächst intern klar zu definieren und diese sodann über einen internen wie externen Kommunikationsprozess den verschiedenen Stakeholdern einschliesslich den Verantwortlichkeiten zu vermitteln. Wichtig erscheint, dass ein Feedback-Prozess aufgenommen wird, der den Erfolg der entsprechenden Massnahmen kontrolliert.[109]

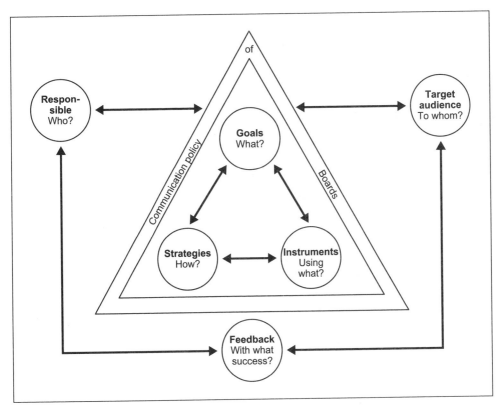

Abb. 58: Board communication policies (Hilb 2005b, S. 174)

---

[109] Behrenwaldt (2001, S. 421 ff.) behandelt die Frage der Kontrollfunktion über den Verständnis-Wandel in Bezug auf das traditionelle Konsensmodell: Seiner Meinung nach hat das deutsche Corporate Governance-Modell seit Ende der 90er Jahre einen deutlichen Verständnis-Wandel erfahren. »Traditionell dominierte in Deutschland – ähnlich z. T. auch in Kontinentaleuropa – das Konsens-Modell (Stakeholder Value) bei dem notwendigen Interessenausgleich der Einflussrechte. Im angelsächsischen Bereich herrschte dagegen die Anlegerorientierung (Shareholder Value) vor. (...) Globalisierung der Kapitalmärkte und Internationalisierung der Eignerstruktur, anders gesagt der Wettbewerb um das internationale Kapital, haben auch in Deutschland zu einer Angleichung der Gegebenheiten geführt: (...)« (ebenda, S. 425). Behrenwaldt sieht in Corporate Governance somit vor allem auch eine Wertschöpfungsdisziplin, die extern und intern zu kontrollieren ist. Das bedeutet mit Bezug auf die Transparenz, dass die Kontrollfunktion durch zunehmende Transparenz in den Unternehmen neben veränderten kommunikativen Ausführungsbestimmungen vor allem auch als Teil einer externen marktlichen Unternehmenskontrolle zu betrachten ist, die auf Basis des jeweiligen Systems vor allem auch eine Änderung des Konsens-Modells zur Folge hat. Behrenwaldt meint damit, dass auch die Interessen der Anleger in das gesamte Konsensmodell der Anspruchsgruppen einzubeziehen sind.

Die **Externe Kommunikation zwischen Board und Stakeholder** wird von Hilb insbesondere als Aufgabe des Chairman betrachtet: »It is the task of the chairman to oversee the communication between company and all relevant stakeholders« (ebenda, S.182). Dabei bietet er eine ganzheitliche Evaluation des Beziehungsmanagements zwischen dem Management und allen relevanten Stakeholdern an, die das Board durchführen kann.

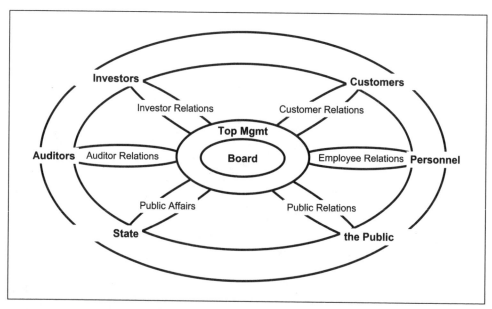

Abb. 59: Evaluation of relationship management with key stakeholders through the board (Hilb 2005b, S. 185)

Hilb lässt aber im Kontext der Controlling Dimension offen, wie die externe Kommunikation durchgeführt werden kann und wie sie gegebenenfalls auch einer ganzheitlichen Evaluation unterzogen werden kann. Allerdings schlägt er vor, dass gerade im Kontext der Feedbackmöglichkeiten von Boards auch ein »**Board Review by the Media**« berücksichtigt sein sollte, wie folgende Abbildung (S. 125) zeigt.

Mit dieser Einschätzung Hilbs ist die Entwicklung von Corporate Governance also **auch von den Medien** zu beurteilen. Dabei ist die Kommunikation zwischen Unternehmungen und Stakeholdern in dieser Frage eine Aufgabe des Chairman, der dafür eine Communications Policy des Boards zu formulieren hat. Allerdings bleibt offen, wie diese Kommunikation durchgeführt werden soll und wie ein Review der Medieneinschätzung genutzt werden kann.

Hilb geht auch auf die unterschiedlichen Systeme und ihren Bezug zur Frage der Kontrollfunktion ein: Im Vorwort zu Integrierte Corporate Governance – ein neues Konzept der Unternehmensführung und Erfolgskontrolle. Das Dilemma unterschiedlicher Governance Systeme – schreibt er: »Sowohl in Wissenschaft als auch Praxis wird immer noch davon ausgegangen, dass nur ›two basic models of Corporate Governance system... (existieren): The first model is the Anglo-American ›market based‹ model which emphasizes the maxima-

2. Kommunikation von Corporate Governance, Corporate Reputation und Corporate Reporting

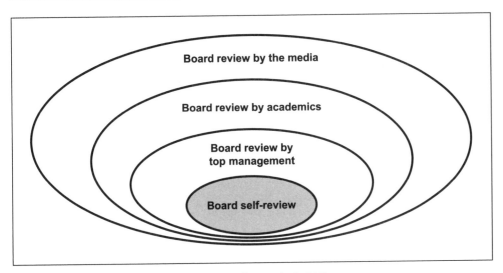

Abb. 60: 360° board feedback possibilities (Hilb 2005b, S. 205)

tion of shareholder value, while the second model is the ›relationship based‹ model, which emphasizes the interests of a broader group of stakeholders« (ebenda 2005, S. VIII).

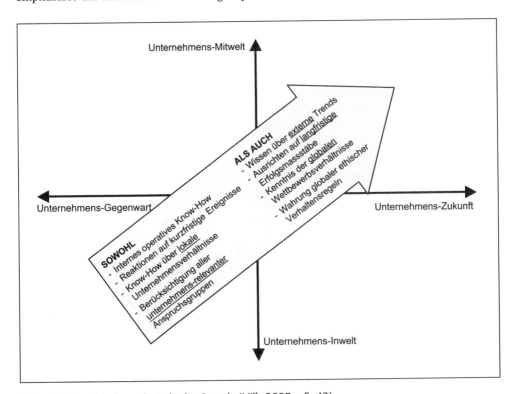

Abb. 61: Sowohl-als-auch-Ziele des Boards (Hilb 2005a, S. 43)

Hilb hingegen vermeidet die traditionelle Frage, welches Modell man verfolgt, indem er einen dritten Weg der integrierten Corporate Governance vorstellt – einen »**glokalen Sowohl-als-auch-Ansatz**«. Unternehmungen sind diesem Ansatz folgend dann erfolgreich, wenn es ihnen gelingt, bei ihren Geschäftsaktivitäten gleichzeitig Mehrwert für Aktionäre, Kunden, Mitarbeiter und die Gesellschaft zu schaffen. Dieser Ansatz will den Shareholder- und den Stakeholder Ansatz miteinander verknüpfen. Sein Sowohl-als-auch-Ansatz wird über folgende Darstellung der Ziele des Boards verdeutlicht.

Hilb (2005a, 2005b) leitet die Kommunikationsfunktion, die sich aus Corporate Governance ergibt, in erster Linie aus der Kontrollfunktion ab. Dabei kommt dem Board auch die Aufgabe zu, einen Review zu institutionalisieren, die auch die Medien und ihre Bewertung unternehmerischen Handelns einbezieht. Medien sind entscheidende Mittler zwischen Unternehmung und Anspruchsgruppen. Aus dieser Sicht hat Corporate Governance somit auch eine kommunikative Voraussetzung, die auf der historischen Entwicklung und der rechtlichen Verankerung aufbaut.

2.1.2. Transparenzforderung der Corporate Governance

> In diesem Unterkapitel wird die Transparenzforderung der Corporate Governance ausgearbeitet. Dabei wird zunächst der Kodex als Instrument der Transparenz vorgestellt (B.2.1.2.1.) und dann die Akzeptanz des Kodex in Deutschland beschrieben (B.2.1.2.2.). Dabei wird exemplarisch auf den Deutschen Corporate Governance Kodex abgestellt.

Ruud/Pfister (2005) beschreiben mit folgender Abbildung den Nutzen und Stellenwert von Information und Kommunikation in der Unternehmung. Für sie bildet der Aufsichtsrat im Steuerungs- und Überwachungssystem die oberste Instanz. Die Kontrollfunktion ist dabei eine interne Funktion im Dienste der Stakeholder, deren Ergebnisse extern öffentlich gemacht werden. Die externen Stakeholder wiederum bestimmen dann über ihr jeweiliges Verhalten die grundlegende Richtung, über die das Management die Unternehmung sodann führen (und kontrollieren) soll. Das bedeutet, dass die Transparenz der internen Informations- und Kommunikationsprozesse die Grundlage für die Legitimation unternehmerischen Handelns darstellt.

2.1.2.1. Kodex als Instrument der Transparenz

Die Corporate Governance Kodizes enthalten diese **Forderung der Transparenz**. Sie ist sozusagen die Kernfunktion von Corporate Governance: »Dabei kommt der Transparenz eine überragende Rolle zu«, wie der Vorsitzende der Regierungskommission Deutscher Corporate Governance Kodex Cromme anlässlich der Ersten Konferenz Deutscher Corporate Governance Kodex[110] zur Bedeutung der Transparenz ausführt (Cromme 2002, S.20) [111].

---

110 Die Erste Konferenz zum Deutschen Corporate Governance Kodex, die »Kodex-Konferenz«, fand am 2. und 3. Juli 2002 in Berlin statt.
111 Vgl. zur speziellen Bedeutung von Corporate Governance für Unternehmen: Böcking/Müßig (2003). Zu Studien zur Wirkung von Corporate Governance bzw. Corporate Governance Kodizes vgl. Oser/Orth/Wader (2004).

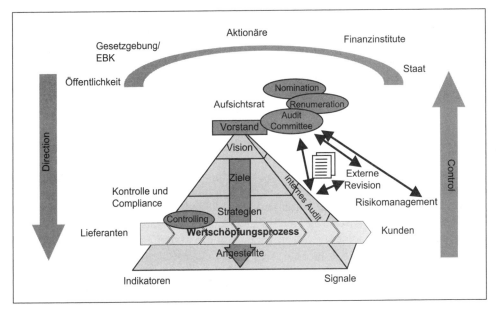

Abb. 62: Information und Kommunikation im Unternehmen (Ruud/Pfister 2005, S. 62)

In einer Analyse der »Challenge of Corporate Communication: The Challenge of Transparency« kommt Christensen zum Schluss, dass die Forderung nach Transparenz nicht nur eine **Änderung der Ausführungsbestimmungen** nach sich zieht, sondern eben auch andere Verhaltensweisen (Christensen 2002, S. 162 ff.). Christensen stellt dabei vor allem auf die Fragen ab, was in und mit der Unternehmung passieren muss, wenn Transparenz ein Teil des Marketings oder der PR von Organisationen wird:

»Of course, we need to ask ourselves what the limits are to this staging of transparency. If transparency is becoming part of the marketing or PR Mix of contemporary organisations, how will this development shape our notions of corporate credibility and accountability in the future? Is the staging of transparency, then, simply a simulation of openness? If so, what then does it mean to have access to or to ›know‹ an organisation? And what kinds of measures will be needed for organisations that sincerely wish to communicate openness to their surroundings? No matter what the answers to these questions are, organisations need to realize that although transparency may be a necessary strategy to cope with inquisitive stakeholders, its meaning will change concurrently with the attempts of corporate communicators to transform it from a market condition to a business strategy« (ebenda, S. 162 ff.).

Diese Fragen und die Grenzen der Transparenz müssen gegen innen und aussen beantwortet werden: Müller-Stewens/Lechner setzen sich nach einer historischen Betrachtung und der Differenzierung zwischen marktlicher Regelung und Machtverteilung als Koordinationsmechanismus zwischen Principal und Agent vor allen Dingen mit fünf Corporate-Governance-Mechanismen auseinander. Sie unterscheiden: die Konzentration des Eigentums, die Zusammensetzung des Führungs- und Kontrollgremiums, die Bezahlung der Führungskräfte, die divisionale Aufbauorganisation nach Geschäftsbereichen und den Markt für Unternehmenskontrolle (Müller-Stewens/Lechner 2003, S. 509 ff.).

Die ersten vier sind ihrer Auffassung nach interne Mechanismen, während der **Markt für Unternehmenskontrolle** als ein externer Mechanismus eingeordnet wird. Zu letzterem heisst es dann: »Greifen alle internen Corporate Governance-Mechanismen nicht und weist das Unternehmen im Branchenvergleich immer noch unterdurchschnittliche Renditen aus, dann findet dies bei börsennotierten Gesellschaften in einer Unterbewertung des Unternehmens seinen Ausdruck. (...) Deshalb kann man den Markt für Unternehmenskontrolle auch als die Arena begreifen, in der verschiedene Führungsteams um die Rechte zum Management der Ressourcen eines Unternehmens konkurrieren« (ebenda, S. 521).

Dies ist im Prinzip das Hilb`sche Argument aus einem anderen Blickwinkel; denn hier wird auf den äusseren Druck des Marktes abgestellt, während diesen Druck über Media Reviews sozusagen internalisieren will (Hilb 2005b, S. 205). Beide Seiten des Argumentes treffen jedoch den Kern – Transparenz bedingt Kommunikation gegen aussen.

Im Rahmen ihrer Bewertung kommen Müller-Stewens/Lechner zu dem Schluss, dass die überwiegenden Bewertungsverfahren von Corporate Governance primär doch vor dem Hintergrund der Shareholderinteressen vorgenommen werden, dass ihrer Meinung nach aber das Management durch die Eigentümer dazu eingesetzt wurde, die Interessen aller Stakeholder bestmöglich zu wahren und damit auch die ihnen von den Eigentümern übertragene soziale Verpflichtung des Kapitals zu rechtfertigen (Müller-Stewens/Lechner 2003, S. 523 f.). Daraus leitet sich im Grunde die Transparenz als Kontrollfunktion durch Corporate Governance ab, deren kommunikative Herausforderung Hilb über die verschiedenen Stufen der Reviews beschreibt, und zwar einschliesslich der Media Reviews.

Die **Präambel des Deutschen Corporate Governance Kodex** gibt nun der Transparenz die zentrale Rolle:

»Der Kodex soll das Deutsche Corporate Governance System transparent und nachvollziehbar machen. Er will das Vertrauen der nationalen und internationalen Anleger, der Kunden, der Mitarbeiter und der Öffentlichkeit in die Leitung und Überwachung deutscher börsennotierter Aktiengesellschaften fördern. Die Rechnungslegung deutscher Unternehmen ist am True-and-fair-view-Prinzip orientiert und vermittelt ein den tatsächlichen Verhältnissen entsprechendes Bild (...) des Unternehmens« (Cromme 2004, S. 142).

Die gesetzliche Flankierung des Kodex basiert auf dem Transparenz- und Publizitätsgesetz (TransPuG), welches die Entsprechenserklärung verpflichtend einfordert:

»Vorstand und Aufsichtsrat der börsennotierten Gesellschaft erklären jährlich, dass den (...) Empfehlungen der Regierungskommission Deutscher Corporate Governance Kodex entsprochen wurde und wird oder welche Empfehlungen nicht angewendet wurden oder werden« (Deutscher Corporate Governance Kodex 2005, Ziffer 3.10).

Diese über das TransPuG gesetzlich vorgeschriebene Entsprechenserklärung »Comply-or-Explain« ist die kommunikative Mindestanforderung an die Unternehmungen. Sie wird jährlich bei den börsennotierten Unternehmungen erhoben und bildet die empirische Grundlage zur Überprüfung der Akzeptanz von Corporate Governance in Deutschland.[112]

---

112 Diese Transparenz muss dabei operationalisiert und vergleichbar gemacht werden: Das geschieht im Wesentlichen über Kodizes. Der Deutsche Corporate Governance Kodex nimmt folgende Unterscheidungen vor: »Empfehlungen des Kodex sind im Text durch die Verwendung des Wortes ›soll‹ gekennzeichnet. Die Gesellschaften können hiervon abweichen, sind dann aber verpflichtet, dies jährlich offenzulegen. Dies ermöglicht den Gesellschaften die Berücksichtigung branchen- oder unternehmensspezifischer Bedürfnisse. So trägt der Kodex zur Flexibilisierung und Selbstregulierung der deutschen Unternehmensverfassung bei. Ferner enthält der Kodex Anregungen, von denen ohne Offenlegung

Als Referenzgrösse für die Analyse der Transparenz durch Corporate Governance wird die Diskussion in Deutschland herangezogen, da die theoretische wie praktische Diskussion in diesem Land über eine rein rechtliche Betrachtung hinausgeht.[113] Die verschiedensten weltweiten Kodizes – so auch der deutsche – sind freiwillige Regelwerke mit gesetzlicher Verankerung, deren Hauptanliegen eine transparente Darstellung unternehmerischen Handelns im Sinne einer Legitimation unternehmerischen Handelns gegenüber den Anspruchsgruppen des Unternehmens ist.

Die **Kodizes** haben in jedem Land eine ihrer jeweiligen Wirtschaftsverfassung entsprechende Bedeutung. Allen Kodizes gemein sind aber, erstens, die Forderung nach Transparenz unternehmerischer Entscheidungen und, zweitens, der Forderung dieser Transparenz durch eine so genannte Entsprechenserklärung »Comply or Explain« nachzukommen. Die Themenkomplexe lassen sich folgendermassen untergliedern:

- **Unternehmenseigner (1):** eine Ausrichtung an Aktionärsrechten und -interessen als Eigentümer einer Unternehmung (einschliesslich der Funktion der Hauptversammlung als oberstes Entscheidungsgremium);
- **Unternehmensverfassung (2):** eine Beschreibung des Aufsichts- und Führungssystems und der jeweiligen Rolle von Aufsicht und Führung sowie deren Zusammenarbeit (einschliesslich der Vergütungssysteme für Vorstände);
- **Unternehmenssicherung(3):** eine Darstellung der Rechnungslegung (einschliesslich potentieller personaler und institutioneller Interessenkonflikte) sowie eine Unabhängigkeit der Abschlussprüfung (einschliesslich der Unterscheidung und Trennung der Mandate im Rahmen der Prüfung und der Beratung). Mit Hilfe der Rechnungslegung und der für sie geforderten Fair Presentation kommen auch die immateriellen Werte und somit implizit auch die Reputation zum Tragen.

2.1.2.2. Akzeptanz des Kodex als Instrument

Parallel zur rechtlichen Verankerung von Corporate Governance und der wachsenden Popularität des Themas sind in den letzten Jahren eine Vielzahl von Studien durchgeführt worden, die in diesem Themenkreis verankert sind. Das Berlin Center for Corporate Governance führt im Auftrag der Regierungskommission jährlich eine empirische Erhebung zur oben erläuterten Entsprechenserklärung durch. Diese Studien geben einen sehr guten Überblick zur rechtlichen Akzeptanz des Kodex als Instrument.

Von Werder/Talaulicar haben in einem Sonderdruck der Schmalenbach Gesellschaft zur »Marktwertorientierten Unternehmensführung – Anreiz- und Kommunikationsaspekte« in Bezug auf die geforderten Entsprechenserklärungen auch zu den Reputationswirkungen dieser Erklärungen Stellung genommen. Dort heisst es: »Mit Positiverklärungen wird zunächst das Signal gesetzt, dass das betreffende Unternehmen allgemein anerkannten Standards guter Corporate Governance folgt und somit über eine wettbewerbsfähige Unterneh-

---

abgewichen werden kann; hierfür verwendet der Kodex Begriffe wie ›sollte‹ oder ›kann‹. Die übrigen sprachlich nicht so gekennzeichneten Teile des Kodex betreffen Bestimmungen, die als geltendes Gesetzesrecht von den Unternehmen zu beachten sind« (Cromme 2002, S. 87).

113 Die Regierungskommission Deutscher Corporate Governance Kodex unter Schirmherrschaft ihres Vorsitzenden Gerhard Cromme veranstaltet jährliche eine Konferenz zur Entwicklung von Corporate Governance in Deutschland und gibt in diesem Zusammenhang unter Herausgeberschaft des Vorsitzenden einen jährlichen Corporate Governance Report heraus, der den jeweils aktuellen Stand der Diskussion aus praktischer Sicht darlegt: (Cromme (2004), (2003), (2002)). Aus theoretischer Sicht siehe hingegen bspw.: Peltzer (2004), Hommelhoff et al. (2003), Witt (2003), Theisen (1998), Picot (1995).

mensleitung und -überwachung verfügt. (...) Wenngleich die Unternehmen zur Abgabe ergänzender Erläuterungen (zur gesetzlich geforderten Comply-or-Explain-Regel – der Autor) rechtlich nicht verpflichtet sind, werden sie daher einem mehr oder weniger starken Rechtfertigungsdruck ausgesetzt sein, die Zweckmässigkeit vorgenommener Kodexabweichungen zu begründen« (von Werder/Talaulicar 2003, S. 17f.).

Von Werder/Talaulicar erkennen damit an, dass »gute Corporate Governance« auch aus einer kommunikationstheoretischen Perspektive eine kompetitive Aufgabe erfüllt, indem nämlich Kodexabweichungen aufgrund des »starken Rechtfertigungsdruckes« zu begründen sind (von Werder/Talaulicar 2003, S. 17f.). Aus Sicht dieser Autoren hat der Deutsche Corporate Governance Kodex eine **Kommunikations- und eine Qualitätssicherungsfunktion**. Sie erkennen, dass weiterer theoretischer und empirischer Forschungsbedarf sich nicht zuletzt mit Blick auf die angestrebten Kommunikationseffekte des Kodex ergibt.

Die **empirische Studie des Jahres 2005** analysierte die 72 Soll-Empfehlungen und 19 Anregungen des Kodex. Sie ist direkt vergleichbar mit der empirischen Studie 2004 über die Rechnungsperiode des Jahres 2003, da in diesen beiden Perioden der Kodex unverändert geblieben war (Cromme 2005, S. 90).

Die generelle Akzeptanz der Empfehlungen des Deutschen Corporate Governance Kodex ist insgesamt sehr hoch: Zum Jahresende 2005 werden durchschnittlich 70 von 72 Empfehlungen (Jahresende 2004: 69 von 72) im DAX-30-Segment befolgt. Dies sind 97,3 % (2004: 96,3 %). Die Akzeptanz in den kleineren Börsensegmenten (M-DAX, S-DAX) ist etwas niedriger, aber insgesamt auch als sehr hoch einzustufen.

Von Werder/Talaulicar (2005) führen dazu aus, dass im DAX lediglich fünf Soll-Bestimmungen neuralgisch sind, die von dem einen oder anderen DAX- Unternehmungen nicht befolgt werden (bei den durchschnittlich zwei nicht befolgten Empfehlungen handelt es sich schliesslich nicht immer um dieselben Empfehlungen). Es betrifft den angemessenen Selbstbehalt bei D&O-Versicherungen, die Beratung der Struktur des Vergütungssystems im Aufsichtsratsplenum, die individualisierten Angaben zur Vorstandsvergütung, die Berücksichtigung von Internationalität, Interessenkonflikten und einer Altersgrenze bei der Besetzung der Aufsichtsräte sowie den gegliederten und individualisierten Ausweis der Aufsichtsratsvergütung.

Diese offizielle begleitende empirische Studie hinterlässt somit den Eindruck, dass der Deutsche Corporate Governance weitestgehend befolgt wird. Unabhängig von der Tatsache, wie man die einzelnen neuralgischen Nichtbefolgungen der Soll-Empfehlungen beurteilt,[114] ist unter kommunikativen Aspekten auf folgenden Umstand hinzuweisen: Bei der empi-

---

114 In der öffentlichen Diskussion über Corporate Governance wird das Thema im Wesentlichen auf die Forderung der **individualisierten Veröffentlichung einzelner Vorstandsgehälter** reduziert sowie teilweise auf den »Automatismus« des **Wechsels eines Vorstandsvorsitzenden in den Aufsichtsratsvorsitz**. Allein schon die Fülle der 72 Soll-Empfehlungen zeigt aber, dass der Kodex weit grössere Bedeutung hat. Allerdings steht gerade bei diesen beiden Aspekten wiederum die Kommunikationsanforderung im Fokus: Bei der individualisierten Veröffentlichung der Vorstandsgehälter geht es schliesslich darum, einen Kriterienkatalog und eine Struktur des Vergütungssystems zu haben, auf dessen Basis sich einzelne Vorstandsgehälter erklären müssen. Der Leistungscharakter der Vorstandsvergütung steht ja im Vordergrund, der wiederum nur anhand von Beurteilungskriterien festgelegt werden kann. Mit Blick auf den Wechsel in den Aufsichtsratsvorsitz gilt Ähnliches; denn ein von den verschiedensten Anspruchsgruppen als gut eingestufter Vorstandsvorsitzender kann sicherlich ohne Probleme in den Aufsichtsratsvorsitz wechseln, wohlgleich ein »schlechter« Vorstandsvorsitzender es in Zukunft immer schwerer haben wird, von den entsprechenden Gremien überhaupt noch vorgeschlagen zu werden. Vgl. dazu auch Will (2005b).

rischen Überprüfung des Kodex wird nur der statutarische Aspekt, ob eine bestimmte Empfehlung befolgt wird (Comply) oder nicht (Explain) abgefragt. Der »Erklärungscharakter« einer Nichtbefolgung begrenzt sich aktienrechtlich ausschliesslich darauf, die Nichtbefolgung anzuzeigen. Keinesfalls wird aber eine tatsächliche Erklärung im Sinne der normativen Orientierung zur Legitimation unternehmerischen Handelns gegenüber Anspruchsgruppen gefordert.

Die Transparenz des Kodex ist rechtlich selbst bei vollständiger Befolgung aller Kodex-Empfehlungen im Sinne einer Legitimation gegenüber allen Anspruchsgruppen sehr begrenzt. Daher sind die von Hilb (2004b und 2005a) und Gomez (2004b) aufgestellten Forderungen nach wie vor nicht erfüllt, dass Corporate Governance als ein erweitertes glaubwürdiges Führungskonzept verstanden werden soll. Auf dieser erweiterten, aber ursprünglich aus der Kapitalmarktlogik entstandenen Basis muss dann für die Interaktion zwischen Principal and Agent eine wesentlich weitergehende Erklärung unternehmerischen Handelns gefordert werden.

Dies geht dann einher mit dem von von Werder/Talaulicar (2003) identifizierten zunehmenden Rechtfertigungsdruck aus dem Kodex, der sich dann auch auf das gesamte unternehmerische Handeln ausweiten lässt. Aus dieser Studie lässt sich zwar die generelle Akzeptanz des Kodex ableiten, nicht aber seine Transparenz im Sinne der Umsetzung gegenüber verschiedenen Anspruchsgruppen.

2.1.3. Kommunikationsanforderungen der Corporate Governance

> In diesem Unterkapitel werden die sich aus der Transparenzforderung ergebenden Kommunikationsanforderungen abgeleitet – und zwar zunächst implizite (B.2.1.3.1.) und sodann explizite (B.2.1.3.2.).

Der **Deutsche Corporate Governance Kodex** fordert sowohl explizit als auch implizit Kommunikationsmassnahmen zur Umsetzung der Transparenzanforderung. Explizite Kommunikationsanforderungen sind insbesondere in Kapitel 6 über die Transparenz formuliert. Die impliziten Kommunikationsanforderungen lassen sich bereits aus der Präambel des Kodex und in der Folge aus vielen anderen Ziffern ableiten.

2.1.3.1. Implizite Kommunikationsanforderungen

Die empirischen Studien von von Werder et al. (2005, 2004, 2003) geben keinen Aufschluss über die wirklichen Kommunikationsanforderungen des Kodex. Aus einer kommunikationsstrategischen Perspektive wäre die Vorgehensweise der Überprüfung aller Soll-Empfehlungen ungeeignet; denn der Kodex stellt in sehr vielen Bereichen aus kommunikationsstrategischer Betrachtung nur implizite Anforderungen an die Kommunikation. Was ist damit gemeint?

Die **impliziten Anmerkungen** haben teilweise Empfehlungs- oder aber Anregungscharakter im Sinne des Kodex und beziehen sich entweder auf **rechtliche oder auf kommunikative Anforderungen** des Kodex nach Transparenz der Unternehmensführung und -kontrolle. Als Beispiel diene die Ziffer 3.7. des DCGK:

> »Bei einem Übernahmeangebot müssen Vorstand und Aufsichtsrat der Zielgesellschaft eine begründete Stellungnahme zu dem Angebot abgeben, damit die Aktionäre in Kenntnis der Sachlage über das Angebot entscheiden können.
>
> Der Vorstand darf nach Bekanntgabe eines Übernahmeangebots keine Handlungen außerhalb des gewöhnlichen Geschäftsverkehrs vornehmen, durch die der Erfolg des Angebots verhindert werden könnte, wenn er dazu nicht von der Hauptversammlung ermächtigt ist oder der Aufsichtsrat dem zugestimmt hat. Bei ihren Entscheidungen sind Vorstand und Aufsichtsrat an das beste Interesse der Aktionäre und des Unternehmens gebunden.
>
> In angezeigten Fällen sollte der Vorstand eine außerordentliche Hauptversammlung einberufen, in der die Aktionäre über das Übernahmeangebot beraten und gegebenenfalls über gesellschaftsrechtliche Maßnahmen beschließen«.

Diese Ziffer 3.7 regt folglich in einer Sollte-Anregung an, dass der Vorstand eine ausserordentliche Hauptversammlung einberufen sollte, an der die Aktionäre über ein gegebenenfalls an sie gerichtetes Übernahmeangebot (als Zielgesellschaft) beraten können und um gegebenenfalls gesellschaftsrechtliche Massnahmen zu beraten und zu beschliessen. Das ist eine **rechtliche Anforderung**, die aber **implizit eine kommunikative Aufgabe** enthält, nämlich die Organisation der Hauptversammlung sowie die Steuerung der damit verbundenen Berichterstattung und Kommentierung.

Des weiteren wird in dieser Ziffer erläutert (also ohne jegliche Empfehlung oder Anregung), dass das Unternehmen als Zielgesellschaft durch Vorstand und Aufsichtsrat eine begründete Stellungnahme zu einem solchen Angebot abgeben muss, damit die Aktionäre in Kenntnis der Sachlage über das Angebot entscheiden können. Das ist eine **kommunikative Anforderung mit implizit rechtlicher Wirkung**, da ein solches Angebot rechtlich gegebenenfalls im Prospekt abgesichert sein sollte.

Zudem wird erwähnt, dass der Vorstand nach Bekanntgabe des Übernahmeangebotes keine Handlungen ausserhalb des gewöhnlichen Geschäftsverkehrs vornehmen darf, durch die der Erfolg des Angebots verhindert werden kann, wenn er dazu nicht von der Hauptversammlung ermächtigt ist oder der Aufsichtsrat dem zugestimmt hat. Bei ihren Entscheidungen sind Vorstand und Aufsichtsrat an das beste Interesse der Aktionäre der Unternehmung gebunden. Auch dies ist eine Aussage mit **kommunikativer Bedeutung in einem Übernahmefall**.

Wie man an dieser Ziffer beispielhaft erkennen kann, handelt es sich dabei im Wesentlichen um implizite Kommunikationsanforderungen, die durch keine Soll-Empfehlung oder Sollte-Anregung geprüft werden können. Es geht in diesen Ziffern »nur« um eine Effizienzverbesserung der Kommunikationsbeziehung zwischen Unternehmungen und seinen Anspruchsgruppen (insbesondere den Aktionären) und um abgeleitete Kommunikationsinhalte, die sich aus einem solchen Übernahmeangebot ergeben könnten. Der Kodex hat eine Vielzahl von Kommunikationsanforderungen, die nicht in das Raster der bislang vorgenommenen empirischen Untersuchungen passen.

Solche impliziten Kommunikationsanforderungen lassen sich jeweils nur im Einzelfall des unternehmerischen Handelns beurteilen. Für die allgemeinen Unternehmensbeobachter (hier vor allem Journalisten) bietet der Kodex auf impliziter Basis eine Referenzgrösse an. Knipp merkt dazu an, dass der Deutsche Corporate Governance Kodex nicht nur für Aktionäre, sondern auch für Journalisten eine wirkliche Hilfe darstellt; denn er legt klare Kriterien zur Beurteilung des Verhaltens von Unternehmungen fest (Knipp 2003, S.16).

2.1.3.2. Explizite Kommunikationsanforderungen

Folgende Tabelle listet aus dem gesamten Deutschen Corporate Governance Kodex (in seiner aktuell gültigen Fassung vom 2. Juni 2005) diejenigen Empfehlungen und Anregungen mit **expliziten Kommunikationsanforderungen** auf. Die expliziten Kommunikationsanforderungen beziehen sich zum einen auf **instrumentelle** (beispielsweise Internet) und zum anderen auf **inhaltliche** (beispielsweise über die Grundzüge des Vergütungssystems) **Forderungen**. Explizit fordert der Kodex, eine Reihe von Kommunikationsinstrumenten zu installieren, teilweise mit Empfehlungscharakter, teilweise mit Anregungscharakter. Die überwiegenden expliziten instrumentellen Kommunikationsanforderungen werden im Kodex-Abschnitt 6 über Transparenz formuliert.

Die **expliziten inhaltlichen Kommunikationsanforderungen** werden an verschiedenen Stellen des Kodex erwähnt – wiederum teilweise mit Empfehlungs- oder Anregungscharakter, teilweise aber auch ohne diese Einteilung in Empfehlung und Anregung. Folgende Tabelle listet die expliziten Kommunikationsanforderungen des Kodex auf:

Kodexziffer	Kodexanforderung	Kommunikations-anforderung
1. Präambel	Kodex soll das Deutsche Corporate Governance System transparent und nachvollziehbar machen Kodex will das Vertrauen der (…) Anleger, der Kunden, der Mitarbeiter und der Öffentlichkeit in die Leitung und Überwachung deutscher börsennotierter Aktiengesellschaften fördern. Rechnungslegung (…) vermittelt ein den tatsächlichen Verhältnissen entsprechendes Bild (…) des Unternehmens.	Explizite Soll-Empfehlung der Transparenz, aus der sich implizit die Inhalte und Instrumente für die Kommunikation ergeben.
2. Aktionäre und Hauptversammlung	Vorstand soll die vom Gesetz für die HV verlangten Berichte und Unterlagen (…) auch auf der Internetseite der Gesellschaft zusammen mit der Tagesordnung veröffentlichen (Ziffer 2.3.1). Die Gesellschaft sollte (…) die Verfolgung über moderne Kommunikationsmedien (z. B. Internet) ermöglichen (Ziffer 2.3.4).	Explizite Soll-Empfehlung bzw. Sollte-Anregung, die genannten Kommunikationsinhalte über das Internet anzubieten
3. Zusammenwirken von Vorstand und Aufsichtsrat	Vorstand und Aufsichtsrat sollen jährlich im Geschäftsbericht über die Corporate Governance des Unternehmens berichten. (…) Hierzu gehört auch die Erläuterung eventueller Abweichungen von den Empfehlungen dieses Kodex. (…) (Ziffer 3.10).	Explizit wird als Soll-Empfehlung ein Corporate Governance Bericht als Teil des Geschäftsberichts verlangt.

Kodexziffer	Kodexanforderung	Kommunikations-anforderung
4. Vorstand	Vergütungssystem der Vorstandsmitglieder soll detailliert und individuell offengelegt werden mit den Kriterien persönliche Leistung, Leistung des Vorstandes und wirtschaftliche Lage des Unternehmens und Erfolg und Zukunftsaussichten des Unternehmens im Vergleichsumfeld (Ziffer 4.2.2).	Explizite Soll-Empfehlung zur Veröffentlichung, woraus sich implizit Inhalte ergeben. Grundzüge des Vergütungssystems sollen auf der Internetseite der Gesellschaft in allgemein verständlicher Form explizit bekannt gemacht werden.
5. Aufsichtsrat		Keine direkten Kommunikationsinhalte, aber im Zusammenspiel mit anderen Ziffern implizite und explizite Kommunikationsinhalte und –instrumente.
6. Transparenz	Der Vorstand wird neue Tatsachen (...) unverzüglich veröffentlichen (Ziffer 6.1). Die Gesellschaft wird die Aktionäre bei Informationen gleich behandeln. Sie soll ihnen unverzüglich sämtliche neue Tatsachen, die Finanzanalysten und vergleichbaren Adressaten mitgeteilt worden sind, zur Verfügung stellen (Ziffer 6.2). Zur zeitnahen und gleichmässigen Information soll (...) die Gesellschaft geeignete Kommunikationsmedien, wie etwa das Internet, nutzen (Ziffer 6.4). Informationen aus dem Ausland sollen im Inland unverzüglich bekannt gegeben werden (Ziffer 6.5). Aktiengeschäfte von Vorstands- oder Aufsichtsratsmitgliedern ab einer bestimmten Grösse sind unverzüglich mitzuteilen Ziffer 6.6). Für die laufende Öffentlichkeitsarbeit soll ein Finanzkalender mit ausreichendem Zeitvorlauf publiziert werden (Ziffer 6.7). Von der Gesellschaft veröffentlichte Informationen sollen auf der Internetseite zugänglich und übersichtlich gegliedert sein (Ziffer 6.8).	Explizite Aufforderung zur unverzüglichen Veröffentlichung neuer Tatsachen. Explizite Aufforderung zur Gleichbehandlung der Aktionäre und Multiplikatoren. Explizite Soll-Empfehlung zur Gleichbehandlung von Inland und Ausland. Explizite Aufforderung zur Veröffentlichung von Aktiengeschäften von Vorständen und Aufsichtsratsmitgliedern. Explizite Soll-Empfehlung zur Veröffentlichung eines Finanzkalenders. Explizite Soll-Empfehlung einer Internetseite.

2. Kommunikation von Corporate Governance, Corporate Reputation und Corporate Reporting

Kodexziffer	Kodexanforderung	Kommunikationsanforderung
7. Rechnungslegung	Unternehmen soll Zwischenberichte in 45 Tagen und Geschäftsberichte in 90 tagen nach Periodenende veröffentlichen (Ziffer 7.1.2). Forderung einer Liste von Drittunternehmen und Beziehungen zu Aktionären (Ziffer 7.1.4). Forderung der Unabhängigkeit des Abschlussprüfers (Ziffer 7.2).	Explizite Soll-Empfehlung eines Kommunikationsinstrumentes zur Veröffentlichung des Jahresergebnisses oder unterjähriger Perioden. Implizite Forderung der Transparenz in der Rechnungslegung. Implizite Forderung der Unabhängigkeit.

Abb. 63: Explizite Kommunikationsanforderungen des Deutschen Corporate Governance Kodex (eigene Abbildung)

Die Tabelle verdeutlicht, dass ein unmittelbarer Transfer der 72 Empfehlungen oder 19 Anregungen des Kodex in konkrete Kommunikationsanforderungen ungeeignet ist. Die Kommunikationsanforderungen von Corporate Governance sind indes offensichtlich. Insbesondere bei Zugrundelegung eines normativ-kritischen Anspruchsgruppenkonzeptes und des sich daraus ergebenden Legitimationsanspruchs haben die Zwischenzielgruppen – vor allen Dingen die Medien – eine zusätzliche Kontrollfunktion im Dienste der Aktionäre.

In einer empirischen Untersuchung hat Will (2005b) die Dax-30 und M-Dax-50-Unternehmungen zu den **Kommunikationsanforderungen des Deutschen Corporate Governance Kodex** befragt.[115] Diese Befragung der Leiter der Unternehmenskommunikation[116] der Unternehmungen baut auf der angeführten Tabelle sowie der empirischen Erhebung von von Werder auf. Die Ergebnisse kommen zu folgendem Schluss:

Die Unternehmungen schätzen institutionelle Aktionäre und Analysten als wichtigste Anspruchsgruppen für Corporate Governance ein, benennen aber weitere Anspruchsgruppen, so dass die enge Perspektive der Kapitalmarktbetrachtung unzureichend ist. Das Ergebnis stützt somit einen Stakeholder-orientierten Ansatz für Corporate Governance, wie folgende Grafik zeigt.

Bei der Frage auf die Inhalte der im Kodex als unverzüglich zu veröffentlichenden benannten »neuen Tatsachen« ist allerdings eine sehr starke Kapitalmarktphilosophie zu beobachten. Insofern muss bei einer Stakeholder-Orientierung von Corporate Governance die Sprache so angepasst werden, dass unterschiedliche Rezipienten in den verschiedenen

---

[115] Die Rücklaufquote der im Mai 2004 per E-Mail durchgeführten Befragung betrug 13 von 30 Fragebögen im Dax (43%) und elf von 50 Fragebögen im M-Dax (22%).

[116] Die Leiter der Unternehmenskommunikation sind immer für die externe Kommunikation gegenüber den Medien verantwortlich und teilweise für die interne Kommunikation. In der Regel sind sie nicht für die engere Kapitalmarktkommunikation im Sinne von Investor Relations zuständig. Vgl. dazu auch Will/Schmid/Probst (1999) Allerdings haben sie oftmals eine koordinierende Funktion für die gesamte Aussendarstellung der Unternehmungen, so dass sie die geeigneten Ansprechpartner für die Studie sind.

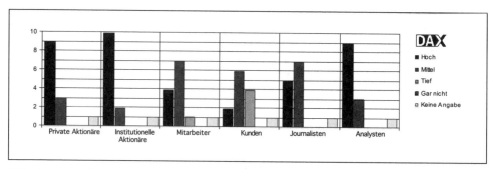

Abb. 64: Für welche Anspruchsgruppen ist Corporate Governance wie wichtig? (Will 2005b, S. 57)

Anspruchsgruppen die Transparenz guter Unternehmensführung und -kontrolle auch nachvollziehen können.[117]

Interessant sind auch Befragungsergebnisse bezüglich der Kommunikationsmedien, wie die folgende Abbildung verdeutlicht. Die hohe Bedeutung des Internets/Intranets, der Pressekonferenzen und der Geschäftsberichte lässt ebenfalls auf einen Stakeholder-Ansatz schliessen.

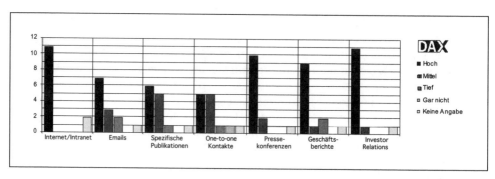

Abb. 65: Welche Kommunikationsmedien setzen Sie zur geforderten zeitnahen und gleichmässigen Information der Anspruchsgruppen im Rahmen von Corporate Governance ein und welche Bedeutung messen Sie ihnen bei? (Will 2005b, S. 57)

Insofern kann man festhalten, dass Corporate Governance eine Vielzahl von impliziten und expliziten Kommunikationsmöglichkeiten bietet, wenn man den Fokus erweitert und alle wesentlichen Stakeholder für die transparente Darstellung von Führung und Kontrolle einbezieht. Dazu benötigt man dann aber eine passende transparente Darstellung der Positionierung und Rechnungslegung, mit der sich das folgende Kapitel befasst.

---

117 Im **Kapitel 6 zur Transparenz** heisst es in den Punkten 6.3. und 6.4.: »Die Gesellschaft wird die Aktionäre bei Informationen gleich behandeln. Sie soll ihnen unverzüglich sämtliche neuen Tatsachen, die Finanzanalysten und vergleichbaren Adressaten mitgeteilt worden sind, zur Verfügung stellen. Zur zeitnahen und gleichmässigen Information der Aktionäre und Anleger soll die Gesellschaft geeignete Kommunikationsmedien, wie etwa das Internet, nutzen« (Cromme 2002, S. 96).

2.2. Corporate Reporting und Reputation für Entwicklung und Führung

> In Kapital B.2.2. geht es um Corporate Reporting und Reputation für die strategische Entwicklung und für die operative Führung im Rahmen der Managementprozesse.
>
> Dabei werden zunächst Abgrenzungen vorgenommen (B.2.2.1.) und dann die verschiedenen bestehenden Kommunikationsansätze für Reporting und Reputation aufgezeigt (B.2.2.2.).

Die Literatur kennt den Begriff der **kapitalmarktorientierten Rechnungslegung**, aber keinen Terminus einer kommunikationsorientierten Rechnungslegung. Die Argumentation der kapitalmarktorientierten Rechnungslegung folgt entlang der Linie, dass es sich bei Kapitalmarktorientierung um eine Form der zielgerichteten Kapitalmarktkommunikation handelt und somit eine Kommunikationsorientierung beinhaltet.

Allerdings ist selbst diese **Kommunikationsorientierung** der kapitalmarktorientierten Rechnungslegung eine sehr junge Entwicklung.[118] Zudem ist die Begrenzung der Kommunikationsorientierung auf die Kapitalmarktkommunikation zu eng und vernachlässigt andere Zielgruppen einer Kapitalmarktkommunikation (wie beispielsweise Mitarbeiter) oder andere Zwischenzielgruppen, die für die Kapitalmarktkommunikation von Unternehmungen von Bedeutung sind, wie das Pellens/Gassen/Ernst (2005) beispielsweise für die Wirtschaftsmedien in Bezug auf die Privataktionäre empirisch abgeleitet haben. Zudem ist Kapitalmarktkommunikation heute auch einerseits eine Kapitalmarktmassenkommunikation, deren Zielgruppen andere Informationsbedürfnisse haben, und andererseits ist genauer zu präzisieren, welche Zielgruppen und Zwischenzielgruppen zum Kapitalmarkt gerechnet werden müssen.

Die Kommunikationsorientierung der kapitalmarktorientierten Rechnungslegung ist auf einen Kapitalmarkt im engeren Sinne beschränkt, während die **kommunikationsorientierte Rechnungslegung** auf den Kapitalmarkt im weiteren Sinne ausgerichtet ist. Diese Differenzierung ist ähnlich wie die Themendifferenzierung im Kontext von Corporate Governance, bei der im Falle einer Stakeholder-Orientierung beispielsweise Nippa (2002) Corporate Governance im engeren Sinne und Corporate Governance im weiteren Sinne unterscheidet.

Die Terminologie des Corporate Reporting beziehungsweise der Corporate Reputation passt somit zur Ausrichtung der kommunikationsorientierten Rechnungslegung und folglich auch zur Corporate Governance im Rahmen eines Führungskonzeptes, die das inhaltliche Dreieck beschreiben.[119]

---

[118] Ein Indiz für die Bedeutung der kapitalmarktorientierten Rechnungslegung ist bspw. die seit 2001 erscheinende Zeitschrift für kapitalmarktorientierte Rechnungslegung, die sich aktuellen Entwicklungen in der Bilanzierungspraxis widmet, die mit der zunehmenden Kapitalmarktorientierung einhergehen. Als Triebfeder dieser Entwicklung wird der Druck von der Eigenkapitalseite und den Kreditinstituten genannt, die beide zunehmend mehr Informationen in den Bilanzen ihrer Kreditnehmer erwarten.

[119] Vgl. dazu das Kapitel B.1.1. zur kommunikativen Dimension der Managementprozesse, in dem auch der Zusammenhang von Corporate Governance mit Corporate Reputation und Corporate Reporting aufgezeigt wird.

2.2.1. Abgrenzung der Begriffe Reporting und Reputation

Die Reporting-Begriffe Financial Reporting, Business Reporting und Value Reporting entstammen mehr einer Kapitalmarktperspektive, während die Begriffsfamilie der Reputation mit Corporate Branding und Corporate Marketing eher einer weiter gefassten Perspektive entstammen, denen dann aber wieder die Anbindung an die kapitalmarktorientierte Rechnungslegung fehlen.

Die periodische Berichterstattung der Unternehmung, die Rechnungslegung, wird als **Financial Reporting** bezeichnet.[120] Volkart/Labhart beschreiben **Value Reporting** als zentrales Instrument der Investor Relations, um sich am Kapitalmarkt zu profilieren und den Aktionären Mehrwert zu verschaffen (Volkart/Labhart 2000, S. 153 ff.). Value Reporting geht folglich über das Financial Reporting hinaus. Heyd/Lutz-Ingold verstehen unter Value Reporting die regelmässige, strukturierte Darstellung von Werttreibern und deren Entwicklung im Zeitablauf und zwar unabhängig von ihrer Bilanzierungsfähigkeit im Jahresabschluss (Heyd/Lutz-Ingold 2005, S. 181 ff.).[121]

Die folgende Abbildung von Kötzle/Niggemann benennt in diesem Kontext die Kommunikationsfähigkeit explizit als eine der vier Anforderungen an das Value Reporting:

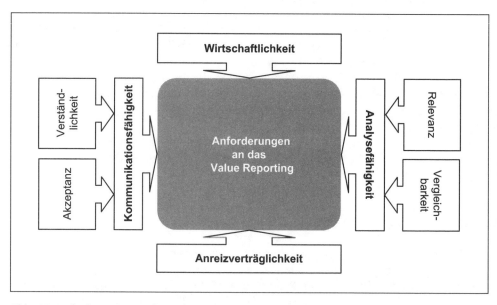

Abb. 66: Anforderungen an das Value Reporting (Kötzle/Niggemann 2001, S. 640)

Die strategische Jahresabschlussanalyse basiert zunehmend auf einer Erweiterung von einem klassischen Financial Reporting hin zu einem umfassenden **Business Reporting**, unter der Coenenberg »die immer umfangreichere Lageberichterstattung einschliesslich

---

120 Vgl. im Neuen St. Galler Management-Modell (2004) Band 2, S. 114 ff.
121 Heyd/Lutz-Ingold (2005, S. 185) beschreiben, dass das Value Reporting lange Zeit als Verletzung betrieblicher Geheimhaltungspflichten interpretiert worden ist und deshalb weitgehend vermieden wurde.

Risikoberichterstattung, die Segmentberichterstattung sowie die zunehmende Tendenz zu freiwilliger Publizität im Sinne eines Value Reporting« versteht, die den Analysten erhebliche Einblicke – über Liquidität und Erfolg hinaus – in das Erfolgspotential der Unternehmung gewährt (Coenenberg 2003, S. 165). Heyd/Lutz-Ingold differenzieren den Rechungslegungsteil und den verbalen Teil gemäss folgender Tabelle.

Business Reporting	
Rechnungsteil	**Verbaler Teil**
Zahlungsbemessung, finanzieller Interessenausgleich	Entscheidungsorientierte Informationen
Maximale Reliability unter der Nebenbedingung hinreichender Relevance	Maximale Relevanz unter der Nebenbedingung einer Mindest-Reliability

Abb. 67: Bestandteile des Business Reporting (Heyd/Lutz/Ingold 2005, S. 181)

Ruhwedel/Schultze zeichnen die Entstehungsgeschichte des Value Reporting als einen aus den Mängeln der traditionellen Rechnungslegung entstandenen Ansatz mit Verweis auf Müller (1998) und Labhart (1999) nach (Ruhwedel/Schultze 2002, S. 603 f.). Während Müller »Shareholder Value Reporting« als freiwillige Zusatzberichterstattung deklariert, erkennt Labhart, dass sich in der Literatur zu Value Reporting verschiedene Ansätze zur Strukturierung der wertorientierten Berichterstattung finden. Ruhwedel/Schultze bemerken kritisch, dass den von ihnen untersuchten Ansätzen die theoretische Basis für die einzelnen Value Reporting-Bestandteile und deren Inhalte fehlt. Für Ruhwedel/Schultze ist Business Reporting der Oberbegriff; denn sie sind der Meinung, dass das Financial Reporting um das Value Reporting zum Business Reporting erweitert werden sollte (ebenda, S. 6).

> Eine **Reportingsichtweise**, die nicht nur eine kapitalmarktfokussierte Kommunikation beinhaltet (Value Reporting), sondern eine über die enge finanzwirtschaftliche Kennzahlensystematik hinausgehende Berichterstattung (Financial Reporting) anstrebt, wird hier als **Corporate Reporting** bezeichnet. Im Unterschied zum Business Reporting geht es beim Corporate Reporting eben nicht nur um die immer umfangreichere Lageberichterstattung, sondern um die gesamte Ausrichtung der Rechnungslegung für alle Kommunikationsmärkte.

Nun zur anderen Begriffsfamilie: Eine bedeutende Rolle spielt die Kommunikation, insbesondere auf Unternehmensebene, im Bereich **Corporate Branding**.[122] Gregory definiert die Marke dabei folgendermassen: »A ›brand‹ is not a thing, a product, a company or an organization. A brand does not exist in the physical world – it is a mental construct. A brand can best be described as the sum total of all human experiences, perceptions and feelings about a particular thing, product or organization. Brands exist in the consciousness of individuals and of the public« (Gregory 1997, S. 56).

---

[122] Vgl. zu Corporate Branding als Teil der Communications Programs zur Positionierung der Unternehmung auch C.2.3.1.

Einwiller/Will arbeiten in ihrer Studie »Towards an integrated approach to corporate branding – an empirical study« mit folgender Definition von Corporate Branding: »Corporate branding is the process of creating and maintaining a favourable image of the company and its constituent elements by sending signals to its target groups by managing communication, behaviour and symbolism« (Einwiller/Will 2002, S. 100). Der Ansatz basiert dabei vor allen Dingen auf Gregory (1997) »Marketing the Corporate Image« sowie Kapferer (1998) »Strategic Brand Management«.

Brand Management ist also eine Gestaltungs- und Entwicklungsaufgabe an der Schnittstelle zwischen Marketing und Kommunikation. Die Begrifflichkeit des englischen Terminus Brand und seiner deutschen Übersetzung Marke ist insofern etwas irreführend. Präziser sollte man im Kontext der ganzheitlichen Positionierung von Unternehmungen auf jeden Fall von »**Corporate Branding**« sprechen, um zu verdeutlichen, dass es sich um eine »Markenführung« auf Gesamtunternehmensebene handelt. In diesem Falle sind die Termini Corporate Branding und **Corporate Marketing** synonym zu verwenden.

Van Riel stellt eine Verbindung zwischen Branding und Reputation her: »Corporate branding is a systematically planned and implemented process of creating and maintaining a favourable reputation of the company with its constituent elements, by sending signals to stakeholders using the corporate brand« (van Riel 2001, S. 12).

> Die **Reputationssichtweise** ist folglich am Ergebnis orientiert, während Branding eher am Prozess orientiert ist. Deshalb wird als »Gegenstück« zum Corporate Reporting hier der Begriff der **Corporate Reputation** verwendet, da er in Anlehnung an Fombrun/Rindova (1996) als Gesamtrepräsentation der Unternehmung verstanden werden kann.

2.2.2. Bestehende Kommunikationsansätze für Reporting und Reputation

> Zu den bestehenden Ansätzen zur Kommunikation der Positionierung (Reputation) und der Rechnungslegung (Reporting) zählen vor allem der Reputation Quotient (B.2.2.2.1.) und das Value Reporting (B.2.2.2.2.) sowie die Score Card-Ansätze (B.2.2.2.3.).

2.2.2.1. Reputation Quotient

Fombrun/Van Riel bemängeln im Editorial der Startausgabe von Corporate Reputation Review die Fragmentierung von Forschungsbereichen, die sie mit ihrem integrierten Ansatz für Reputation Management versuchen zu überwinden (Fombrun/van Riel 1997, S. 5ff.). Der Reputationsquotient beschreibt somit einen Ansatz zur systematischen Berechnung von Kommunikation aus einer Reputationssichtweise. Dabei stellen sie sechs Betrachtungsweisen heraus, in denen jeweils das Thema Reputation behandelt wird:

Sie unterscheiden eine ökonomische, eine strategische, eine Marketing-, eine organisatorische, eine soziologische und eine finanzielle Sichtweise der Reputation und postulieren eine integrierte Sichtweise mit folgenden Vorteilen (ebenda, S. 10):

- »Reputations are *derivative, second-order* characteristics of an industrial system that crystallize the emergent status of firms in an organization field.
- Reputations are the external reflection of a company's *internal identity*-itself the outcome of sense-making by employees about the company's role in society.

- Reputations develop from firms‹ prior resource allocations and histories and constitute *mobility barriers* that constrain both firms` own actions and rivals‹ reactions.
- Reputations summarize *assessments of past performance* by diverse evaluators who assess firms‹ ability and potential to satisfy diverse criteria.
- Reputations derive from multiple but related images of firms among all of a firm's stakeholders, and inform about their *overall attractiveness* to employees, consumers, investors, and local communities. Simplifying the complex construct of performance helps observers deal with the complexity of the marketplace.
- Reputations embody two fundamental dimensions of firms‹ *economic performance*, and an appraisal of firms‹ success in fulfilling *social responsibilities* « (Etzioni 1988; Lydenberg et. al. 1986).«

Zur Messung von Reputation haben Fombrun/van Riel einen Reputationsquotienten entwickelt, der als »Multi-Stakeholder-Measure of Corporate Reputation« das Ergebnis langjähriger Forschungsarbeit von Fombrun et al ist (ebenda, S. 296).[123] Der Reputationsquotient ist eine Methode, die einen Bias zu Gunsten finanzieller Kriterien von Rankings vermeidet, um eine allgemeine Reputation ableiten zu können. Der Quotient ist outputorientiert und befragt als Stakeholder nur die Öffentlichkeit.

Fombrun/Shanley beschreiben auf Basis einer umfangreichen Studie den Forschungsansatz so, dass es darum geht, »to specify the particular interpretative process through which firms‹ investments become cognitions in the minds of individual constituents, whether based on product and image advertising or on firms‹ internal commitments of funds to R&D or their labor force« (Fombrun/Shanley (1990, S. 254).

Der **Reputationsquotient** hat sechs Kategorien, wie folgende Abbildung zeigt. Fünf Kategorien beschreiben nicht-finanzielle Bereiche (Emotional Appeal, Products and Services, Vision and Leadership, Workplace Environment, Social Responsibility), während die sechste Kategorie die Financial Perfomance aufnimmt. Dabei muss man aber betrachten, dass hier keine Kennzahlen abgefragt werden, sondern der Eindruck der Rezipienten in Bezug auf Profitabilität, Risikoverhalten, Wettbewerbsvergleich und Wachstumsaussichten.

Die Logik des Reputationsquotienten lässt sich folgendermassen zusammenfassen, wie es die Autoren des empirischen Projekts tun: »As managerial interest in valuing and managing corporate reputations has grown, so too have academics begun incorporating corporate reputations into their conceptual models. To economists, reputations are traits that signal a company`s likely behaviours. To strategists, a company`s reputation is a barrier to rivals, a source of competitive advantage. To accountants, reputations are an intangible asset, a form of goodwill whose value fluctuates in the marketplace. To marketers, reputations are perceptual assets with the power to attract loyal customers. To students of organisation, reputations are an outgrowth of a company`s identity, a crystallisation of what the company does, how it does it, and how it communicates with its stakeholders« (Fombrun/Gardberg/Sever 2000, S. 241).

Der Reputationsquotient ist aber nicht unumstritten: In Replik auf den Fombrun/Gardberg/Sever-Artikel analysiert Bromley, dass »the traditional league table approach to assessing and comparing Corporate Reputation faces a number of difficulties associated

---

123 Vgl. u.a. Fombrun (1986), Fombrun/Shanley (1990), Fombrun/van Riel (1997), Rindova/Fombrun (1999).

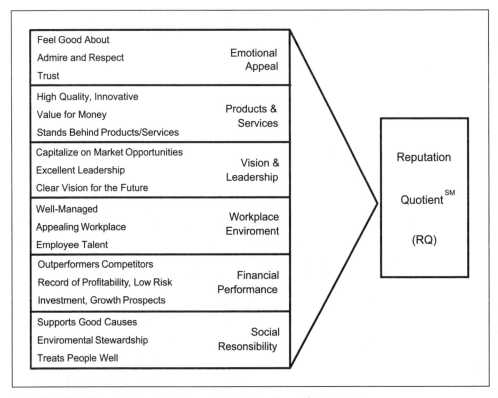

Abb. 68: Kategorien des Reputationsquotienten (Fombrun 2001, S.24)

with defining and measuring reputation. These difficulties include doubts about the measurement assumptions underlying psychometric methods (using subjective judgements) and consequent doubts about the assumptions underlying multivariate statistical analysis of psychometric data« (Bromley 2002, S. 49).

Der Reputationsquotient fragt den Eindruck als Ergebnis ab, ohne den Weg dahin zu beschreiben – es fehlt der Kommunikationsprozess. Der Reputationsquotient übersetzt etwaige dahinter liegende klassische Kennzahlen aus dem Reporting in der Betrachtung des Rezipienten. In einer umfangreichen Literaturstudie haben sich Sabate/Puente mit der »Empirical Analysis of the Relationship between Corporate Reputation and Financial Performance« beschäftigt (Sabate/Puente 2003, S. 161 ff.). Die unterschiedlichen Ergebnisse über den Einfluss der finanziellen Performance auf die Corporate Reputation oder umgekehrt führen die Autoren auf die Inkonsistenz zurück, mit der die verschiedensten Studien durchgeführt wurden. »This heterogeneity makes us wonder how many lacks, and which ones, must be taken into account, when measuring the effect of corporate reputation on financial performance and vice versa« (ebenda S. 162).

Im Ergebnis kommen Sabate/Puente zu dem Schluss, dass zwar sehr grosse Fortschritte über den Zusammenhang von Corporate Reputation und Wertentwicklung (und damit Financial Performance) gemacht worden sind, dass aber nach wie vor ein theoretischer

Rahmen für den Zusammenhang fehlt sowie keine Klarheit über die Methodologie zur Untersuchung des Zusammenhangs besteht. Zwar kann man davon ausgehen, dass Corporate Reputation und Financial Performance sich gegenseitig beeinflussen, aber: »The empirical evidence described above and at the theoretical justification set force suggest the need for methodologies that allow a joint analysis of both high processes that would help us reach conclusive results regarding the relationship analysed« (ebenda, S. 176). Dies bedeutet, dass das Mass des Zusammenhangs zwischen Reputation und Performance nicht bestimmt werden kann, dass aber gleichzeitig ein Zusammenhang besteht.

Die Stärke des Reputationsquotienten liegt in seiner Konzeption über sechs Kategorien und seiner empirischen Überprüfung. Seine Schwäche ist zum einen die Output-Orientierung und die Begrenzung der Output-Abfrage auf die Öffentlichkeit.

2.2.2.2. Value Reporting

Während der Reputationquotient eine starke Dominanz der nicht-monetären Grössen beinhaltet, ist es beim Value Reporting genau umgekehrt. Die Dominanz liegt, wie auch die Begriffsabgrenzung gezeigt hat, auf der Kapitalmarktperspektive: Hahn zeigt die Integration monetärer und nicht-monetärer Kennzahlen des Wertsteigerungsmanagements im Gesamtzusammenhang eines kapitalmarktorientierten Führungskonzeptes auf.

Dies erfordert die Vernetzung der monetären Zielgrössen mit den ihnen zugrunde liegenden nicht-monetären Zielgrössen, die für Hahn letztlich Qualitäts-, Mengen- und Zeitgrössen sind. Dabei werden hier insbesondere Zufriedenheitsindizes für Kunden, Mitarbeiter, Unternehmensattraktivität und Zuverlässigkeit sowie für Corporate Social Responsibility Ratings aufgeführt, wie folgende Abbildung zeigt:

Entscheidend ist bei dieser Darstellung, dass diese Zielgrössen aus seiner Sicht über ein mehrstufiges Balanced Scorecard System eingebaut werden, um als erfolgskritischer Werttreiber identifiziert und für die Strategieumsetzung berücksichtigt werden zu können. Hahn integriert diese neuen Aspekte in die bestehenden Perspektiven der Balanced Scorecard. Mit einem derartigen Plan- und Berichtsystem wird ein qualitativ erweitertes Value Reporting möglich, das externen Interessenten die Wertentwicklung der Unternehmung und ihrer Bereiche anhand der intern ermittelten Kennzahlen verdeutlichen kann (Hahn 2003, S. 103 ff.).[124]

Aus dieser grundsätzlichen Überlegung der Verbindung von monetären und nicht-monetären Zielgrössen heraus lässt sich erst ableiten, warum Wertkommunikation einen zusätzlichen Wertbeitrag im Sinne eines Wertorientierten Kommunikationsmanagements darstellt. Volkart legt seinen Ansatz der **Wertkommunikation**[125] folgendermassen dar:

»Bei börsennotierten Gesellschaften sollte sich die betriebliche Wertgenerierung in einem entsprechenden Aktienkursverlauf manifestieren. Letzterer müsste unter den idealisierenden Annahmen vollkommener informationseffizienter Märkte eigentlich den objektiven DCF-

---

124 Vgl. dazu auch das Kapitel über Communications Controlling unter C.2.4.
125 Im Prinzip gehen alle diese Überlegungen des Value Based Managements auf Rappaports Ansatz des Shareholder Value zurück (Rappaport 1998). Mit seinem Ansatz, den Shareholder Value als Erfolgskennziffer zu formulieren, hat sich die Unternehmung gleichzeitig der Notwendigkeit ausgesetzt, dieses Ziel gegenüber externen Anspruchsgruppen zu erklären. Das gilt auch für die aus Freemans (1984) Stakeholder-Ansatz entwickelten Erweiterungen wie auch für Kaplan/Nortons (Kaplan/Norton 1996) Balanced Scorecard. Alle diese Ansätze vernachlässigen jedoch den externen Zwang zur Erklärung der Zielgrössen. Will/Wolters (2001a, S. 48) haben deshalb insbesondere mit Blick auf die Bedeutung der Finanzkommunikation für die Unternehmensmarke den Begriff Value Branding genutzt.

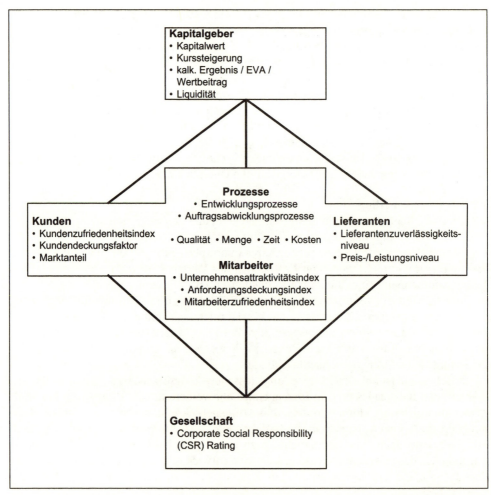

Abb. 69: Monetäre und nicht-monetäre Zielgrössen einer Unternehmung (Hahn 2003, S. 105)

Wert widerspiegeln. (...) In der Realität treten auf allen Märkten mehr oder weniger starke Ineffizienzen auf. Die Beziehungsnetze zwischen Managern, Aktionären, Gläubigern und weiteren Marktteilnehmern, d. h. Stakeholders sind durch vielfältige Asymmetrien und Interessengegensätze charakterisiert. ... Wie soll eine möglichst objektive Wertmessung und externe Wertkommunikation erfolgen, und welche Probleme der Informationsvermittlung treten dabei auf?« (Volkart 1997, S. 119).

Volkart führt seine Beobachtungen auf Informationsasymmetrien und gegensätzliche Interessen zurück (ebenda, 120 f.). Deshalb untersucht Volkart die »externe Wertkommunikation«, die er als Informationsvermittlung an Aktionäre, Investoren und Öffentlichkeit bezeichnet, wie die folgende Abbildung veranschaulicht. Dabei beschränkt sich Volkart auf die Finanzberichterstattung und lässt die Wirtschafts- und Finanzpresse aussen vor.

2. Kommunikation von Corporate Governance, Corporate Reputation und Corporate Reporting

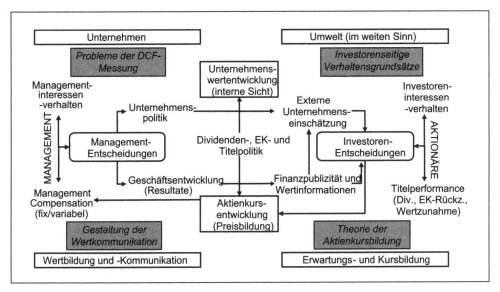

Abb. 70: Gesamtzusammenhang des Shareholder-Value-Managements aus unternehmensinterner und -externer Sicht (Volkart 1997, S. 128)

Die Funktion der Kommunikation für den Wert der Unternehmung ist aus Volkarts Sicht offensichtlich: Über eine **Werttransformation und eine Wertkommunikation** soll zur Erklärung der Werte beigetragen werden. Der Forschungsansatz basiert somit auf der Integration monetärer und nicht-monetärer Zielgrössen des Wertsteigerungsmanagements, der sich zu einer kapitalmarkt-dominierten externen Wertkommunikation entwickelt hat. Volkart/Labhart beschreiben das Value Reporting als zentrales Instrument der Investor Relations, um sich am Kapitalmarkt zu profilieren und den Aktionären Mehrwert zu verschaffen (Volkart/Labhart 2000, S. 153 ff.). Dabei stellen sie die damit verbundene Transparenz auch in den Kontext von Corporate Governance (vgl. Abbildung), welches für sie das Managementinstrument zur Signalisierung von Informationen an den Kapitalmarkt darstellt. Somit bieten die Autoren einen Zusammenhang von Corporate Governance mit Value Reporting an und stützen auf diese Weise die hier vorgenommene integrierte Sichtweise von Governance mit Reporting.

PriceWaterhouseCoopers (PWC) hat sich den Terminus »ValueReporting« als Trademark schützen lassen und versteht darunter die umfassende **wertorientierte Unternehmensberichterstattung** als Information für Aktionäre und übrige Stakeholder, um risikogerechte Entscheide treffen zu können. Diese betreffen finanzielle und nicht-finanzielle Werttreiber materielle und immaterielle Vermögenswerte, sowie ein integriertes Management von Risiken und Werten.

Dazu ist freiwillige Transparenz jenseits gesetzlicher und statuarischer oder reglementarischer Vorschriften notwendig. PWC hat dazu ein **ValueReporting-Framework** entwickelt, das sich aus vier Bereichen zusammensetzt, wovon ein Bereich externe Aspekte und die drei verbleibenden Bereiche interne Faktoren beleuchten.

Mit Hilfe dieses Frameworks will man die aus Sicht von PWC drei existierenden Kommunikationslücken abbauen (PWC Value Reporting Forecast 2002, S. 12 f.):

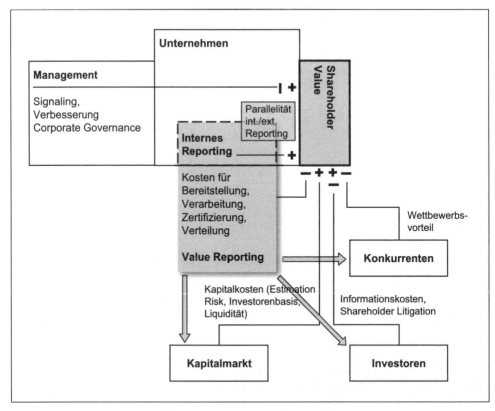

Abb. 71: Chancen und Risiken des Value Reporting (Volkart/Labhart 2000, S. 153)

ValueReporting™			
Extern	Intern		
Markt-übersicht	Wert-strategie	Wertorientiertes Management	Werte-plattform

• Wettbewerbumfeld
• Regulierungsumfeld
• Makroökonomisches Umfeld
	• Ziele
	• Mittel
	• Verfahren
	• Organisation
	• Überwachung
		• Finanzielle Leistungserbringung
		• Vermögenslage
		• Risikomanagement
		• Segmentinformation
			• Innovation
			• Marken
			• Kunden
			• Prozesse
			• Mitarbeiter
			• Ruf des Unternehmens
			   – Umwelt
			   – Sozialkompetenz
			   – Ethik

Abb. 72: Das ValueReporting™-Framework von PWC (PWC Value Reporting Forecast 2001, S. 52)

- Die **Qualitätslücke** definiert sich dadurch, dass das Management bestimmte Messgrössen für wichtig hält, diese aber nicht oder zu wenig zuverlässig unternehmensintern abrufen kann;
- Die **Informationslücke** definiert sich dadurch, dass der Markt nicht genügend Informationen über Messgrössen erhält, die der Markt als wichtig erachtet;
- Die **Berichtslücke** definiert sich dadurch, dass das Management einer Unternehmung sehr zurückhaltend im Kommunizieren von Informationen ist, die es selber aber als wichtig erachtet.

Die folgende Abbildung geht auf diese drei Lücken ein – insbesondere auf die Informationslücke. Die neue Vorgehensweise (in der Abbildung rechts mit »morgen« bezeichnet) zeigt eine wesentlich kleinere Informationslücke gegen aussen, da mit neuen, zusätzlichen Wertmassstäben gearbeitet wird.

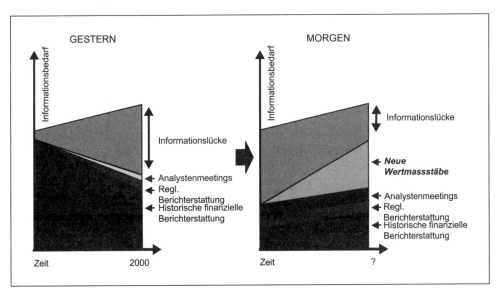

Abb. 73: Value Reporting kann die Informationslücke schliessen (PWC Value Reporting Forecast 2002, S. 12)

Dieses Framework wurde in mehreren wissenschaftlich begleiteten Studien überprüft: PriceWaterhouseCoopers (PWC) hat unter wissenschaftlicher Begleitung durch Volkart (2003) eine Umfrage zu Value Reporting in der Schweiz durchgeführt.[126] Die Ergebnisse zum Reporting geben interessante Aufschlüsse:

Bei Fragen zur externen Marktübersicht messen die Unternehmungen den Informationen über Branchenentwicklung und Konkurrenzanalysen mit 80,5 % die höchste Bedeutung bei.

---

126 Die Studie untersuchte vor allem die Einschätzung, wie wichtig bestimmte Informationen sind und wie oft sie kommuniziert werden. Dabei wurden Führungskräfte (CFOs, Leiter Finanzen, Leiter Investor Relations) der an der SWX Swiss Exchange dotierten 90 Unternehmen befragt. Die Rücklaufquote betrug 31 % (Aebersold/Nix 2003, S. 7).

Allerdings gaben die Unternehmungen dann an, nur zu 29,9% jährlich, zu 18,4% häufiger, aber zu 51,7% nie diese Informationen nach aussen zu kommunizieren.

Im Falle der internen Berichterstattung über Strategie, wertgenerierende Aktivitäten (hier auch als Non-Financials bezeichnet) und über die finanzielle Performance waren die Ergebnisse folgendermassen: Im Kontext der Führung und Strategie halten die Unternehmungen Informationen über die strategische Zielsetzung (89,7%) sowie über messbare Zielgrössen und Meilensteine (86,7%) für die mit Abstand wichtigsten Informationen über die Führung der Unternehmung.

- So wird über die strategische Zielsetzung dann aber auch sehr häufig nach aussen kommuniziert (70,1% jährlich und 24,1% sogar häufiger), und über die messbaren Zielgrössen und Meilensteine wird sogar 35,6% jährlich und 37,9% häufiger nach aussen berichtet.
- Im Bereich der wertgenerierenden Aktivitäten stehen Kundenzufriedenheit (82,5%) und Mitarbeiterzufriedenheit (79,8%) ganz oben auf der Liste der aus Sicht der Unternehmungen wichtigen Informationen über sich selbst. Die jeweilige Berichterstattung über Kundenzufriedenheit findet aber zu 40,2% nie statt (39,1% jährlich und 20,7% häufiger), während über Mitarbeiterzufriedenheit zu 52,9% jährlich und zu 40,2% sogar häufiger berichtet wird.

Im Rahmen des finanziellen Leistungsausweises halten die Unternehmungen Informationen über Gewinn/Cashflow mit 88,4% für am wichtigsten, während eine Shareholder Value Matrix (beispielsweise EVA) mit 62,8% auf dem vierten und letzten Platz der Umfrage rangiert. Informationen über Gewinn und Cashflow werden zu 100% nach aussen kommuniziert: zu 34,5% jährlich und zu 65,5% sogar häufiger. Demgegenüber berichten 62,1% der Unternehmungen gar nicht über die Shareholder Value Matrix.

Die Studie gibt Hinweise darauf, dass Unternehmungen offensichtlich begonnen haben, über ihren klassischen finanziellen Leistungsausweis hinaus aktiv zu kommunizieren. Gleichzeitig wird deutlich, dass es immer dann schwierig wird, über eigentlich als wichtig erachtete Informationen zu kommunizieren, wenn als Grundlage für eine solche Kommunikation messbare Grössen (wie im Bereich der Non-Financials) fehlen.

Gerade diese Anwendungsorientierung des Value Reporting zeigt deutlich, welche Stärken dieser Ansatz hat. Der gemeinsame Nenner aller VR-Ansätze ist eine wertorientierte und freiwillige Zusatzberichterstattung über vergangene Wertschöpfung, Instrumente der wertorientierten Steuerung sowie Informationen zur Abschätzung zukünftiger Zahlungsströme. Ziel ist eine Verringerung von Informationsasymmetrien zwischen internen und externen Stakeholdern. Allerdings ist die Ausrichtung dieser Ansätze zu sehr auf den Kapitalmarkt abgestellt.

2.2.2.3. Score Card-Ansätze

Ein weiterer Ansatz zur Kommunikation von Reputation- und Reporting-Aspekten ergibt sich aus dem **Performance Measurement**. Für Grüner ergibt sich ein natürliches Spannungsverhältnis über das, was eine Unternehmung intern über sich weiss (oder zu wissen glaubt), und das, was man extern sagen will und kann, beziehungsweise was über eine Unternehmung gesagt wird. Dies vor allem deshalb, weil neben Kapitalgebern und Management auch Mitarbeiter, Gewerkschaften, Medien und das öffentliche Gemeinwesen jeweils spezifische Interessen an der Berichterstattung der Unternehmungen haben (Grüner 2002, S. 523 ff.).

Scorecard-Ansätze nehmen bereits die transparente Kommunikation der Unternehmensperformance als eines der sechs Charakteristika in das Leistungsspektrum auf, wie Grüner in folgender Abbildung zusammenstellt.

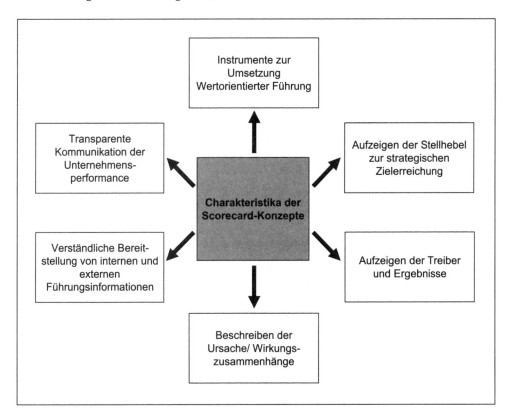

Abb. 74: Charakteristika der Scorecard-Konzepte (Grüner 2002, S. 528)

Allerdings setzt sich Grüner im weiteren Verlauf nicht damit auseinander, wie eine solche Scorecard als Kommunikationsinstrument neben der Funktion als Steuerungsinstrument genutzt werden kann.

Ritter verweist auf die Bedeutung der Balanced Scorecard für die Unternehmenskommunikation: »Balanced scorecards have proved to be a powerful tool for the strategic management not only of the overall company, but of the communications area in particular. In addition, they highlight that corporate communications management is measurable and therefore the object of continuous improvement, through a strategic management method aligned with the rest of the organization. On the other hand, through BSCs the various aspects of the organization of the communications area and their related processes become visible; they also tell us what is working and what is not, what is to be repaired immediately and what may have another priority, which is the long-term impact of the current communications policy and how we should respond to internal and external forces of change. But, essentially, they tell us how our communications strategy is advancing in line with the corporate vision and strategy« (Ritter 2003, S. 59).

Balanced Score Cards sind demnach auch ein geeignetes Instrument für das Management der Unternehmenskommunikation, bedürfen aber, wie Ritter herausarbeitet, einer klaren Ausrichtung auf die Managementperspektive. Ansonsten ist eine Verbindung zur Unternehmensstrategie gar nicht möglich.

Kaplan/Norton beschreiben, wie die Balanced Scorecard genutzt werden kann, um die strategische Bedeutung immaterieller Werte bestimmen zu können (Kaplan/Norton 2004, S. 19 ff.). Für sie sind die Fähigkeiten der Mitarbeiter, die IT-Systeme und die Unternehmenskultur in vielen Firmen weitaus wertvoller als die dort vorhandenen materiellen Vermögensgegenstände. Sie nutzen dabei die Balanced Scorecard, um auf der Ebene des Personals, der Informationstechnologie und der Organisationen die »Strategic Readiness« zu bemessen. Letztendlich soll so aufgezeigt werden, inwieweit Mitarbeiter in der Lage sind, die übergeordneten Ziele, die Visionen und die wichtigsten Werte des Arbeitgebers zu verstehen und zu glauben. Eine Unternehmung, deren Mitarbeiter die Ziele, Visionen und Werte verstehen und die darüber hinaus weitere wertvolle technologische und organisatorische Voraussetzungen besitzt, ist besser positioniert. Auch hier wird ein enger Zusammenhang zwischen immateriellen Werten und Humankapital hergestellt, der bereits in den grundlegenden Ausführungen zur Bedeutung des Humankapitals im Kontext des Intellectual Capital analysiert wurde.[127]

Allerdings basiert die Kaplan/Norton'sche Messung von immateriellen Werten letztlich ausschliesslich auf Einschätzungen, die – analog einer Ampel – mit Rot, Gelb und Grün ordinal gemessen werden. Dabei lässt die Ordinalskala zu, dass man beispielsweise die für eine Strategie notwendigen Kategorien verbalisieren muss und damit auch kommunizieren kann. Immaterielle Werte kann die Konkurrenz nur schwer imitieren, sodass eine Kommunikation nach aussen möglich ist. So hätten die Beobachter eine bessere Möglichkeit, die Kombination aus materiellen und immateriellen Werten zu beurteilen, um die Verbindung von Intellectual Capital (über Struktur- und Humankapital) mit dem Finanzkapital und damit letztlich den Unternehmenswert besser einschätzen zu können. Dazu braucht es dann aber einen entsprechenden Prozess, der hier nicht aufgezeigt wird.

Zerfaß bietet eine **Corporate Communications Scorecard** als strategisches Steuerungsinstrument an (Zerfaß 2004a, S. 401 ff; Pfannenberg/Zerfaß 2005, S. 102 ff.). Er baut dabei auf der klassischen Balanced-Scorecard (BSC) von Kaplan/Norton (1992 und in Erweiterung 2001 (zur Mitarbeiterführung) und 2004 (zur strategischen Bereitschaft, der oben beschriebenen Strategic Readiness) auf und diskutiert dabei andere Autoren und deren Nutzung des ursprünglichen BSC-Ansatzes.[128] Zerfaß sieht die Balanced-Scorecard als ein in den bekannten Managementprozess der Unternehmenskommunikation einzufügendes Instrument. Somit belässt Zerfaß seine Erweiterung der Kaplan/Norton'schen BSC auf der Ebene

---

127 Vgl. dazu B.1.3.2.
128 Zerfaß' Meinung nach sind die bislang veröffentlichten Modelle vor allem von Besson (2003, S.197 ff.), Fleisher/Mahaffy (1997, insbes. S. 131 ff.) sowie Fuchs (2003) und Schuppener/Schuppener (2004, S. 218 ff.) unzureichend. Zerfaß hält fest, dass diese Modelle entweder die BSC als operatives Kennzahlensystem und damit fehlinterpretiert genutzt haben (Besson), oder zur Optimierung von Prozessen innerhalb des Kommunikationsmanagements und damit ohne die strategische Dimension (Fleisher/Mahaffy) bzw. zur Optimierung des Zusammenspiels zwischen Unternehmensstrategie und Kommunikationszielen (Schuppener/Schuppener) und damit ohne die Verknüpfung zu den Communications Programs einsetzten. Vgl. dazu auch Zerfaß (2004b, S. 1 ff.).

der Unternehmenskommunikation und fügt den vier klassischen Sichtweisen (Finanzen, Kunden, Prozesse und Potentiale) eine gesellschaftspolitische Perspektive hinzu.

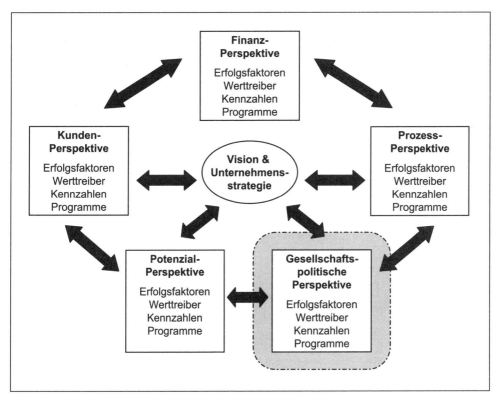

Abb. 75: Zusammenhang der verschiedenen Perspektiven im Unternehmenszusammenhang (in Anlehnung an Zerfaß 2004a, S. 403)

Dieser Ansatz einer strategischen Steuerung mit der Corporate Communications Scorecard bleibt ebenfalls unbefriedigend, da Zerfaß die gesellschaftspolitische Perspektive in der ursprünglichen Balanced Scorecard hinzufügt, statt kommunikationspolitische Aspekte in allen klassischen Perspektiven der Scorecard einzubinden. Zerfaß' Ansatz bleibt folglich auf der Ebene der Integrierten Kommunikation, statt die Integration der Kommunikation in das Management voranzutreiben, wie man auch an folgender Tabelle erkennt.

In seiner 2004 ergänzten zweiten Auflage zur »Unternehmensführung und Öffentlichkeitsarbeit« legt Zerfaß die Entwicklung der Public Relations als Investition und Werttreiber im Rahmen der strategischen Unternehmenskommunikation dar: Neben gesellschaftspolitischen Imperativen (wie Corporate Citizenship und Corporate Sustainability) beschreibt der Autor die Erfolgsfaktoren Image und Reputation als ökonomische Imperative (Zerfaß 2004a, S. 394 ff.). Als Auslöser für die Spezifizierung dieser beiden Erfolgsfaktoren erkennt er vier Entwicklungen:

Unternehmensstrategie (1) ↓ ableiten	Finanz-Perspektive *Welche Ziele leiten sich aus den Erwartungen der Kapitalgeber ab?*		Gesellschaftspolitische Perspektive *Welche Ziele leiten sich aus den Erwartungen von Bürgern, Anwohnern, Politikern ... ab?*	
Strategische Erfolgsfaktoren (2) ↓↑	Kostenstruktur optimieren	Aktienkurs steigern	Corporate Citizenship ausbauen	Akzeptanz in Standort-Kommunen sicherstellen
Werttreiber (3) ↓↑	a) Effizienz der Verwaltung	a) Image bei Kaufentscheidungen für Aktien	a) Bekanntheit bei NGOs und Politikern	a) Bedeutung als Arbeitgeber
	b) Kreditkosten		b) Übernahme von Verantwortung für die Umwelt	b) Produktion ohne Störfälle
				c) Politik der offenen Tür
Leistungskennzahlen und Zielvorgaben (4) ↓↑	a1) Verwaltungs-kosten vom Umsatz Ziel: <6%	a1) Imageprofil bei Analysten Ziel: besser als Konkurrent x	a1) Bekanntheitsgrad Ziel: 60% ungestützt	a1) Arbeitsplätze Ziel: > 850 Vollzeitstellen, >40 Azubis
	b2) Fremdkapitalzinsen Ziel: <9%	a2) Berichterstattung in der Finanzpresse Ziel: mtl. 10 Meldungen	b1) Öko-Audit Ziel: erfolgreiche Zertifikation nach EU-Standard	b1) Anzahl der Störfälle Ziel: 0
				c1) Zielgruppenkontakte: Ziel: > 4 pro Bürger jährlich
Strategische Kommunikationsprogramme (5) ↑ messen	...	a11) Ausbau des Analysten-Netzwerks a21) IR-Pressekampagne	a11) Neuausrichtung von Lobbyismus & Dialogkommunikation	c11) Community Relationship Konzept (Sponsoring, Pressearbeit, Events)

Abb. 76: Finanzielle und gesellschaftliche Perspektive der BSC (in Anlehnung an Zerfaß 2004a, S. 405)

- die Aufmerksamkeit der Rezipienten wird immer mehr zu einem knappen Gut;
- PR-Manager müssen ihre Budgets heute mit einem konkreten Bezug zum Unternehmenswert begründen;

- im Rahmen der normalen Unternehmensbewertung (Due Dilligence) werden langfristig aufgebautes Vertrauen und Image nur unzureichend erfasst und können dadurch zu einer systematischen Unter- oder auch Überbewertung führen;
- die Einführung der IAS-Rechnungslegungsvorschriften rückt ab 2005 erstmals immaterielle Werte in den Mittelpunkt finanzwirtschaftlicher Betrachtungen.

Zerfaß entwickelt darauf eine Argumentationskette, die bei der Notwendigkeit einer nachhaltigen Sicherstellung der Aufmerksamkeit relevanter Bezugsgruppen als eigenständigem Ziel der Unternehmenskommunikation beginnt und in der – nicht weiter entwickelten – Forderung der Erstellung einer Reputationsbilanz in Analogie zu Wissens- und Umweltbilanzen mündet. So zeigt Zerfaß zwar einerseits den ökonomischen Imperativ hin zu einer **Reputationsbilanz**, vernachlässigt aber die Verknüpfung derselben mit den dafür notwendigen Aspekten aus dem Finanz- und Rechnungswesen, dem so genannten Corporate Reporting. Andererseits benennt er die gesellschaftspolitischen Imperative, vernachlässigt aber wiederum, dass gerade sie Plattformen ermöglichen, um über Kampagnen Aufmerksamkeit bei verschiedenen identifizierten Bezugsgruppen zu generieren.

Insofern zeigt er die Notwendigkeit der Corporate Reputation als ein Interaktionsthema des Wertorientierten Kommunikationsmanagements, vernachlässigt aber einerseits die Verknüpfung zur Corporate Governance (im Sinne der normativen Orientierung der Legitimation gegenüber Anspruchs- bzw. Bezugsgruppen) und andererseits die Verknüpfung zu Corporate Reporting im Sinne der operativen finanziellen Führung von materiellen und immateriellen Werten der Unternehmung.

Zerfaß hat gemeinsam mit Pfannenberg einen Sammelband »**Wertschöpfung durch Kommunikation**« herausgegeben, in dem Zerfaß sein bereits beschriebenes Score Card-Modell vorstellt. Pfannenberg widmet sich demgegenüber dem Controllingaspekt (Pfannenberg 2005, S. 132 ff.). Das Kommunikations-Controlling wird von ihm in die Value Based Management-Systeme integriert. Diese Integration erfolgt in drei Schritten: Über die Identifizierung der Value Links werden Kommunikationswirkungen wie Aufmerksamkeit, Reputation, Vertrauen, Commitment oder auch Verhaltensdispositionen in die Kaplan/Norton'sche Strategy Map eingearbeitet. Die so konstruierten Value Links müssen dabei durch Meinungsforschung bei den Stakeholder-Gruppen verifiziert werden, um auf diese Weise eine Ergänzung der prototypischen Strategy Map zu erhalten (vgl. Abbildung).

Auf Basis dieser Erweiterung werden über ein bis zwei aussagefähige Kennzahlen Key Performance Indicators für jeden Stakeholder-Bereich bereitgestellt, die über ein Kommunikations-Controlling abgearbeitet werden können. Die Bereiche betreffen die Mitarbeiterkommunikation, die Marktkommunikation, die Finanzkommunikation sowie die gesellschaftsorientierte Kommunikation. Die obige Abbildung zeigt dabei die ausgewählten KPIs. In einem dritten Schritt will Pfannenberg dann dieses von ihm als Kommunikations-Controlling bezeichnete Vorgehen in das Controlling der gesamten Unternehmung einbinden. Ähnlich wie bei Zerfaß ist diese Einbindung aber eine zusätzliche statt eine in die Rechnungslegung direkt integrierbare Variante.

Unter dem Titel »**Kommunikations-Controlling**« haben Piwinger/Porák (2005) einen Sammelband zur Quantifizierbarkeit und finanziellen Bewertung von Kommunikation und Information herausgegeben. Obwohl hier ein ganzer Sammelband über das Controlling von Kommunikation vorgelegt wird, wird nicht aufgezeigt, wie dieses Controlling im Sinne von Planung, Steuerung und Kontrolle über ein Kennzahlensystem denn stattfinden soll. Piwin-

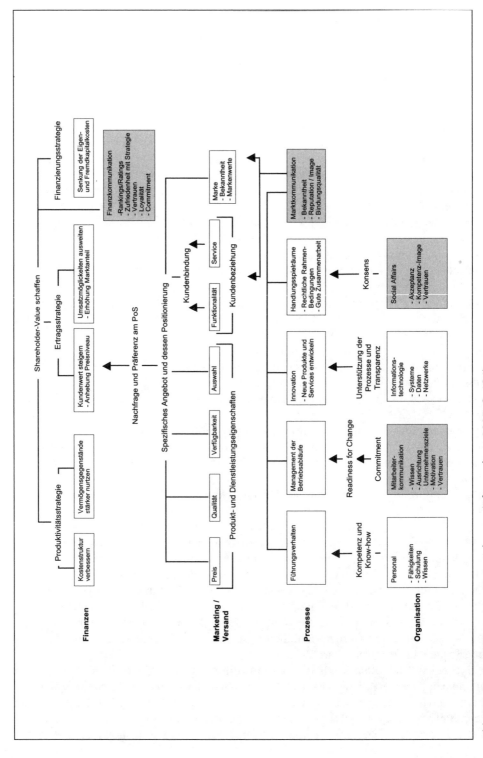

Abb. 77: Strategy Map eines Unternehmens (Pfannenberg 2005, S. 134)

ger/Porak stellen richtigerweise Kommunikations-Controlling als Teil des Kommunikations-Managements dar (vgl. folgende Abbildung), bieten aber dazu keinen weitergehenden Ansatz. Sie beziehungsweise ihre Autoren beziehen sich ausschliesslich auf bekannte Ansätze wie den Reputationskoeffizienten oder den IC-Ansatz von Edwinson/Malone.

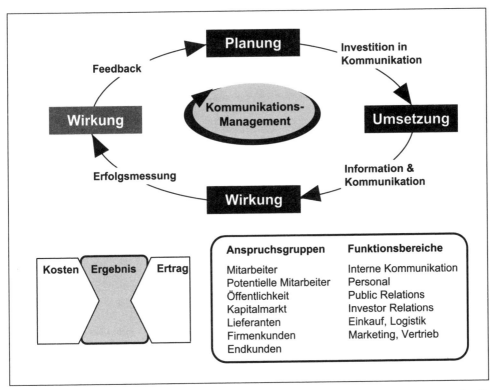

Abb. 78: Kommunikations-Controlling als Teil des Kommunikations-Managements (Piwinger/Porák 2005, S. 49)

Rolke/Koss (2005) haben eine exemplarische Studie mit neuen Kennzahlen, Benchmarks und einer Anleitung zum Kommunikations-Controlling vorgelegt, die sie »**Value Corporate Communications**« nennen. Darin beschreiben sie Kennzahlen für eine Image Rendite, die über das so genannte Communication Control Cockpit (CCC) entwickelt werden. Dieses aufgrund einer empirischen Studie für Banken entwickelte Cockpit ermittelt zunächst Teilimagewerte für die wesentlichen Stakeholder-Gruppen, deren Herleitung aber nicht weiter ausgeführt wird, um auf diese Weise zu einem Gesamtimagewert zu kommen. Dieser Gesamtimagewert wird dann im Verhältnis zum geschaffenen Unternehmenswert nach EVA und zum investierten Kapital für die Kommunikation, also das Kommunikationsbudget, gesetzt. Wie aber gegebenenfalls ein Unternehmenswert nach EVA und ein Gesamtimagewert aufgrund von Befragungen bei Kunden, Öffentlichkeit, Mitarbeitern und Anteilseignern miteinander in Beziehung gesetzt werden sollen, wird an dieser Stelle nicht weiter ausgeführt. Im von Pfannenberg/Zerfaß herausgegebenen Sammelband beschreibt Rolke ebenfalls das CCC und dessen Kennziffernsystem (Rolke 2005, S. 123 ff.). Auch hier wird der Beziehungszusammenhang zwischen Gesamtimagewert (ImEx) und Unternehmenserfolg nach EVA nicht weiter erläutert.

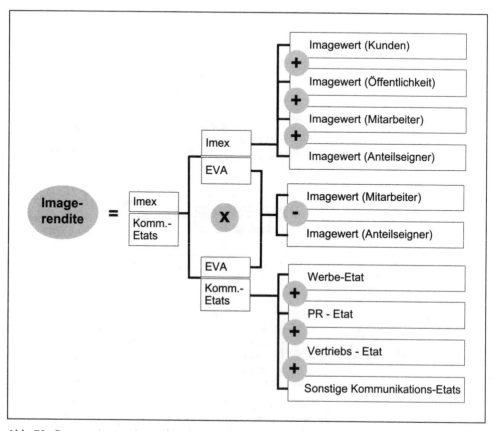

Abb. 79: CommunicationControlCockpit (Rolke/Koss 2005, S. 53)

Insgesamt verdeutlichen die hier vorgestellten Scorecard-Ansätze das zunehmende Bemühen, dieses Instrument im Sinne Ritters (2003) strategisch zu nutzen. Allerdings fehlt allen Ansätzen die Systematik, wie die jeweils gewählten Indikatoren in die jeweiligen Ansätze integriert und die Planung, Steuerung und Kontrolle des gesamten Unternehmensmanagements berücksichtigt werden können.[129]

---

[129] Vgl. zu allen diesen Ansätzen auch das Kapitel C.2.4. über Communications Controlling.

2.3. Zwischenfazit: Bestehende Kommunikationsansätze über Corporate Governance, Corporate Reputation und Corporate Reporting

Grundsätzlich kann man als Zwischenfazit zu den bestehenden Kommunikationsansätzen für die drei Interaktionsthemen Corporate Governance, Corporate Reputation und Corporate Reporting festhalten, dass die weitestgehenden Ansätze für den Bereich des Reporting bestehen. Im Bereich von Corporate Reputation gibt es mit dem Reputationsquotient ebenfalls einen Kommunikations- beziehungsweise einen Kommunikationsbewertungsansatz.

Beide Ansätze zeichnen sich dadurch aus, dass sie entweder nahezu ausschliesslich kapitalmarktorientiert sind (Reporting-Ansätze) oder nahezu ausschliesslich meinungsorientiert sind (Reputations-Ansätze). Insofern fehlt die Möglichkeit, eine Verbindung von materiellen und immateriellen Kennzahlen anbieten zu können. Wegen dieser fehlenden Verbindung zwischen materieller und immaterieller Kennzahlensysteme besteht auch keine Möglichkeit, die Perspektive auf eine Unternehmung durchgängig aus einer investiven Betrachtung oder einer interpretativen Betrachtung vorzunehmen. Damit fehlt letztlich aber auch ein Kennzahlensystem für die Führung und Kontrolle im Sinne von Corporate Governance.

Während es – jeweils nur mit einer Perspektive – aber wenigstens in den Bereichen von Reporting und Reputation Kommunikationsansätze gibt, kann man dies für den Bereich von Corporate Governance so nicht konstatieren. Zwar verlangt die Gesetzgebung – hier am Beispiel von Deutschland aufgezeigt – eine Kommunikation der Einhaltung oder Ablehnung von Kodex-Empfehlungen im Sinne der Transparenz unternehmerischen Handelns und der getreuen Darstellung der Rechnungslegung, doch zeigt die Analyse von expliziten und impliziten Kommunikationsanforderungen aus den flexiblen Regelwerken der Kodizes, dass diese Kommunikationsanforderungen insbesondere mit Blick auf einen weiter gefassten Anspruch einer Stakeholder-Orientierung für Corporate Governance nicht vorliegt.

Als Zwischenfazit bedeutet dies Folgendes: Corporate Governance als normative Orientierung zur Legitimation unternehmerischen Handelns benötigt auf der Ebene der strategischen Entwicklung und auf der Ebene der operativen Führung (im Sinne für die Investitions- und Interpretationssicht der Unternehmung notwendigen getreuen Darstellung) eine Systematik. Diese benötigt sie vor allen Dingen deshalb, um das Interaktionsthema Corporate Governance im Sinne einer weiter gefassten glaubwürdigen und ganzheitlich ausgerichteten Führung (und Kontrolle) der Unternehmung gestalten und entwickeln zu können, wie die Schnittstellen-Tabelle zeigt:

Prozessebene	Schnittstellen des Wertorientierten Kommunikationsmanagements
Managementprozesse Normative Orientierung Strategische Entwicklung Operative Führung	Legitimation unternehmerischen Handelns Interpretationssicht des Unternehmens Kommunikation des intellektuellen Kapitals

Abb. 80: Der Managementprozess und seine Schnittstellen zum wertorientierten Management (eigene Abbildung)

Im folgenden Hauptkapitel wird deshalb ein neuer Kommunikationsansatz zur systematischen Kommunikation von Corporate Governance, Corporate Reputation und Corporate Reporting aufgezeigt. Dieser neue Ansatz ermöglicht die Ausgestaltung der kommunikativen Dimension der Inhalte, wie sie im ersten Kapitel dieses Abschnitts B über die Inhaltsebene des Wertorientierten Kommunikationsmanagements dargestellt wurden. Die Analyse der bestehenden Kommunikationsansätze veranlasst dabei, folgende Aspekte zu berücksichtigen:

- ein »**Multi-Stakeholder-Measurement**« (Fombrun/Gardberg/Sever 1999), um eine kollektive Repräsentation einer Unternehmensvergangenheit zu ermöglichen, die die Fähigkeit der Unternehmung beschreibt, unterschiedlichen Stakeholdern einen Wertbeitrag zu liefern;
- die Integration monetärer und nicht-monetärer Kennzahlen, so dass ein Wertsteigerungsmanagement möglich wird, das sich nicht nur einer kapitalmarktorientierten Führung, sondern einer **anspruchsgruppenorientierten Führung** bedient. Insbesondere hierzu werden die Aspekte der Corporate Governance benötigt, um bestimmte Kennzahlen für die immateriellen Werte einer Unternehmung in einer für die Führung adäquaten Art und Weise darstellen zu können;
- die **Informationslücke**, die für die Verbesserung des Unternehmenswertes notwendig zu schliessen ist, darf sich nicht nur auf den Kapitalmarkt begrenzen, sondern muss vor allen Dingen die Interaktionen der am Kapitalmarkt operierenden Zielgruppen und Zwischenzielgruppen mit entsprechenden anderen Ziel- und Zwischenzielgruppen anderer kommunikativer Teilmärkte verknüpfen;
- im Kontext der Scorecard Ansätze wurde deutlich, dass diese **Verknüpfung** auf Basis eines Ansatzes vorgenommen werden sollte, der aus dem **Reporting** kommt, um die Verknüpfungen nicht so auszugestalten, dass man beispielsweise Imagewerte und finanzielle Erfolgskennziffern miteinander verbindet.

Die Verbindung sollte lediglich ermöglichen, dass alle Bestandteile des Finanzkapitals und des Intellectual Capital einmal aus einer Reporting-Betrachtung und ein anderes Mal auf Basis der gleichen Kategorien und Indikatoren aus einer Interpretationssicht beurteilt werden können und damit aus einer Reputationsperspektive.

3. Neuer Ansatz zur systematischen Kommunikation von Corporate Governance, Corporate Reporting und Corporate Reputation

In diesem dritten Hauptkapitel B.3. wird nunmehr ein neuer Ansatz zur systematischen Kommunikation vorgestellt. Aufgrund der besonderen Bedeutung des vorliegenden Hauptkapitels für das Wertorientierte Kommunikationsmanagement erfolgt zunächst eine Beschreibung der Konzeption des neuen Kommunikationsansatzes (B.3.1.). Auf dieser Basis wird der neue Kommunikationsansatz in vier Schritten abgeleitet (B.3.2.). Schlussendlich wird ein Fazit zum neuen systematischen Kommunikationsansatz gezogen (B.3.3.).

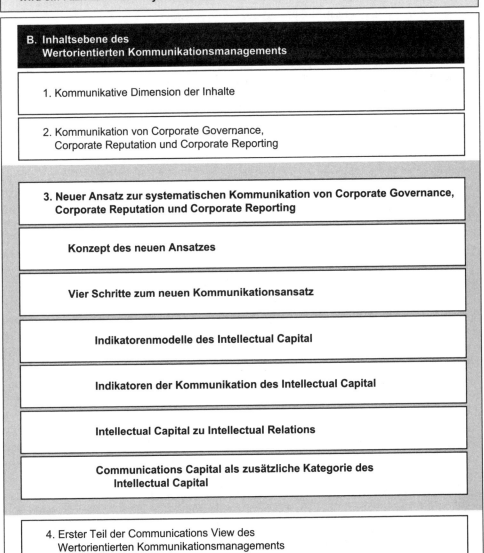

Abb. 81: Synopse mit Details zu B.3.

3.1. Konzeption des neuen Kommunikationsansatzes

> In diesem Kapitel wird im Rahmen der Konzeption des neuen Kommunikationsansatzes zunächst die Kommunikationsperspektive respektive die Communications View vorgestellt (B.3.1.1.). Danach wird die Unterscheidung zwischen Capital View und Relations View erläutert (B.3.1.2.).

3.1.1. Kommunikationsperspektive: Communications View

Der neue Kommunikationsansatz basiert auf den Überlegungen von Will/Löw (2003) zum Residualkonzept, wie es bei der Beschreibung der Interpretation unternehmerischen Handelns für die Ausgestaltung der kommunikativen Dimension vorgestellt wurde. Will/Löw haben – ähnlich wie Coenenberg (2003) – den langfristigen Geschäftswert als Residualgrösse errechnet und direkt mit dem Intellectual Capital verbunden. Das bedeutet, dass mit längerem Prognosehorizont das Intellectual Capital die entscheidende Wertgrösse zur Bestimmung der Zu- oder Abschläge zwischen Unternehmenswert, Marktwert, Barwert und Buchwert ist.

Zu- und Abschläge können gemessen werden, wenn »rechnerische« Differenzen zwischen Buchwert (als Zeitpunkt bezogene Bewertung der Vermögenswerte), Barwert (als Summe aller diskontierten Cashflows einer Unternehmung) und Marktwert (als Börsenkapitalisierung einer Unternehmung) und auch Unternehmenswert (im Falle eines vollständigen Unternehmensübergangs) vorliegen. Die Frage ist lediglich, was in diesen Werten alles enthalten ist. Diese Einschätzung der Bewertung der immateriellen Werte ist die Aufgabe der Konzeption eines neuen Ansatzes zur systematischen Unternehmenskommunikation des Intellectual Capital.[130]

Die bisherigen Konzepte zur Unternehmenskommunikation sind zwar sehr differenziert, wie das vorherige Kapitel deutlich machte, aber die Betrachtungsweise ist entweder kapitalmarktorientiert (Value Reporting) oder reputationsorientiert (Reputation Quotient). Den Scorecard-Konzepten, die im Grunde eine Verbindung von monetären und nicht-monetären Grössen vorsehen, wird aber nur eine zusätzliche Perspektive angefügt, wodurch keine tatsächliche Verbindung der beiden Betrachtungsweisen möglich wird (Pfannenberg/Zerfaß 2005 und Rolke/Koss 2005). Zudem wird keine Berücksichtigung des Führungs- und Kontrollaspekts vorgenommen. Des Weiteren wird kaum auf das Beziehungsmanagement mit verschiedenen Multiplikatoren oder Kontrolleuren (je nach Anspruchsgruppenkonzept) unter den Zielgruppen eingegangen. Dadurch besteht keine Möglichkeit, das Organisationsmodell strukturell und prozessual auszuarbeiten. Kurzum: Die Integration in ein Management-Modell fehlt.

Der neue Kommunikationsansatz basiert auf einer konsequenten Kommunikationsperspektive der Unternehmung, der **Communications View**. Er ist Teil einer um die Ausarbeitung der **kommunikativen Dimension erweiterten Führung**. Das Unternehmen erhält seine Legitimation über die Corporate Governance, in dem es eine konsequente Transparenz seines unternehmerischen Handelns gegenüber den Anspruchsgruppen bietet. Dazu ist es notwendig, die getreue Darstellung, die Fair Presentation, so gestalten

---

[130] Vgl. dazu Kapitel B.1. und insbesondere B.1.2. zum Residualkonzept.

zu können, dass sie eine kommunikationsorientierte Rechnungslegung erlaubt. Die Communications View hat zwei Ausprägungen: Zum einen den **Capital View**, mit deren Hilfe die kommunikationsorientierte Rechnungslegung des Corporate Reporting gestaltet und damit dargestellt wird, und zum anderen die **Relations View**, über die diese kommunikationsorientierte Rechnungslegung gegenüber den Anspruchsgruppen einer Unternehmung im Sinne der Corporate Reputation positioniert und damit kommuniziert wird. Das um die Kommunikationsperspektive erweiterte Führungskonzept erhält auf diese Art und Weise ein Instrumentarium zur Führungsunterstützung. Ein solches Konzept gibt es bislang nicht.

Dazu bedarf es eines neuen systematischen Lösungsansatzes, der die Nicht-Aktivierbarkeit bestimmter Teile des Intellectual Capital in der Rechnungslegung »umgeht« und die Bewertung am Meinungsmarkt aufnimmt, um letztlich so ein zusätzliches Informationsangebot zur Gesamtbewertung der Unternehmung am Kapitalmarkt anzubieten. Dieser Reputationswert leistet folgendes:

Weil viele immaterielle Werte nicht »rechenbar« zu machen sind, werden sie von Seiten des Finanz- und Rechnungswesens auch nicht kommuniziert und interpretiert. Wenn man diese zusätzliche Information aber anbieten will, um im Dienste der Kapitalmarkteffizienz zum Abbau von Informationsasymmetrien für alle Stakeholder beizutragen, bietet es sich an, ein anderes betriebswirtschaftliches Paradigma als die Rechenbarkeit zu wählen: nämlich die Interpretierbarkeit von nicht-aktivierbaren immateriellen Werten. Dieser Teil löst das **Problem der Rechnungslegung (Reporting)**.

Gerade wegen der zunehmenden Bedeutung der immateriellen Werte sollten Unternehmungen jedoch diese Gestaltungs- und Entwicklungsaufgabe annehmen und den externen Anspruchsgruppen eine systematische Bewertung dieser immateriellen Werte bieten. Auf diese Weise ist es möglich, auch für diesen Teil der Unternehmensbewertung eine unternehmensinterne Einschätzung anzubieten, die zudem zum Finanz- und Rechnungswesen »passt«. Es geht also nicht nur um eine Systematik per se, sondern um eine passende Systematik zur Verbindung von finanziellem und intellektuellem Kapital. Dieser Teil löst das **Problem der Kommunikationsorientierung (Reputation)**.

Mit Hilfe dieser Vorgehensweise wird das Finanzkapital ebenfalls berücksichtigt, da im Rahmen des Intellectual Capital auch das so genannte Investor Capital enthalten ist. Dabei handelt es sich aber nicht um investitive Grössen, sondern um interpretative Grössen, wie folgende Abbildung verdeutlicht.

Eine kommunikationsorientierte Rechnungslegung bietet der kapitalmarktorientierten Rechnungslegung die Interpretationssicht der Anspruchsgruppen und den Reputationswert der Unternehmung an. Dieses Angebot hat zwei Aspekte:

- Für diese Interpretation benötigt man konsequenter Weise die Anspruchsgruppen als die Ziel- und Zwischenzielgruppen des Beziehungsmanagements: Diese **Communications Relations** bieten eine Systematik, mit deren Hilfe die Bewertung insbesondere der immateriellen Werte aller Stakeholder mit Blick auf die Investitionsentscheidung der Shareholder berücksichtigen kann.
- Mit Hilfe des **Communications Capital** erhält die Rechnungslegung eine zusätzliche Kategorie für die Investitionsentscheidung, in dem diese Kategorie des Intellectual Capital die Darstellung der immateriellen Werte erleichtert und somit die Interpretation ermöglicht. Entscheidend ist hierbei die theoretische Herleitung der Systematik für die Rechnungslegung.

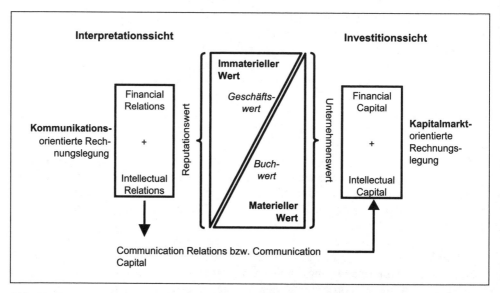

Abb. 82: Zusammenhang von kommunikationsorientierter und kapitalmarktorientierter Rechnungslegung (eigene Abbildung)

Mit dieser Vorgehensweise wird schlussendlich das Problem der erweiterten Perspektive, der **Communications View**, für Unternehmensführung und -kontrolle, der Corporate Governance, im Sinne der kommunikativen Dimension gelöst. Damit kann man die Zusammensetzung des finanziellen und intellektuellen Kapitals und damit des Marktwertes informationseffizienter und im Sinne der Präsentation »fair« erläutern.

3.1.2. Unterscheidung zwischen Capital View und Relations View

Arnaout zeigt den Zusammenhang von finanziellem und intellektuellem Kapital, den immateriellen Werten und den Beziehungsebenen anhand folgender Abbildung sehr gut auf (Arnaout 2005, S. 121 ff.). Sie verdeutlicht, dass Capital View und Relations View gemeinsam betrachtet werden sollten; in ihr ordnet er bestimmte Beziehungen für Mitarbeiter, Kunden und Partner direkt einer Kapital-Kategorie zu:

Wie passen die beiden Perspektiven zusammen? Das auf Kennzahlen basierende Instrumentarium für die Wertorientierung des Managements ist die kapitalmarktorientierte Rechnungslegung, deren Hauptaufgabe eine Reduktion der asymmetrischen Informationsverteilung zwischen Unternehmungen und Kapitalmarktakteuren im Sinne des Principal-Agent-Ansatzes ist. In den mit verschiedenen Standards vorgesehenen Kategorisierungen für immaterielle Werte begrenzt sich ein solcher Informationsaustausch zwischen Prinzipal und Agent allerdings auf die im Sinne des Finanz- und Rechnungswesens verwertbaren Aspekte der immateriellen Werte am Kapitalmarkt.

Die nicht näher identifizierbaren und aus dieser Investitionssicht somit nicht verwertbaren Bestandteile immaterieller Werte werden demgegenüber dem freien Spiel des Meinungsmarktes und mithin der Öffentlichkeit überlassen. Der Ansatz einer systematischen

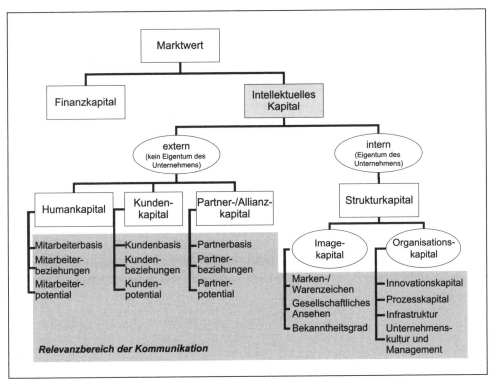

Abb. 83: Systematisierung und Abgrenzung des intellektuellen Kapitals (Arnaout 2005, S.122)

Unternehmenskommunikation von immateriellen Werten über das Intellectual Capital bezieht diese »nicht-verwertbaren« immateriellen Werte in die Rechnungslegung ein und erweitert so die enge Kapitalmarktorientierung.

Sämtliche Aspekte des finanziellen und intellektuellen Kapitals müssen somit nicht nur aus einer Investitionsbeziehung betrachtet werden, sondern vielmehr auch aus einer Kommunikations- beziehungsweise Interpretationsbeziehung. Deshalb ist es wichtig, strukturell sämtliche **Stakeholder-Capital**-Aspekte auch unter ihrer kommunikativen Austauschbeziehung im Sinne einer **Stakeholder Relations** zu gestalten und zu entwickeln, wie dies in Anlehnung an Schmid in folgender Abbildung zusammengefasst ist:

Seine Konzeption fusst auf folgender Überlegung: Schmids (2004b) Definition von Kommunikationsmanagement begründet sich auf einer differenzierten Betrachtung der so genannten Implementation I (der Herstellungs- und Distributionsaspekte von Produkten oder Services einer Unternehmung) und der Implementation II (den Kommunikationsaspekten des Produktes und der Perspektive der gesamten Unternehmung). Der Terminus der Implementation wird dabei vor allem in der Informatik verwendet, in anderen Kontexten spricht man von Umsetzung oder von Realisation. Mit dem Begriff der Implementation im Management-Kontext will Schmid ganz allgemein den Prozess der Umsetzung eines Designs in ein bestimmtes Medium beschreiben (Schmid 2004b, S. 29 ff.).

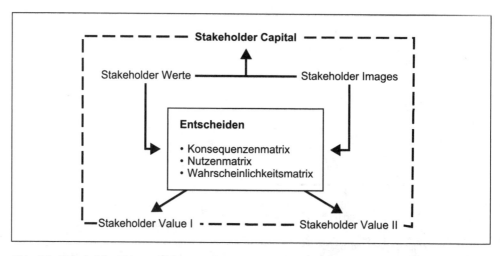

Abb. 84: Stakeholder Value und Images als Determinanten des Stakeholder Capital (in Anlehnung an Schmid 2004a, S. 708)

Aufbauend auf dieser grundsätzlichen Differenzierung in eine Produktions- und eine Kommunikationswelt definiert Schmid Kommunikation als »eine spezielle Form der Interaktion, sie ist Wissensbildung aufgrund von symbolischer Interaktion, d. h. eine Zeichen und Symbole verwendende Interaktion« (ebenda, S. 31). Das Kommunikationsmanagement hat dann die Aufgabe, den Stakeholdern Wissen über die Unternehmung und ihrer Produkte zu vermitteln.

Diese Differenzierung in ein Produktdesign und ein Kommunikationsdesign der Implementation I und der Implementation II wendet Schmid auch auf den Ansatz des Stakeholder Capital an (Schmid 2004a, S. 700 ff.). Der Wertbeitrag ist deshalb auch in dieser Differenzierung zu analysieren: Aus Sicht der Unternehmung ergibt sich der Wert durch die Summe der diskontierten Nettoeinnahmen (Customer Value I) und aus Sicht des Kunden durch die Summe der diskontierten erwarteten Kundennutzen (Customer Value II). Diese aus Kundensicht betrachtete Differenzierung in Produktions- und Kommunikationsdesign lässt sich sodann auch auf alle anderen Stakeholder übertragen, wenn man Stakeholder Value einmal in den tatsächlichen Wertbeitrag und einen Nutzenbeitrag differenziert. Beides gemeinsam determiniert das Stakeholder Capital.

Abschliessend müssen bei der Differenzierung folgende **verschiedenen Begriffspaare** der **Capital View** und der **Relations View** auseinander gehalten werden:
- Die Capital View hat zunächst zwei Hauptbestandteile: das Financial und das Intellectual Capital, die gemeinsam das gesamte Stakeholder Capital der Unternehmung beschreiben und von den Stakeholdern interpretiert werden müssen. Dazu müssen sie darstellbar und sodann kommunizierbar gemacht werden:
  - Dabei beschreibt das **Financial Capital** das materielle Kapital (tangible assets), während die **Financial Relations** der Oberbegriff für alle Beziehungen zum Kapitalmarkt sind.
  - Demgegenüber beschreibt das **Intellectual Capital** das immaterielle Kapital (intangible assets), zu dessen Generierung und Vermittlung die **Intellectual Relations** aller anderen für die Unternehmung relevanten Märkte dienen.

- Das Wertorientierte Kommunikationsmanagement dient schlussendlich der Gestaltung und Entwicklung des **Stakeholder Capital** und bedient sich dabei der gesamten **Stakeholder Relations** am Kapitalmarkt und allen anderen relevanten Märkten. Ganz entscheidend ist dabei, dass das gesamte Stakeholder Capital vom Kapitalmarkt bewertet werden kann. Dazu benötigen die Shareholder aber auch die Informationen über die anderen Stakeholder und ihre Bewertung vor allem der Werte einer Unternehmung, die ausserhalb der Rechungslegung stattfinden – also über das Intellectual Capital, welches über die Intellectual Relations generiert und vermittelt werden.

Insofern gehören auch die **Financial Relations zu den Intellectual Relations**, da es sich bei der Vermittlung von finanziellen Daten sowohl um tangible als auch intangible assets und deren Interpretation handelt. Dies beschreibt der innere Quader A der folgenden Abbildung.

Dazu werden dann das **Communications Capital** und die **Communications Relations** benötigt; denn ohne eine im übertragenen Sinne »intellektuelle Dimension« lässt sich die Ulrich'sche »kommunikative Dimension« der Unternehmensführung mit Blick auf die Stakeholder einer Unternehmung nicht darstellen und kommunizieren. Dies beschreibt der äussere Quader B der folgenden Abbildung.

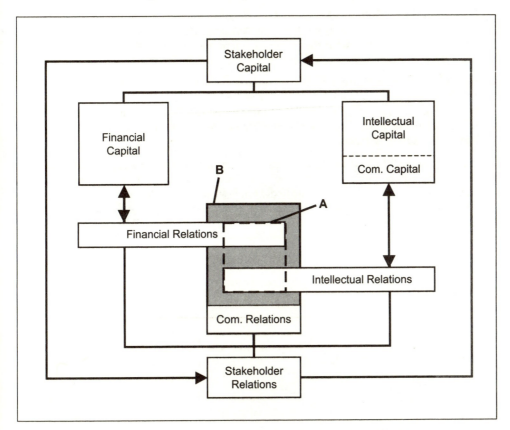

Abb. 85: Zusammenhang von Capital View und Relations View (eigene Abbildung)

Der für den Fortgang der Arbeit entscheidende Relations-Begriff ist Communications Relations, und der entscheidende Capital-Begriff ist Communications Capital.

Die Stakeholder Relations werden insgesamt über die Communications Relations gestaltet und entwickelt. Diese Communications Relations umfassen die Beziehungsebenen des Intellectual Capital. Damit am Ende die Stakeholder Relations Teil des Stakeholder Capitals im Sinne der Schmid'schen Einteilung der Stakeholder Value II sein können, gestaltet und entwickelt das Communications Capital dieses Beziehungsmanagement. Auf diese Art und Weise ist eine **konzeptionelle Verbindung von Stakeholder Value I und Stakeholder Value II** in der Schmid'schen Terminologie möglich, um das Stakeholder Capital umfassend und systematisch darzulegen.

3.2. Vier Schritte zum neuen Kommunikationsansatz

Der neue Ansatz zur systematischen Kommunikation des Intellectual Capital beschreibt in einem ersten Schritt zunächst die Kategorien und deren Indikatoren, wie sie im Modell des Arbeitskreises Immaterielle Werte im Rechnungswesen vorgegeben werden (B.3.2.1.).

In einem zweiten Schritt werden aus dieser Kategorisierung neue Indikatoren abgeleitet, die sich für die Kommunikation des Intellectual Capital eignen. Diese Indikatoren werden mit etablierten Indikatorenmodellen für nicht-finanzielle Kennzahlen verglichen, um eine begründete Auswahl treffen zu können (B.3.2.2.).

In einem dritten Schritt wird neben der Capital View sodann die Relations View gestellt, mit der die Verbindung zwischen Investitionssicht und Interpretationssicht ermöglicht wird. Dabei ist es entscheidend, dass die Indikatoren für die Kommunikation des Intellectual Capital nicht nur »kommunikationsfähig«, sondern auch an das Beziehungsmanagement »anschlussfähig« sind (B.3.2.3.).

In einem vierten Schritt wird eine neue Kategorie des Communications Capital eingeführt, die zwei Funktionen hat: Die Verknüpfung der bestehenden Relations und die Berücksichtigung zusätzlicher Relations, die in der Kategorisierung des Indikatorenmodells des Arbeitskreises nicht vorhanden, aber für den Kommunikationsprozess notwendig sind (B.3.2.4.).

3.2.1. Ansatz und Indikatorenmodell des Arbeitskreises Immaterielle Werte im Rechnungswesen[131,132]

Der Arbeitskreis lehnt sich in seiner Behandlung der immateriellen Werte im Rechnungswesen an die von Edvinsson/Malone (1997) vorgegebene Klassifikation in Innovation Capital, Human Capital, Customer Capital, Supplier Capital, Investor Capital, Process Capital und Location Capital an.[133]

Der Arbeitskreis verbindet somit die Problematik des Reportings von immateriellen Werten mit der Überlegung der Systematisierung mittels des Ansatzes des Intellectual Capital. Er hat dabei einen Vorschlag entwickelt, wie eine freiwillige ergänzende Berichterstattung gestaltet werden könnte, die auch diese immateriellen Werte umfasst. Solche auch als Intellectual Property Statement bezeichneten Berichtswesen sollen im Kontext des neuen Bilanzrechtsreformgesetzes (BilReG) im Konzernlagebericht um **Angaben zu »nichtfinanziellen Leistungsindikatoren«** ergänzt werden.

Der **Ansatz des Indikatorenmodells** beruht zum einen auf einer Auswertung diskutierter Ansätze und Kennzahlen und zum anderen auf den praktischen Erfahrungen der Mitglieder des Arbeitskreises. Folgende **Berichtsgrundsätze** sind dabei vorgesehen:
- Ziel ist die Darlegung von Strategien zum Management immaterieller Werte und die Identifikation von Werttreibern.
- Für die Struktur der Berichterstattung wurde eine Einteilung in sieben Intellectual Capital-Kategorien vorgenommen.
- Die Zusammensetzung der relevanten Indikatoren aus dem Gesamtvorschlag obliegt der Unternehmensleitung und soll danach ausgewählt werden, ob sie für die interne Unternehmenssteuerung relevant sind.
- Allerdings ist die Unternehmensleitung an die Entscheidungen gebunden und soll im Grundsatz der Stetigkeit eine fakultative Erweiterung der Indikatoren nur bei Relevanz für die Unternehmung ermöglichen.
- Primat des Intellectual Capital Statement ist die Bereitstellung der Information; eine Interpretation obliegt letztendlich dem Adressaten. Allerdings kann das Management die Indikatoren kommentieren und einschätzen.
- Ort der Berichterstattung könnte der Lagebericht des Geschäftsberichtes sein, oder die so genannte Management Discussion and Analysis oder der Operating and Financial Review oder sogar die Darstellung in einem separaten Teil des Abschlusses. Die Darstellung im Lagebericht erscheint dem Arbeitskreis allein schon wegen der Prüfprobleme als praktikabelste Lösung.
- Alle immateriellen Werte sollen unabhängig von ihrer Aktivierung erläutert werden und dabei soll soweit möglich ein Bezug zur Bilanz und G&V hergestellt werden. Ausserdem

---

[131] Der Arbeitskreis »Immaterielle Werte im Rechnungswesen« der Schmalenbach Gesellschaft hat als Ergebnis seiner Arbeit eine eigene Definition und Systematik zu immateriellen Werten herausgegeben. Die Arbeitskreise, in denen Führungskräfte aus der Wirtschaftspraxis und Wirtschaftswissenschaft eng zusammenarbeiten, bilden eine wichtige Grundlage der Arbeit der Schmalenbach-Gesellschaft für Betriebswirtschaft e. V.
[132] Vgl. dazu: »Indikatoren zur Messung der immateriellen Werte« des Arbeitskreises »Immaterielle Werte im Rechnungswesen« der Schmalenbach-Gesellschaft für Betriebswirtschaft e. V.; in: Der Betrieb Heft 23, 56. Jg, S. 1233–1237).
[133] Vgl. dazu auch B.1.3.2. zur Kategorisierung des Intellectual Capitals.

sollen möglichst vorhandene beizulegende Zeitwerte, zum Beispiel Schätzungen von Markenwerten durch externe Dritte mit angegeben werden.
- Die Berichterstattung über immaterielle Werte soll klar strukturiert werden und sich grundsätzlich an den Grundsätzen ordnungsgemässer Buchführung (Klarheit, Richtigkeit, Willkürfreiheit, Vollständigkeit, Stetigkeit) orientieren.

Der Arbeitskreis schlägt folgenden Aufbau des Intellectual Capital Statements vor:

Einführung:	Generelle Strategie des Managements immaterieller Werte; Zusammenhang mit langfristigem Unternehmenserfolg
Für jede IC-Kategorie:	1. Strategie 2. Katalog der Indikatoren – Aktueller Wert der Berichtsperiode – Wert(e) vergangener Berichtsperioden – wenn möglich Zielwerte für zukünftige Periode(n) 3. Definition und Wechselwirkung der Indikatoren – Erläuterung und exakte Definition des Indikators 4. Kommentar (Stand und Entwicklung der Kategorie)
Zusammenfassung:	Bewertung der immateriellen Werte als Gesamtheit

Die Bedeutung dieses Intellectual Capital Statements wird erst dann richtig erkennbar, wenn man die jeweiligen Vorschläge für die Erläuterung der verschiedenen Indikatoren für die IC-Kategorien analysiert.[134] Hier muss man einerseits quantitative Kennzahlen und andererseits reine qualitative Beschreibungen unterscheiden, die der Arbeitskreis vorschlägt. Es wird dabei deutlich, dass sich diese Erläuterung nicht nur auf die enge Definition der Kapitalmarktteilnehmer beschränkt.

Indikator	Erläuterung/Differenzierung
Innovation Capital	
F&E-Ausgaben	Angabe der F&E-Ausgaben; F&E-Ausgaben im Verhältnis zum Umsatz; Informationen zur Streuung/Konzentration der F&E-Ausgaben

---

[134] Als Beispiele nennen beispielsweise Heyd/Lutz-Ingold (2005, S. 182) folgende Werttreiber: Markt-, Wettbewerbs- und Distributionsbedingungen; technologische Potenziale; marktgerichtete Kompetenzen zur zielorientierten Marktbearbeitung mittels eines Mix aus absatzpolitischen Instrumenten; organisatorische Potenziale zur Nutzung von Synergieeffekten und Effizienzsteigerungen im Führungsbereich einschliesslich eines erfolgreichen Change-Managements; personalwirtschaftliche Strategien zur Motivation und zum zielorientierten Einsatz der Human Resources, sowie die Herstellung eines strategischen Fit zwischen Erwartungshaltung und Anforderungen aus dem engeren und weiteren Unternehmensumfeld. Solche Beschreibungen würden bei der Vorgehensweise des Arbeitskreises im Kommentar und in der Zusammenfassung stehen.

Indikator	Erläuterung/Differenzierung
Portfolio von Patenten und ähnlichen Schutzrechten	Zahl, Zusammensetzung und (Rest)Laufzeiten der Schutzrechte/Patente; Vorstellbar wäre eine Art Anlagespiegel analog zum Sachanlagevermögen (Anfangsbestand, Zu- und Abgänge, Umbuchungen, Endbestand) nur mit Stückzahlen ohne Werte
Angemeldete Patente und ähnliche Schutzrechte	Zahl, Zusammensetzung der angemeldeten Schutzrechte/Patente
Patentklagen und sonstige Schutzrechtsklagen	Zahl und Bedeutung aktueller Patent-/Schutzrechtsklagen/-ansprüche
Neuproduktrate	Umsatz der in den letzten drei Jahren eingeführten Produkte zum Gesamtumsatz
Human Capital	
Altersstruktur der Mitarbeiter	Klassifizierung nach Altersgruppen (in Jahren)
Unternehmenszugehörigkeit	Klassifizierung der Zugehörigkeitsdauer (nach Jahren)
Fluktuation	Zahl der Mitarbeiter, die in der Berichtsperiode das Unternehmen verliessen, im Verhältnis zur Gesamtmitarbeiterzahl
Mitarbeiterqualifikation	Einteilung in % der Gesamtmitarbeiterzahl: – Lehre/Ausbildung im Haus bzw. bei einem anderen Unternehmen – Hochschulabschluss (Letztlich jedoch management approach, d. h. unternehmens- und branchenindividuelle Auflistung von Abschlüssen; z. B. Sparkassenakademie, Bankakademie etc. bei Kreditinstituten)
Weiterbildung	– Angabe der Ausgaben (pro Mitarbeiter) – Angabe der Weiterbildungstage (pro Mitarbeiter)
Mitarbeiterzufriedenheit	Wichtig ist insbesondere die Angabe und Erläuterung der Methode, auf deren Basis die Mitarbeiterzufriedenheit ermittelt wurde
Fehlzeiten	Angabe der Tage pro Mitarbeiter
Wertbeitrag	Explizit berechnet als (Wertschöpfung pro Mitarbeiter – Personalkosten pro Mitarbeiter) x Mitarbeiteranzahl
Customer Capital	
Kundenzufriedenheit	Wichtig ist insbesondere die Angabe und Erläuterung der Methode, auf deren Basis die Kundenzufriedenheit ermittelt wurde. Eventuell ist ein Zugriff auf das sog. Kundenbarometer sinnvoll, das von relativ vielen Unternehmungen standardisiert genutzt wird und damit Branchenvergleiche erlaubt

Indikator	Erläuterung/Differenzierung
Kundenqualität	– Kundenbindungsdauer – Wiederkaufrate (%-satz der Kunden, die bereits im Vorjahr Umsätze tätigten) – Grosskunden (ABC-Analyse = %-Satz der Kunden, die 50% bzw. 90% des Umsatzes ausmachen)
Marktanteil	Umsatz- bzw. stückzahlenbezogene Anteile pro Produkt oder Produktgruppe bzw. Markt (wichtig ist insbesondere die Angabe zur Abgrenzung des Marktes)
Auflistung (wesentlicher) Marken	Denkbar wäre – wie bei den Patenten – eine Art Anlagespiegel (Anfangsbestand, Zu- und Abgänge, Umbuchungen, Endbestand) nur mit Stückzahlen ohne Werte. Unter Umständen Angabe von Umsatz pro Marke
Wertbeitrag	Explizit berechnet als (Wertschöpfung pro Kunde – Kosten pro Kunde) x Kundenzahl, analog zum Wertbeitrag pro Mitarbeiter in der Kategorie 2
Supplier Capital	
Lizenzen	Zahl und Struktur erhaltener Lizenzen als Lizenznehmer
Schlüssellieferanten	Lieferantenbindungsdauer
Wertschöpfungstiefe	Umsatz – Materialaufwand – zugekaufte Dienstleistungen (Materialaufwand wird zwar selbst beim Umsatzkostenverfahren i. d. R. angegeben, zugekaufte Dienstleistungen gehen jedoch häufig im »sonstigen betrieblichen Aufwand« unter
Investor Capital	
Aktionärsstruktur	– Zahl/Anteilsquote in- und ausländischer Aktionäre – Zahl/Anteilsquote privater und institutioneller Aktionäre Zahl/Anteilsquote der Belegschaftsaktionäre – Free Float in %
Bedeutung bei Analysten	– Zahl der Roadshows/Analystentreffen – Durchschnittliche Teilnehmerzahl an den Analystentreffen – Zahl der Analystenberichte
β-Faktor (EK-Markt)	Angabe zur Art der Ermittlung (z. B. gewählter Index und Zeitraum)
Bonität (FK-Markt)	– Rating – Zinsaufschlag bei emittierten Anleihen gegenüber risikolosem Zins
Ergebnisse von IR- und Geschäftsberichtswettbewerben o. ä.	Freiwillige Angabe, sofern Daten vorhanden und bekannt

Indikator	Erläuterung/Differenzierung
Process Capital	
Schnelligkeit der Prozessabläufe	– Zeit für Auftragsabwicklung (Durchlaufzeit) – Lieferzeit – Liefertreue
Prozessqualität	– Kennzahlen zur Messung der Prozessqualität (z. B. First Pass Yield, Liefergenauigkeit) – Darstellung des Qualitätsmanagementsystems Wichtig ist insbesondere die Angabe und Erläuterung der Methode, auf deren Basis die Prozessqualität ermittelt wurde.
Produktqualität	– Rückweisquote pro Produkt – Beschwerdequoten – Gewährleistungsaufwendungen / Umsatzerlöse – Bewertung im Kundenbarometer
Location Capital	
Standortqualität	– Standorte der Produktion – Standorte der F&E – Standorte der Verwaltung
Medienpräsenz	– z. B. Verlinkungsdichte im Internet
Arbeitsmarktattraktivität (Attraktivität für »Key Personnel«)	z. B. Ranking als potenzieller Arbeitgeber bei Hochschulabsolventen; eventuell Hinweis auf Ausbildungsstätten vor Ort (z. B. Halbleiterindustrie und TU Dresden)

Abb. 86: Indikatoren zur Messung der immateriellen Werte. (Arbeitskreis »Immaterielle Werte im Rechnungswesen« der Schmalenbach-Gesellschaft für Betriebswirtschaft e.V. 2003 S. 1236f.)

Diese Tabelle des Arbeitskreises ist aber für die systematische Unternehmenskommunikation des Intellectual Capital teilweise ungeeignet:
- In der Kategorie des **Innovation Capital** wird kein Bezug zum Human Capital hergestellt, das sicher eine der entscheidenden Grössen für die Innovationsfähigkeit der Unternehmung ist.
- In der Kategorie **Human Capital** wird nicht auf das Management eingegangen, wodurch eine Verbindung zur Managementstruktur und in der Folge zur Organisation und zum Organisationsmodell ausbleiben muss.
- In der Kategorie **Customer Capital** wird zu wenig auf die Kundenstruktur eingegangen und damit keine Möglichkeit eröffnet, das Beziehungsmanagement zu berücksichtigen. Ähnliches gilt für die Fähigkeit zur Markteinschätzung.
- In der Kategorie **Supplier Capital** wird zu wenig auf die Struktur und Qualität der Lieferanten eingegangen, die in Abhängigkeit der Fertigungstiefe grosse Bedeutung für Produkte und Service haben können.

- In der Kategorie **Investor Capital** wird überhaupt nicht auf die Meinungen von Analysten auf der Eigen- und Fremdkapitalseite eingegangen, die gerade im Prozess der Reputationsbildung erhebliche Bedeutung haben können.
- In der Kategorie **Process Capital** wird nicht auf die Organisationsstruktur eingegangen, wodurch kaum eine Möglichkeit besteht, Aussagen über die »Smartness« einer Unternehmung in Bezug zu den anderen Kategorien zu machen.
- Und in der Kategorie **Location Capital** wird ein falscher Bezug hergestellt, denn Arbeitsmarktattraktivität gehört zu Human Capital und Medienpräsenz hat nur sehr begrenzt mit dem Standort zu tun.

Insgesamt fehlt den Indikatoren in erster Linie der Verbindungscharakter zu anderen Kategorien. Des Weiteren wird die übergeordnete Bedeutung des Human Capitals nicht in ausreichendem Masse berücksichtigt. Zudem müssen die generierten Leistungs- und Strukturkennzahlen eine Informationsbereitstellung für die gesamte Unternehmung ermöglichen und letztendlich bei allen für den Kapitalmarkt und die Kapitalmarktentscheidung relevanten Anspruchsgruppen vermittelt werden.

3.2.2. Indikatoren zur Kommunikation des Intellectual Capital

Dennoch ist die grundlegende, sieben Kategorien umfassende Systematik des Arbeitskreises sinnvoll. Der Vorteil der Schmalenbach-Einteilung ist zusätzlich, dass auch Investor Capital einbezogen wird und damit auch die **Interpretationssicht der Investoren** berücksichtigt werden kann. Zudem bezieht er sich nicht nur auf den ebenfalls sehr differenzierten Edvinsson/Malone-Ansatz, sondern auch auf die IFAC-Analyse. Coenenberg (2003) bietet auf dieser Basis der Schmalenbach-Einteilung folgende **Kategorien und Indikatoren** sowie eine Einschätzung des entsprechenden Wertsteigerungspotentials an:

Intellectual Capital	Wertsteigerungspotential		Kennzahlen/ Bewertungskriterien
	niedrig	hoch	
Human Capital	Mitarbeiter, die die ihnen zugeordneten Aufgaben verrichten	Flexible, talentierte und gut ausgebildete Mitarbeiter mit breiten Einsatzmöglichkeiten	• Akzeptanzquote von High Potentials • Incentive Systeme • Ausgaben für Personalentwicklung • Fluktuationsrate • Wertschöpfung je Mitarbeiter
Customer Capital	Unspezifische Wahrnehmung der Fähigkeiten und Produkte des Unternehmens	Eindeutige Wahrnehmung der Value Proposition des Unternehmens, z.B. gestützt durch eine Marke	• Marketingaufwendungen • Markenwert • Kundenzufriedenheit • Kundenloyalität

Intellectual Capital	Wertsteigerungspotential		Kennzahlen/ Bewertungskriterien
	niedrig	hoch	
Supplier Capital	Lose, über Markttransaktionen definierte Verbindungen zu Lieferern	Netzwerkähnliche Verbindungen zu den Lieferanten, z.B. über Allianzen oder Wertschöpfungspartnerschaften	• Lieferantenintegration • Lieferantenfokus • Lieferantenflexibilität • Lieferantenqualität
Investor Capital	An den Standards orientierende passive Informationspolitik	An den Kapitalmarktanforderungen orientiertes Wertmanagement, aktive am Best Practice orientierte Informationspolitik, funktionierende Corporate Governance	• Aktionärszufriedenheitsindex • Börsenumsatz, Aktienliquidität • Publizitätsgüteindex • Rating • Value-at-Risk, β-Faktor
Process Capital	Historisch gewachsene Strukturen und Abläufe	Lernende Organisation, Prozessorientierung	• Fest installierte Netzwerke • Time to Market • Process Cycle Time • Qualitätsindizes • Kapazitätsauslastung
Location Capital	Historisch gewachsene Standorte	Aktive, an Kunden, Standortvorteilen und Know-how orientierte Standortpolitik	• Kundennähe • Low-Cost-Standorte • Clusterzugehörigkeit • Verlinkungsdichte im Internet
Innovation Capital	Allgemeine Erfahrungen und Kenntnisse über Forschung und Entwicklung in den verschiedenen Wertschöpfungsstufen	Geistiges Eigentum etwa im Bereich Produkt- und Verfahrensinnovationen	• Anzahl Patente • F&E-Aufwendungen • Umsatzanteil aus neuen Produkten • Entwicklungsproduktivität

Abb. 87: Kriterien für Ressourcenanalyse (Coenenberg 2003, S. 169)

Eine andere Zusammenstellung legt Grüner (2002) vor. Er hat eine Tabelle nicht-finanzieller Kennzahlen zusammengestellt:

Nicht-finanzielle Kennzahlen		
Kundenbezogene Kennzahlen	Prozessbezogene Kennzahlen	Entwicklungs- und innovationsbezogene Kennzahlen
Kunde • Kundenzufriedenheitsindex • Anzahl Neukundenkontakte • Anzahl Neukunden • Preis und Konditionen • Umsatz mit Neukunden • Kundenwertbeiträge • Kundenwertentwicklung • Kundenrentabilität • Kundenportfolio • Kundenbindungsdauer • Kundenwechsel **Lieferservice** • Lieferbereitschaftskennzahlen (z.B. On-Time-Delivery) • Just-In-Time-Lieferungen • Anzahl korrekter, zeitgerechter Lieferungen • Erfüllung der Kundenanforderungen • Sortiments- und mengenbezogene Lieferflexibilität • Durchlaufzeit Bestellung **Reklamationen** • Anzahl Reklamationen • Kundenbefragung • Vertreterinformationen • Mystery Shoppers	**Zeit** • Entwicklungszeit • Prozessdurchlaufzeit • Lagerumschlag • Time to Market • Lieferrückstand • Liegezeiten • Transportzeiten • Reaktionszeiten **Qualität** • Prozessqualität (z.B. First-Pass-Yield, Defektrate, Reklamationen, Interne Fehlerkosten, Fehlererkennungszeit) • Anzahl fehlerhafter Lieferungen • Anzahl Rückläufe • Ausschuss • Nacharbeit • Prozessfehler **Ressourcen** • Eingesetzte Systeme • Zahl der Prozessabläufe • Anzahl einzelner Handlingsvorgänge • Produktivitätskennzahlen • Prozesskosten	**Mitarbeiter** • Mitarbeiterzufriedenheitsindex • Mitabeiterfluktuationen • Umsatz pro Mitarbeiter • Anzahl Ausbildungs-/Weiterbildungstage • Anzahl Krankentage **Produkte** • Anzahl Neuprodukte • Umsatz mit Neuprodukten • Verkaufsanteil Neuprodukte • Marktreife • Time To Money • Anzahl Produktretouren **Entwicklung und Innovation** • Anzahl angemeldeter Patente • Trademarks • F&E-Aufwand • Anzahl Verbesserungsvorschläge • Anzahl umgesetzter Vorschläge • Einführungszeit Neuentwicklungen **Entwicklungsressourcen** • IT-Aufwand/-Umsatz • Personalumschlag

Abb. 88: Nicht finanzielle Kennzahlen (Grüner 2002, S. 544)

3. Neuer Ansatz zur Kommunikation von Corporate Governance, Reporting und Reputation

Für die **Capital View** wurden aus diesen drei Zusammenstellungen folgende Indikatoren zusammengestellt:

Capital View		Erläuterungen zu den Capitalbereichen
Investor Capital	1. Aktionärsstruktur	wie Arbeitskreis
	2. Kapitalstruktur	i. A. a. Arbeitskreis
	3. Analystenmeinungen	i. A. a. Arbeitskreis und Coenenberg
	4. Rating-Einstufungen	wie Coenenberg
Human Capital	1. Mitarbeiterstruktur	wie Arbeitskreis
	2. Managementstruktur	i. A. a. Coenenberg und Grüner
	3. Mitarbeiterzufriedenheit	wie Arbeitskreis und Grüner
	4. Weiterbildungsaufwand	wie Arbeitskreis
Customer Capital	1. Kundenstruktur	i. A. a. Grüner
	2. Marktanteile	wie Arbeitskreis
	3. Kundenzufriedenheit	wie Arbeitskreis, Coenenberg und Grüner
	4. Markeneinschätzung	i. A. a. Grüner
Supplier Capital	1. Lieferantenstruktur	i. A. a. Coenenberg und Grüner
	2. Wertschöpfungstiefe	wie Arbeitskreis
	3. Schlüssellieferanten	wie Arbeitskreis
	4. Lieferantenqualität	wie Coenenberg
Innovation Capital	1. Patentportfolio	wie Arbeitskreis und Coenenberg
	2. Ingenieursbestand	eigene Verbindung zum Humankapital
	3. Neuproduktrate	wie Arbeitskreis, Coenenberg und Grüner
	4. F&E-Aufwand	wie Arbeitskreis und Coenenberg
Process Capital	1. Organisationsstruktur	eigene Verbindung zum Humankapital
	2. Produktqualität	i. A. a. Arbeitskreis, Coenenberg und Grüner
Location Capital	1. Standortstruktur	eigene Verbindung zum Organisationskapital
	2. Standortkooperation	i. A. a. Coenenberg

Abb. 89: Capital View und Erläuterungen zu den Indikatoren (eigene Abbildung)

Dabei wurde insofern eine Umstellung vorgenommen, als zunächst die vier Kategorien aufgelistet sind, die sich direkt auf eine Ziel- oder Zwischenzielgruppe beziehen (Investor, Human, Customer und Supplier Capital). Danach folgen die drei Kategorien (Innovation, Process und Location Capital), die keinen direkten Gruppenbezug haben. In lediglich drei Fällen wurde eine eigene Indikation vorgenommen, die aber insbesondere für die Verbindung zu den Kategorien mit direktem oder indirektem Gruppenbezug notwendig sind.

Die Tabelle listet je zwei Struktur- und Leistungskennzahlen auf. Die vorgeschlagene Einteilung lässt sich von folgenden Überlegungen leiten:

Investor Capital:
- Die **Aktionärs- und Kapitalstruktur** hat eine grosse Bedeutung in Bezug auf die Konstitution der Zielgruppe der Kapitalgeber. Sofern eine Unternehmung nur wenige Aktionäre hat, ist die Kommunikation eine andere, als wenn man ein breit gestreutes Aktionariat hat. Zudem ist zu berücksichtigen, dass es einen Unterschied in der Kommunikation ausmacht, ob man beispielsweise einen hohen Anteil an Belegschaftsaktionären, einen hohen Anteil an privaten Kleinaktionären und/oder einen hohen Anteil an in- oder ausländischen Aktionären hat. Darüber hinaus ist mit Blick auf die gesamte Kapitalstruktur wichtig, ob und inwieweit eine Unternehmung eigen- oder fremdfinanziert ist. Deshalb darf nicht nur die Aktionärsstruktur analysiert, sondern es muss auch die gesamte Kapitalstruktur mit Blick auf das Investor Capital berücksichtigt werden. Diese beiden Strukturdaten haben entsprechende Auswirkung auf die Bedeutung der **Analystenmeinungen**, wobei zudem Buy- und Sellsideanalysten je nach Aktionärsstruktur zu unterscheiden sind. In den letzten Jahren wird immer wichtiger, wie das **Rating** einer Unternehmung auf der Fremdkapitalseite ausfällt. Insofern ist auch diese Leistungskennzahl zu berücksichtigen und damit der Umgang mit den Rating Agenturen.[135]

Human Capital:
- Im Bereich des Human Capital wurde die Struktur der »normalen« **Mitarbeiterschaft** und der des **Managements** unterschieden. Im Bereich der Mitarbeiter ist es besonders wichtig, die Altersstruktur, den Ausbildungsstand, die Fluktuation und die Unternehmenszugehörigkeit aufzuführen. Mit Bezug auf die Managementstruktur betrifft dies insbesondere Vertragslaufzeiten, externe Einschätzungen über die Managementqualität sowie die Struktur der Managementorganisationen auf den Ebenen 1 und 2. Mit Blick auf die Leistungskennzahlen betrifft dies im Bereich des Human Capital insbesondere die **Zufriedenheitsindizes** von **Mitarbeitern** sowie den Weiterbildungsaufwand zur Verbesserung der **Qualität von Mitarbeitern und Management**.[136]

Customer Capital:
- Als Beurteilungskriterien wurden im Segment des Customer Capital die **Kundenstruktur** und die **Marktanteile** als Strukturdaten herausgesucht, da es gerade für die Kommunikation des Intellectual Capital besonders wichtig ist, welche Produkte oder Services eine Unternehmung welchen Kundengruppen gegenüber anbietet. Die Beurteilung des Customer Capital als Bestandteil des Intellectual Capital unterscheidet sich, je nachdem ob es sich dabei beispielsweise um einen Automobilkonzern oder einen Finanzdienstleistungskonzern handelt. Auch innerhalb solcher Branchensegmente ist die Beurteilung der Kundenstruktur davon abhängig, ob man beispielsweise Automobile im Massenmarkt (beispielsweise Ford) oder im Premium Markt (BMW) anbietet und/oder ob die Kundenstruktur heterogen ist (beispielsweise der VW-Konzern mit der Premium Marke Audi und der Massenmarke Volkswagen). Auch die Marktanteile als zweites Strukturdatum haben selbstverständlich ihre Auswirkung auf die Beurteilung des Customer Capital im Rahmen des Intellectual Capital. Ist man beispielsweise ein Nischenanbieter und operiert im Rahmen der Kundenbeziehungen persönlich oder dialogisch (beispielsweise Luxus-

---

135 Vgl. dazu auch das Unterkapitel C.2.2.3.1. zur Organisation der Capital Relations.
136 Vgl. dazu auch das Unterkapitel C.2.2.3.2. zur Organisation der Human Relations.

Anbieter wie Uhrenhersteller), oder hat man einen grossen Marktanteil und ist Massenanbieter, dann müssen die Kundenbeziehungen entsprechend massenkommunikativ aufgebaut sein. Bei den Leistungsdaten ergeben sich aus den gemachten Angaben ganz unterschiedliche **Kundenzufriedenheitsindizes**, die auf Basis der oben genannten Strukturdaten selbstverständlich unterschiedlich zu beurteilen sind. Dasselbe gilt natürlich auch für die **Marken- und Imageeinschätzungen** auf der Ebene der Produkte und Services für die Kunden.[137]

Supplier Capital:
- Die Kategorie des Supplier Capital beinhaltet die Strukturdaten der **Lieferantenstruktur** und der **Wertschöpfungstiefe**. Gerade in Zeiten zunehmenden Outsourcings von Teilen der Wertschöpfungskette sind die Lieferantenstruktur und ihr Leistungskriterium der Lieferantenqualität von hoher Bedeutung. Wenn beispielsweise unter dem Markenlabel eines Porsche heute 80% der Teile zugeliefert sind, muss die Lieferantenstruktur und die Lieferantenqualität im Kontext des Intellectual Capital von Porsche beurteilt werden können. Dasselbe gilt auch insgesamt für die Bedeutung der Lieferanten in der Wertschöpfungskette einer Unternehmung sowie für mögliche Schlüssellieferanten. Die Beispiele der Automobilindustrie von Billstein-Stossdämpfern oder Bosch-Einspritzpumpen verdeutlichen nachhaltig, dass diese Indikatoren zur Beurteilung des Supplier Capitals im Rahmen des Intellectual Capitals einerseits leicht kommunizierbar und andererseits sehr wichtig zur Beurteilung sind. Während das Outsourcen von Teilkomponenten eine schon lange bekannte Produktionsstrategie ist, ist das Outsourcen ganzer Servicebereiche (beispielsweise der Logistik im Rahmen des Supply Chain Management) eine Entwicklung, die in den letzten Jahren erst zugenommen hat. Entscheidend zur Beurteilung des Intellectual Capital im Rahmen dieser Kategorie ist auch, ob und wie eine Unternehmung, deren immaterielle Werte letztendlich beurteilt werden sollen, die Gestaltungs- und Entwicklungsaufgabe und vor allen Dingen die **Qualitätskontrolle** im Rahmen der **Schlüssel-Zulieferungen** gewährleistet. Die Einteilung zu dieser Kategorie ist beim Arbeitskreis nicht sehr detailliert; daher wurde eine eigene Einteilung vorgenommen.

Innovation Capital:
- Innovation Capital als Kategorie des Intellectual Capital ist letztendlich nichts anderes als das, was das **Human Capital an Innovationspotential** erbringt. Insofern besteht die erste Aufgabe darin, die Indikatoren für die Kategorie des Innovation Capital festzulegen, die relativ einfach abzuleiten sind. **Patentportfolio** und **Ingenieursbestand** sind die Strukturdaten sowie **Neuproduktrate** und **F&E-Aufwand** die Leistungsdaten.[138] Die wesentlich schwierigere Aufgabe im Rahmen der Kommunikation dieser Indikatoren zur Beurteilung des Intellectual Capital ist aber, die Verknüpfung von Innovation Capital und Human Capital zu gewährleisten. Die entscheidende Aufgabe im Rahmen dieser Kategorie ist es, die Struktur- und Leistungsdaten im Rahmen des Capital View mit denjenigen Capital-Kategorien zu verknüpfen, die direkt einer Zielgruppe zuzuordnen sind – insbesondere dem Human Capital.

---

137 Vgl. dazu auch das Unterkapitel C.2.2.3.3. zur Organisation der Customer Relations.
138 Vgl. zur Berichterstattung über Forschung und Entwicklung auch Straube (1992, S.183).

Process Capital:
- Für die Kategorie des Process Capital gilt Ähnliches wie für die Kategorie des Innovation Capital. **Organisationsstruktur** und **Qualitätsdaten** abzuleiten ist die eine Aufgabe im Rahmen dieser Kategorie, die andere besteht darin, diese Daten mit den anderen Kategorien zu verknüpfen.

Location Capital:
- Die Kategorie des Location Capital ist eine standortbezogene Kategorie. Hier geht es darum, standortbezogene Leistungs- und Qualitätsdaten abzuleiten, die ebenfalls mit den anderen Kategorien verknüpft werden müssen.

3.2.3. Überführung des Intellectual Capital in Intellectual Relations

Diese Capital View auf das Intellectual Capital wird nunmehr im dritten Schritt mit der Relations View verbunden. Diese Verknüpfung des Capital View mit dem Relations View ist notwendig, damit das Intellectual Capital als Intellectual Relations eine Interpretationssicht ermöglicht.[139] Dabei sind die folgenden beiden Aspekte zu berücksichtigen:
- Einige Capital-Kategorien sind direkt einer Stakeholder Relation zuzuordnen: Um das Human Capital kümmert sich **Employee** oder **Human Relations**, die zudem oftmals noch in Management Relations und die »normale« Employee Relations unterteilt ist. Um die **Customer Relations** kümmern sich in erster Linie der Vertrieb und/oder das Marketing der Unternehmung, während die **Supplier Relations** nahezu ausschliesslich über den Einkauf gestaltet werden. Um das Investor Capital kümmern sich die **Capital Relations** unter Einbezug auch der Fremdkapitalseite. Allerdings muss man berücksichtigen, dass es sich hierbei nicht um die materielle Dimension der Capital Relations handelt, sondern um die Beziehungsdimension; denn es betrifft ja in erster Linie das Beziehungsmanagement zu den relevanten Entscheidungsgruppen (Anspruchsgruppen oder Multiplikatoren) des Kapitalmarktes. Mit anderen Worten: es geht nicht um das Was, sondern um das Wie der Kapitalmarktkommunikation.
- Für die Bereiche **Innovation Capital** und **Process Capital** sowie **Location Capital** gibt es keine direkte Zuordnung, da sie systematisch gesehen Relations-Bestandteile einer »zweiten Ordnung« sind; denn Innovationen werden beispielsweise durch Mitarbeiter oder Forschungs- und Entwicklungsabteilungen geschaffen und beziehen sich somit auf einen anderen Capital-Bestandteil des Intellectual Capital. Diese drei Capital-Bestandteile lassen sich aber auf die anderen vier beziehen, und zwar insbesondere auf das Humankapital und auf die bei Edvinsson/Malone (1997) unter Strukturkapital zusammengefassten Komponenten.

Insofern gilt es an dieser Stelle zu analysieren, ob und wie Capital Relations, Human Relations und Customer/Supplier-Relations zusammenarbeiten, um letztendlich den Entscheidern am Kapital- und Meinungsmarkt in der Mischung von materiellen und immateriellen Werten einen optimalen Informationszugang zur Unternehmung zu ermöglichen.

---

[139] Vgl. dazu die Unterscheidung beider Views in B.3.1.2.

3. Neuer Ansatz zur Kommunikation von Corporate Governance, Reporting und Reputation 179

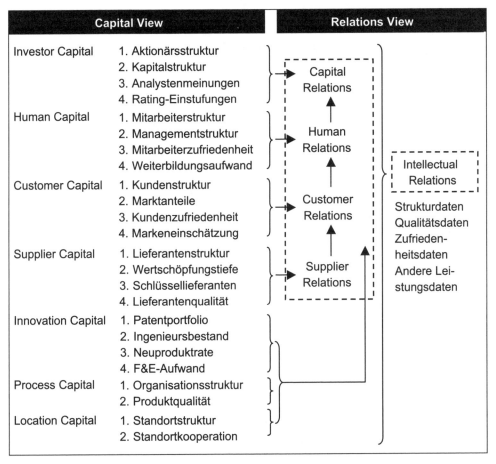

Abb. 90: Verknüpfung von Capital View und Relations View (eigene Abbildung)

3.2.4. Communications Capital als zusätzliche Kategorie des Intellectual Capital

Das **Communications Capital** wird nun als achte, neue und zusätzliche Kategorie eingeführt. Diese Kategorie hat vier Funktionen, wie auch die abschliessende Abbildung 92 zeigt:

- Erstens: Das Communications Capital ist für die Integration der verschiedenen Intellectual Capital-Kategorien untereinander zuständig. Das betrifft sowohl die Kategorien, die direkt einer Zielgruppe beziehungsweise Zwischenzielgruppe zuzuordnen sind, als auch die Einbeziehung der nicht direkt einer Gruppe zuzuordnenden Kategorien. Dieser Bereich umfasst die so bezeichneten **Intellectual Relations der Communications Relations**.
- Zweitens: In der bisherigen Übersicht fehlen zwei Relations, die zu einem umfassenden Management der Beziehungen zu den Anspruchsgruppen zu berücksichtigen sind: Die **Media Relations** für das Beziehungsmanagement zu den Journalisten und damit der allgemeinen und speziellen (Wirtschafts)öffentlichkeit sowie die **Political Relations** für

die Beziehungen zu den relevanten Anspruchsgruppen, welche die rechtlichen, politischen und gesellschaftlichen Rahmenbedingungen für die Unternehmung setzen. Diese Beziehungen sind die **Communications Relations im engeren Sinne**.

Beiden Relations gemeinsam sind die **Communications Relations im weiteren Sinne**, so wie sie auch in B.3.1. bei der Vorstellung der Konzeption des neuen Ansatzes benannt wurden und in der folgenden Tabelle durch die zusammenfassende Klammer skizziert werden. Sie sind für die folgenden Ausführungen ausschlaggebend.

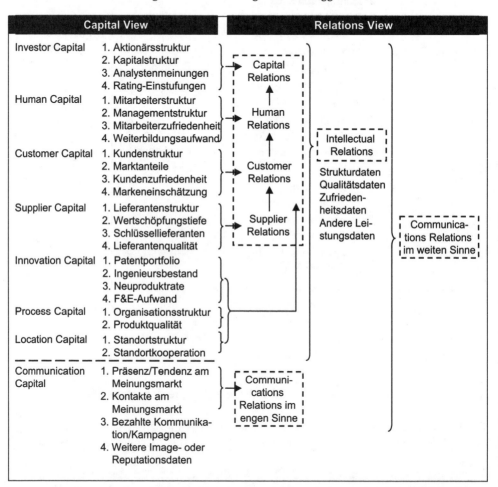

Abb. 91: Communications Capital als zusätzliche Kategorie des Intellectual Capital (eigene Abbildung)

Neben der Gestaltung und Entwicklung der Communications Relations hat das Communications Capital jedoch zwei weitere Funktionen im Rahmen des Intellectual Capitals:
- Drittens: Das Communications Capital hat auch die Funktion, die **Organisation dieser Beziehungen** in das Organisationsmodell zu integrieren. Dabei muss diese Organisation

in bestehende Aspekte der Aufbau- und Ablauforganisation eingreifen, um die Kommunikationsperspektive der Unternehmensführung gestalten und entwickeln zu können.[140]
- Viertens: Zu guter Letzt ist das Communications Capital zudem dafür verantwortlich, die **Verbindung** zwischen **Communications Relations** zu den Anspruchsgruppen sowie den **Communications Programs** für die Ausgestaltung von integrierten Kommunikationskonzepten (über Branding und Campagning) und dem sich daran anschliessenden **Communications Controlling** herzustellen.[141]

Die beiden letzten Funktionen werden im Rahmen des Organisationsmodells im anschliessenden Abschnitt C behandelt. Zu den ersten beiden Funktionen lässt sich folgendes ausführen:

Die erste **Funktion** im Rahmen der **Intellectual Relations** bedeutet, dass zunächst einmal alle hier aufgeführten Indikatoren miteinander in Beziehung gesetzt werden müssen. So sind alle drei nicht direkt Ziel- oder Zwischenzielgruppen zuzuordnenden Intellectual Capital-Kategorien auf die anderen Kategorien abzustimmen: Dies betrifft vor allen Dingen den Bereich des Innovation Capital, der auch als eine Unterfunktion des Human Capital betrachtet werden kann. Schliesslich sind Ingenieure ebenfalls Mitarbeiter oder Teile des Managements, die über Weiterbildung auf eine höhere Qualitätsstufe geführt werden können. Solche Ingenieure sind direkt dafür verantwortlich, welches Patentportfolio, welche Neuproduktrate und welcher F&E-Aufwand in einer Unternehmung zu beobachten sind.

Dieses wiederum hat viel mit der Organisationsstruktur einer Unternehmung zu tun, indem man die innovativen Kräfte auch so einsetzt, dass sie auf Basis der Wertschöpfungstiefe der Lieferantenstruktur und ihrer Qualität über die zu erstellenden qualitativen Produkte eine entsprechende Kundenzufriedenheit ermöglichen können. Dazu ist es allerdings wichtig, dass Management und Mitarbeiter eine Markteinschätzung haben, ihre Kundenstruktur und Marktanteile kennen, um auf dieser Basis gegebenenfalls entsprechende Produkte zu initiieren. Die Beziehung der unterschiedlichen Capital-Kategorien und Indikatoren untereinander mag dabei von Ziel- und Zwischenzielgruppe zu Ziel- und Zwischenzielgruppe unterschiedlich sein. Dies gilt insbesondere dann, wenn man den Zwischenzielgruppen der verschiedenen Meinungsmärkte (Kapitalmärkte, politische Märkte oder die allgemeine Öffentlichkeit) vom Erfolg des unternehmerischen Handelns berichten möchte.[142]

---

140 Vgl. dazu das Kapitel zum Überblick der Aufbauorganisation des Wertorientierten Kommunikationsmanagenents unter C.2.1.
141 Vgl. dazu die Kapitel über die Communications Programs und das Communications Controlling unter C.2.3. und C.2.4.
142 Nicht ohne Grund wird im Bereich der Kapitalmarktkommunikation von einer Equity Story gesprochen, welche auf Basis harter Kennzahlen mit Blick auf das finanzielle Kapital die dahinter liegende Aktienbeziehungsweise Kapitalgeschichte erklärt. Im Bereich der allgemeinen Öffentlichkeitsarbeit wird eher von Corporate Story gesprochen, die im Vergleich zur Equity Story noch weniger zahlenbezogen, sondern noch viel mehr auf den Gesamtzusammenhang ausgerichtet ist. Deshalb spricht van Riel (2000, S. 157 ff.) auch von einer »sustainable Corporate Story«, über die er wie folgt argumentiert: »Stakeholders will be more receptive to corporate messages, if the content of organisational messages are coherent and appealing (...). I shall claim that communication will be more effective if organizations rely on a so called sustainable Corporate Story as a source of inspiration for all internal and external communication programmes« (ebenda, S. 157).

Dazu benötigt man die Meinungsmärkte, auf denen sich das Beziehungsmanagement mit den Zwischenzielgruppen folgendermassen beschreiben lässt: **Communications Relations im engeren Sinne** gestalten beispielsweise die (guten) Beziehungen zu wichtigen Redakteuren (beispielsweise der einflussreichen Kommentarkolumne der Financial Times, The Lex Column) oder ermöglichen die Beurteilung des Wertes einer umfassenden Kontaktmöglichkeit zu einer Anspruchsgruppe (beispielsweise zu einem privaten Aktionär über Presse, Werbung, Dritte im Sportverein, über die Produkte oder Opinion Leader aus dem politisch gesellschaftlichen Umfeld).

Dieser Teil der Funktion der Communications Relations bezieht sich nunmehr vor allem auf den allgemeinen Meinungsmarkt, der in Unternehmungen in der Regel von den Leitern der Unternehmenskommunikation verantwortet wird. In einer empirischen Untersuchung der DAX-30- und M-DAX50-Unternehmungen in Deutschland wurden deshalb zwei Komplexe abgefragt: zum einen, welche Bewertungsmethoden in Unternehmungen überhaupt vorgenommen werden und zum anderen, welche Kriterien aus Sicht der Leiter der Unternehmenskommunikation von Ziel- und Zwischenzielgruppen überhaupt zur Beurteilung immaterieller Aspekte herangezogen werden. [143]

Folgende Graphik zeigt, dass die vorgeschlagenen Befragungen (siehe Indikatoren für das Communications Capital in obiger Tabelle) in Unternehmungen zum grossen Teil durchgeführt werden: Herausragend sind insbesondere Medienpräsenzen/-tendenzen und Analystenpräsenzen/-tendenzen sowie Imageanalysen, Mitarbeiterbefragungen und Kundenbefragungen sowie auch Aktionärsbefragungen. Lieferantenbefragungen und Referenzkunden-Analysen sind selbst im DAX-Segment bereits sehr unterdurchschnittlich ausgeprägt.

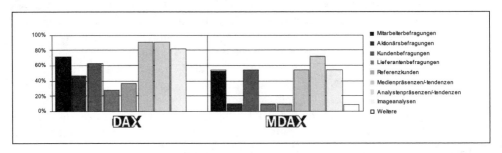

Abb. 92: Befragungen und Analysen zur Bewertung von Kommunikationsbeziehungen (eigene Abbildung)

Aus Sicht der Leiter der Unternehmenskommunikation, die im Kommunikationsprozess die koordinierende Verantwortung für die Sender-Funktion innehaben, sind insbesondere Aussagen zum Management einer Unternehmung sowie zu den innovativen Produkten und/oder Dienstleistungen wichtige Kriterien zur Bewertung einer Unternehmung auf Basis immate-

---

143 Die Untersuchung basiert auf der Systematik des Arbeitskreises Immaterieller Werte der Schmalenbach Gesellschaft. Die Umfrage fand im Mai 2003 statt und hatte einen Rücklauf von 36,6% bei den Dax-30-Unternehmungen (elf Unternehmungen) und 22% bei den M-Dax-50-Unternehmungen (ebenfalls elf Unternehmungen). Die Ergebnisse dieser Untersuchung sind für Dax und M-Dax sehr ähnlich.

rieller Aspekte. Allen anderen Kriterien wird bereits eher ein unterdurchschnittlicher Einfluss zugerechnet.

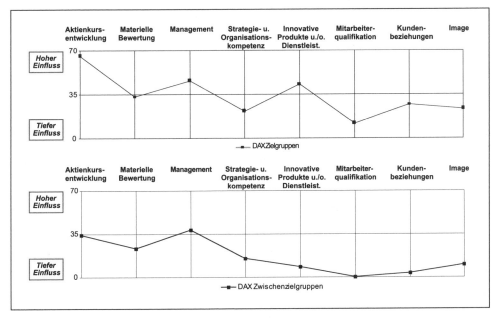

Abb. 93: Kriterien zur Unternehmensbewertung (eigene Abbildung)

Als wichtigstes Kriterium zur Beurteilung der immateriellen Werte für eine Unternehmung wird von diesen befragten Kommunikationschefs die **Managementfähigkeit** angegeben. Andere immaterielle Bewertungsmöglichkeiten wie **Innovationsfähigkeit, Mitarbeiterqualifikation, Kundenbeziehungen** oder **Strategie- und Organisationskompetenz** rangieren demgegenüber deutlich niedriger in der Präferenzeinstufung.[144]

3.3. Fazit zum neuen Kommunikationsansatz

Das Zwischenfazit in B.2.3. zu den bestehenden Kommunikations- und Bewertungsansätzen über Corporate Governance, Corporate Reputation und Corporate Reporting hatte festgehalten, dass ein »Multi-Stakeholder-Measurement« berücksichtigt werden sollte, das zudem die Kommunikation nicht nur kapitalmarktorientiert, sondern auch anspruchsgruppenorientiert ausgestaltet.

---

[144] Dieses Ergebnis wird gestützt von der umfangreichen Untersuchung von Ernst/Gassen/Pellens (2005), die in einer Befragung der Aktionäre der Deutschen Post AG zu dem Ergebnis gekommen sind, dass die Medienarbeit die wichtigste Informationsquelle für private Aktionäre und damit in der Massenkommunikation ist. Bei den Kriterien zur Beurteilung steht wiederum die Managementqualität ganz oben auf der Liste der Angaben dieser privaten Aktionäre. Die Ergebnisse der Studie wurden im übrigen gewichtet und insofern repräsentativ für die Bundesrepublik gestaltet.

Auf diese Art und Weise können die Aspekte der Corporate Governance über den Ansatz des Intellectual Capital in der strategischen Entwicklung und operativen Führung verknüpft werden. Diese Verknüpfung mit Hilfe der Interpretationsfähigkeit und -möglichkeit unternehmerischen Handelns dient der normativen Orientierung zur Legitimation unternehmerischen Handelns.

So kann eine **Systematik für die Unternehmenskommunikation** abgeleitet werden, die eine ganzheitlich ausgerichtete Führung (und Kontrolle) der Unternehmung in ihrer kommunikativen Dimension gestalten und entwickeln kann. Es bedarf folglich eines Ansatzes, der reputationsorientierte Perspektiven wie die des Reputationsquotienten von Fombrun et alii mit den Reporting-orientierten Ansätzen insbesondere von Volkart et alii im Dienste eines Wertorientierten Kommunikationsmanagements als Teil der Unternehmensführung verbindet.

Zur getreuen Darstellung der Rechnungslegung, der Fair Presentation, ist es deshalb notwendig, die von Will/Löw (2003) oder von Coenenberg (2003) attestierte Residualgrösse zwischen Markt- und Buchwert beziehungsweise den langfristigen Geschäftswert über die **Interpretierbarkeit immaterieller Wertgrössen** im Kontext des Intellectual Capital-Ansatzes zu erläutern.

Die bestehende Systematik des Arbeitskreises Immaterielle Werte im Rechnungswesen bildet dabei die Grundlage für das vorgelegte Indikatorenmodell als zusätzliche **achte IC-Kategorie des Communications Capital**. Dieser Ansatz wurde unter Nutzung der Überlegungen Coenenbergs (2003) und der Zusammenstellung Grüners (2002) so angepasst, dass wenige, aber umfassende Struktur- und Leistungskennzahlen für die Kommunikation des Intellectual Capital hergeleitet werden konnten. Ähnlich wird ja auch im Bereich des Financial Capital vorgegangen.

Die **Capital View** des Intellectual Capital-Ansatzes wurde dabei mit einem Ansatz in eine **Relations View** verbunden, um die Indikatoren des Intellectual Capital ziel- und zwischenzielgruppengerecht zuordnen zu können und deren Verbindung untereinander herzustellen, die so bezeichneten Intellectual Relations. Zudem wurden die im grundlegenden Ansatz des Arbeitskreises sehr untergeordnet berücksichtigten originären Kommunikationsbeziehungen zu den Meinungsmärkten und den politischen Multiplikatoren berücksichtigt, die Communications Relations im engeren Sinne. Beiden gemeinsam sind die **Communications Relations** (im weiteren Sinne), mit denen künftig im Rahmen des Organisationsmodells gearbeitet wird.

Der Vorteil dieses neuen Ansatzes liegt vor allen Dingen darin, dass – um noch einmal mit Coenenberg (2003) zu argumentieren – qualitative und teilweise quantitative Beurteilungen und Kennziffern in der Kategorisierung des Intellectual Capital vorliegen die – je näher sie von der Prognose sozusagen »rücklaufend« in Richtung Realität (also in Richtung t = 0) rücken – eine Zuordnung und/oder sogar Aktivierung immaterieller Vermögenswerte im Rahmen der Unternehmensbewertung erlauben.

Auf diese Art und Weise bietet das Communications Capital als zusätzliche Kategorie des Intellectual Capital eine Möglichkeit, sukzessiv Daten für die Werthaltigkeit des langfristigen Geschäftswertes zu liefern, der so im Rahmen des Impairment-Only-Approaches effizienter beurteilt werden kann.

Damit wird dieser neue Kommunikationsansatz dem Diktum der Fair Presentation von Corporate Governance gerecht, indem er eine systematische und integrierte Unternehmenskommunikation über ein Indikatorenmodell und seine Kennzahlen für Reputation und Reporting ermöglicht.

Der neue Kommunikationsansatz ermöglicht somit den inhaltlichen Teil der Kommunikationsperspektive der Unternehmensführung, den ersten Teil der **Communications View.**

4. Erster Teil der Communications View des Wertorientierten Kommunikationsmanagements

Der gesamte Abschnitt B über die Inhaltsebene des Wertorientierten Kommunikationsmanagements befasste sich mit der **Ausgestaltung der kommunikativen Dimension der Inhalte** im Sinne einer ganzheitlichen Kommunikationsperspektive, der Communications View.

Diese **Communications View** des Wertorientierten Kommunikationsmanagements ist in das Führungsmodell des gesamten Management-Modells integriert worden und wird damit vor allem der weiter gefassten Betrachtung von **Corporate Governance** im Sinne von Führung und Kontrolle von Unternehmungen gerecht. Die Stärkung einer **glaubwürdigen Führung** und die Integration von Führung und Kommunikation, von Bruhn/Reichwald (2005) als zentralem Erfolgsfaktor definiert, dient der normativen Orientierung, der strategischen Entwicklung und der operativen Führung und Führungsunterstützung im Rahmen der Managementprozesse von Unternehmungen.

Zur Legitimation unternehmerischen Handelns muss dabei berücksichtigt werden, dass verschiedene Anspruchsgruppen – in dieser Schrift in Ziel- und Zwischenzielgruppen differenziert – eine eigenständige Interpretation dieses Handelns vornehmen, die nicht mit der materiellen Perspektive übereinstimmen muss. **Interpretationssicht des Reputationswertes** und **Investitionssicht des Unternehmenswertes** ergänzen sich – die Interpretation unternehmerischen Handelns über eine systematische Ableitung des Reputationswertes als Residualgrösse reduziert dabei die Asymmetrie zwischen Principal und Agent, senkt ceteris paribus die Kapitalkosten und sichert damit den Bestand und die erfolgreiche Weiterentwicklung der Unternehmung. Der Reputationswert ist ein zusätzlicher Gradmesser zur Beurteilung der Unternehmung und somit des Unternehmenswertes.

Der Erkenntnisgewinn dieses Abschnittes über die Inhaltsebene des Wertorientierten Managements besteht vor allen Dingen darin, dass **Corporate Governance, Corporate Reputation und Corporate Reporting** in einem »**Dreieck**« integriert, aufeinander abgestimmt und die Kommunikationsanforderungen systematisch abgeleitet werden können.

Folgende Abbildung verbindet die ursprüngliche Darstellung des Dreiecks aus der Beschreibung der Zusammenhänge der drei Ebenen der Managementprozesse im Kontext ihrer kommunikativen Dimension mit der Darstellung des Zusammenhangs von Interpretations- und Investitionssicht im Kontext des neuen Kommunikationsansatzes:[145]

Die vorgelegte Systematik dient der transparenten Darstellung von Führung und Kontrolle der Unternehmungen (Corporate Governance), indem es die transparente Darstellung der Rechnungslegung und die transparente Darstellung der Positionierung einer Unternehmung verbindet.

Die Communications View fügt dem Management von Unternehmungen eine zusätzliche Managementfähigkeit, die **Kommunikationsfähigkeit im weiteren Sinne** hinzu. Die **Communications View** hat zwei Teilperspektiven – nämlich die konsequente Betrachtung aller Kapitalkategorien auf Basis einer Kommunikationsperspektive (**Capital View**) sowie die

---

145 Vgl. dazu B.1.1. und B. 3.1.1.

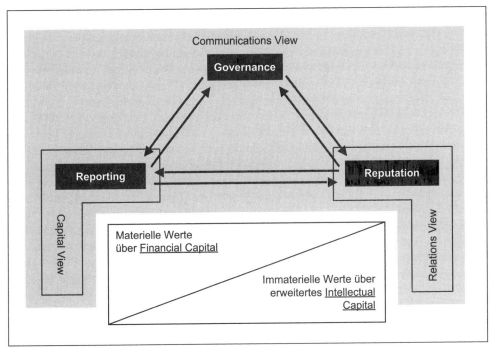

Abb. 94: Integration der Perspektiven (eigene Abbildung)

Gestaltung und Entwicklung des ganzheitlich ausgerichteten Beziehungsmanagements zu den relevanten Anspruchsgruppen einer Unternehmung über Kommunikationsprozesse, für die man Zwischenzielgruppen und Zielgruppen betrachten muss (**Relations View**).

Während die übergeordnete Funktion der Communications View Teil der unternehmerischen Führung ist, bietet die Capital View die entsprechenden Anbindungen an die Rechnungslegung und die Relations View die entsprechende Positionierung der gesamten Unternehmung gegenüber allen relevanten Anspruchsgruppen (über Ziel- und Zwischenzielgruppen).

Nunmehr muss auf Basis dieses erweiterten Führungsmodells unter Einbezug einer Communications View für die inhaltliche Ausgestaltung der kommunikativen Dimension ein Organisationsmodell im Sinne von Strukturen und Prozessen im nächsten Abschnitt betrachtet werden.

C. Organisationsebene des Wertorientierten Kommunikationsmanagements

Abschnitt C befasst sich mit der Organisationsebene des Wertorientierten Kommunikationsmanagements. Nach der Darstellung der Inhaltsebene geht es nunmehr darum, wie das Führungsmodell auch als Organisationsmodell gestaltet werden kann. Dazu werden die Schnittstellen zu den Geschäftsprozessen und innerhalb der Unterstützungsprozesse betrachtet.

Die Darstellung der kommunikativen Dimension der Inhalte hat ergeben, dass die Interaktionsthemen bislang nicht in die Gestaltung und Entwicklung der Kommunikationsbeziehungen einbezogen werden. Allerdings konnte ein neuer Kommunikationsansatz vorgestellt werden, der diese thematische Einbindung systematisch ermöglicht. Insofern ist es folgerichtig, dass auch die kommunikative Dimension der Strukturen und Prozesse einen neuen Ansatz benötigt, der dieses Führungsmodell im Sinne der Aufbau- und Ablauforganisation umsetzt.

Deshalb beginnt dieser Abschnitt mit einer Behandlung der kommunikativen Dimension der Strukturen und Prozesse (C.1.), in dem die Ausgangslage und die möglichen Erweiterungen skizziert werden. Hauptkapitel C.1. ist das Pendant zum Hauptkapitel B.1., in dem die kommunikative Dimension der Inhalte behandelt wurden.

Anschliessend wird die Aufbauorganisation beschrieben (C.2.), in der die verschiedenen Communications Relations, die Communications Programs sowie das Communications Controlling geordnet werden. Dabei werden die quantitativen, aber vor allem auch die qualitativen Kennzahlen aus den Ableitungen von Capital View und Relations View aus Abschnitt B herausgearbeitet, die zur Beurteilung der Stakeholder Relations notwendig sind.

Zum Schluss wird der zweite Teil der Communications View des Wertorientierten Kommunikationsmanagements über das Organisationsmodell beschrieben (C.3.).

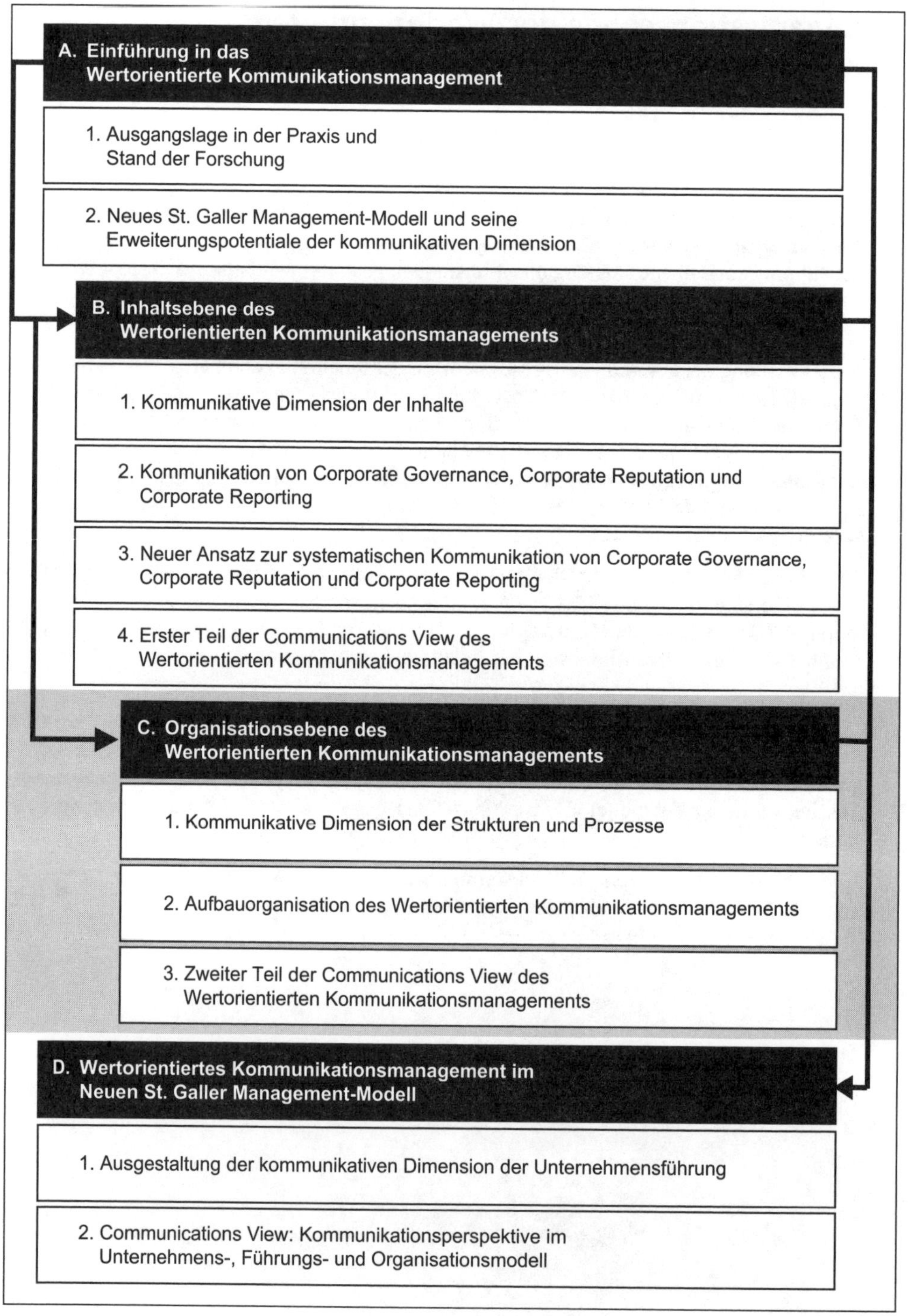

A. Einführung in das Wertorientierte Kommunikationsmanagement

1. Ausgangslage in der Praxis und Stand der Forschung

2. Neues St. Galler Management-Modell und seine Erweiterungspotentiale der kommunikativen Dimension

B. Inhaltsebene des Wertorientierten Kommunikationsmanagements

1. Kommunikative Dimension der Inhalte

2. Kommunikation von Corporate Governance, Corporate Reputation und Corporate Reporting

3. Neuer Ansatz zur systematischen Kommunikation von Corporate Governance, Corporate Reputation und Corporate Reporting

4. Erster Teil der Communications View des Wertorientierten Kommunikationsmanagements

C. Organisationsebene des Wertorientierten Kommunikationsmanagements

1. Kommunikative Dimension der Strukturen und Prozesse

2. Aufbauorganisation des Wertorientierten Kommunikationsmanagements

3. Zweiter Teil der Communications View des Wertorientierten Kommunikationsmanagements

D. Wertorientiertes Kommunikationsmanagement im Neuen St. Galler Management-Modell

1. Ausgestaltung der kommunikativen Dimension der Unternehmensführung

2. Communications View: Kommunikationsperspektive im Unternehmens-, Führungs- und Organisationsmodell

Abb. 95: Synopse zu C.

1. Kommunikative Dimension der Strukturen und Prozesse

Hauptkapitel C.1. behandelt die kommunikative Dimension der Strukturen und Prozesse für das Wertorientierte Kommunikationsmanagement. Dabei werden zunächst Anmerkungen zur Strukturebene im Rahmen der Ordnungsmomente (C.1.1.) und sodann zur Prozessebene (C.1.2.) gemacht.

Die Anmerkungen zur Strukturebene analysieren bestehende Organisationsmodelle und ihre Lücken im Sinne der in Abschnitt B vorgestellten zusätzlichen Inhalte. Sie müssen nunmehr organisatorisch umgesetzt werden.

Die Anmerkungen zur Prozessebene greifen auf verschiedene Aspekte aus den Abschnitten A und B zurück und behandeln die fehlenden Schnittstellen zu den anderen Prozessen.

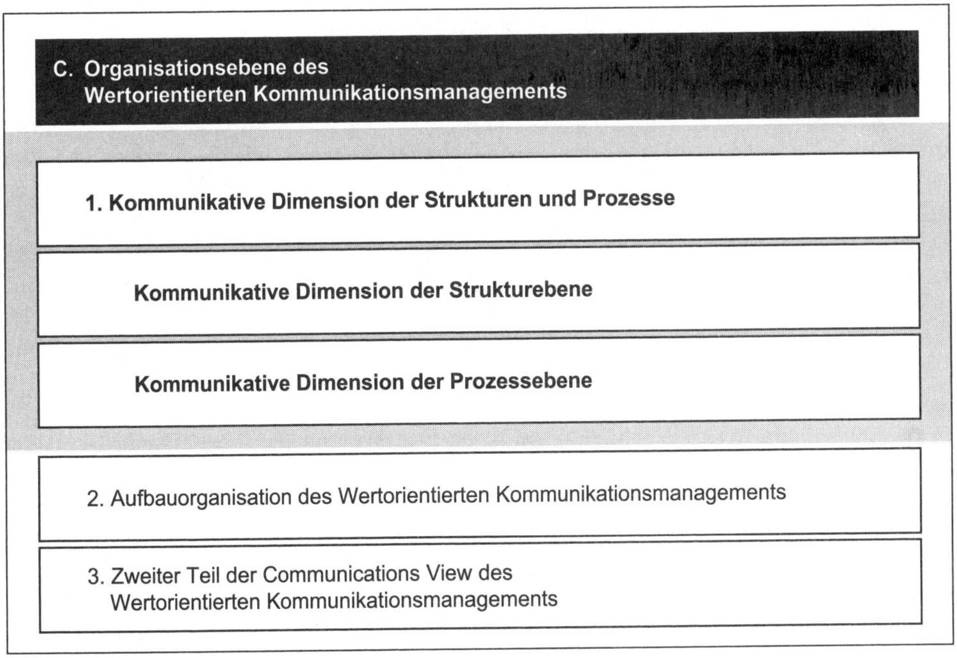

C. Organisationsebene des Wertorientierten Kommunikationsmanagements

- 1. Kommunikative Dimension der Strukturen und Prozesse
    - Kommunikative Dimension der Strukturebene
    - Kommunikative Dimension der Prozessebene
- 2. Aufbauorganisation des Wertorientierten Kommunikationsmanagements
- 3. Zweiter Teil der Communications View des Wertorientierten Kommunikationsmanagements

Abb. 96: Synopse mit Details zu C.1.

1.1. Kommunikative Dimension der Strukturebene

> Kapitel C.1.1. nimmt die Strukturebene und ihre Bedeutung für die kommunikative Dimension der Unternehmung in den Fokus der Analyse. In diesem Zusammenhang wird zunächst ein grundsätzlicher Blick auf die Unternehmensorganisation in ihrer kommunikativen Dimension geworfen (C.1.1.1.) und sodann der Aspekt bestehender Modelle der Organisation der Unternehmenskommunikation aufgenommen (C.1.1.2.).

1.1.1. Kommunikative Dimension der Unternehmensorganisation

In seiner Behandlung der kommunikativen Dimension der Unternehmung hat Ulrich (1970, S. 257 ff.) bereits Aussagen zu den Problemen der **Gestaltung des Kommunikationssystems** (ebenda, S. 264 ff.) gemacht. Für ihn ist der Aufbau von Kommunikationsprozessen abhängig von der gewählten Aufbauorganisation der Unternehmung, wobei sich diese Aussage im Wesentlichen auf die Datenverarbeitung bezieht.

Nach der funktionalen Beschreibung des Wertorientierten Kommunikationsmanagements im Rahmen des Unternehmens- und Führungsmodells geht es darum, wie »die im Unternehmen zu lösenden Sachaufgaben und der Charakter des Führungssystems verstanden worden sind« (Ulrich/Krieg, 1974, S. 16), um die organisatorische Problematik erkennen und in einem Organisationsmodell lösen zu können.

Im Rückblick auf die Abschnitte A und B kann festgehalten werden, dass die kommunikative Dimension der Unternehmung bislang nicht in Führungs- und damit auch konsequenterweise nicht in Organisationsmodellen abgebildet wird. Mit Hilfe des neuen Kommunikationsansatzes wurde jedoch eine Möglichkeit aufgezeigt, wie die Inhaltsebene über eine kommunikative Betrachtung der Interaktionsthemen für die Führung der Unternehmung gestaltbar gemacht werden kann.

Die Definition der Schnittstellen zu den Managementprozessen ist damit ermöglicht und kann zur Reduktion der zunehmenden Komplexität im Kommunikationsumfeld der Unternehmungen eingesetzt werden. Dies gilt einerseits in Bezug auf eine Differenzierung der Anspruchsgruppen in Zielgruppen und Zwischenzielgruppen, des weiteren auch in Bezug auf die Veränderungen im rechtlichen Umfeld der Rechnungs- und Publizitätsvorschriften und andererseits mit Blick auf die grundlegenden Veränderungen im medialen Umfeld.[146]

Kommunikationswissenschaftliche wie auch betriebswirtschaftliche Modelle der Organisation der Unternehmenskommunikation spiegeln diese Veränderungen nicht wider, da sie nicht in ein Management-Modell eingebunden sind.[147] Das gewählte Neue St. Galler Management-Modell bietet in vielerlei Hinsicht Vorteile, weil es nach der Einbindung in das Führungsmodell nun auch die Einbindung in das Organisationsmodell ermöglicht.

Dies erfolgt auf Basis der – wie Ulrich formuliert – im Führungsmodell angelegten Vorgänge, die eine gedankliche Grundlage für die organisatorische Hierarchie und die Strukturierung der Führungsprozesse darstellen. Wenn Kommunikation als Bestandteil der Führung betrachtet wird, so ist es in der Begrifflichkeit Ulrichs Teil der Führungsaufgaben

---

146 Vgl. dazu A.1.2.
147 Vgl. dazu den Stand der Forschung zu PR und CC in Kapitel A.1.4.

des »Chefs«.[148] Der vorliegende Abschnitt will dieses notwendige kommunikationsorientierte Denken des Chefs in einem Organisationsmodell für die Unternehmenskommunikation im Sinne eines Wertorientierten Kommunikationsmanagements abbilden.

Die Behandlung der Inhaltsebene des Wertorientierten Kommunikationsmanagements hat gezeigt,[149] dass das im Neuen St. Galler Management-Modell auf der Unterstützungsebene verortete Kommunikationsmanagement auch auf die Ebene der Managementprozesse gehoben werden kann. Damit wird eine normative Orientierung zur Legitimation gegenüber Anspruchsgruppen ermöglicht. Der Vorteil des gewählten Modells ist nunmehr, dass es zum einen anwendungsorientiert, zum anderen integriert und des weiteren ganzheitlich ausgerichtet ist.

Insbesondere im Kontext der **Geschäfts- und Unterstützungsprozesse** können somit im bestehenden Modell die Schnittstellen aufgezeigt werden, die bereits für die Managementprozesse im Abschnitt über die Inhaltsebene beschrieben worden sind. Dabei sind die Ebenen der Management- und insbesondere der Unterstützungsprozesse selbstverständlich miteinander verwoben und zudem mit den anderen fünf Kategorien des Bezugsrahmens verbunden.

Für die kommunikative Dimension der Strukturebene gilt nun folgendes: Grundsätzlich prägen drei Sichtweisen das Denken über organisationale Zusammenhänge – nämlich die instrumentale, institutionale und die funktionale Perspektive (Gomez/Zimmermann 1999, S. 16). Die instrumentale Sichtweise versteht Organisation als **Mittel zur effizienten Führung** von Unternehmungen. Die institutionale Sicht von Organisation versteht diese als **menschliche Konstrukte zur Sinngebung** im unternehmerischen Geschehen. Die funktionale Sicht versteht eine Organisation als **Ordnungsmuster zur Komplexitätsbewältigung**, wie folgende Abbildung zusammenfasst.

Für diesen gesamten Abschnitt C über die Organisationsebene geht es in dieser Terminologie am ehesten um eine funktionale und eine instrumentale Beschreibung – mithin wie die Kommunikationsorganisation im Dienste der Komplexitätsbewältigung zu organisieren ist und auf welche Art und Weise die Kommunikationsorganisation als Instrument für die Führung eingesetzt werden kann.

Bei der Frage der kommunikativen Dimension der Unternehmensorganisation geht es darum, welche Bereiche in die Unternehmenskommunikation explizit und/oder implizit einbezogen werden müssen. Schultz/Hatch/Larsen beschreiben in ihrem Sammelband »**Expressive Organisation**« die einzubeziehenden Bereiche folgendermassen: »Ideas such as organisational identity, reputation, and corporate branding have been around for a long time. But never before have the interests that promote these ideas within business – the functions of HRM, communication, marketing strategy, and accounting – been in greater need of one anothers support« Schultz/Hatch/Larsen (2000, S. 1).

Diese Autoren sprechen deshalb von der Notwendigkeit einer »ausdrucksfähigen Organisation«, der »expressive organisation« – also einer ganzheitlichen Darstellung der Unternehmung. Eine der Implikationen für die neue Bedeutung der Ausdrucksfähigkeit ist für die Autoren, dass Strategie allen Stakeholdern dienen muss: sowohl Mitarbeitern als auch Kunden, Aktionären, Kreditgebern, Lieferanten, lokalen Communities und den Medien, wie

---

148 Cgl. dazu die entsprechenden Ausführungen im Rahmen des »alten« St. Galler Management-Modells in A.2.2.1.
149 Vgl. dazu B.1.1.

Abb. 97: Sichtweisen organisatorischer Zusammenhänge (Gomez/Zimmermann 1993, S. 16)

folgende Abbildung verdeutlicht. Dazu muss man die qualitativen Stakeholder Relations gestalten und entwickeln können.

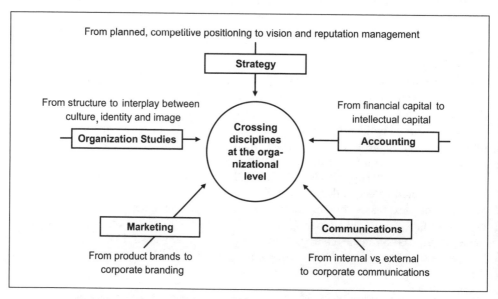

Abb. 98: Ganzheitlicher Bezugsrahmen der ausdrucksfähigen Organisation (Schulz/Hatch/Larson 2000, S. 3)

Welche Bereiche grundsätzlich im internen und externen Umfeld der Unternehmungen mit Blick auf die Kommunikationsbeziehungen zu berücksichtigen sind, zeigt auch folgende Einteilung von Müller-Stewens/Lechner. Unternehmungen müssen differenzieren können, welche dieser Gruppen zu welchem Zeitpunkt welche Position gegenüber einer Unternehmung einnehmen.

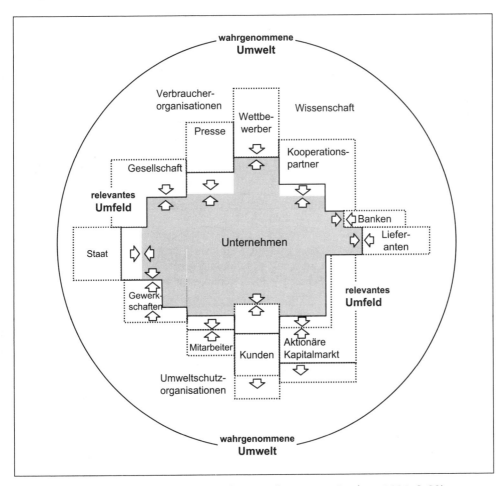

Abb. 99: Das Unternehmen/Umwelt-Verhältnis (Müller-Stewens/Lechner 2001, S. 22)

Müller-Stewens/Lechner unterscheiden Bezugsgruppen und Anspruchsgruppen (Müller-Stewens/Lechner 2001, S. 20). Bezugsgruppen, die Ansprüche an die Unternehmungen haben, nennen sie Anspruchsgruppen: »Manche Stakeholder, wie etwa Aktionäre oder Mitarbeiter, gehören je nach Beobachtungsperspektive zum Unternehmen (als Teil) oder zu seiner Umwelt (als Anspruchsgruppe an das Unternehmen). Ein Mitarbeiter ist zwar Teil des Unternehmens, stellt aber Ansprüche an das Unternehmen« (Müller-Stewens/Lechner 2001, Fussnote 24, S. 35).

Zusammenfassend bietet die kommunikative Dimension der Unternehmensorganisation drei Anhaltspunkte: Zunächst ist die Frage des organisationalen Zusammenhangs zu klären, sodann sind die Unternehmensbereiche zu analysieren, die für bestimmte Stakeholder Relations benötigt werden und schliesslich muss auch die Stellung eines Stakeholders gegenüber der Unternehmung geklärt sein.

1.1.2. Modelle der Organisation der Unternehmenskommunikation

Autoren allgemeiner Organisationsmodelle für die Unternehmensführung befassen sich gar nicht explizit mit Fragen der Organisation der Unternehmenskommunikation. Sie ordnen den Bereich der Unternehmenskommunikation in der Regel als Stabsabteilung dem Vorstandsvorsitzenden zu.[150]

Allerdings haben jüngst Bruhn/Reichwald eine Bestandesaufnahme der Schnittstellen, Problemstellungen und Lösungsansätze für Führung, Organisation und Kommunikation im Sonderheft über »Führung und Kommunikation« vorgenommen: Für die Autoren sind Führung, Organisation und Kommunikation eng miteinander verwoben, wie diese Darstellung symbolisiert:

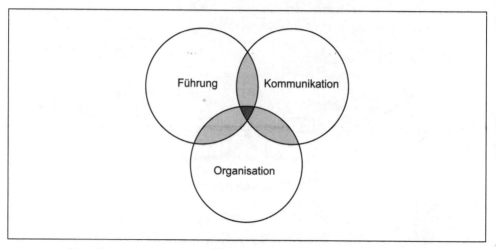

Abb. 100: Schnittstellen zwischen Führung, Organisation und Kommunikation im Unternehmen (Bruhn/Reichwald 2005 S. 133)

Für sie definiert sich die Schnittstelle zwischen **Organisation und Führung** dadurch, dass »Organisationsstruktur und Führungssystem kompatibel sein (müssen) – in anderem Falle behindert das Führungssystem die organisatorische Effizienz.« (Bruhn/Reichwald 2005, S. 132). Die Schnittstelle zwischen **Führung und Kommunikation** erkennen sie darin, dass »Führung in erster Linie Kommunikation (ist). Besonders im organisatorischen Wandel ist die Kommunikationskompetenz von Führungskräften der erfolgsentscheidende Faktor« (ebenda, S. 133). Und schliesslich erkennen sie die Schnittstelle von **Kommunikation und**

---

[150] Vgl. dazu u. a. Engelhardt (1995), Fombrun (1992), Bleicher (1981), aber auch Herger (2004).

Organisation darin, dass »Unternehmen Defizite in der internen Kommunikation auf(weisen), weil nur eine spärliche kommunikative Infrastruktur vorliegt« (ebenda, S. 134).

Schlussendlich kommen sie für die dreiteilige **Schnittstelle von Führung–Organisation–Kommunikation** zur Einschätzung, dass es Unternehmungen oftmals nicht gelingt, ihre Unternehmensführung und Unternehmenskommunikation so miteinander zu verbinden, dass sich daraus ein Mehrwert für die gesamte Unternehmung generiert. Zudem stellen sie fest, dass das Verhalten und die Kommunikation von Unternehmen nach aussen in der Wahrnehmung der Zielgruppen oftmals auseinanderklaffen. Nach Ansicht von Bruhn/Reichwald machen interne Unternehmensanforderungen sowie externe Markt- und Umfeldbegebenheiten heute eine enge Verzahnung aller drei Bereiche notwendig. Ihrer Meinung nach sind in einer Vielzahl von Unternehmungen die Voraussetzungen für eine solche Verzahnung heute aber noch nicht gegeben. Dies betrifft Defizite hinsichtlich der Unternehmenssysteme und -strukturen als auch der Unternehmenskultur (ebenda, S. 136).

Einen interessanten Ansatz im Kontext von Kommunikation und Organisation bieten zudem Gergs/Trinczek (2005, S. 49 ff.) mit einer soziologisch inspirierten Analyse der Kommunikation als Schlüsselfaktor des Change-Managements. Sie stellen der klassischen Perspektive der Organisation als soziale Einheit mit klar definiertem Organisationszweck eine Perspektive der **Organisation als geronnene Kommunikation** gegenüber. In dieser Organisation als »geronnene Kommunikation« können verfestigte Organisationsstrukturen in betrieblichen Veränderungsprozessen jeweils nur kommunikativ neu ausgehandelt werden. Dabei implizieren sie nicht, dass ein solches Verständnis von Organisation dazu führt, dass in Organisationen ständig alles zur kommunikativen Disposition steht, sondern dass die Kommunikation durch die Strukturbildung der Organisation in gewisser Weise ersetzt wird.

Für Gergs/Trinczek erhält die Kommunikation als entscheidendes Medium jedoch dann Bedeutung, wenn in organisatorischen Wandlungsprozessen die normale Reproduktion organisatorischer Strukturen, Regeln und Routinen durchbrochen werden muss. »Wenn richtig ist, dass Organisation Kommunikation ersetzt, dann muss auch richtig sein, dass organisatorische Veränderung zusätzlichen Kommunikationsbedarf generiert – bis wieder ein Zustand relativer Stabilität erreicht ist. Im Veränderungsprozess kommt es daher zu einer Potenzierung von Kommunikationsnotwendigkeiten« (Gergs/Trinczek 2005, S. 51).[151]

Die Perspektive dieser »geronnenen Kommunikation« ist dabei auf die interne Kommunikation ausgerichtet, verdeutlicht aber die Bedeutung der Kommunikation in und für die Organisation. Gergs/Trinczek stellen dabei insbesondere – auf Basis empirischer Befunde – auf die Face-to-Face-Kommunikation in der internen Kommunikation ab, die ihrer Meinung nach vor allem auch dialogisch ausgerichtet sein muss, um gegebenenfalls Aspekte der Veränderungsprozesse in den Managementprozess der Unternehmensführung einbinden zu können.

Allgemein gilt aber, dass es eine Kommunikationsorganisation für die in Abschnitt B hergeleiteten Aufgaben allenfalls in Ansätzen gibt. Diese Aussage wird durch die Ausführungen von Bruhn/Reichwald gestützt. Die vorliegenden Modelle der Organisation der Unternehmenskommunikation müssen nunmehr aus zwei Blickwinkeln betrachtet werden: Wie wird die Unternehmenskommunikation als solche organisiert und welche Bereiche

---

[151] Vgl. zum organisationalen Wandel auch Rüegg-Stürm (2001) und dabei zur Rolle der Kommunikation vor allem S. 174 ff.

werden in der Regel hinzugerechnet? Wie ist die Unternehmenskommunikation in die Unternehmensorganisation eingepasst?

Die **Organisation der Unternehmenskommunikation (1)** wird in der Regel »integriert« angeboten, wie insbesondere Kirchner dies im Überblick der Modelle ausführt. Unstrittig sind zum Thema Organisation der Unternehmenskommunikation folgende Bereiche (Kirchner 2001, S. 24 ff.):

- **Media Relations** (deutsch: Presseabteilung) als Beziehungsmanagement zu den allgemeinen und speziellen Medien, teilweise in Abstimmung mit Fachabteilungen über Fachpublikationen;
- **Public Relations** (deutsch: Öffentlichkeitsarbeit) als Kommunikationsarbeit mit der allgemeinen Öffentlichkeit in Politik und Gesellschaft (einschliesslich Verbände und Non-Profit-Organisationen etc.);
- **Employee Communications** (deutsch: Mitarbeiterkommunikation) als Beziehungsmanagement zu den Mitarbeitern, teilweise in Abstimmung mit dem Personalbereich;
- **Online Communications** via Internet und Intranet mit den verschiedenen internen und externen Ziel- und Zwischenzielgruppen in Abstimmung mit den Business-Portalen;
- **Corporate Sponsoring** als unterstützende Kommunikationsarbeit von Projekten, Programmen oder Konferenzen, bei denen das Unternehmen teilweise aktiv als zahlender Sponsor genannt wird;
- **Corporate Design** als visuelle und verbale Kommunikation des Unternehmensauftritts im Sinne von Logo und Slogan.

Diese Zuordnung ist – wohlgemerkt – unter den Autoren der Unternehmenskommunikation unumstritten, aber natürlich nicht unter den Autoren von allgemeinen Organisationsmodellen.[152] Allerdings gibt es zwei Bereiche, die bereits unter den Autoren der Organisation für die Unternehmenskommunikation nicht eindeutig ist:

- **Investor Relations** wird als Beziehungsmanagement zu den speziellen Anspruchsgruppen des Kapitalmarktes häufig dem Verantwortungsbereich des Finanzvorstandes zugeordnet;[153]
- **Corporate Advertising** als Kommunikationsarbeit im Sinne der Image- und/oder Unternehmenswerbung wird oftmals dem Verantwortungsbereich des Marketingvorstandes zugeordnet.[154]

Aus diesen Überlegungen heraus lassen sich **sieben Bereiche für die Unternehmenskommunikation** definieren, wobei es in Unternehmungen unterschiedlich gehandhabt wird, ob der Bereich der Online Relations als eigenständiger Bereich oder als Instrument von allen vorgenannten sieben Bereichen genutzt wird. Mit Hilfe der sieben-plus-eins-Bereiche können die sechs wesentlichen Zielgruppen einer Unternehmenung erreicht werden, indem man mit ihnen sowohl über die indirekte externe Kommunikation mittels der Zwischenzielgruppen kommuniziert als auch über die direkte externe Kommunikation (dem Bereich

---

152 Vgl. dazu den Literaturüberblick in A.1.4.
153 Vgl. dazu beispielsweise Drill (1995) oder Täubert (1998).
154 Vgl. dazu bspw. Kuss/Tomczak (2002, S. 151 ff.) und insbesondere zur Value Positioning (ebenda, S. 182 f.) sowie Meffert (1999, S. 409 ff.).

der bezahlten Marktkommunikation) und schliesslich noch über die direkte interne Kommunikation in eine Austauschbeziehung tritt, wie folgende Abbildung zeigt.

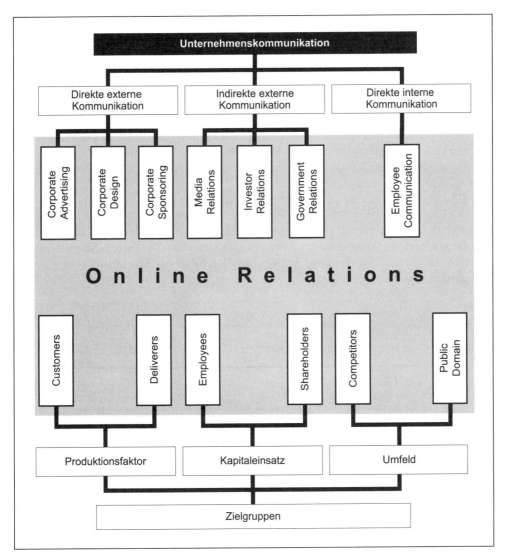

Abb. 101: Bereiche der Unternehmenskommunikation (in Anlehnung an Will 2000a, S. 50).

Will/Probst/Schmidt (1999, S. 301 ff.) haben auf Basis des oben aufgezeigten Modells die Organisation der Unternehmenskommunikation im Eurostoxx-50-Index analysiert und dabei festgestellt, dass genau diese sieben Bereiche zum Bereich der Unternehmenskommunikation zugehören sollten. Die niedrigsten Zustimmungsraten bekamen allerdings der Bereich Corporate Advertising (71 %) und Investor Relations (67 %), was nur die umstrittene Einordnung dieser beiden genannten Bereiche unterstützt. 100%ige Zustimmung bekamen die Bereiche Media Relations und Employee Relations (Will/Probst/Schmidt 1999, S. 303).

In einer Studie zur Nutzung neuer Medien in der Unternehmenskommunikation haben Will/Porak (2001, S. 195 ff.) auf Basis der oben genannten sieben Bereiche die **Nutzung von Online Medien** analysiert: Zum Zeitpunkt der Erhebung konnte festgehalten werden, dass im überwiegenden Teil der 150 analysierten Websites[155] die Bereiche der so genannten Offline-Kommunikation übernommen wurden. Man findet folglich für alle wesentlichen externen Zielgruppen (die interne Zielgruppe Mitarbeiter wird über das externen Nutzern nicht zugängliche Intranet bedient) einzelne Online-Gruppierungen auf den Corporate Websites. Insofern nutzen Unternehmungen den Bereich der Online Kommunikation offensichtlich noch nicht zu einem so genannten Community-Ansatz, bei dem man interessengeleitete Gruppierungen systematisiert (beispielsweise an Aktien interessierte Rezipienten beziehungsweise User), sondern noch mehr nach den klassischen Zielgruppen (beispielsweise Aktionäre, Mitarbeiter, Kunden) gruppiert.

Stellvertretend für die Modelle der Organisation der Unternehmenskommunikation wird hier der Überblick von Bruhn (2003) dargestellt, der die wesentlichen Grundmodelle der Organisation der Unternehmenskommunikation analysiert hat. Für Bruhn stellt die **Matrixorganisation** die leistungsfähigste Organisationsform **für die Unternehmenskommunikation** dar, ohne dass die dazu notwendige Definition der Schnittstellen der Matrix vorgenommen wird.

	Einliniensystem	Mehrliniensystem	Stabliniensystem	Matrixorganisation
Planerische Erarbeitung der Integrierten Kommunikation	**Vorteile:** • Planungskompetenz klar geregelt • Kein Kompromissdenken **Nachteile:** • Gefahr der Bürokratisierung • Gefahr der Wegdelegation • Akzeptanzproblem	**Vorteile:** • Einbindung unterschiedlichen Spezialwissens **Nachteile:** • Planungszuständigkeit nicht klar geregelt	**Vorteile:** • Gute Planungsvorbereitung • Einbindung von Fachwissen **Nachteile:** • Probleme durch Akzeptanz der Stäbe • Geringe Einbindung der Linie	**Vorteile:** • Direkte Abstimmung unterschiedlicher Dimensionen **Nachteile:** • Kompetenzkonflikte • Gefahr des Kompromissdenkens
Durchführung der Integrierten Kommunikation	**Vorteile:** • Kann angeordnet werden • Schnelle Entscheidungsprozesse **Nachteile:** • Keine direkte Zusammenarbeit • Lange Kommunikationswege	**Vorteile:** • Klare Anordnungen • Schnelle Entscheidungen **Nachteile:** • Probleme durch Mehrfachunterstellungen	**Vorteile:** • Stäbe können Teilaufgaben übernehmen **Nachteile:** • Durchführung ist primäre Aufgabe der Linie	**Vorteile:** • Gute direkte Kommunikation • Fachliche Abstimmung **Nachteile:** • Hoher Abstimmungsbedarf • Lange Entscheidungsprozesse

---

[155] Es wurden im April bis Juni 2000 alle Corporate Websites der Indizes Eurostoxx 50, Euro NM Companies und Fortune 50 untersucht.

	Einliniensystem	Mehrliniensystem	Stabliniensystem	Matrixorganisation
Personelle Umsetzung der Integrierten Kommunikation	**Vorteile:** • Persönliche Zuständigkeit der Leitung • Anerkennung der Alleinverantwortung **Nachteile:** • Kreatives Potential wird nicht genutzt • Geringe persönliche Beiträge	**Vorteile:** • Verantwortungsgefühl mehrerer Mitarbeiter • Hohe Einsatzbereitschaft **Nachteile:** • Demotivation durch Mehrfachunterstellung • Geringe Beiträge nachgeordneter Stellen	**Vorteile:** • Anerkennung der Kompetenzen von Stab und Linie **Nachteile:** • Personelle Probleme bei Abstimmungen und den Aufgaben zwischen Stab und Linie	**Vorteile:** • Hohe Kooperationsbereitschaft • Hohe Motivation durch Teamorientierung **Nachteile:** • Gefahr der Demotivation durch permanente Abstimmungsprozesse
Kontrolle der Integrierten Kommunikation	**Vorteile:** • Leicht möglich durch klare Zuständigkeiten **Nachteile:** • Gefahr der Überbürokratisierung durch Kontrolle	**Vorteile:** • Kontrolle kann leichter angeordnet werden **Nachteile:** • Ergebniszuordnung nur schwer möglich	**Vorteile:** • Leichter möglich bei klarer Aufgabenverteilung **Nachteile:** • Probleme bei der Ergebniszuordnung	**Vorteile:** • Leichter möglich bei Projekten **Nachteile:** • Ergebniszuordnung sehr schwer möglich
Gesamtwürdigung	• Integrationspotential wird nur wenig genutzt • Keine direkte Formen der Zusammenarbeit; zu formalisiert	• Zuständigkeiten für Integration nicht klar geregelt • Umsetzungsprobleme durch Prinzip der Mehrfachunterstellung • Keine Abstimmungsmechanismen	• Stab kann die Integration fachkundig unterstützen • Positive Wirkungen auf Planung und Umsetzung der Integration bei guter Teamarbeit zwischen Stab und Linie	• Guter Koordinationsmechanismus durch die Teamorientierung der Matrix • Verschiedene Abteilungen werden aktiv eingebunden • Hohe Akzeptanz • Integrationspotenzial am besten ausgeschöpft

Abb. 102: Leistungsfähigkeit von hierarchischen Organisationsformen für die Integrierte Kommunikation (Bruhn 2003, S. 216)

Solche Organisationsformen für die Unternehmenskommunikation können nunmehr in die **Unternehmensorganisation (2)** eingefügt werden: Der bereits vorgestellte Ansatz von Argenti (2003) über Corporate Communications war als strategischer Ansatz bezeichnet worden.[156] Sein (amerikanisches) Organisationsmodell, die **ideal structure for CorpComm function**, sieht folgendermassen aus:

---

156 Zum Stand der Forschung vgl. Kapitel A.1.4.

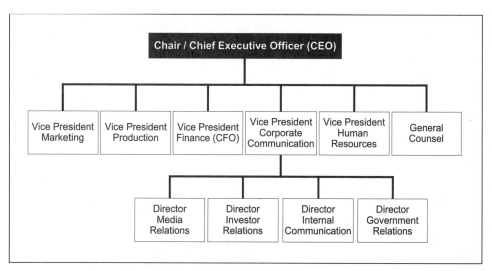

Abb. 103: Ideal Structure for CorpComm Function (Argenti, 2003, S. 42)

Dieses Modell hat jedoch Schwächen; denn zum einen fehlen die Schnittstellen zu den anderen Unterstützungsprozessen wie Finanz- und Personalmanagement sowie zum Marketing und zum anderen fehlen die Bereiche der Kommunikationsprogamme und des Kommunikationscontrollings.

Einwiller/Will (2002) haben ein Organisationsmodell aufgestellt[157], welches von Bentele/Will (2006) dahingehend erweitert wurde, dass **Public Relations eine Managementfunktion** zugeschrieben wird.

Dieses Modell bietet eine gute Ausgangslage; denn es zeigt die Schnittstellen zu den wesentlichen anderen Unterstützungsprozessen und zum Marketing (im Kontext der Geschäftsprozesse) auf und bietet somit auch eine Differenzierungsmöglichkeit zwischen Unternehmens- und Produktkommunikation. Allerdings fehlt in diesem Ansatz die Verbindung zum Kommunikationscontrolling und damit die Überprüfung des Wertorientierten Kommunikationsmanagements.

Die Abbildung (S. 203) verdeutlicht zudem, dass zunächst einmal die Integration aller für die Unternehmenskommunikation beziehungsweise Corporate Communications notwendigen Bereiche vorzunehmen ist. Wie bei Argenti (2003) finden sich im Bereich des Relationship Management die Media, Investor und Governmental Relations und zudem die General Public Relations als Schnittstelle zum Marketing, wie sie von Bruhn benannt wird. Zudem wird ein Bereich für Employee Communications in dem Sinne verwendet, wie ihn Argenti als Internal Communication bezeichnet. In Erweiterung von Argenti und in Anlehnung an die Hierarchie-Problematik von Bruhn (2003) werden allerdings auch die Bereiche der Market Communications benannt, welche für eine umfassende Positionierung eines gesamten Unternehmens notwendig sind.

---

157 Für diese empirische Untersuchung wurden 23 Communication Executives elf ausgewählter multinationaler Firmen in semi-strukturierten Interviews befragt.

1. Kommunikative Dimension der Strukturen und Prozesse 203

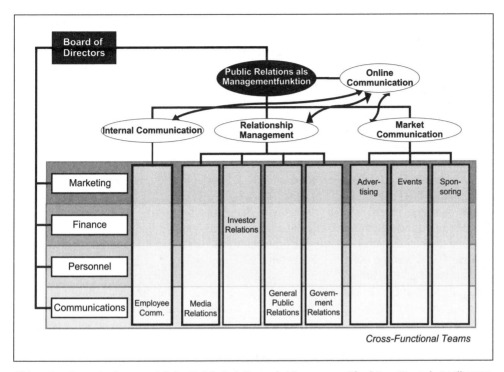

Abb. 104: Organisationsmodell der Public Relations als Managementfunktion (Bentele/Will 2006, S. 175)

Während auf diese Art und Weise die Integrationsorientierung berücksichtigt wird, kann durch die Schnittstellen zum Marketing, zum Bereich Finance und zum Bereich Personal insbesondere die Wertorientierung berücksichtigt werden.

Zusammenfassend kann man feststellen, dass eine Matrixorganisation befürwortet wird (Bruhn, 2003), die eine Einbindung der Unternehmenskommunikation in die Unternehmensorganisation auf Basis von Cross-functional Teams erlaubt, wie sie Einwiller/Will (2002) auf Basis einer empirischen Arbeit aufgestellt haben und wie sie von Bentele/Will (2006) im hier vorgestellten Rahmen erweitert wurde.

1.2. Kommunikative Dimension der Prozessebene

Im Zwischenfazit von Kapitel B.2.3. zu den bestehenden Kommunikationsansätzen über Corporate Governance, Corporate Reputation und Corporate Reporting wurden die **Schnittstellen zu den Managementprozessen** folgendermassen definiert:
- Im Rahmen der Normativen Orientierungsprozesse geht es um die **Legitimation der unternehmerischen Tätigkeit** gegenüber den verschiedenen Anspruchsgruppen, die kommuniziert werden muss.

- Im Rahmen der Strategischen Entwicklungsprozesse geht es um die Aufgabenfelder der Integrierten Strategie- und Wandelarbeit im Unternehmen. Hier wird die zusätzliche **Interpretationssicht der Unternehmung** eingeführt.
- Im Rahmen der Operativen Führungsprozesse geht es dann vor allen Dingen um die **Kommunikation des Intellectual Capital** im Sinne von zusätzlichen Kennzahlensystemen, die sowohl quantitativ als auch qualitativ ausgestaltet sein müssen.

Bottom-up betrachtet bedeutet dies, dass auf operativer Ebene Kennzahlensysteme für die Kommunikation des Intellectual Capital und damit auf strategischer Ebene für die Interpretationssicht des Unternehmens geschaffen werden, um letztlich auf normativer Ebene die eigentliche Legitimation unternehmerischen Handelns effizienter gestalten und entwickeln zu können.

Der Führungsunterstützungsprozess wird damit zum Teil des Führungsprozesses. Wird das Wertorientierte Kommunikationsmanagement als ein Unterstützungsprozess für die Führung betrachtet, müssen die entsprechenden Schnittstellen analysiert und definiert werden. Dabei werden im ersten Schritt die Schnittstellen zu den Geschäftsprozessen und anschliessend zu den anderen Unterstützungsprozessen betrachtet:

- Mit Bezug auf die **Geschäftsprozesse** hat ein Unterstützungsprozess Kommunikationsmanagement vor allem Schnittstellen zur **Kundenkommunikation** im Rahmen der Kundenprozesse, auf die Leistungserstellungsprozesse im Rahmen des **Ressourcenwettbewerbs** (»war of talent«) und im Rahmen der Leistungsinnovationsprozesse im Zusammenhang mit **immateriellen Werterstellungen** (»Wertkommunikation«).

Auch hier ist es so, dass über eine Definition der Schnittstellen zu den Geschäftsprozessen das Wertorientierte Kommunikationsmanagement eine Führungsfunktion erhält:

- **Kundenkommunikation** wird im Wesentlichen vom Marketing verantwortet. Allerdings bieten ganzheitliche Kommunikationsprogramme wie insbesondere Corporate Branding und/oder Corporate Campaigning die Möglichkeit, ganzheitlich integriertes Content Management mit Blickrichtung auf die Zielgruppe Kunden zu gestalten und zu entwickeln. Diese Schnittstelle wird im Zusammenhang mit der Organisation der **Communications Programs** in Kapitel C.2.3. behandelt.
- Ähnliches gilt für den Ressourcenwettbewerb auf der Ebene der **Leistungserstellungsprozesse**, und zwar insbesondere mit Blick auf die personalen Ressourcen, aber auch mit Blick auf finanzielle Ressourcen. Wertorientiertes Kommunikationsmanagement kann einen zusätzlichen Wertbeitrag leisten, in dem es im Umfeld dieses Ressourcenwettbewerbs die Interpretationsebene einführt. Diese Schnittstelle wird im Zusammenhang mit den verschiedenen relevanten Stakeholdern und Multiplikatoren des Kapitels C.2.2. über die **Communications Relations** behandelt.
- Im Rahmen der **Leistungsinnovationsprozesse** geht es vor allem um die Kommunikation des Innovation Capital als Kategorie des Intellectual Capital. Dabei ist zu berücksichtigen, dass Innovation Capital zunächst auf die relevanten Stakeholder umgelegt werden muss, da es sich bei dieser Kategorie um eine der drei Kategorien handelt, die keine eigene Zielgruppe hat. Insofern kann Wertorientiertes Kommunikationsmanagement insbesondere in diesem Bereich der Geschäftsprozesse einen zusätzlichen Wertbeitrag leisten. Diese Schnittstelle wird folglich auch im Zusammenhang mit den verschiedenen Stakeholder Relations, aber insbesondere im Zusammenhang mit den **Capital Relations** des Unterkapitels C.2.2.3.1. behandelt.

1. Kommunikative Dimension der Strukturen und Prozesse

Zunächst einmal wird an dieser Schnittstellendefinition deutlich, dass nur eine gesamthafte Betrachtung der Managementprozesse, der Geschäftsprozesse und der Unterstützungsprozesse einen zusätzlichen Wertbeitrag liefert, wie insbesondere die Beschreibung der Leistungserstellungs- und Leistungsinnovationsprozesse verdeutlicht. Zudem müssen aber auch die Schnittstellen der Unterstützungsprozesse untereinander betrachtet werden.

- Mit Bezug auf die **Unterstützungsprozesse** selbst sind die Schnittstellen zu fast allen anderen Unterstützungsprozessen zu analysieren:
  - Die **Schnittstelle zum Risikomanagement** definiert sich über die so genannten Reputationsrisiken und damit gemeinsam gegenüber der finanziellen Führung. Hierbei handelt es sich um eine ganzheitliche Betrachtung der Inhalte aus Corporate Reputation und Corporate Reporting.
  - Die **Schnittstelle zum Personalmanagement** ist definiert über die (aktuelle und potentielle) Mitarbeiterkommunikation und somit gemeinsam gegenüber der Mitarbeiterführung. Hierbei handelt es sich insbesondere um eine gemeinsame Gestaltungs- und Entwicklungsaufgabe zur Kategorie des Human Capital im Zusammenhang mit dem Intellectual Capital.
  - Die **Schnittstelle zum Informationsmanagement** ist definiert über die Verbindung von instrumentellen und inhaltlichen Aspekten und somit gemeinsam vor allem in den Online Communications. Dieser Aspekt wird im Zusammenhang mit der Verortung der Online Relations als Teil der Communications Relations behandelt.
  - Die **Schnittstelle zum Bildungsmanagement** ist ebenfalls über die Mitarbeiterkommunikation definiert und in der Frage der Aus- und Weiterbildung gemeinsam gegenüber dem (personalen) Ressourcenwettbewerb im Rahmen der Geschäftsprozesse bestimmt. Die entsprechende Schnittstelle ergibt sich aus der obigen Beschreibung der Kommunikation von Leistungserstellungsprozessen.
  - Die **Schnittstelle zum F&E-Management** ist über die Kommunikation der Innovationsfähigkeit im Rahmen der Geschäftsprozesse definiert. Die entsprechende Schnittstelle ergibt sich aus der obigen Beschreibung der Kommunikation von Leistungsinnovationsprozessen.
  - Die **Schnittstelle zum Recht** ist im Zuge der fortschreitenden Verrechtlichung des unternehmerischen Handelns und der Kommunikationsbeziehungen zu den Anspruchsgruppen inzwischen eine der wichtigsten Schnittstellen. Diese Schnittstelle wurde bereits im Zusammenhang der Veränderungen im rechtlichen Umfeld (A.1.2.2.1.) sowie im Unterkapitel zur rechtlichen Verankerung von Corporate Governance (B.2.1.1.2.) behandelt.

Folgende Tabelle stellt nunmehr die beschriebenen Schnittstellen der Geschäfts- und Unterstützungsprozesse zusammen und fügt die Managementprozesse aus dem Zwischenfazit in Kapitel B.2.3. am Ende der bestehenden Kommunikationsansätze hinzu.

Prozessebene	Schnittstellen des Wertorientierten Kommunikationsmanagements
Managementprozesse Normative Orientierung Strategische Entwicklung Operative Führung	Legitimation unternehmerischen Handelns Interpretationssicht des Unternehmens Kommunikation des intellektuellen Kapitals
Geschäftsprozesse Kundenprozesse Leistungsprozesse Innovationsprozesse	Kundenkommunikation Kommunikation des Ressourcenwettbewerbs Kommunikation des Innovationskapitals
Unterstützungsprozesse Risikomanagement Personalmanagement Infrastrukturmanagement Bildungsmanagement F+E Recht	Reputationsrisiken Mitarbeiterkommunikation Technische Kommunikationsprozesse Kommunikation des Humankapitals Kommunikation von F+E-Leistungen Publizitätsvorschriften

Abb. 105: Schnittstellen des Wertorientierten Kommunikationsmanagements mit den Prozessebenen (eigene Abbildung)

2. Aufbauorganisation des Wertorientierten Kommunikationsmanagements

Das Hauptkapitel C.2. behandelt die Aufbauorganisation des Wertorientierten Kommunikationsmanagements. Dazu wird zunächst ein Überblick vorangestellt (C.2.1.). Sodann folgen die drei Kapitel über die Communications Relations (C.2.2.), die Communications Programs (C.2.3.) und schlussendlich das Communications Controlling (C.2.4.).

In diesem Hauptkapitel geht es in erster Linie um die qualitativen Strukturen und Prozesse in der Austauschbeziehung mit den verschiedenen Stakeholder Relations. Auf Basis dieser qualitativen Struktur- und Prozessanalyse können dann quantitative Kennzahlen für die Beurteilung des Intellectual Capital angeboten werden.

Das Kapitel über die Communications Relations (C.2.2.) ist die umfangreichste Beschreibung, da hier alle qualitativen und quantitativen Aspekte der Kommunikationsbeziehungen zu den relevanten Stakeholdern im Sinne von Ziel- und Zwischenzielgruppen behandelt werden. Für die Gestaltung dieser Communications Relations werden dann im Folgenden die Kommunikationsprogramme (Communications Programs) und das Kommunikationscontrolling (Communications Controlling) benötigt.

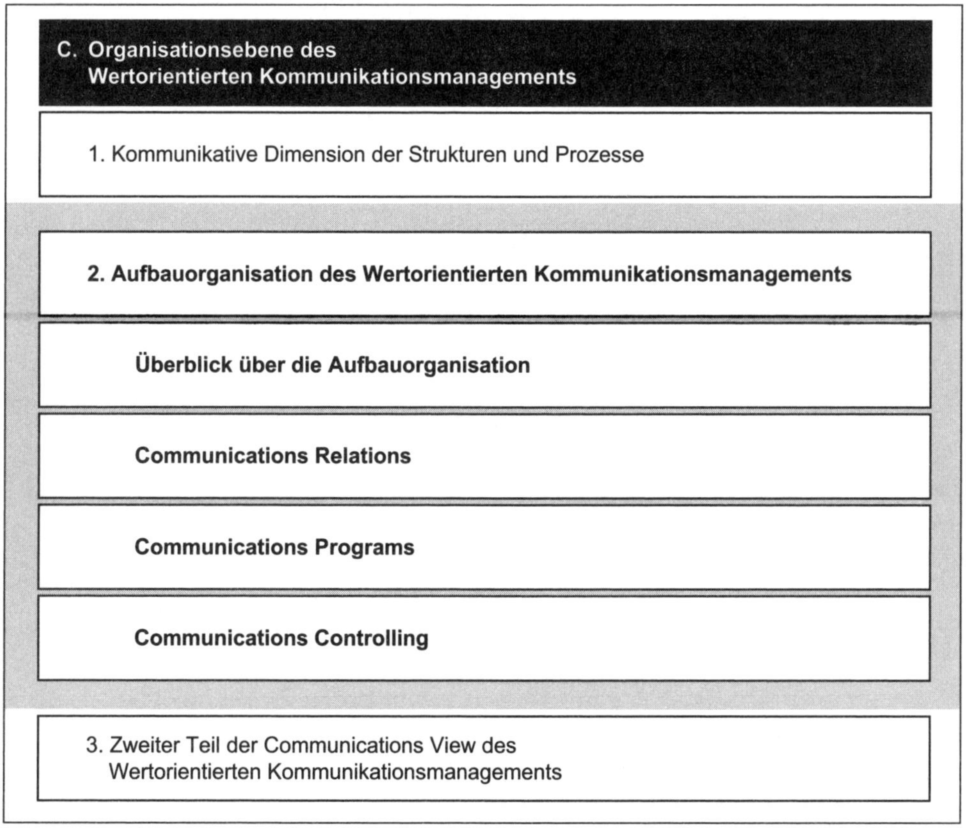

C. Organisationsebene des Wertorientierten Kommunikationsmanagements

1. Kommunikative Dimension der Strukturen und Prozesse

2. Aufbauorganisation des Wertorientierten Kommunikationsmanagements

   Überblick über die Aufbauorganisation

   Communications Relations

   Communications Programs

   Communications Controlling

3. Zweiter Teil der Communications View des Wertorientierten Kommunikationsmanagements

Abb. 106: Synopse mit Details zu C.2.

2.1. Überblick über die Aufbauorganisation

Das Kapitel C.2.1. bietet einen Überblick über die Aufbauorganisation des Wertorientierten Kommunikationsmanagements. Während in den Kapiteln C.1.1. und C.1.2. die kommunikative Dimension der Strukturen und Prozesse im Überblick vorgestellt wurden, geht es hier darum, wie eine Aufbauorganisation im Grundsatz angelegt sein muss, um die Lücken zwischen bestehenden Organisationsmodellen der Unternehmenskommunikation und den beschriebenen Schnittstellen der drei Prozessebenen zu füllen. Auf diese Art und Weise kann das Organisationsmodell mit dem bereits um den ersten Teil der Communications View erweiterten Führungsmodell in Einklang gebracht werden.

Dazu wird folgendermassen vorgegangen: Untersuchungsgegenstand sind die wesentlichen Kommunikationsbeziehungen zu den Stakeholdern und die Frage, wie diese gestaltet werden müssen – das Organisationsmodell des Wertorientierten Kommunikationsmanagement ordnet sich um die Stakeholderbeziehungen und nicht um die Kommunikationsinstrumente. Deshalb ist dieses **Relationship Management** der bedeutendste Teil der hier zu behandelnden Aufbauorganisation: Welche Kommunikationsbeziehungen zu Aktionären, Kunden, Mitarbeitern etc. bestehen und welche Aspekte kann das Kommunikationsmanagement mit einer entsprechenden Wertsteigerung hinzufügen?

Wenn im Folgenden die Kommunikationsbeziehung zu einem Stakeholder analysiert wird, so werden dazu die entsprechenden **Beziehungsnetze** über Dritte, die notwendigen **Unternehmensinformationen**, die **Medien** und die verschiedenen **Märkte** herangezogen. Selbstverständlich hängen alle vier Bereiche zusammen, wie folgende Abbildung darstellt:

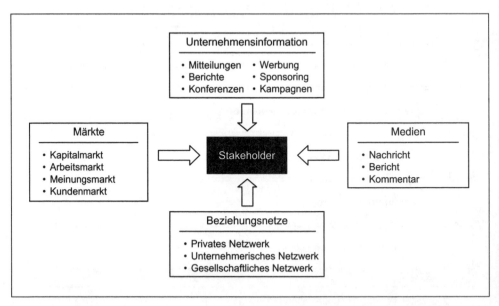

Abb. 107: Beispiel eines generischen Kommunikationsnetzes eines Stakeholders (eigene Abbildung)

2. Aufbauorganisation des Wertorientierten Kommunikationsmanagements

Im Unterkapitel B.3.2.4. zum Communications Capital wurde zudem ausgeführt, dass neben diesen Beziehungsebenen (Communications Relations) die Kommunikationsorganisation auch die Verbindung zu den Kommunikationsprogrammen (Communications Programs) und anschliessend zum Kommunikationscontrolling (Communications Controlling) gewährleisten muss. Insofern übernimmt dieser Bereich der Communications Relations in gewissem Masse eine Art »**Primus inter Pares**«**-Funktion**, denn die beiden anderen Bereiche dienen schliesslich der Gestaltung und Entwicklung der Beziehungen zwischen Unternehmung und ihren Anspruchsgruppen.

Aus dieser Überlegung heraus lässt sich folgende Grundstruktur des Wertorientierten Kommunikationsmanagements ableiten. Das **Relationship Management** kümmert sich um die wichtigen Kommunikationsbeziehungen der Unternehmung mit ihren Anspruchsgruppen, die Communications Relations. Das **Content Management** gestaltet die übergeordneten Kommunikationsprogramme aus den Interaktionsthemen, die Communications Programs. Schlussendlich behandelt das **Value Management** die Planung, Steuerung und Kontrolle dieser Kommunikationsbeziehungen und -programme beziehungsweise deren Kommunikationsprozesse, das Communications Controlling.

Folgende Tabelle zeigt, dass die Führungsfunktion im Rahmen des Wertorientierten Kommunikationsmanagements nunmehr bestimmter Unterstützungsfunktionen bedarf, damit die Legitimation gegenüber den Anspruchsgruppen mit Bezug auf übergeordnete Interaktionsthemen und deren Kommunikationsbeziehungen auch ausgeübt werden kann.

Führungsfunktion	Führungsunterstützungsfunktion
Relationship Management mit den Anspruchsgruppen	Medien und andere Stakeholder Relations
Content Management der Interaktionsthemen	Brand und Campaign Management
Value Management der Kommunikationsprozesse	Communications Intelligence und Communications Tools

Abb. 108: Führungs- und Unterstützungsfunktion des Wertorientierten Kommunikationsmanagements (eigene Abbildung)

Das **Relationship Management** gestaltet die eigentlichen Kommunikationsbeziehungen (**Communications Relations**) zu den wesentlichen Stakeholdern der Unternehmung. Hierbei gilt es, auf folgende Differenzierung zu achten:

Diese Stakeholder Relations sind die Bezugsgrösse für die gesamte Aufbauorganisation des Wertorientierten Kommunikationsmanagements auf Basis der im vorangegangenen Abschnitt hergeleiteten Interaktionsthemen und deren Kategorisierung und Indikatoren. Die **Stakeholder Relations** haben somit eine herausragende Bedeutung. Sie orientieren sich dabei in ihrer Untergliederung an den wesentlichen Gruppen, die über die Kategorisierung des Intellectual Capital herausgearbeitet wurden.

Zudem befasst sich der Bereich des Relationship Managements gesondert mit den Medienbeziehungen, den **Media Relations**. Diese haben für alle anderen Stakeholder Relations

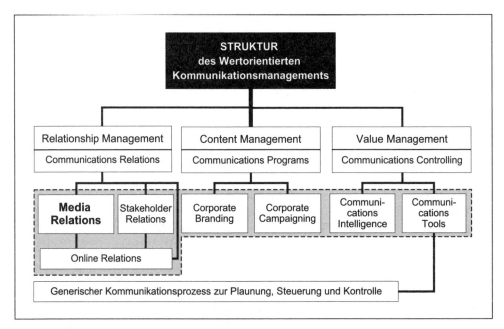

Abb. 109: Überblick zur Organisation des Wertorientierten Kommunikationsmanagements (eigene Abbildung)

eine nochmals besondere Bedeutung; denn sie sind für alle eine übergeordnete Bezugsgrösse: Kunden lesen in den Medien über eine Unternehmung, Politiker äussern sich in den Medien über eine Unternehmung, Mitarbeiter beziehen Informationen über ihre Unternehmung aus den Medien oder Aktionäre kritisieren Unternehmungen in den Medien. Wegen der übergeordneten Bedeutung der Medien für den Kommunikationsprozess wurden die Media Relations als gesonderte Einheit im Kontext der Stakeholder Relations strukturiert.

Dies entspricht dem Teil der Erweiterung des Intellectual Capital der ursprünglichen sieben Kategorien um die achte Kategorie des Communications Capital. Es fügt fehlende Beziehungen in das Kategorien-System ein (Media und Political Relations) und verknüpft die bestehenden Beziehungen untereinander (zu Capital, Human und Customer Relations).

Der zweite Bereich des **Content Managements** befasst sich mit den Kommunikationsprogrammen (**Communications Programs**), welche zur Positionierung bzw. Kontextualisierung der Fair Presentation einer Unternehmung benötigt werden. Die Positionierungsaspekte werden im Wesentlichen im Rahmen des **Corporate Branding** abgearbeitet, zu dem die werblichen Instrumente der bezahlten Marktkommunikation genauso benötigt werden wie die Instrumente der oben skizzierten Kommunikationsbeziehungen. Zudem wird die Kontextualisierung über ein **Corporate Campaining** organisiert, welches im Wesentlichen die nicht-werblichen, aber dennoch bezahlten Instrumente des Kommunikationsmanagements berücksichtigt. Dazu gehören vor allem Corporate Social Responsibility und Sustainability Programme.

Der dritte Bereich des **Value Managements** befasst sich mit der Planung, Steuerung und Kontrolle von Kommunikationsprozessen (**Communications Controlling**) des Wertorientierten Kommunikationsmanagements. Dieses Segment umfasst zum einen die **Communications Intelligence**, in der auf Basis der im Abschnitt B definierten Systematik bestimmte qualitative und quantitative Kennzahlen hergeleitet werden, um Kommunikationsprozesse planen, steuern und schlussendlich mit einem wertorientierten Ansatz auch kontrollieren zu können. Des weiteren bietet dieser Bereich über die **Communications Tools** die generischen Kommunikationsprozesse zur Planung, Steuerung und Kontrolle des Wertorientierten Kommunikationsmanagements.

Der Überblick zur Aufbauorganisation lässt sich in folgender Grundstruktur des Wertorientierten Kommunikationsmanagements zusammenfassen:

2.2. Communications Relations

> Kapitel C.2.2. behandelt die Communications Relations des Wertorientierten Kommunikationsmanagements. Dazu wird zunächst ein kurzer Überblick zu diesem unfangreichen Kapitel geboten (C.2.2.1.) Sodann werden die Media Relations gesondert behandelt (C.2.2.2.), da sie aufgrund ihrer besonderen Funktion im Kommunikationsprozess eine übergeordnete Bedeutung im Kontext aller Stakeholder Relations haben. Die wesentlichen Stakeholder Relations werden danach beschrieben (C.2.2.3.).
>
> Das Kapitel ist sehr umfangreich, aber es ist entscheidend, dass für jede der folgenden Communications Relations eine Strukturanalyse vorgenommen wird. Deshalb wird hier eine Sondersynopse zur Übersicht angeboten. Zudem werden im Unterkapitel C.2.2.4. alle wesentlichen Strukturen dieser einzelnen Media und Stakeholder Relations im Wertorientierten Kommunikationsindikatorenmodell zusammenfassend dargestellt.

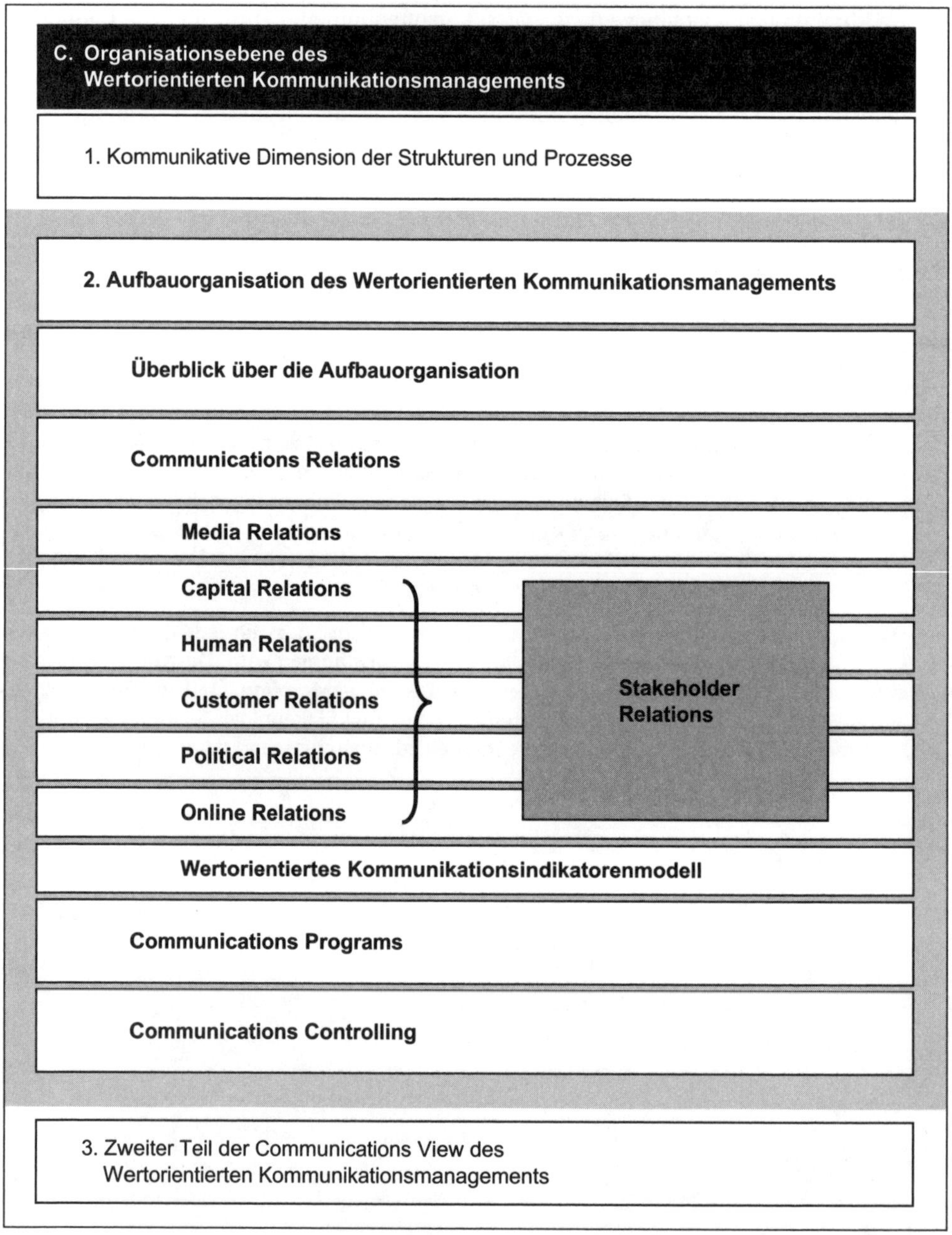

C. Organisationsebene des Wertorientierten Kommunikationsmanagements

1. Kommunikative Dimension der Strukturen und Prozesse

2. Aufbauorganisation des Wertorientierten Kommunikationsmanagements

Überblick über die Aufbauorganisation

Communications Relations

Media Relations

Capital Relations

Human Relations

Customer Relations

Political Relations

Online Relations

Stakeholder Relations

Wertorientiertes Kommunikationsindikatorenmodell

Communications Programs

Communications Controlling

3. Zweiter Teil der Communications View des Wertorientierten Kommunikationsmanagements

Abb. 110: Sondersynopse C.2.2.

2.2.1. Überblick zu den Communications Relations

In Abschnitt A wurde die Unterscheidung zwischen Ziel- und Zwischenzielgruppen definiert und dabei herausgearbeitet, dass das Präfix »Ziel« beziehungsweise »Zwischenziel« einen anderen Blickwinkel beschreibt als das des Anspruchs oder des Bezugs.[158]

Zielgruppen formulieren im strategischen Anspruchsgruppenkonzept eigene Ziele mit einer Unternehmung und formulieren im normativ-kritischen Anspruchsgruppenkonzept einen Legitimationsanspruch gegenüber einer Unternehmung et vice versa. Insofern sind Zielgruppen immer auch Anspruchsgruppen.

Zwischenzielgruppen haben keine eigenen Ziele und im Prinzip auch keinen eigenen Legitimationsanspruch gegenüber Unternehmungen. Sie stehen zwischen Unternehmung und Ziel- beziehungsweise Anspruchsgruppen (beispielsweise Medien gegenüber der Öffentlichkeit) oder vertreten im Verständnis der Countervailing Power Legitimationsansprüche (beispielsweise Verbraucherverbände gegenüber Kunden). Zwischenzielgruppen übernehmen je nach »reinem« Anspruchsgruppenkonzept eher eine Multiplikator- oder eine Kontrollfunktion.

Im vorliegenden Kapitel werden nun **Zielgruppen als Stakeholder** bezeichnet. Somit gilt es, die **Stakeholder Relations** so zu gestalten, dass diese Gruppen ihre Ziele mit der Unternehmung austauschen können. Insofern müssen die qualitativen Strukturen der wesentlichen Zielgruppen, die Zwischenzielgruppen zur Erreichung solcher Zielgruppen und die Instrumente zur Zielerreichung den jeweiligen Stakeholder Relations zugeordnet werden. Dabei können Ziele auch Ansprüche an die Unternehmung sein, aber es geht hier um die Austauschbeziehung der Stakeholder. Das Zielgruppenkonzept ist somit sowohl mit dem strategischen als auch dem normativ-kritischen Anspruchsgruppenkonzept vereinbar.

Die wesentlichen Stakeholder Relations betshen dabei zu den Finanzkapitalgebern, Eigen- und Fremdkapitalgebern (**Capital Relations**). Des weiteren gehören die Humankapitalgeber und deren Beziehungsmanagement dazu (**Human Relations**). Beides sind Inputfaktoren der Produktionsfunktion. Zudem müssen auch die Kundenbeziehungen (**Customer Relations**) berücksichtigt werden und damit der Outputfaktor, der am Ende über Erfolg und Misserfolg der Unternehmung entscheidet. Dabei geht es aber nicht um Marketing im Sinne der Produktkommunikation, sondern um Unternehmenskommunikation gegenüber der Anspruchsgruppe Kunden (beispielsweise über Innovationen) sowie um Unternehmenskommunikation über das Kundenpotential und die Kundenqualität gegenüber anderen Anspruchsgruppen (beispielsweise Aktionären). Soweit wären drei der sechs Zielgruppen und drei der vier gruppenbezogenen Kategorien des Intellectual Capital an dieser Stelle behandelt.[159]

Die Lieferantenbeziehungen (Supplier Relations) als vierte gruppenbezogene Kategorie werden nicht eigenständig behandelt, da ihre kommunikative Bedeutung im Vergleich zu den anderen untergeordnet ist: Ein Zulieferer-Problem beispielsweise stellt am Ende vor allem ein Kommunikationsproblem gegenüber Kunden und/oder Kapitalmärkten dar. Von den drei fehlenden Zielgruppen wird auch die Konkurrenz nicht eigenständig behandelt, weil hier keine direkte Kommunikationsbeziehung stattfindet, sondern der Austausch über

---

[158] Vgl. dazu Unterkapitel A.1.2.1.1. zu den Zielgruppen und Unterkapitel A.1.2.1.2. zu den Zwischenzielgruppen der Unternehmung.
[159] Vgl. dazu Unterkapitel B.3.2.3.

die Kapitalmarktkommunikation, Mitarbeiterkommunikation oder Kundenkommunikation abläuft.

Schlussendlich wird aber noch eine weitere eigenständige Kommunikationsbeziehung strukturell berücksichtigt – die **Political Relations**. Sie umfasst alle Ziel- und Zwischenzielgruppen im gesellschaftlichen Umfeld einer Unternehmung, die nicht direkt einer anderen Gruppe zuzuordnen sind (Gewerkschaften werden dabei anders als Betriebsräte zu den externen Zwischenzielgruppen des gesellschaftlichen Umfeldes gezählt.). Da die Gesellschaft in der Strukturierung dieser Arbeit eine Zielgruppe ist, werden die Political Relations bei den Stakeholdern subsumiert.

Anders verhält es sich mit den Kommunikationsbeziehungen zu den Medien, den **Media Relations**. Einerseits haben sie im Vergleich zu allen anderen Gruppen eine reine Multiplikator- und/oder Kontrollfunktion. Überspitzt formuliert: Unternehmungen können ohne Medien im Prinzip überleben, aber sicher nicht ohne eine den ordnungspolitischen Rahmen setzende Politik und/oder Mitarbeiter, Aktionäre und Kunden. Allerdings sind sie die einzige Zwischenzielgruppe mit übergeordnetem Charakter, die über ihre medialen Funktionen als Gatekeeper und Agendasetter alle anderen Ziel- und Zwischenzielgruppen beeinflussen kann.[160]

Eine Sonderform des Beziehungsmanagements betreffen die **Online und Community Relations**, also das Internet, Extranet oder Intranet, welches sowohl im Umgang mit Multiplikatoren als auch mit Stakeholdern eingesetzt werden kann.

Das gesamte **Kommunikationsbeziehungsnetz der Unternehmung** lässt sich folgendermassen im Überblick darstellen: Die Media Relations haben eine Art **Querschnittsfunktion** zu den jeweiligen Themen der bestimmten Kommunikationsmärkte, die aber nicht mit den jeweiligen Gütermärkten gleichzusetzen sind. Anders formuliert: Akteure der Kapitalmärkte sind nicht notwendigerweise deckungsgleich mit den Akteuren der Kapitalmarktkommunikation. Da die Anspruchsgruppenkonzepte ohnehin nie »rein« sind, können beide Ausrichtungen über eine solche Aufteilung berücksichtigt werden: Zielvereinbarung und Legitimationsanspruch bei den Stakeholdern sowie Multiplikator- und Kontrollfunktion bei den Medien.

Diese Übersicht zeigt die hier vorgenommene strukturelle Aufteilung, bei der die Media Relations für die Integration des externen (und auch teilweise intern) Unternehmensumfeldes zuständig sind. So nehmen die Media Relations ihren Teil der Darstellung von den anderen Stakeholder Relations auf, um die Unternehmung beispielsweise am Arbeitsmarkt, beim Wettbewerb um die besten Köpfe, auch unter Aspekten aus den Bereichen Kapital-, Kunden- oder Meinungsmarkt zu positionieren.

Die Inhalte für die hier im Fokus stehende Austauschbeziehung zwischen Unternehmung und Zielgruppen bestimmen sich über die drei grossen Interaktionsthemen Corporate Governance, Reputation und Reporting und dienen letztendlich der Legitimation des unternehmerischen Handelns auf allen kommunikativen Teilmärkten. Die Differenzierung dieser drei Interaktionsthemen in »medial verarbeitbare Einheiten« steht weder in diesem Kapitel über die Media Relations noch in den folgenden Kapiteln über die Stakeholder Relations im Fokus der Untersuchung. Es geht also nicht um die speziellen Inhalte beispielsweise einer Bilanzpressekonferenz (als medialer Teil vornehmlich des Corporate Reporting) oder um ein bestimmtes Sponsoring (als medialer Teil vornehmlich der Corporate Reputation).

---

160 Vgl. hierzu auch Meckel (1999) oder Glotz (2004).

2. Aufbauorganisation des Wertorientierten Kommunikationsmanagements

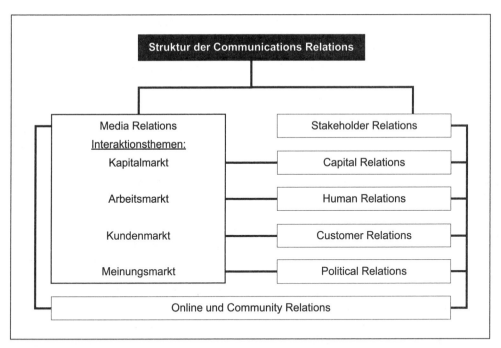

Abb. 111: Struktur der Communications Relations (eigene Abbildung)

Vielmehr geht es um die **Strukturen der Kommunikationsbeziehungen**, die nunmehr benötigt werden, um die hier aufgezeigten **Capital und Relations Views** in einer entsprechenden Aufbau- und auch Ablauforganisation gestalten und entwickeln zu können. Aus dem Abschnitt B hat sich für die Beurteilung dieser Views ein Raster für ein Kennzahlensystem ergeben, welches nunmehr in jedem dieser folgenden Kapitel über Kommunikationsbeziehungen spezifiziert und am Ende zusammengefasst wird. Dieses Kennzahlensystem berücksichtigt qualitative und quantitative strukturelle Beziehungszusammenhänge mit den Stakeholdern.

Die Ableitung der qualitativen und quantitativen Kennzahlensysteme ist für die unterschiedlichen Capital- beziehungsweise Relations-Kategorien durchaus unterschiedlich:

- **Media Relations** lassen sich zum einen über das **qualitative Beziehungsnetz** der Unternehmung mit Medien und Medienvertretern beurteilen. Zudem können Media Relations auch auf Basis von **quantitativen Resonanzanalysen** bewertet werden. Entscheidend ist dabei, dass man beurteilt, auf welcher qualitativen Basis quantitative Resonanzdaten angeboten werden. Anders formuliert: Ein Kommentar aus der Frankfurter Allgemeinen Zeitung oder der Neuen Zürcher Zeitung, in denen die Unternehmung positiv beurteilt wird, ist möglicherweise höherwertiger zu beurteilen als ein inhaltlich gleichwertiger Kommentar aus der Mainzer Allgemeinen Zeitung oder dem St. Galler Tagblatt.
- **Capital Relations** lassen sich **qualitativ** auf Basis der **Aktionärs- und Kapitalstruktur** einer Unternehmung beurteilen, wobei nicht nur die eigentlichen Aktionärs- und Kapitalgeberbeziehungen zu analysieren sind, sondern ebenfalls die Beziehungen zu den relevanten **Multiplikatoren des Kapitalmarktes**, also Analysten, Institutionelle Inves-

toren oder Rating-Agenturen bis hin zu speziellen Finanzjournalisten. Zudem können die Capital Relations auch **quantitativ** beurteilt werden, indem **Meinungen der Multiplikatoren** beispielsweise über Investor Perception Studies analysiert werden. Auch hier hilft die Qualitätsanalyse, um zu beurteilen, von wem eine Aussage stammt, weil die gleiche Aussage unterschiedlich zu bewerten ist, ob sie von einem Lead Analyst bzw. einer Lead Investmentbank oder von einer Sparkasse oder Kantonalbank kommt.

Die Beurteilung der qualitativen und quantitativen Capital Relations hat im Kontext aller hier speziell vorzustellenden Stakeholder Relations als Teil des Wertorientierten Kommunikationsmanagements **eine besondere zusätzliche Rolle**. Dies begründet sich damit, dass die Wertorientierung des Kommunikationsmanagements darauf ausgerichtet ist, die Informationslücke der Stakeholder zur Beurteilung einer Unternehmung vor allem im Bezug auf die immateriellen Werte zu schliessen. Insofern müssen vor allem Human und Customer Capital nicht nur auf die eigentliche Kommunikationsbeziehung hin beurteilt werden (im Sinne von Human oder Customer Relations), sondern auch mit Blick auf die zu erklärenden Bestandteile der Capital-Indikatoren für die Informationslücke der Stakeholder zur Beurteilung des Unternehmenswertes im Sinne einer Fair Presentation.[161]

- **Human Relations** müssen aus diesem Grund zunächst als Human Capital betrachtet werden. Dabei muss qualitativ analysiert werden, wie eine Unternehmung **Human Capital »beschafft« und »entwickelt«**. Des weiteren muss analysiert werden, wie eine Unternehmung die **Qualität ihres Human Capital gegenüber dem Kapitalmarkt** geeignet darstellen kann. Diese beiden Aspekte der Beschaffung/Entwicklung und der Qualität werden für die Darstellung einer Unternehmung gegenüber dem Kapitalmarkt benötigt.
  Dafür brauchen wir vor allem die Analyse der Kommunikationsbeziehung; denn man kann **qualitativ beurteilen**, wie die **Austauschbeziehung** zwischen Unternehmung, Management und Mitarbeitern **strukturiert** ist. Sodann können **quantitative Ergebnisse von Befragungen** in die Analyse der Human Relations und des Human Capital einer Unternehmung einbezogen werden
- **Customer Relations** werden nach demselben Muster beurteilt: Zunächst geht es auf der Ebene des **Customer Capital** darum, welche **Indikatoren zur qualitativen Analyse der Kundenbeziehungen** für den Kapitalmarkt angeboten werden können. In diesem Zusammenhang kann man **qualitativ die eigentlichen Markenstrukturen und Kundenbeziehungen** analysieren und die **quantitativen Daten** in die gesamte Beurteilung einbeziehen.
- **Political Relations** werden wiederum ähnlich beurteilt wie Media Relations: Wie ist das **qualitative Beziehungsnetz** einer Unternehmung zu den relevanten Gruppen des politisch-gesellschaftlichen Umfeldes zu bewerten. Auf dieser Basis lassen sich sodann die **quantitativen Ergebnisse** der Resonanzanalysen des allgemeinen Meinungsmarktes einordnen.
- **Online und Community Relations** haben eine Sonderstellung. Die Beurteilung dieser Kommunikationsbeziehung muss auf der einen Seite auf Basis der **medialen Konkurrenz**

---

161 Vgl. dazu die beiden Unterkapitel C.2.2.3.2. (für Human Relations) und C.2.2.3.3. (für Customer Relations).

und zum anderen auf Basis der **Austauschbeziehungen** zu verschiedenen **Communities** beurteilt werden. Auch diese Analyse hat **qualitative und quantitative** Aspekte.

Mit dieser Vorgehensweise werden drei Ziele erreicht: Zum einen das Intellectual Capital gegenüber dem Kapitalmarkt mit Hilfe der Capital View systematisiert darzustellen. Des Weiteren wird die systematische Analyse des Beziehungsnetzes über die Relations View insbesondere mit Blick auf den Kapitalmarkt ermöglicht. Und zum dritten wird auch das Ziel erreicht, diese systematische Darstellung über die ganzheitliche Betrachtung der inhaltlichen wie organisatorischen Communications View einschliesslich der Rückkopplungseffekte kommunizierbar zu machen – vor allem am Kapitalmarkt.

Im Sinne der verschiedenen Ebenen der Managementprozesse dienen die folgenden Ausführungen zu den Kommunikationsbeziehungen der **strategischen Entwicklung von qualitativen Stakeholder Relations**, welche die Ziele der Unternehmung unterstützen. Dazu wiederum bedarf es dann auch **operativer qualitativer und quantitativer Kennzahlensysteme zur Gestaltung und Beurteilung** solcher Stakeholder Relations. Dabei müssen sowohl auf strategischer als auch auf operativer Ebene einerseits Reputations- und andererseits auch Reportingaspekte berücksichtigt werden.

Im Folgenden werden die Media Relations ausführlich behandelt, weil ihnen – wie im Überblick zur Aufbauorganisation in Kapitel C.2.1.1. gezeigt wurde – eine Sonderrolle im gesamten Kommunikationsnetz der Stakeholder Relations zufällt.

2.2.2. Media Relations

> Unterkapitel C.2.2.2. beschäftigt sich mit den Media Relations als Teil der Communications Relations. Es geht folglich um die Unternehmung als Sender im Mediensystem, die ihre Unternehmensinformationen an die Multiplikatoren im Kommunikationsprozess in Richtung verschiedener Stakeholder vermittelt.
>
> Dazu wird einleitend (C.2.2.2.1.) das Mediensystem und die Beziehung zur Unternehmung analysiert. Im Anschluss folgt eine Differenzierung der Medien (C.2.2.2.2.), an die sich eine Netzwerkdarstellung der Media Relations mit anderen Stakeholder Relations anschliesst (C.2.2.2.3.).

Dieses Unterkapitel hat eine herausragende Bedeutung für die gesamten Kommunikationsbeziehungen der Unternehmung, da die **Medien die zentrale Rolle in den Austauschbeziehungen** zwischen Unternehmung und Stakeholdern einnehmen. Das monetäre System einer Wirtschaft wird auch als »Schmiermittel« für die Realwirtschaft bezeichnet, da Geld die Tauschbeziehungen von Gütern und Diensten erleichtert wie ein Schmiermittel. Das mediale System hat im Austauschsystem von Informationen eine ähnliche Funktion wie ein Schmiermittel – es erleichtert diesen Austausch zwischen Sendern und Empfängern et vice versa. Über Media Relations werden Interaktionsthemen des Kapital-, Arbeits- Kunden- und Meinungsmarktes teilweise mitbestimmt.

Im Sinne der Communications Relations geht es aus Sicht der Unternehmung bei der folgenden Analyse der Media Relations um deren Qualität beziehungsweise deren Güte. Dies ist eine etwas andere Ebene der Beurteilung als bei rein quantitativen Medienresonanzanalysen und aus mehreren Gründen für die Managementfunktion der Media Relations von ausserordentlicher Bedeutung.

Der wichtigere Teil bei der Beurteilung der Güte der Media Relations sind die **eigentlichen Medienbeziehungen** selbst, und zwar unabhängig vom einzelnen medialen Ereignis. Das bedeutet schlussendlich, dass dieser Teil des Kennzahlensystems **qualitativ** ist, um die für das übergeordnete Ziel der Austauschbeziehungen zwischen Unternehmung und Zielgruppen die Güte der Medienbeziehungen beurteilen zu können. Zu welchen Medien und zu welchen Akteuren innerhalb der Medien hat die Unternehmung eine Austauschbeziehung?

Die Messbarkeit der Güte von Medienbeziehungen lässt sich nämlich nur bedingt über Medienresonanzanalysen und/oder Issues Management beschreiben, da diese nur die Darstellung (Nachricht) und die Bewertung (Kommentar) unternehmerischen Handelns messen und auf diese Art und Weise eine gewisse **Quantifizierbarkeit** der medialen Berichterstattung und Kommentierung erlauben. Während solche quantitativen Resonanzanalysen nur das mediale Ergebnis bewerten, beurteilen hier notwendige qualitative Befragungen gewissermassen das Zustandekommen dieser Ergebnisse.

Die quantitativen Ergebnisse von Medienresonanzen sind zudem auch anders zu beurteilen als beispielsweise Indizes über Kunden- oder Mitarbeiterzufriedenheit. Gute Medienresonanzen sind ja kein Beleg für zufriedene Journalisten. Im übrigen sind gute Medienresonanzen nur teilweise guten Media Relations zuzuschreiben, denn das Ergebnis einer möglicherweise guten Darstellung und Bewertung unternehmerischen Handelns in den Medien hängt natürlich von der Unternehmensstrategie sui generis ab und in dieser Betrachtung von der Interpretation von Strategie im Sinne von Rindova/Fombrun (1999).

Nur in der Kombination aus qualitativer und quantitativer Beurteilung sind Kennzahlen ein Unterstützungsinstrument für die Führungsfunktion im Rahmen der Media Relations als Teil des Wertorientierten Kommunikationsmanagements.

> **Media Relations** beschreiben die qualitativen und quantitativen Kommunikationsbeziehungen zwischen der Unternehmung und den Medien. Media Relations haben dabei eine herausragende Bedeutung als Agendasetter, Gatekeeper und Selekteur im Kommunikationsprozess, den es aus Sicht der Unternehmung und ihrer Ziele zu beeinflussen gilt. Die Unternehmung nutzt die Medien zur Beeinflussung ihrer tatsächlichen Zielgruppen unter Einbezug aller dazu notwendigen Zwischenzielgruppen.
>
> Dazu werden zum einen die internen und externen Differenzierungen der Medien berücksichtigt, mit denen die eigentliche qualitative Kommunikationsbeziehung gestaltet und entwickelt werden muss. Zum anderen werden auch die Beziehungen zwischen den Medien und anderen Stakeholdern einer Unternehmung in die Analyse der qualitativen Kommunikationsbeziehungen mit den Medien einbezogen.
>
> Ziel der Media Relations ist eine Darstellung der Unternehmung in den Medien, welche die Ziele der Unternehmung möglichst fair begleitet. Zur Beurteilung dieser Darstellung wird ein Kennzahlensystem angeboten, das diese qualitative Kommunikationsbeziehung beschreibt. Zudem werden Medienresonanzanalysen berücksichtigt.

2.2.2.1. Mediensystem und die Beziehung zur Unternehmung

Die kommunikationswissenschaftliche Literatur behandelt die Beziehung zwischen dem **Mediensystem und dem Wirtschaftssystem** aus zwei unterschiedlichen Perspektiven: Einerseits stehen im weitesten Sinne medienökonomische Fragestellungen im Mittelpunkt des Interesses, in denen letztendlich betriebswirtschaftliche Fragen der Medien als Unternehmungen behandelt werden.[162] Andererseits werden die ökonomischen Aspekte des Mediensystems und deren Bedeutung und Struktur für das Informationssystem analysiert.[163]

Eine etwas weitergehende Auffassung hat Karmasin: »Unsere Auffassung der Medienökonomie als umfassende Medientheorie geht jedoch einen Schritt weiter. Sie wird als allgemeine Theorie medialer Kommunikation, die vielen Ansätzen zu Grunde liegende Dichotomie kommunikationswissenschaftlicher und ökonomischer Auffassungen der Medien überwinden. Deshalb muss die Medienökonomie (...) transdisziplinär verfasst sein. Eine solche transdisziplinäre Auffassung stellt u. E. auch die einzig adäquate wissenschaftliche Reaktion auf die Komplexität aktueller medialer Strukturen dar« (Karmasin 1998, S. 35). Karmasin erkennt dabei, dass nur bei simultaner Betrachtung der Medien als Kommunikationsinstrument und der Ökonomie als Wirtschaftssystem die Komplexität erfasst werden kann, aber er argumentiert ceteris paribus. Die medialen Veränderungen werden quasi als Variable analysiert, während das ökonomische System konstant gehalten wird.

Zur Frage des Verhältnisses von Medien beziehungsweise **Publizistik und Wirtschaft** in einer Kommunikationsgesellschaft resümiert Theis-Berglmaier, dass sich die Medienökonomie in der Frage des Verhältnisses zwischen Medien und Wirtschaft nicht ausschliesslich auf den engen Bereich des Wirtschaftens konzentrieren soll, sondern auch die Voraussetzungen mit reflektieren muss, unter denen medienökonomische Prozesse in der Kommunikationsgesellschaft ablaufen. »So gesehen reicht eine publizistikwissenschaftlich orientierte ›Medienökonomie‹ weit über eine ›Ökonomie der Medien‹ hinaus« (Theis-Berglmair 2000, S. 327).

In den beschriebenen Ansätzen werden unter anderem auch Fragestellungen der ökonomischen Bedingungen des **Journalismus**[164] behandelt, der die zentrale Funktion innerhalb des Mediensystems übernimmt. Die Frage der Stellung des Journalismus beziehungsweise der Journalistik im Mediensystem behandelt vor allen Dingen Weischenberg, der die Beziehung zwischen Journalismus und Mediensystem folgendermassen beschreibt: »Journalismus spielt sich unter den spezifischen Bedingungen von Gesellschafts- und Medienordnungen ab. Mit dem Wandel eines Gesellschaftssystems wandeln sich die Medien, und damit wandelt sich auch der Journalismus in der Gesellschaft. (...) Alle Systeme sind von den allgemeinen Bedingungen der Massenkommunikation in der modernen Gesellschaft geprägt« (Weischenberg 2004, S. 77).

Diese ökonomischen Fragestellungen von Medien als Unternehmungen und Journalismus als Teilsystem der Medien als Unternehmungen sind eine ökonomische Voraussetzung für die Beziehungen zwischen Unternehmungen und Medien im Sinne des hier im Fokus stehenden Forschungsinteresses des Vermittlungsprozesses zwischen Unternehmungen als Sendern und verschiedenen Anspruchsgruppen als Rezipienten.

Eine weitere Differenzierung in der Kommunikationswissenschaft nimmt die so genannte **Medienöffentlichkeit** in den Fokus (siehe folgende Abbildung).

---

162 Vgl. grundlegend Heinrichs Medienökonomie Band 1 (1994) und Band 2 (1999).
163 Vgl. grundlegend Schenk/Donnerstag (1989).
164 Vgl. zum Journalismus vor allem auch Russ-Mohl (2003) und darin das Verhältnis zwischen Journalismus und Public Relations (S.289 ff.).

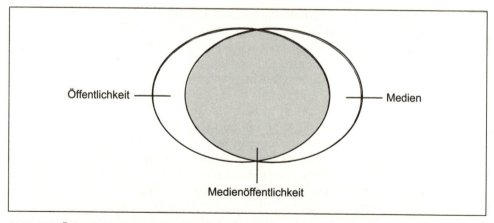

Abb. 112: Öffentlichkeit – Medienöffentlichkeit – Medien (Faulstich 2002, S. 213)

Faulstich definiert zunächst Öffentlichkeit als eine personale Arena der Gesellschaft beziehungsweise als Beziehungsnetzwerk. In einer weiteren Fassung erkennt er in der Medienöffentlichkeit ein medial konstruiertes Forum und differenziert fünf Teilöffentlichkeiten: die repräsentative, die kritische, die massenorientierte, die lokale und schliesslich die schweigende Öffentlichkeit. Neuerdings kommt auch noch die digitale Öffentlichkeit hinzu (Faulstich 2002, S. 213 ff.). Diese Differenzierung im Mediensystem ist wichtig für die Austauschbeziehung zwischen Unternehmung und den Zielgruppen über die Medienöffentlichkeit.

Im Fokus dieses Kapitels steht die Frage, wie die eigentlichen **Medienbeziehungen zwischen Unternehmungen und Medien** über die Medienöffentlichkeit im Dienste der verschiedenen Anspruchsgruppen gestaltet werden. Wie sieht das Wirtschaftssystem dabei idealtypisch aus? Diese Frage hat die Neue Politische Ökonomie aufgenommen, und Frey hat mit folgendem einfachem Modell den Zusammenhang dargestellt:

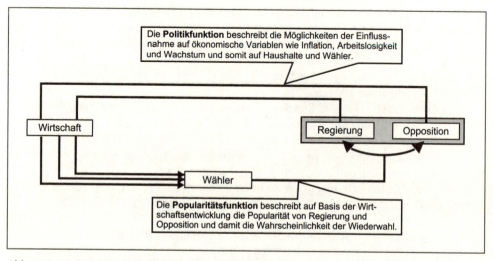

Abb. 113: Einfaches Politökonomisches Modell in Anlehnung an Frey (1977, S. 166)

2. Aufbauorganisation des Wertorientierten Kommunikationsmanagements

Dieses Modell setzt aber einen Informationsfluss im Modell voraus, ohne dass – anders als bei anderen Akteuren des Modells – für diesen Informationsfluss ein spezieller Akteur definiert wird. Zudem wird in diesem Modell keine Differenzierung des Akteurs Wirtschaft – beispielsweise in Unternehmungen und andere Organisationen – vorgenommen.

Im Informationsfeld zwischen den wesentlichen Frey'schen Akteuren des Politökonomischen Modells bedarf es aus Sicht von Will (1993) eines **Akteurs im Kommunikationsprozess** für die **Politikfunktion** zwischen Regierung, Bürokratie und Wirtschaft sowie für die **Popularitätsfunktion** zwischen Wähler und Politik (Regierung und Opposition) auf Basis der Wirkungen fiskalischer und geldpolitischer Massnahmen.

Die **Wirtschaftspresse (als Sonderfunktion der Medien)** ist der zentrale Akteur für den Informationsfluss im Wirtschaftssystem. Der Staat als Hauptträger der Wirtschaftspolitik (Fiskalpolitik, Ordnungspolitik, Wettbewerbspolitik) vermittelt die wirtschaftspolitische Bewertung der aggregierten wirtschaftlichen Daten schliesslich nicht in erster Linie dem Wähler selbst, sondern der Zwischenzielgruppe Wirtschaftspresse, die wiederum auf Basis kommunikationswissenschaftlicher Selektions- und Gatekeeper-Prozesse ihren Lesern diese Bewertung des politischen Umfelds nachrichtlich vermittelt und teilweise kommentierend bewertet (siehe folgende Abbildung).

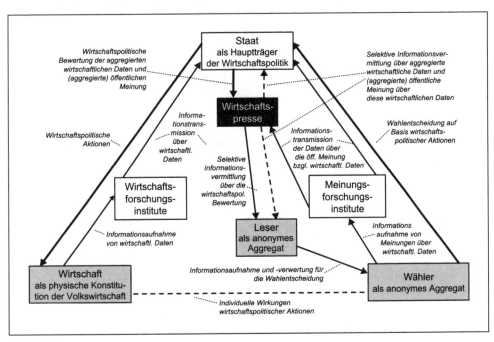

Abb. 114: Informationsfluss im Politökonomischen Modell (in Anlehnung an Will 1993, S. 52)

Eine Einflussgrösse für eine Wahlentscheidung eines Wählers als anonymes Aggregat ist diese Informationsaufnahme und -verwertung, während selbstverständlich die Auswirkungen der Wirtschaft in ihrer physischen Konstitution auf den individuellen Wähler, auf bestimmte Gruppen und/oder Regionen die andere Einflussgrösse wirtschaftspolitischer Aktionen auf den Wähler darstellen. Während diese Analyse der »**Wirtschaftspresse im Wirtschafts-**

system« insbesondere auf die politischen wirtschaftlichen Massnahmen und Rahmenbedingungen abzielt, kann man Unternehmungen in diesem System auf zweierlei Art und Weise berücksichtigen: zum einen eben als Differenzierung der »Wirtschaft«; denn letztendlich hat ein Gutteil der Auswirkungen auf den Wähler mit individuellen unternehmerischen Entscheidungen zu tun (Arbeitsplätze), zum anderen werden Rahmenbedingungen für unternehmerisches Handeln durch politische Entscheidungsträger gesetzt, die zunächst einmal gewählt sein müssen.

Hieraus ergibt sich die Notwendigkeit Politischer Unternehmenskommunikation[165]. Unternehmungen müssen am gesellschaftlichen Diskurs teilnehmen, um die aus ihrer Aufgabe der Bestandessicherung und Weiterentwicklung »möglichst effizientesten« Rahmenbedingungen zu erläutern. Dies betrifft im Kontext der hier vorgestellten Interaktionsthemen vor allem Corporate Governance.

Betrachtet man deshalb nun die Frage der Medien und des **Mediensystems** im Kontext des **Wirtschaftssystems,** so lässt sich dies zunächst einmal über folgende einfache Darstellung eines gesamtwirtschaftlichen Modells beschreiben, in dem Media Relations die oben erwähnten Funktionen übernehmen.

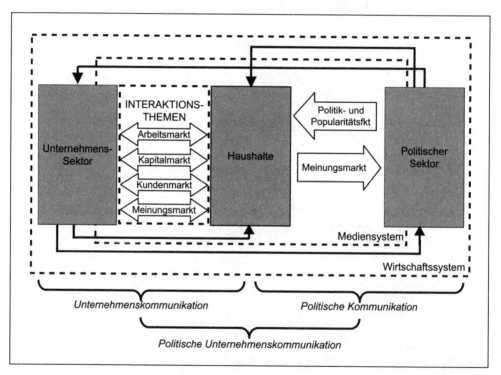

Abb. 115: Zusammenhang von Unternehmenskommunikation, Politischer Kommunikation und Politischer Unternehmenskommunikation (eigene Abbildung)

---

[165] Vgl. dazu Unterkapitel C.2.2.3.4. über Political Relations.

Das **Wirtschaftssystem** besteht aus dem Unternehmenssektor und dem Politischen Sektor sowie den Haushalten insgesamt. Das **Mediensystem** ist aktionstheoretisch betrachtet[166] der Akteur als Mittler im hierzu notwendigen Kommunikationsprozess. Aus diesem Grund ist aus Unternehmenssicht auch zwischen einer klassischen Unternehmenskommunikation und einer Politischen Unternehmenskommunikation zu differenzieren, wobei letztere die Funktion übernimmt, in der sich Unternehmungen am politischen Willensbildungsprozess in der Politischen Kommunikation beteiligen.

Zusammengefasst nehmen Media Relations unter Berücksichtigung von Medien und Mediensystemen eine zentrale Rolle für das System Unternehmung im wirtschafts- und gesellschaftspolitischen System ein. Das gilt auf den ersten Blick für die Beziehungen zwischen Media Relations und Political Relations (für den Meinungsmarkt), aber auf den zweiten Blick selbstverständlich auch für die Beziehungen zu den Mitarbeitern (über den Arbeitsmarkt), zu den Kunden (über die Kundenmärkte) sowie insbesondere auch für den Kapitalmarkt (über Capital Relations), der ja der entscheidende Faktor zwischen den grundsätzlichen realwirtschaftlichen Gütersystemen und dem monetären geldwirtschaftlichen System ist. Dieser Teil der Betrachtung von Mediensystem und System Unternehmung ist genau derjenige Teil, der im Forschungsinteresse dieses Kapitels steht. Dabei müssen selbstverständlich die beiden Voraussetzungen im Sinne medienökonomischer und medieninstitutioneller Betrachtung gewährleistet sein.

2.2.2.2. Differenzierung der Medien[167]

Nach der mediensystematischen Beschreibung steht im folgenden Kapitel die Differenzierung der Medien mit Bezug auf die Unternehmung im Fokus, um die Qualität der Media Relations beurteilen zu können. Dabei gilt es in zweierlei Hinsicht eine Differenzierung vorzunehmen – zum einen eine **externe Differenzierung** der verschiedenen wesentlichen **Medientypologien** zum anderen eine **interne Differenzierung** des jeweiligen **Mediums**.

Die wesentlichen Hauptmedien in der **externen Differenzierung** zwischen Unternehmungen und Medien sind:[168]

- **Wirtschaftsmedien**, deren Fokus in ihrer Berichterstattung und Kommentierung auf Themen der Wirtschaft im Sinne gesamtwirtschaftlicher und einzelwirtschaftlicher (unternehmerischer) Fragestellungen liegt. Diese Medien können dabei »echte« Wirtschaftsmedien sein, wie bspw. im internationalen Umfeld die Financial Times oder das Wall Street Journal sowie im deutschsprachigen Umfeld beispielsweise das Handelsblatt in Deutschland oder Cash in der Schweiz oder aber es sind so genannte Qualitätszeitungen in der Regel mit nationaler oder überregionaler Bedeutung, die einen eigenständigen ausdifferenzierten Wirtschaftsteil haben. Hierunter fallen insbesondere die deutschsprachigen Qualitätszeitungen wie die Frankfurter Allgemeine Zeitung in Deutschland oder die Neue Zürcher Zeitung in der Schweiz. Wirtschaftsmedien sind allerdings oftmals auch keine Zeitungen, sondern eher wöchentlich oder monatlich erscheinende Zeitschriften wie beispielsweise der Fortune in den USA, der Economist in Grossbritannien, das Manager Magazin in Deutschland oder die Bilanz in der Schweiz.

---

166 Vgl. dazu grundlegend Luckenbach (1986).
167 Vgl. hierzu ausführlicher Meckel/Will (2006, S. 307 ff.).
168 Vgl. hierzu grundlegend Hömberg (2005).

- Daneben gibt es so genannte **allgemeine Medien**, die im Fokus ihrer Leser-Blatt-Bindung die Wirtschaft nicht in den Vordergrund rücken, sondern vielmehr die allgemeine und politische Berichterstattung hervorheben oder zumindest gleichberechtigt neben die wesentlichen Redaktionen einer Tageszeitung (Politik, Wirtschaft und Feuilleton) stellen. Zu diesen Medien gehören im internationalen Umfeld Zeitungen wie die New York Times in den USA, der Daily Telegraph in England, die Welt in Deutschland oder der Tagesanzeiger in der Schweiz. Hier gibt es neben einer Reihe von Wochenzeitungen (wie bspw. Die Zeit) vor allen Dingen auch Zeitschriften (wie bspw. den Spiegel).
- Die dritte Hauptkategorie der externen Differenzierung von Medien sind so genannte **Fachmedien**, deren Fokus auf einer bestimmten Branche oder einer ganz bestimmten thematischen Spezialisierung liegt. Zu dieser Typologie von Medien gehören im internationalen Umfeld beispielsweise EuroMoney (für den Kapitalmarkt) oder AutoMotorSport (für den Automobilsektor) oder Die Bank (für den Bankenmarkt) etc. Der Markt der Fachpublikationen ist unüberschaubar und kann nur eingeschränkt werden, wenn man sich thematisch auf ein bestimmtes Themenfeld der Unternehmung konzentriert oder aber eine branchenbezogene Einschränkung vornimmt.
- Hinzunehmen muss man auch so genannte **Spezialmedien**, deren Fokus anders als bei den Fachmedien nicht auf einem bestimmten unternehmerischen Thema oder einer bestimmten Branche für die Unternehmung liegt, sondern sozusagen ein anderes spezialisierendes Einteilungskriterium vornimmt, das zu bestimmten Zeiten und/oder für bestimmte Teilmengen der Anspruchsgruppen von Unternehmungen relevant sein kann. Darunter fallen so genannte Life-Style-Magazine (für den Golfer oder den Reiter aus dem Sportbereich) oder aber so genannte People-Interest-Magazine (wie Gala, People oder andere). Ähnlich wie im Falle der Fachmedien ist das Angebot solcher Special-Interest-Medien unüberschaubar und kann ebenfalls nur auf Basis einer klar vorgegebenen Kommunikationsstruktur und eines klar vorgegebenen Kommunikationsprozesses mit Blick auf die Effizienz zur Vermittlung von Information zwischen Unternehmung und Anspruchsgruppe beurteilt und eingesetzt werden.
- Schlussendlich darf man die **Online-Medien** nicht ausser acht lassen, da deren Bedeutung im Laufe der letzten Jahre mit Einführung des World Wide Web einen rasanten Aufstieg erlebt haben. Online-Medien unterscheiden sich von allen anderen Gruppierungen dadurch, dass der Rezipient in der Regel kaum mehr ein einzelner Leser ist, sondern vielmehr als ein User zu betrachten ist, der häufig in Gruppen sozialisiert ist, die man Communities nennt.[169]

Selbstverständlich fallen bei dieser externen Differenzierung immer noch einige Medien heraus, die nicht direkt zuzuordnen sind. Die wesentlichen Hauptkategorien sind aber hiermit beschrieben. Mit Bezug auf die Kommunikationsprozesse einer Unternehmung sind diese Medien vor allem mit Blick auf die Erreichbarkeit ihrer jeweiligen Leserschaft (Rezipienten) zu beurteilen. Selbstverständlich haben allgemeine Medien die breiteste Zielgruppe, während über die Wirtschaftsmedien Fach- und Spezialmedien die Zielgenauigkeit der

---

[169] Auf die spezielle Bedeutung der Online-Medien, deren Inter- und Intra-akteuriellem Konkurrenzfeld sowie deren Bedeutung für Unternehmen im Kommunikationswettbewerb wird eigenständig im Gliederungspunkt C.2.2.3.5. eingegangen.

2. Aufbauorganisation des Wertorientierten Kommunikationsmanagements

Leserschaft immer besser wird. Allerdings ist im Umkehrschluss in der Regel die quantitative Grössenordnung der Leserschaft umso kleiner, je zielgenauer die Gruppe ist.

Neben dieser externen Differenzierung von Medien müssen die Media Relations aber selbstverständlich auch **interne Differenzierungen von Medien** vornehmen. Diese Differenzierung bezieht sich jeweils auf ein Medium selbst und ist je nach Grösse und Ausrichtung unterschiedlich, aber in seinen wesentlichen Grundkategorien wieder vergleichbar:[170]

- Zunächst einmal hat jedes Medium eine **Chefredaktion** und einen Chefredakteur, der die grossen Leitlinien einer Tageszeitung festlegt, die personelle Besetzung der Redaktion vornimmt und die publizistische Gesamtverantwortung trägt (sofern er sich die Rolle nicht mit einem Herausgeber und/oder Verleger teilt). Für Unternehmungen ist es ausserordentlich wichtig, persönliche Kontakte zur Chefredaktion zumindest der wichtigsten Medien zu haben, auch wenn sich hieraus in der Regel keine eigene Berichterstattung ergibt. Chefredakteure greifen im Vergleich zu ihren normalen Redakteuren höchst selten selbst zur Feder – dann sind es aber in der Regel wichtige und richtungsweisende Artikel, den im Sinne des Opinion-Leader-Approaches von ausserordentlicher Bedeutung für ein Unternehmen sein können.
- Für Unternehmungen sind die **Wirtschaftsredaktion** und ihr Leiter die wichtigsten Ansprechpartner in der strategischen und operativen Kommunikationsarbeit. Die Wirtschaftsredaktion kann nach Grösse noch einmal differenziert sein in ein Ressort für **Unternehmensberichterstattung**, ein Ressort für **wirtschaftspolitische Berichterstattung** sowie ein Ressort für die **Finanzberichterstattung**. Zu allen diesen Bereichen der Wirtschaftsredaktion muss eine Unternehmung eigenständige Kommunikationsbeziehungen haben, da alle diese Bereiche für die Unternehmenskommunikation im täglichen Umgang wichtig sind.
  Des Weiteren können auch das **Unternehmensressort** und das **Kapitalmarktressort** weiter untergliedert sein, in denen sich bestimmte Redakteure um einzelne Branchen, um einzelne Unternehmensgruppen oder um einzelne Regionen im Verbreitungsgebiet einer Zeitung kümmern. In der Kapitalmarktberichterstattung gibt es spezielle Redakteure für die verschiedenen Untersegmente wie beispielsweise den Aktienmarkt, den Bondmarkt und andere.
- Nicht ohne Bedeutung für Unternehmungen kann auch das politische Ressort, **die Politikredaktion**, sein, deren Berichterstattung und Kommentierung zwar nicht in der täglichen Kommunikationsarbeit von Bedeutung ist, doch insbesondere bei gesellschaftspolitischen Fragestellungen mit Auswirkungen auf Unternehmungen und Unternehmer wichtig werden kann (beispielsweise Corporate Governance). Zu den wesentlichen Redakteuren des politischen Ressorts sollte eine Unternehmung deshalb auch eigene Kontakte haben – zumal gerade diese Redakteure häufig genug keine Detailkenntnisse über unternehmerische Zusammenhänge haben, aber im Kontext bestimmter gesellschaftspolitischer Fragestellungen (beispielsweise genetisch bearbeiteter Nahrungsmittel) über Aspekte schreiben, die hohe Auswirkungen auf einzelne Unternehmungen haben können.

---

[170] Vgl. hierzu auch Meckel (1999).

- Die letzte Kategorie von Redakteuren sind die Korrespondenten beziehungsweise das **Korrespondentennetz** einer Zeitung, das entweder regional (insbesondere am Stammsitz einer Unternehmung), vor allen Dingen aber international von herausragender Bedeutung für die Unternehmenskommunikation sind. Während **regionale Korrespondenten** ihre Berichterstattung über eine Unternehmung in der Regel gemeinsam mit den branchenbezogenen Spezialisten in der Zentrale schreiben, sind insbesondere die **internationalen Wirtschaftskorrespondenten** oftmals »allein« gelassen bei der Beurteilung bestimmter Zusammenhänge oder Termine, die eine bestimmte Unternehmung in einem bestimmten Umfeld machen kann. So ist es von hoher Bedeutung für eine Unternehmung, dass die wesentlichen Korrespondenten an den internationalen Plätzen (insbesondere den Kapitalmarktplätzen in London und New York) auch Kenntnisse über die unternehmensstrategischen Zusammenhänge einer bestimmten Unternehmung haben.

Aus dieser Beschreibung der wesentlichen externen und internen Differenzierungsmöglichkeiten von Medien ergibt sich ein sehr komplexer Zusammenhang für die Medienbeziehungen einer Unternehmung, wie folgende Tabelle zusammenstellt.

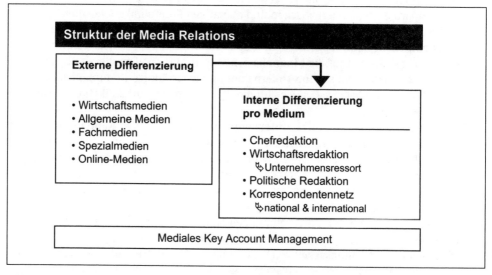

Abb. 116: Interne und externe Differenzierung der Media Relations (eigene Abbildung)

Die Medienbeziehungen zu den wichtigsten Medien und den wichtigsten Redakteuren müssen sich selbstverständlich in der Unternehmung spiegeln, was im Prinzip nur mit einer Art von »**medialem Key Account Management**« geleistet werden kann. Für die wichtigsten Medien müssen Key-Account Manager im Bereich der Media Relations bestimmt sein, die den Überblick darüber haben, wer in einem bestimmten Medium was über die Unternehmung weiss. Zudem ist der mediale Key Accounter dafür zuständig, wer, wann und wie die Kontakte zu einem bestimmten Medium von Unternehmensseite hält, und zwar nicht nur aus dem der Media Relations, sondern vor allen Dingen auch aus der Linienorganisation des Vorstandes oder bestimmter Spezialisten. Dabei ist es wichtig zu entscheiden, wer für einen bestimmten Redakteur eines bestimmten Mediums innerhalb der Media Relations und innerhalb der gesamten Unternehmensorganisation die Kontakte hält.

Dabei kommt dem zuständigen Key-Account Manager innerhalb der Media Relations zusätzlich die Verantwortung zu, den internen Abstimmungsprozess mit den Bereichen Capital Relations und Political Relations zu gestalten, in deren Umfeld Analysten und Lobbyisten betreut werden, die sich einerseits über Medien öffentlich artikulieren und andererseits in der Regel nicht-öffentliche eigene Kontakte zu Medien halten. Der mediale Key Accounter hat folglich eine wichtige Funktion im Rahmen der Koordinationsaufgabe des Kommunikationsmanagements.

Über die obige Tabelle können insbesondere die eingangs erwähnten **qualitativen Medienbeziehungen** beurteilt werden, die aber auch in gewisser Weise messbar gemacht werden können. Zudem lassen sich die Medienbeziehungen im Kontext ganzer Kommunikationskampagnen[171] analysieren. Und schlussendlich können im Kontext dieser Kommunikationsbeziehungen[172] auch die **quantitativen Resonanzanalysen**[173] einbezogen werden.

Entscheidend ist aber nicht, ob nominal, ordinal oder kardinal gemessen wird, sondern dass qualitative und quantitative Aspekte in einer umfassenden Beurteilung der Media Relations gemeinsam behandelt werden:
- Der Wert eines guten Kontaktes zu einem wichtigen Journalisten oder Politiker ist weder kardinal noch ordinal messbar, aber die Frage des Habens oder Nicht-Habens ist messbar. Ob man solche Kontakte immer selbst haben muss, über eine Agentur oder einen Spin-Doctor, ist am Ende nur ein Problem des In- oder Out-Sourcing von Ressourcen und der davon abhängenden Budgets. Leistet sich die Unternehmung einen Pressechef, der die Financial Times, die Neue Zürcher Zeitung oder die Frankfurter Allgemeine Zeitung selbst von innen kennt, der dann teurer ist, oder verzichtet die Unternehmung darauf? Macht man das ansonsten mit einer teuren Londoner PR-Agentur oder nicht? Wie macht man das politische Lobbying in Brüssel? Mit eigenem Personal oder über Agenturen? Diese Art von Bewertung ist zwar nur **nominal**, aber sie ist möglich. Hier zeigt sich bereits, dass es eine Frage der Gestaltung und/oder Reflexion ist, wie eine Unternehmung im Aussenverhältnis gegenüber bestimmten Anspruchsgruppen positioniert sein will (in Anlehnung an die Begriffe von Müller-Stewens/Lechner 2003, S. 3 ff.).
- Der Wert einer guten ganzheitlichen Kommunikationskampagne, bei der ein Interaktionsthema nicht über vergleichsweise teure Werbung an die Rezipienten gebracht wird, sondern über eine Konferenz, gegebenenfalls mit Buch, vielleicht mit redaktionellen Berichterstattungen oder persönlichen Kontakten und Verbindungen mit anderen Multiplikatoren, ist auch nicht so einfach messbar. Wie will man das Buch bewerten, die Artikel in den Medien, die vielleicht gut oder schlecht sind, oder die Tatsache, mit den wichtigen Multiplikatoren auf der Konferenz einen persönlichen Face-to-Face-Kontakt aufgebaut zu haben? Diese Kontaktwahrscheinlichkeiten sind ebenfalls schwer messbar,

---

[171] Vgl. dazu vor allem das Kapitel C.2.3. über Communications Programs, die ganze Kommunikationskampagnen in den Kontext der Struktur des Wertorientierten Kommunikationsmanagements stellen.
[172] Vgl. dazu auch die Ausführungen zu den Communications Relations in Unterkapitel B.3.2.4.
[173] Vgl. dazu vor allem die Ausführungen zum Communications Controlling in Kapitel C.2.4.

können aber **ordinal** eingeordnet werden, wenn man sich über die Qualität eines Kontaktes im gesamten komplexen System im Klaren ist. Kirchner (2001, S. 36) nutzt im Rahmen ihrer Definition denn auch den Aspekt der »gegenseitig vorteilhaften Beziehung«, um die Bedeutung des erfolgreichen Beziehungsmanagements herauszustellen.

- Der Wert von Medienpräsenzen und Medientendenzen, von politischen Beurteilungen oder von Investoreneinschätzungen ist ein Bereich des Kommunikationsmanagements, der **kardinal** gemessen wird. Aber hier wird es eher anders herum schwierig: Was heisst es denn, beispielsweise x Prozent mehr und eventuell davon wieder y Prozent positivere Artikel in einer Berichtszeitspanne gehabt zu haben? An dieser Stelle reichen Prozentangaben nicht aus, wenn daraus keine strategischen Empfehlungen für das Management abgeleitet werden. Das geht aber nur, wenn man Teil des gesamten Managementsystems ist. Kalt (2003, S. 112) hält deshalb auch fest, dass mit der Entwicklung der Medienanalysen in den letzten Jahren der PR grundsätzlich ein grosser Schritt in Richtung Akzeptanz durch die Unternehmensführung gelungen sein dürfte.

2.2.2.3. Media Relations und andere Stakeholder Relations

In diesem Unterkapitel wird auf die wesentlichen Konstituenten des Beziehungszusammenhanges zwischen Media Relations und den anderen ausgewählten Stakeholder Relations eingegangen, ehe selbige in den folgenden Unterkapiteln behandelt werden. Ziel dieser Beschreibung ist es, die oftmals aus analytischen Gründen vorgenommene Segmentierung in Teilarenen aufzuheben. Der Meinungsmarkt[174] setzt sich vielmehr aus den für eine Unternehmung relevanten Meinungen der verschiedenen Teilmärkte am Kapital-, Arbeits-, Kunden- und dem allgemeinen (politischen) Meinungsmarkt zusammen:

Der erste Beziehungszusammenhang ist jener zwischen **Media Relations und Capital Relations**. Der Kapitalmarkt hat die übergreifende Funktion, dem Wirtschaftssystem Kapital zur Verfügung zu stellen. Diese Funktion der Kapitalallokation ist eine der wichtigsten Konstituenten eines marktwirtschaftlichen Systems, wobei der Kapitalmarkt lange Zeit ein kleiner und überschaubarer »closed-shop« war. Zwei Ereignisse haben den Kapitalmarkt allerdings so verändert, dass die klassische Kapitalmarktkommunikation heute in weiten Teilen eine »Kapitalmarktmassenkommunikation« ist:

Zum einen hat die Ausweitung des Aktienmarktes von ursprünglich institutionellen Aktionären und Investoren hin zu so genannten kleinen privaten Retailinvestoren zu einer enormen Ausweitung von Multiplikatoren zur Vermittlung und Bewertung von Kapitalmarktinformationen geführt. Diese Kommunikationsaufgabe der Capital Relations kann ein Unternehmen keinesfalls nur über die One-to-One- oder One-to-Few-Kommunikationsbeziehungen im institutionellen Umfeld umsetzen, sondern benötigt die Media Relations zumindest für den unbezahlten Teil der Kommunikation im Sinne der One-to-Many-Kommunikationsbeziehung.[175]

Zum anderen gibt es eine ähnliche Entwicklung am Fremdkapitalmarkt, der zwar nach wie vor aus kommunikationstheoretischer Überlegung wesentlich kleiner ist, aber durch

---

174 Vgl. dazu Kirf/Rolke (2002).
175 Vgl. dazu Pellens/Gassen/Ernst (2005).

das Aufkommen der Rating-Agenturen als Folge von Bonitätsprüfungen ausserhalb des Hausbankensektors ebenfalls zu einer Art öffentlichen Fremdkapitalmarktkommunikationsaufgabe geworden ist.[176]

Schlussendlich muss man für den allgemeinen Zusammenhang von Media und Capital Relations noch berücksichtigen, dass selbstverständlich beide grossen Kapital-Bereiche (Equity und Debt) über den Verschuldungsgrad eines Unternehmens und über die Kapitalstruktur zusammenhängen.

Eine ähnliche Überlegung gilt für den Beziehungszusammenhang zwischen **Media Relations und Human Relations**, also den Medienbeziehungen einerseits und der Mitarbeiterkommunikation anderseits. Auch hier wird die Bedeutung der Medien aufgrund zweier Entwicklungen deutlich:

Zum einen ist externe Kommunikation auch immer interne Kommunikation und im Umkehrschluss interne Kommunikation auch immer externe Kommunikation. Mitarbeiter lesen selbstverständlich nicht nur Mitarbeiterinformationen, sondern informieren sich über ihre eigene Unternehmung auch über die externen Medien. Da Mitarbeiter aber über enormes Detailwissen über eine Unternehmung verfügen, können sie selbstverständlich externe Berichterstattungen noch ganz anders beurteilen als andere Zielgruppen.[177]

Zum anderen sind Mitarbeiter heute häufig auch an Aktionärskommunikation interessiert, da durch die Veränderung der Vergütungsstrukturen Mitarbeiter heute selbst bis in die Tarifklassen hinein einen nicht unbedeutenden variablen Anteil erhalten, der vom Erfolg des Unternehmens und/oder der persönlichen Leistung abhängt. Insofern sind viele Mitarbeiter heute auch Aktionäre und beziehen insbesondere Kapitalmarktinformation aus den externen Medien. Diese beiden Entwicklungen machen die übergeordnete Bedeutung der Media Relations auch für den Bereich der Human Relations deutlich.

Der Beziehungszusammenhang zwischen **Media Relations und Customer Relations** beruht letztlich auf ähnlichen Überlegungen wie für die beiden vorherigen Bereiche. Neben den klassischen Marketing-Massnahmen im Kontext des Kunden sind es ebenfalls zwei Entwicklungen, die eine sorgfältige Behandlung der Schnittstelle zwischen den Media Relations und dem Marketingbereich mit Bezug auf die Customer Relations notwendig machen:

Zum einen ergibt sich aus der gesamten Corporate Branding-Diskussion die Notwendigkeit, Unternehmensmarke und Produkt- oder Produktgruppen-Marken miteinander abzustimmen. Die Unternehmensmarke richtet sich in ihrer Positionierung an alle Zielgruppen und damit neben den Kunden auch an Aktionäre und Mitarbeiter und andere. Aus dieser Überlegung heraus und aus der Gestaltung der werblichen Massnahmen sowie aus der Gestaltung der medialen Massnahmen ergibt sich ein enger Abstimmungsprozess, da keine Branding-Strategie ohne Medienarbeit und/oder allgemeine Sponsoringtätigkeit auskommt.[178]

Zum anderen führt gerade die Bewertung von Unternehmen am Kapitalmarkt heute auch das Argument der Brand Valuation ins Feld. Wenn aber Unternehmens- und Produktmarken auch vom Kapitalmarkt beurteilt werden, so geht diese Kommunikationsbeziehung über reine Customer Relations im Sinne des Kaufs von Gütern und Dienstleistungen hinaus.

---

176 Vgl. dazu Gerke/Pellens (2003).
177 Vgl. dazu Mast (2002, S. 243 ff.).
178 Vgl. dazu Einwiller/Will (2002).

Hierbei erweitert sich der Kreis sogar noch mehr; denn Brand Value hängt sehr stark von den intangible assets einer Unternehmung und damit vom Human Capital und vom Financial Capital ab, wodurch die Media Relations eine übergeordnete Bedeutung im Kontext dieser Teilarenen erhalten.[179]

Media Relations und Political Relations: Auch in der Beziehung zur politischen Kommunikation haben die Media Relations eine übergeordnete Bedeutung. Dieser Sachverhalt ist in der Kommunikationswissenschaft vielfach erforscht[180], doch gibt es auch hier zwei Entwicklungen in der jüngsten Zeit, die zu berücksichtigen sind.

Zum einen hat sich das Kräftespiel so genannter Governmentaler Organisationen (GOs) und Non-Governmentaler Organisationen (NGOs) verschoben. Insbesondere NGOs nutzen im internationalen kommunikativen Kommunikationswettbewerb Unternehmungen als ihr Gegenüber, da in diesem Falle Unternehmungen keinen nationalen Patron mehr haben, der ihnen mit Bezug auf Rahmenbedingungen oder anderes beispringen kann.

Zum anderen müssen Unternehmungen heute vielfach mit verschiedenen Regierungen und Rahmenbedingungen operieren, da im Zuge der Globalisierung kaum mehr eine Unternehmung nur noch in einem Land tätig ist. Insofern ergibt sich auch hier eine Differenzierung der Political Relations, deren Kommunikationsaustausch häufig nur über die Medien stattfinden kann.

Diese kurze Beschreibung der Sonderstellung der Media Relations im Kontext der Stakeholder Relations verdeutlicht, dass zielgruppenbezogene Teilarenen dann fehlschlagen, wenn man die für diese Teilarena notwendigen Multiplikatoren auf die Teilarena begrenzt.

Die letzte Beziehung von Media Relations zu anderen Stakeholdern ist eine »**unechte**« **Stakeholder-Beziehung**; denn Communities sind im Prinzip Gruppen, die sich in den Online-Relations bilden (Schmid, 2000). Mit Bezug auf die Beziehung zwischen **Media Relations und Online Relations** zur Gestaltung der Austauschbeziehung zur »Zielgruppe« Communities sind folgende Besonderheiten zu berücksichtigen:

Zunächst einmal nehmen die Media Relations im Rahmen der Online Relations in dem Sinne eine Sonderrolle ein, als dass die **Medien** selbst eine **Sonderrolle im Netzwerk** der verschiedenen Kommunikationsarenen innehaben, über die sich Communities organisieren. Dabei kann sich zwar die Medienlandschaft verändern, aber das Grundprinzip des Vermittlungssystems bleibt gleich. So schreibt Rössler in seinem einführenden Beitrag zur Online-Kommunikation: »Zu Recht kann zwar das weltweite Computernetzwerk und seine Protokolle, auf denen die Online-Kommunikation letztendlich beruht, als Medium im Sinne eines rein technischen Vermittlungssystems bezeichnet werden (›Medien erster Ordnung‹; Weischenberg 1998, S. 51). (...) Zu Medien im Sinne einer ›sozialen Bedeutungsproduktion und -vermittlung‹ werden die technischen Medien erst durch die Art und Weise ihres Gebrauchs (›Medien zweiter Ordnung‹). Gerade in dieser Hinsicht eröffnen die unterschiedlichen Protokolle der weltweiten Computernetzwerke jedoch einen vollkommen neuen Kommunikationsraum« (Rössler 1998, S. 19). Dieser Hinweis ist ganz entscheidend, denn dann müssen auch die Online Relations der Unternehmenskommunikation darauf in dem Sinne reagieren, dass ihr Internet beziehungsweise ihr Intranet in der internen Kommunikation eine vernetzte Plattform für Mitarbeiter, Kunden, Aktionäre, Journalisten, Analysten

---

179 Vgl. dazu die Ausführungen zum Value Reporting in Unterkapitel B.2.2.2.2.
180 Vgl. dazu Schulz (1997).

2. Aufbauorganisation des Wertorientierten Kommunikationsmanagements

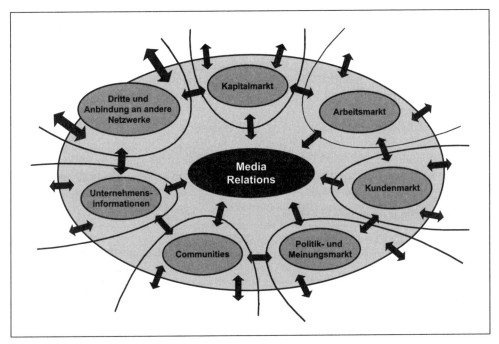

Abb. 117: Netzwerk der Media Relations (eigene Abbildung)

und Lobbyisten bietet und auf diesem Wege die relativ klare Zuordnung von Sendern, Multiplikatoren und Rezipienten aufbricht (Will/Porak 2001).

Zusammengefasst: Unternehmungen haben heute in der Regel mehr Aktionäre und auch Anleihe-Investoren, mit denen kommuniziert werden muss. Unternehmungen haben zwar nicht notwendigerweise mehr Mitarbeiter, aber sie haben Mitarbeiter, die heute »mehr« wissen wollen. Unternehmungen haben auch im Kundenumfeld Kunden, die einen wesentlich höheren Anspruch an das Informationsverhalten haben. Zu guter Letzt ist auch das allgemeine öffentliche Umfeld mehr an Unternehmensthemen (insbesondere kritischen) interessiert.

Insofern kann man mit Blick auf die Sonderrolle der Media Relations konstatieren, dass es Aktionärsmassenkommunikation, Mitarbeitermassenkommunikation und auch Kundenmassenkommunikation sowie allgemein eine Massenkommunikation gegenüber der Öffentlichkeit gibt, die im Zusammenspiel dieser Stakeholder Relations mit den Media Relations gestaltet und entwickelt werden können. Die Medienbeziehungen nehmen dabei eine Sonderfunktion in den Communications Relations einer Unternehmung ein, wie sie dies auch im allgemeinen Prozess der Massenkommunikation ohnehin tun.

Der entscheidende Punkt ist dabei die Rolle der Media Relations für das Unternehmen auf der Sender-Seite des Kommunikationsprozesses im Sinne einer massenkommunikativen Austauschbeziehung. **Media Relations** müssen deshalb eine **Netzwerkfunktion innerhalb von Unternehmungen** einnehmen, die im **externen Umfeld vom Netzwerk der Medien** gespiegelt wird.

Erst dann kann die **Netzwerkkommunikation** aus Sicht der Unternehmungen gestaltet und entwickelt werden, wie Meckel/Will beschreiben, wenn sie gerade im kommunikativen Umfeld einer Unternehmung und ihrer relevanten Öffentlichkeiten so genannte nicht-kodifizierte Informationen feststellen, die eben manchmal auch nur in Netzwerken erhältlich sind und deshalb eine besondere Gestaltungs- und Entwicklungsaufgabe der Media Relations als Teil der Netzwerkkommunikation erkennen, des so genannten vernetzten Kommunikationsmanagements (Meckel/Will 2006, S. 296).

Folgende Abbildung stellt abschliessend das **Netzwerk der Media Relations** noch einmal im Überblick zusammen, in dem neben den hier beschriebenen kommunikativen Teilmärkten auch die Communities, die speziellen Unternehmensinformationen aus den Media Relations sowie die Anbindung an Dritte und damit zu anderen Netzwerken zu berücksichtigen sind.

2.2.3. Stakeholder Relations

> Nachdem die übergeordnete Bedeutung der Media Relations behandelt wurde, werden nunmehr die wichtigsten Stakeholder Relations einzeln beschrieben. Das betrifft die Capital Relations (C.2.2.3.1.), die Human Relations (C.2.2.3.2.), die Customer Relations (C.2.2.3.3.), die Political Relations (C.2.2.3.4.) sowie die Online Relations, die eine gewisse Sonderrolle einnehmen (C.2.2.3.5.).

In den folgenden Unterkapiteln geht es immer um die **Struktur dieser Beziehungen**: Wer kann wie auf welche Stakeholder Einfluss nehmen? Dabei müssen die verschiedenen Capital-Kategorien nicht nur in der Analyse der möglichen Austauschbeziehungen betrachtet werden, sondern auch mit Blick auf diejenigen Kennzahlen, die eine Interpretation einer bestimmten Kapital-Kategorie ermöglichen. Dazu benötigt man natürlich beide Aspekte: **Qualitätsbeschreibung der Struktur** und **quantitative Darstellung von ensprechenden Indizes**.

2.2.3.1. Capital Relations

> In diesem Unterkapitel wird zunächst der Stand der Forschung zu Investor Relations und damit die Abgrenzung zum hier verwendeten Terminus Capital Relations beschrieben (C.2.2.3.1.1.). Danach wird eine Analyse der Kommunikationsbeziehung zwischen Kapitalmarkt und Unternehmung vorgenommen (C.2.2.3.1.2.). Sodann werden die Kommunikationsbeziehungen des Aktienkapitalmarktes, die Equity Capital Relations, und danach die Kommunikationsbeziehungen des Fremdkapitalmarktes, die Debt Capital Relations (C.2.2.3.1.3.), im Rahmen der Differenzierung der Capital Relations beschrieben.

Alle Kategorien des Intellectuell Capital haben als immaterielle Werte gleichrangige Bedeutung. Die mit Hilfe dieses Ansatzes vorgestellte Systematisierung ist am Ende jedoch dazu geeignet, die Interpretation »symmetrischer« zu gestalten und so über den Reputationswert eine zusätzliche Information für die Investitionsentscheidung mit Blick auf den Unternehmenswert zu bieten. Mithin haben auch die Capital Relations eine spezielle Rolle; denn sie müssen auch die Kennzahlen der anderen Capital-Kategorien in ihrer Austauschbeziehung mit verarbeiten.

2. Aufbauorganisation des Wertorientierten Kommunikationsmanagements

> **Capital Relations** beschreiben die qualitativen und quantitativen Kommunikationsbeziehungen zwischen Unternehmung und Kapitalmarkt im weiteren Sinne. Zur Beeinflussung der Zielgruppe der Kapitalgeber werden dabei alle Inhalte, Instrumente und andere Ziel- und Zwischenzielgruppen eingesetzt, die dem Wertorientierten Kommunikationsmanagement zur Verfügung stehen. Dazu gehören auch Indikatoren zur Beschreibung anderer Kategorien des Intellectual Capital, insbesondere des Human und des Customer Capital.

2.2.3.1.1. Investor Relations versus Capital Relations

Aus Sicht der Rechnungslegung übernehmen die Investor Relations die wesentliche Kommunikationsfunktion: zur Senkung der Kapitalkosten, zur Steigerung des (Aktien)absatzes und zum Aufbau von Corporate Identity, wie folgende Übersicht von Behr (2002, S.499) zeigt:

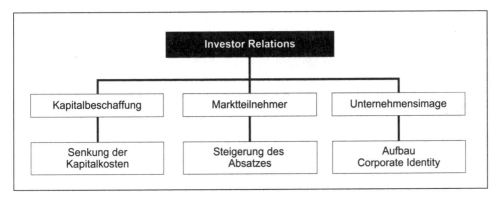

Abb. 118: Aufgaben der Investor Relations (Behr 2002, S. 499)

Die obige Abbildung macht klar, dass es nicht nur um die harten Faktoren der Senkung der Kapitalkosten und der Steigerung des Absatzes geht, sondern auch um allgemeiner gefasste Aspekte der Unternehmenskommunikation; denn Unternehmensimages bilden sich zwar auch, aber sicher nicht nur am Kapitalmarkt.[181]

Die für die Kommunikationsbeziehungen mit den Aktionären zuständige Abteilung in den Unternehmungen heisst ausnahmslos immer noch »nur« Investor Relations, da es sich dabei um eine etablierte Begriffsfassung handelt. Allerdings leisten diese Abteilungen heute eine wesentlich breiter angelegte Kommunikationsarbeit als noch zu Beginn der neunziger Jahre. Die Notwendigkeit der Verknüpfung der »klassischen« Investor Relations mit den weiteren Kommunikationsbereichen der Unternehmungen gilt heute als akzeptiert. Organisatorisch ist es in den überwiegenden Fällen allerdings immer noch so, dass die Abteilungen für Investor Relations in der Regel an den Finanzvorstand berichten, während die

---

[181] Behr befasst sich aber auch mit der Frage des Instrumentariums: »Die offene und umfassende Information, die Glaubwürdigkeit des Managements sind hier wichtige Eigenschaften. Das Instrumentarium der Investor Relations umfasst die bekannten Berichte (Geschäfts- und Quartalsberichte etc. – der Autor) ebenso wie Medien- und Analystenkonferenzen oder Präsentationen vor Investoren, sog. Road Shows« (Behr 2003, S.499).

Abteilungen für Media Relations et cetera in der Regel an den Vorstandsvorsitzenden berichten.[182]

Investor Relations als praxisorientiertes und interdisziplinäres Themengebiet hat zu einer Vielzahl von Publikationen aus den verschiedenen Fachgebieten der Betriebswirtschaftslehre, aber auch aus den Bereichen der Psychologie und der Kommunikationswissenschaften geführt (Achleitner/Bassen 2001, S. 6 ff.).[183]

Es lassen sich zahlreiche Definitionen zum Begriff Investor Relations finden. Ein Standardwerk im deutschsprachigen Raum stellt Drill dar, der Investor Relations wie folgt definiert: »Investor Relations sind die planmässige und strategische Gestaltung mit Beziehungen zwischen börsenkotierten Unternehmen und den Mitgliedern der Financial Community« (Drill 1995, S. 55). Drill sieht Investor Relations dabei als Aufgabe der Führung, die damit spezifische Ziele gegenüber der Zielgruppe der Financial Community erreichen kann.

Die Literatur unterscheidet zwischen finanzwirtschaftlichen und kommunikationspolitischen Zielen, wobei mit ersteren hauptsächlich die Optimierung des Aktienkurses bezweckt wird, während mit letzteren im Endeffekt das Vertrauen der Investoren gewonnen werden soll. Hierauf aufbauend werden bei den verschiedenen Autoren zielgruppenspezifische Instrumente entworfen, bei denen Drill persönliche von unpersönlichen trennt (ebenda, S. 116). Die Instrumente der Investor Relations sind denn auch das Themengebiet, zu dem besonders viele Publikationen erschienen sind.

Die umfassendste inhaltliche Analyse zu Investor Relations (mit Bezug zum Neuen Markt als Segment der Deutschen Börse) haben Achleitner/Bassen in einem Herausgeberband vorgelegt. Die Herausgeber erkennen in der Kommunikation mit dem Kapitalmarkt die Schnittstelle zwischen den Leistungen des Managements und ihrer Beurteilung durch die Investoren auf Basis einer wertorientierten Unternehmensführung (Achleitner/Bassen 2001, S. 4). Sie unterscheiden die Investor Relations im engeren Sinne und im weiteren Sinne: »Unter **Investor Relations i. e. S.** wird die strategisch geplante und zielgerichtete Gestaltung der Kommunikationsbeziehungen zwischen einem börsennotierten Unternehmen und den Mitgliedern der Financial Community verstanden. Unter die Financial Community werden sowohl Finanzanalysten und institutionelle Anleger (Fondsmanager, Versicherungen etc.) im In- und Ausland als Privatanleger, Wirtschaftspresse und Rating-Agenturen subsumiert. Die Summe der Kommunikationsaktivitäten dient nicht nur der Bindung und Beeinflussung bereits engagierter Investoren und Meinungsbildner, sondern auch der Gewinnung neuer Eigen- und Fremdkapitalgeber. Die weite Definition der Investor Relations (**Investor Relations im i. w. S.**) schliesst neben der Kommunikationspolitik zusätzlich die Dividenden-, Titel-, Emissions- und Börsenpolitik ein« (ebenda, S.7). Daraus leiten sie folgendes Zielsystem der Investor Relations ab:

Somit definieren Achleitner/Bassen (2001) Investor Relations im Wesentlichen so, wie im vorliegenden Buch Capital Relations verstanden werden – nämlich als eine den Aktien- und Anleihemarkt umfassende Kommunikationsbeziehung, die zudem auch Image und Multiplikatoren einbeziehen. Die Differenzierung von Investor Relations und Capital Relations erscheint aber dennoch sinnvoll, da sie darüber hinaus stärker den **Kommunikati-**

---

[182] Vgl. Will/Probst/Schmidt (1999).
[183] Vgl. beispielsweise Diehl/Loistl/Rehkugler (1998), Täubert (1998), Droste (2001) und mit kommunikationsorientierter Ausrichtung Porak (2002) oder Wolters (2005).

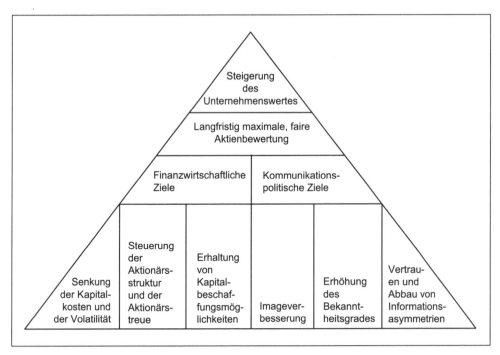

Abb. 119: Zielsystem der Investor Relations (Achleitner/Bassen 2001, S. 8)

onsaspekt über die Austauschbeziehung und den **Rechnungslegungsaspekt** über die Anbindung an die Nomenklatur des Intellectuel Capital ermöglicht.

Achleitner/Bassen haben gemeinsam mit Pietzsch empirische Studien zu Investor Relations in Deutschland analysiert. Sie haben insgesamt 52 Studien untersucht – mit folgenden Ergebnissen zum untersuchten Forschungsstand: Während Anfang und Mitte der 90er Jahre durchgeführte allgemeine Studien sich hauptsächlich mit den Aspekten der IR-Konzeption auseinandergesetzt haben, untersuchen aktuellere Studien (der zweiten Hälfte der 90er Jahre) vor allem die speziellen Informationsbedürfnisse der unterschiedlichen IR-Zielgruppen sowie die Effizienz und Eignung einzelner Kommunikationsinstrumente (Achleitner/Bassen/Pietzsch 2001, S. 29ff.).

Folgende Abbildung stellt in Anlehnung an Achleitner/Bassen/Pietzsch die Investor-Relationsziele von DAX und MDAX-Unternehmen zusammen. Hier wird noch einmal deutlich, wie wichtig der Aufbau eines Vertrauensverhältnisses unter den kommunikationspolitischen Zielen ist. Nimmt man hinzu, dass auch »der Erhalt eines qualifizierten Feedbacks« unter den finanzwirtschaftlichen Zielen ein vertrauensbildender Informationsaustausch ist, so wird die Kommunikationsfunktion des Investor Relations sehr deutlich.

Obige Tabelle weist im Übrigen darauf hin, dass es eine klare Differenzierung zwischen den **finanzwirtschaftlichen Zielen** und den **kommunikationspolitischen Zielen** gibt, die selbstverständlich beide in eine langfristig maximale, faire Aktienbewertung und damit Steigerung des Unternehmenswertes fliessen sollen. Die Begriffsfassung der finanzwirt-

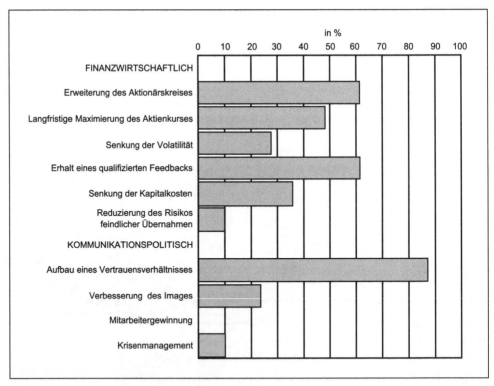

Abb. 120: Investor-Relations-Ziele bei DAX/MDAX-Unternehmen (in Anlehnung an Achleitner/ Bassen/Pietzsch 2001, S. 35)

schaftlichen Ziele kann mit der hier als Investitionssicht bezeichneten Einteilung und die Begriffsfassung der kommunikationspolitischen Ziele mit der hier vorgeschlagenen Beschreibung als Interpretationssicht verstanden werden.

Die Bedeutung der **Kommunikationsfunktion** vor allen Dingen auch im Kontext einer strategischen Ausrichtung der Investor Relations haben die folgenden beiden Studien mit unterschiedlicher Ausrichtung analysiert:

Dolphin hat eine der wenigen Untersuchungen über den strategischen Gebrauch von Investor Relations (am Beispiel von britischen Unternehmungen) durchgeführt. Seiner Meinung nach gibt es nur wenige empirische Studien (Tuominen 1997, Marston 1996), die sich aus einer Managementperspektive mit der schnell wachsenden Disziplin der Investor Relations beschäftigt haben. Seine empirische Untersuchung von britischen Unternehmungen kommt zu folgendem Ergebnis: **Investor Relations** sind ein wesentlicher Faktor für die gesamte kommunikative Darstellung der Unternehmung, der »**Total Corporate Communication Message**«, geworden und spielen eine evidente Rolle im Rahmen der Strategie der Unternehmung (Dolphin 2004, S. 34).

Die Frage der organisatorischen Anbindung der Corporate Communications wird von Dolphin aufgrund der empirischen Daten folgendermassen beantwortet: 10 % der befragten Unternehmungen lassen Investor Relations durch die Corporate Finance Division behandeln;

30 % haben ein separates Investor Relations Departement und 55 % lassen diese Art von Kommunikation durch eine »Communications Executive« behandeln. Unabhängig von der organisatorischen Einordnung ist die Erkenntnis wichtig, dass 85 % aller mit Investor Relations befassten Experten »**Professional Communications People**« sind (ebenda, S.36).

Eine etwas andere Perspektive nehmen Hockerts/Moir ein, die Investor Relations in den Kontext von Corporate Social Responsibility (CSR) beziehungsweise Corporate Sustainability stellen.[184] Sie definieren die Aufgabe von Investor Relations folgendermassen: »Investor Relations is a strategic management responsibility using the disciplines of finance, communication and marketing to manage the content and flow of company information to financial and other constituencies to maximize relative valuation« (Hockerts/Moir 2004, S. 86). Anhand der Corporate Social Responsibility wird die sich verändernde Rolle von Investor Relations überprüft. Dabei definieren sie Corporate Social Responsibility als Teil der immateriellen Faktoren über die »non financial aspects« bei der Beurteilung von Unternehmungen.

Im Ergebnis kommen Hockerts/Moir zum Schluss, dass **immaterielle Faktoren** wie Corporate Social Responsibility oder Corporate Sustainability immer wichtiger für die Beurteilung von Unternehmungen werden. In der abschliessenden Beurteilung heisst es dann, dass die Investor Relations Officer zwar weiterhin ihre Kernverantwortung in der Investorenbeziehung sehen, sich aber der Verantwortungsbereich deutlich erweitert. »This development may mean that as mainstream investors become used to receiving this information (über CRS – der Autor) from some firms there will be an expectation that all firms will need to explain their approach to wider stakeholder issues« (ebenda S. 95).

Dazu muss man aber die entsprechenden Communications Programs von Corporate Social Resonsibility und Corporate Sustainability mit diesem Teil des Relationship Managements auch organisatorisch zusammenfügen.[185]

2.2.3.1.2. Kapitalmarkt in Beziehung zum System Unternehmung

Aufgrund der vorherigen Überlegungen ist zu konstatieren, dass der Terminus Investor Relations besetzt ist. Für eine bessere Strukturierung der Aufbauorganisation des Wertorientierten Kommunikationsmanagements wird hier der Terminus **Capital Relations** eingeführt, um den kommunikativen Aspekt für alle Kapitalgeber und die dazu notwendigen Kommunikationsbeziehungen klarer herauszustellen. Die Einführung eines neuen Terminus ist notwendig, um mit Blick auf die hier gewählte ganzheitliche Struktur des Wertorientierten Kommunikationsmanagements eine präzise Formulierung anbieten zu können.

Dieser Terminus beinhaltet nicht nur die **Investorenbeziehungen**, die Investor Relations, sondern auch die Beziehungen zu den in den letzten Jahren insbesondere aus kommunikativer Sicht immer wichtigeren **Multiplikatoren des Fremdkapitalmarktes**, den Credit Relations[186].

Das zu Beginn des Kapitels C.2.1. im Überblick zur Aufbauorganisation dargestellte Kommunikationsnetz eines Stakeholders lässt sich somit für die spezielle Betrachtung der Kapitalgeber folgendermassen anpassen:

---

[184] Vgl. dazu auch die entsprechenden Unterkapitel zu Corporate Campaigning unter C.2.3.2.
[185] Vgl. dazu den Zweiten Teil der Communications View unter C.3.
[186] Vgl. hierzu Grunow (2004).

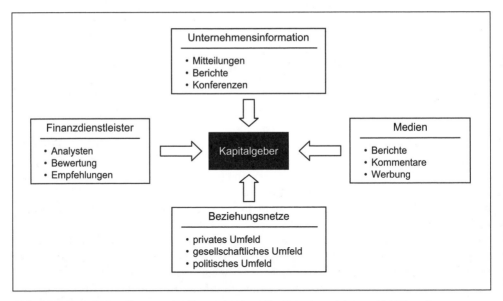

Abb. 121: Generisches Kommunikationsnetz eines Kapitalgebers (eigene Abbildung)

Diese Abbildung hat vier Bereiche, die zudem miteinander verwoben sein können.

Die erste Kategorie betrifft die **Medien**, die über ihre Nachrichten, Nutzwert- oder Branchenberichte sowie Kommentare dem Kapitalgeber Informationen über Unternehmungen bereitstellen. Insbesondere die auf die Aktionäre spezialisierten Publika gehen dabei häufig über eine reine Berichterstattung hinaus und geben eigene Aktienempfehlungen heraus. Die Fremdkapitalseite ist dabei wesentlich institutionalisierter und aus diesem Grund weniger medienöffentlich.

Die zweite Kategorie der Informationsanbieter für Kapitalgeber sind die **Finanzdienstleister**, zu denen die Analysen der institutionellen Kapitalmarktteilnehmer gehören: Dazu sind die Analysen der Sell-Side-Analysten zu zählen, die Informationen der Fondsgesellschaften für ihre Fondskunden sowie die Informationen der Wertpapierberater in den einzelnen Banken. Rating-Agenturen erhalten auf der Fremdkapitalseite immer grössere Öffentlichkeit. Auf beiden Kapitalseiten sind vor allem diejenigen Analysten bekannt, die sich oft in den Medien zitieren lassen.

Die dritte Kategorie der Einflussgrössen bestimmen die **Unternehmensinformationen** selbst. Ähnlich wie im allgemeinen Netzwerk teilen sich diese Informationen in eher redaktionelle und eher werbliche Angebote für die Medien auf. Während die Angebote für die Redaktionen parallel zu den Angeboten der Media Relations verlaufen (Mitteilungen, Berichte und Versammlungen), gibt es im Werbebereich spezielle Finanzwerbung, aber auch Produktwerbung und Unternehmenswerbung haben Einfluss auf das Informationsangebot für Kapitalgeber und insbesondere private Aktionäre.

Die letzte und vierte Kategorie der Informationsanbieter ist auch hier die **direkte Kommunikationsebene** über das private, das unternehmerische und gesellschaftliche Umfeld.

Ganz entscheidend ist nunmehr, dass man dieses Beziehungsgeflecht aus institutionellen und privaten Anlegern sowie die verschiedenen Multiplikatoren in diesem Kommunikationsbeziehungsumfeld zusammenbringen bringen muss.

2.2.3.1.3. Differenzierung der Capital Relations

Die Kommunikation am Kapitalmarkt findet auf vielfältigste Weise statt. Dennoch gibt es eine Form beziehungsweise ein Instrument der Kapitalmarktkommunikation, welches in gewisser Weise die Grundlage aller anderen Kommunikationsinhalte und Instrumente am Kapitalmarkt darstellt: die **Equity-Story**. Sie übersetzt nichts anderes als die »Aktiengeschichte«, die aber heute eher für die gesamte »Unternehmensgeschichte« steht, wie Hommel/Vollrath analysieren.

Ursprünglich als eine **Beschreibung der Unternehmensstrategie** im Kontext von Kapitalmassnahmen gedacht, brauchen heute alle Unternehmungen zu jeder Zeit die Equity-Story. Je weiter aber inzwischen die Adressaten der Kapitalmarktkommunikation gerade im Kontext der Massenkommunikation mit privaten Anlegern gefasst werden, desto allgemeiner verständlich muss eine solche Equity-Story auch gestaltet werden.[187]

So setzen sich Hommel/Vollrath mit der Equity-Story auseinander. Bei der Equity-Story handelt es sich eigentlich um eine nie tatsächlich aufgeschriebene Geschichte. Hommel/Vollrath arbeiten heraus, dass verschiedene Aspekte der Equity-Story unterschiedlich hohe Bedeutung haben und für unterschiedliche Kommunikationsziele umgesetzt werden könnten und müssten.

Aspekt	Bedeutung	Kommunikationsziele
Darstellung der Unternehmensstrategie	hoch	– Glaubwürdigkeit/Konsistenz – Attraktive Branchendarstellung – Reduzierung der mit Risikofaktoren verbundenen Unsicherheit
Verwendung der Emissionserlöse	mittel	– Aufrechterhaltung der Wachstumsphantasie bei konservativer Verwendung – Glaubwürdige Versicherung, dass Shareholder-Value-steigernde Verwendung bei wenig konkreten Plänen
Eigentümerstruktur	hoch	– Betonung des Involvements des bisherigen Managements in dem Unternehmen – Plausible Begründung eines eventuellen Ausstiegs von Altgesellschaftern
Gestaltung von Mitarbeiter-Stock-Option-Plänen	hoch	– Darstellung des Plans als schlüssiges Gesamtkonzept – Betonung branchenspezifisch wichtiger Faktoren
Vertragsverhältnis zur Emissionsbank	niedrig	– Umfassende Begründung der Bewertung im Fall eines Platzierungskontrakts

Abb. 122: Kommunikationsziele der Equity-Story im Überblick (Hommel/Vollrath 2001, S. 609)

---

[187] So ist beispielsweise der Finanzvorstand der Deutschen Post AG der Meinung, dass wichtige Informationen für den Privataktionär einfacher und verständlicher gemacht werden müssten; denn kein normaler Mensch kann mehr eine Bilanz oder GuV lesen (Ernst 2005, S.9).

Interessant ist bei dieser Zusammenstellung, dass dem Aspekt der Darstellung der Unternehmensstrategie eine hohe Bedeutung im Kontext der Equity-Story zukommt und zudem Glaubwürdigkeit und Konsistenz als Kommunikationsziele genannt werden. Bei den meisten in dieser Tabelle aufgeführten Zielen handelt es sich um Ziele, die zur Interpretation der Unternehmung dienen und weniger zur eigentlichen Investition in eine Unternehmung.

In Anpassung an den verwendeten Terminus **Capital Relations** wird nunmehr für das übergeordnete Beziehungsmanagement mit den gesamten Multiplikatoren und Stakeholdern der Eigenkapitalgeber der Terminus **Equity Capital Relations** eingeführt. In begrifflich passender Analogie werden die Beziehungen zu den Multiplikatoren und Stakeholdern der Fremdkapitalgeber als **Debt Capital Relations** bezeichnet.

Beide Teile der Capital Relations hängen selbstverständlich eng zusammen; denn beide Passiva finanzieren gemeinsam die Aktiva einer Unternehmung. Des Weiteren ist der Verschuldungsgrad einer Unternehmung nichts anderes als der Quotient aus Fremdkapital in Bezug auf das Gesamtkapital einer Unternehmung und hat somit Einfluss auf die Bonität und konsequenter Weise auf das Rating der Unternehmung. Ein schlechtes Rating hat durch höhere Zinszahlungen überdies Einfluss auf die Gewinn- und Verlustrechnung einer Unternehmung und damit auf die Rendite des eingesetzten Kapitals und vor allem auf die Rendite des Eigenkapitals.

Die **Kapitalmarktkommunikation** ist folglich mehr als nur eine **Eigenkapitalkommunikation**. Sie ist auch eine **Fremdkapitalkommunikation**, die immer weniger auf Banken ausgerichtet ist, sondern immer mehr die Rating-Agenturen berücksichtigen muss. Insgesamt ist also eine Vielzahl von Akteuren zu beobachten, die an der Kapitalmarktkommunikation teilnehmen: Investmentbanken, institutionelle Fonds und/oder Rating-Agenturen sowie Analysten, Journalisten und weitere Multiplikatoren.

Innerhalb der Equity Capital Relations wird nochmals eine Unterscheidung vorgenommen, nämlich ob die Kommunikationsbeziehung eine kleinere überschaubare mit den wenigen hundert Adressen des institutionellen Marktes ist oder eine grosse und massenkommunikative Kommunikationsbeziehung mit so genannten kleinen oder privaten Anlegern. In dieser Folge wird von **Institutional Equity Capital Relations** und von **Private Equity Capital Relations**[188] gesprochen.

Im Zusammenhang des Debt Capital Relations wird in Bezug auf die kommunikative Beurteilung ebenfalls eine Differenzierung vorgenommen: Einerseits wird unterschieden, ob es sich um eine Fremdkapitalbeziehung im Kontext des so genannten **Hausbankprinzips** handelt, bei dem nur wenige Adressen zu berücksichtigen sind; andererseits wird dargestellt, ob es sich um eine Kommunikationsbeziehung im Kontext des **öffentlichen internationalen Fremdkapitalmarktes** handelt, der zwar keinem Massenmarkt entspricht, aber eine deutlich grössere Stakeholder-Untergruppierung aufweist als die wenigen Hausbanken. So ergibt sich dann folgende Struktur für das Unterkapitel über die Capital Relations.

Diese Abbildung zeigt, dass die klassischen **Investor Relations** letztlich nur den engen Bereich der institutionellen Beziehungen auf dem Aktienkapitalmarkt umfassen. Diese

---

188 Zur begrifflichen Klarstellung: Mit Private Equity Capital Relations sind die Beziehungen zu den so genannten Kleinaktionären oder Privataktionären gemeint (in Abgrenzung zu den grossen institutionellen Aktionären). Damit sind nicht Kommunikationsbeziehungen zu so genannten Private Equity Unternehmungen gemeint.

2. Aufbauorganisation des Wertorientierten Kommunikationsmanagements

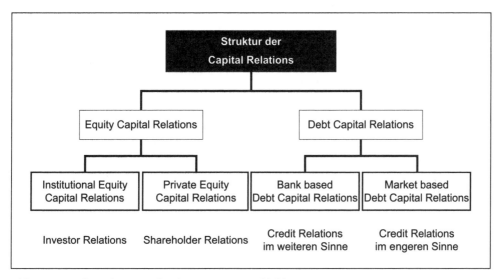

Abb. 123: Struktur der Capital Relations (eigene Abbildung)

Investor Relations sind im Prinzip keine Massenkommunikation, sie erhalten ihre grössere kommunikative Bedeutung jedoch dadurch, dass Analysen von institutionellen Investoren zumindest auf der Sell-Side öffentlich gemacht werden. Die Private Equity Capital Relations werden im Folgenden als **Shareholder Relations** umschrieben und berücksichtigen vor allem die Massenkommunikationsbeziehungen zu den privaten Aktionären eines Unternehmens. Auf der anderen Seite der Debt Capital Relations wird die eigentliche Kommunikationsbeziehung über die **Credit Relations im engeren Sinne** betrieben, sofern sie sich auf die Market-based-Variante bezieht. Recht unkommunikativ (bis auf Unternehmenskrisensituationen) ist der Bereich der Bank-based Debt Capital Relations, in dem **Credit Relations im weiteren Sinne** stattfinden.

Es gibt nun keine Ausarbeitungen über **Equity Capital Relations**. Dabei gibt es zwei Untergruppen – die One-to-Many-Kommunikationsbeziehung der Private Equity Capital Relations und die One-to-One- und One-to-Few-Kommunikationsbeziehung der Institutional Equity Capital Relations. Es ist nunmehr sinnvoll, sich zunächst mit der »kleineren« Gruppe der Institutional Equity Capital Relations zu befassen:

Diese Gruppe der **Institutional Equity Capital Relations** muss weiter differenziert werden: Institutionelle Investoren sind vereinfacht gesprochen Kapitalsammelstellen wie beispielsweise Pensionsfonds, Lebensversicherungen oder sonstige Investmentfonds. Diese institutionellen Investoren investieren das eingesammelte Kapital von dahinter liegenden kleineren Investoren, die, anstatt eigene Aktien zu kaufen, sich lieber an einem Fonds beteiligen, der in eine bestimmte Kategorie von Aktien (aber auch Anleihen) investiert. Dies können branchenbezogene, regionenbezogene, wachstumsbezogene oder indexbezogene Fonds sein. Im Falle der Lebensversicherungsgesellschaften wird eine solche Einteilung nicht vorgenommen. Stattdessen müssen diese Kapitalanleger besondere Sorgfalt auf die Risikostruktur legen, da sie ein festes Versprechen an die Auszahlung einer Lebensversicherung gegeben haben. Im Falle von Pensionsfonds verhält es sich ähnlich.

Kommunikationsstrategisch macht dies allerdings keinen Unterschied, denn in jedem Falle dieser unterschiedlichen Kapitalsammelstellen handelt es sich um eine grössere Einheit von Institutionellen Investoren, hinter denen wiederum das Kapital einzelner Anleger oder das Leistungsversprechen gegenüber späteren Rentnern oder Unternehmenspensionären steht. Diese institutionellen Investoren stellen die Hauptkategorie innerhalb des Institutional Equity Capital Relations-Kapitel dar. Sie erstellen ihre eigenen Analysen über Unternehmungen, in die sie investieren wollen und beschäftigen dafür so genannte **Buy-Side-Analysten**, die ihre Analysen für die Käuferseite des Marktes erstellen. Buy-Side-Analysten treten in der Regel nicht in der Öffentlichkeit auf, sondern leisten ihre Arbeit ausschliesslich institutionsintern.

Eine weitere wichtige Kategorie innerhalb des institutionellen Segments sind die **Investmentbanken** und hier vor allen Dingen ihr Kapitalmarkt-Geschäft. Für den Handel mit Aktien beschäftigen Investmentbanken in ihren **Research-Abteilungen** so genannte **Sell-Side-Analysten** für die Verkäuferseite des Marktes. Investmentbanken leben davon, dass sie institutionellen Anlegern (aber auch privaten Anlegern) Aktien (und auch Anleihen) verkaufen. Deshalb machen die Sell-Side-Analysten ihre Analysen in der Regel öffentlich und damit für den Aktionär beziehungsweise Shareholder allgemein zugängig.

Während die Buy-Side-Analysten nur für ihr eigenes Haus arbeiten und intern ihre Analysen vorstellen, verhält es sich bei den Sell-Side-Analysten genau umgekehrt, da sie schliesslich mit einer Einschätzung über ein bestimmtes Wertpapier eine Kauf- oder Verkaufsempfehlung an Aktionäre geben. Die Sell-Side-Analysten erstellen ihre Analysen aber nicht nur für den normalen Handelsbereich, sondern auch für den Fall einer Kapitalmarktoperation im Rahmen einer Akquisition oder beispielsweise eines Börsengangs. In der Logik bleibt es allerdings gleich, denn die Analysen sollen ebenfalls ein faires und unabhängiges Bild über den Wert eines bestimmten Wertpapiers und damit über den Wert der Unternehmung geben.[189]

Neben den institutionellen Investoren und den Investmentbanken und damit den Buy- und Sell-Side-Analysten müssen aber auch die wichtigen **Wirtschaftsmedien** der internationalen Finanzpresse berücksichtigt werden. Dies betrifft regional immer die ein oder zwei besten Wirtschaftstageszeitungen (in Deutschland beispielsweise die FAZ, oder in der Schweiz beispielsweise die NZZ), vor allem aber international die beiden Leitmedien Financial Times (mit ihrer Kommentarkolumne Lex Column) und Wall Street Journal (mit ihrer Kommentarkolumne Breakingviews). Hinzuzuzählen sind die grossen Agenturen mit Wirtschaftskompetenz (Reuters und Dow Jones) sowie die grossen internationalen audiovisuellen Medien (Bloomberg, CNN). Diese Multiplikatoren der Finanz- und Wirtschaftspresse haben teilweise erheblichen Einfluss darauf, wie bestimmte Unternehmungen eingeschätzt werden. Diese Multiplikatoren beschreiben den Institutional Equity Capital Relations-Markt im weitern Sinne.

Im Gegensatz zum nur wenige hundert Adressen umfassenden grossen Segment der Institutionellen und ihren kommunikativen Untergruppierungen handelt es sich beim **Private Equity Capital Relations**-Segment heute um einen Massenmarkt. Grosse Unternehmungen der Leitindizes der verschiedenen Länder verfügen heute über eine Privat-Aktionärsstruktur, die teilweise mehrere Millionen einzelner Aktionäre ausmacht. Die Kommu-

---

189 Vgl. dazu die Ausführungen zu den rechtlichen Rahmenbedingungen in A.1.2.2.1. sowie zu den rechtlichen Aspekten von Corporate Governance B.2.1.1.2.

2. Aufbauorganisation des Wertorientierten Kommunikationsmanagements 243

nikationsbeziehung zu privaten Aktionären über Private Equity Capital Relations muss deshalb anders gestaltet sein als zu der vorher beschriebenen institutionellen Gruppe. Folgende Besonderheiten sind zu berücksichtigen:

Zunächst einmal ist diese Kommunikationsbeziehung eine Massenkommunikationsbeziehung, für deren Austausch an Informationen die Unternehmung zum einen die Medien und hier insbesondere die Wirtschaftsmedien nutzt (Pellens/Gassen/Ernst 2005) sowie andere bezahlte und unbezahlte Kommunikationsinstrumente der Massenkommunikation (Will 2004).

Des Weiteren erhalten private Aktionäre direkt (über Banken und Kapitalsammelstellen) und indirekt (über Medien und andere Multiplikatoren) zusätzlich Informationen und Empfehlungen von institutionellen Investoren. Für eine qualitative Beurteilung der Kommunikationsbeziehungen der Capital Relations ist es daher sehr wichtig, ob und gegebenenfalls welche Kontakte eine Unternehmung zu institutionellen Investoren und deren Analysten sowie zu Investmentbanken und deren Sell-Side-Analysten unterhält, da die Gruppe der **Institutionellen Investoren eine zusätzliche Multiplikatorfunktion** in der Kommunikationsbeziehung zu privaten Investoren einnimmt.

Selbiges gilt auch für die Beurteilung der speziellen Kontakte in den Bereich der Kapitalmarktberichterstattung der Medien, deren Nachrichten und Kommentare ebenfalls grosse Bedeutung für die Kommunikationsbeziehung zu privaten Aktionären haben. Im Zusammenhang mit den unternehmenseigenen Möglichkeiten der Austauschbeziehung über digitale Medien kommt der Beurteilung solcher Communities und ihrer Feedback-Möglichkeiten deshalb hohe Bedeutung zu.[190]

Während die Kommunikationsbeziehung auf der Aktienseite der Kapitalstruktur einer Unternehmung über die Investor Relations heute bereits in gewissem Masse analysiert ist, ist der Bereich der **Debt Capital Relations** unter kommunikativen Gesichtspunkten bislang unbearbeitet. Prinzipiell ist eine ähnliche Differenzierung aus kommunikationsstrategischer Überlegung vorzunehmen, wie im Bereich der Equity Capital Relations. Das Segment der **Bank-based Debt Capital Relations** ist eine sehr kleine und überschaubare Gruppe, deren Informationsaustausch zudem sehr vertraulich abläuft.

Genau umgekehrt verhält es sich mit dem **Market-based Debt Capital Relations**-Bereich. Hier übernehmen die **Rating-Agenturen** diejenige Funktion, die Analysten für die Veröffentlichung ihrer Einschätzung über die Aktie einer Unternehmung haben. Der Bonitätsprüfung der Unternehmungen für die **Bondholder** durch die Rating-Agenturen kommt dabei eine immer grössere Bedeutung zu, da sie im Prinzip die einzige öffentliche Bewertung der Güte des Verschuldungsgrades einer Unternehmung und damit letztendlich des Insolvenzrisikos ist.

Diese Entwicklung muss bei einer gesamten qualitativen und quantitativen Beurteilung der Capital Relations einer Unternehmung inzwischen eigenständig, aber selbstverständlich im Gesamtkontext der kapitalmarktorientierten Kommunikationsbeziehungen berücksichtigt werden. Das gilt insbesondere, wenn man die qualitativen Strukturen dieser Kommunikationsbeziehungen beleuchtet.

Folgende Darstellung beschreibt abschliessend zu diesem Unterkapitel das **Netzwerk der Capital Relations.** Shareholder und Bondholder sind sozusagen die Endpunkte dieser Kommunikationsbeziehungen. Zwischen ihnen stehen auf der Equity-Seite in kommunika-

---

[190] Vgl. zur Frage der Finanzkommunikation im Internet auch Will/Wolters (2001b, S.47ff.).

tiver Betrachtung vor allem die Sell-Side-Analysten und Investmentbanken sowie die institutionellen Investoren, die ja über ihren Anlageerfolg für die privaten Investoren den eigentlichen Shareholdern berichten müssen. Über die Rolle der Media Relations schliesst sich das mediale Netzwerk an. Auf der Debt-Seite bestimmen in kommunikativer Betrachtung vor allem die Rating-Agenturen den Austauschprozess. Insgesamt sind alle professionellen Multiplikatoren und Stakeholder natürlich in kontinuierlichem Kommunikationsaustausch.

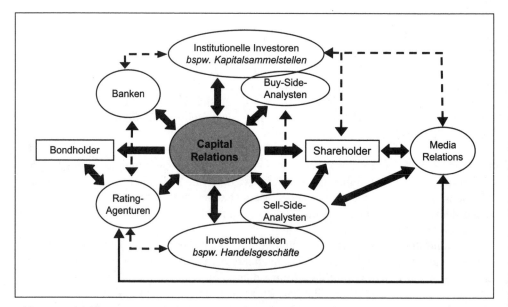

Abb. 124: Abbildung Netzwerk der Capital Relations (eigene Abbildung)

2.2.3.2. Human Relations

> In diesem Unterkapitel werden nunmehr die Kommunikationsbeziehungen zu den Mitarbeitern analysiert, die Human Relations. Dabei ist es sinnvoll, zunächst eine grundlegende Differenzierung zwischen Human Capital und Human Resources vorzunehmen (C.2.2.3.2.1.). Danach erfolgt im Rahmen der Differenzierung der qualitativen Human Relations eine Unterscheidung in Management Relations und Employee Relations (C.2.2.3.2.2.).

2.2.3.2.1. Human Capital versus Human Resources

In diesem Unterkapitel geht es um die Struktur und das Netzwerk der Human Relations einer Unternehmung im Zusammenhang der gesamten Stakeholder Relations. Allerdings müssen einleitend drei Termini gegeneinander abgegrenzt werden: **Human Resources** als Personalmanagement insbesondere im Kontext der Führungskräfte einerseits und die **Human Relations** als Teil des Kommunikationsmanagements. Beide Bereiche beschäftigen sich mit dem **Human Capital.**

2. Aufbauorganisation des Wertorientierten Kommunikationsmanagements

Der Zusammenhang ist folgender: Human Resources ist für die Beschaffung und Entwicklung von Managementqualität und für die allgemeine Weiterbildung der Mitarbeiter verantwortlich (1). Das Ergebnis dieser Managementaufgabe entspricht dann einem Teil der Information aus dem Bereich des Human Capital (2) für die Darstellung der immateriellen Werte einer Unternehmung nach aussen (3) – insbesondere gegenüber dem Kapitalmarkt. Human Relations arbeitet mit dem Human Capital im Kontext der Austauschbeziehung zwischen Unternehmung und Mitarbeitern sowie gegen aussen im Rahmen anderer Stakeholder Relations. Die drei Begriffe sind folglich miteinander verwoben, wie folgende Abbildung zeigt:

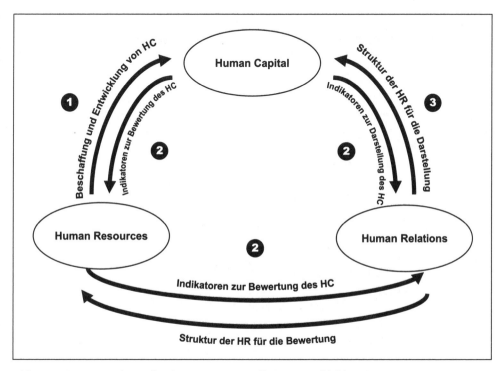

Abb. 125: Zusammenhang der drei Human-Begriffe (eigene Abbildung)

Die Schnittstelle zum Personalmanagement beziehungsweise zum Human Resources Management ist folgendermassen zu definieren: Das Personalmanagement ist dann zuständig, wenn es sich um Informationen handelt, die sich mit der eigentlichen Arbeitsplatzbeschreibung, der persönlichen Entwicklung eines Mitarbeiters und/oder arbeitsrechtlichen und arbeitsentgeltlichen Aspekten sowie mit der Führungskräfteentwicklung und dem Personalmarketing befassen. Sofern es sich aber um Informationen handelt, die das ganze Unternehmen betreffen (beispielsweise der Wechsel eines Vorstandsvorsitzenden), die eine Änderung der Unternehmensstrategie mit Auswirkungen auf alle oder viele Bereiche der Unternehmung (beispielsweise massive Veränderungen in einem Filialnetz einer Unternehmung) und/oder die Entwicklungsmöglichkeiten einer ganzen Unternehmung oder grosser

Teilbereiche in einem Change Prozess haben (beispielsweise eine geänderte Unternehmensstrategie), kommt das Kommunikationsmanagement zum Tragen.[191]

Zur grundsätzlichen Einstufung der Bedeutung von Mitarbeitern und des Informationsaustausches im Rahmen der Aufbauorganisation haben Gomez/Zimmermann folgende Aussage gemacht: Der Terminus der Human Relations wird im Kontext der Dimension der Strukturierung von Soziostrukturen beschrieben, dessen Elemente in erster Linie Manifestationen der Unternehmenskultur sind (Gomez/Zimmermann 1999, S. 50). Die Soziostruktur als strukturelles Gestaltungsergebnis ist dabei durch eine Organisation ad personam mit starker Symbolorientierung geprägt. Die Aufbauorganisation wird auf die Person, den Mitarbeiter ausgerichtet und als Trägerin der Unternehmenskultur verstanden.[192]

Die dort beschriebenen Human Relations betonen allerdings auch die informellen Aspekte der Arbeitsorganisation im Sinne von Arbeitszufriedenheit und -leistung durch nicht-finanzielle Anreize, Anerkennung, Zugehörigkeitsgefühl und Identifikation der Mitarbeiter (ebenda, S. 52). Genau in diesen informellen Aspekten der Mitarbeiterbeziehung liegt die Aufgabe der Mitarbeiterkommunikation, denn insbesondere Identifikation oder nicht-finanzielle Anreize oder Zugehörigkeitsgefühl lassen sich zwar durch die Führungsfunktion des »Chefs« (in der Begrifflichkeit von Hans Ulrich) gestalten, aber sie müssen vor allem in grösseren Unternehmungen auch umgesetzt werden können.

Hierzu ist eine **qualitative Betrachtung der Human Relations** nachgerade zwingend, um darauf aufbauend die quantitativen Ergebnisse von Zufriedenheitsindizes beurteilen zu können. Dazu bedarf es dann interner Kommunikationsprogramme (Communications Programs), für deren Gestaltung man sich im Vorfeld aber zunächst einmal über die Struktur der eigentlichen Kommunikationsbeziehung (Communications Relations zum Human Capital) im Klaren sein muss.

Für das Wertorientierte Kommunikationsmanagement sind die Human Relations eine der schwierigsten Kommunikationsbeziehungen, die sich aus den direkt zuzuordnenden Kategorien des Intellectual Capital ergeben: Edvinsson/Malone umschreiben die Mitarbeiter als das Kapital, das einerseits am Abend nach Hause geht und das andererseits notwendig ist, um das Organisations- beziehungsweise Prozesskapital einer Unternehmung überhaupt erst »smart« zu machen (Edvinsson/Malone 1997, S.19).

Die für die »Smartness« besonders wichtige **Führungskräfteentwicklung**, die Ebenen der verschiedenen Management-Level, unterstehen sehr oft dem Vorstandsvorsitzenden. Zudem gibt es aber in nahezu jeder Unternehmung eine Abteilung für Mitarbeiterkommunikation, interne Kommunikation oder Employee Communications, in der in der Regel die Differenzierung in eine Kommunikationsaufgabe versus Management und versus Mitarbeiter nachvollzogen wird.

Da gerade dieser Bereich ganzheitlich in die Struktur der Communications Relations einbezogen sein muss, um die Kommunikation des Intellectual Capital gestalten und ent-

---

191 Allerdings ist es so, dass die Mitarbeiterkommunikation oder auch Interne Kommunikation erst seit rund zehn Jahren als Kernaufgabe der Unternehmenskommunikation erkannt worden ist. Bis dato hatte man diese Funktion irgendwie mitgemacht – ähnlich wie im Übrigen schon damals auch die Kommunikation zur breiten Masse von Privataktionären irgendwie mitgemacht worden war.
192 Die herausragende Bedeutung des Human Capital im Zusammenhang des gesamten Ansatzes des Intellectual Capital verdeutlicht auch die Darstellung des Human Focus in der Systematik des IFAC und des Scandia-Navigators, in welcher der Mitarbeiter die zentrale Funktion einnimmt. Vgl. dazu B.1.3.2.

wickeln zu können, wird im Folgenden für die Kommunikationsbeziehungen mit den Mitarbeitern, dem Human Capital, der Terminus Human Relations verwendet.

> **Human Relations** beschreiben die qualitativen und quantitativen Kommunikationsbeziehungen zwischen Unternehmung und den Mitarbeitern bzw. dem Management. Zur Beeinflussung dieser internen Zielgruppe und zur Austauschbeziehung werden dabei alle Inhalte, Instrumente und andere, auch externe Ziel- und Zwischenzielgruppen berücksichtigt, die dem Wertorientierten Kommunikationsmanagement zur Verfügung stehen.
>
> Das bedeutet dann auch, dass ein qualitatives Kennzahlensystem angeboten wird, das die Kommunikationsbeziehungen zur Zielgruppe Mitarbeiter und deren internes Feedback erläutert; denn letztlich geht es um die Relations View, welche die Qualität des Human Capital als Bestandteil des Intellectual Capital kommuniziert und damit die Interpretationsfähigkeit gegenüber dem Kapitalmarkt ermöglicht.

Das Unterkapitel über Human Relations muss sich deshalb zunächst mit der Frage der »**Beschaffung**« und »**Entwicklung**« befassen. Dieses Kapital ist genauso wichtig wie das Finanzkapital als Einsatzfaktor für die Produktionsfunktion einer Unternehmung. Diese strikt ökonomische Beschreibung ist keine Missachtung des Menschen[193], sondern soll ganz im Gegenteil die herausragende Bedeutung von Mitarbeitern für den Erfolg einer Unternehmung beschreiben. Ohne Mitarbeiter funktioniert keine einzige Unternehmung – ganz egal, ob eine High-Tech-Unternehmung oder ein klassisches Industrieunternehmen betrachtet wird.

Das investierte Kapital muss von Mitarbeitern genutzt werden können, um Renditen und andere Ziele für die Stakeholder zu erreichen. »Gutes« Finanzkapital bleibt, wenn es von Organisationen und seinen Mitarbeitern, mithin vom Prozess- und Humankapital einer Unternehmung, und damit von der »Smartness« überzeugt ist. Process Capital geht zwar abends nicht – wie Edvisson/Malone das Human Capital bildlich darstellen – nach Hause, sondern beschreibt die langfristige Erfahrung einer Unternehmung im Umgang mit Strukturen und Prozessen. Insofern sind diese Erfahrungen im Prinzip im Kontext des Human Capital auch mit zu berücksichtigen. Darüber hinaus können gute Mitarbeiter letztlich nur gehalten und entsprechend rentierlich entlohnt werden, wenn im Stakeholder-Approach die Ziele der verschiedenen Stakeholder erfüllt werden.

Die **Beschaffungsseite** des Human Capital, die über den »War for Talent« beschrieben wird, ist eine der wichtigsten Aufgaben einer unternehmensübergreifenden Positionierung, um die besten Leute für die Unternehmung zu gewinnen. Dieses Segment betrifft folglich die Kommunikationsbeziehung, bevor jemand zum Mitarbeiter wird und ist insofern etwas gesondert zu betrachten. Denn: Die Attraktivität als Arbeitgeber ist eher Ausdruck der Leistungsfähigkeit und des Umgangs einer Unternehmung mit ihren bestehenden Mitarbeitern. Eine Unternehmung ist nicht deshalb ein attraktiver Arbeitgeber, weil sie gut mit ihren Mitarbeitern kommuniziert, sondern weil die gesamte Unternehmung gut ist. Allerdings kann man in diesem Zusammenhang aus kommunikativer Sicht qualitativ beurteilen, ob

---

193 Humankapital wurde 2004 in Deutschland von der Gesellschaft für deutsche Sprache zum Unwort des Jahres bestimmt.

und inwieweit eine Unternehmung bei Absolventen grosser Business oder Technology Schools »attraktiv« ist und wie eine Unternehmung hier auftritt.[194]

Neben der »Beschaffung« von Nachwuchskräften für das Management nimmt selbstverständlich die **Entwicklungsseite** auf den verschiedenen Ebenen des Managements bis hin zur Entwicklung des Top-Managements einen breiten Raum für Information zu diesen Mitarbeitern ein. Hier geht es darum, die verschiedenen Programme für die Entwicklung des Managements zu beurteilen. Insofern sind Beschaffung und Entwicklung von Management und seiner Qualität wichtige Aspekte zur Beurteilung des Humankapitals, wie folgende Abbildung darstellt.

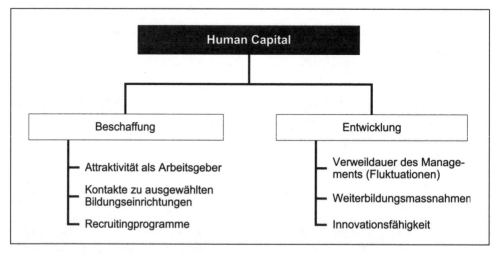

Abb. 126: Beschaffung und Entwicklung von Human Capital (eigene Abbildung)

Diese Aufgabe ist aber voll und ganz in der Verantwortung des Bereiches Human Resources und nicht in der Verantwortung der Human Relations. Das Wertorientierte Kommunikationsmanagement nutzt allerdings die Fähigkeit der Unternehmung zur Beschaffung und Entwicklung des Human Capital zur Darstellung des Intellectual Capital gegenüber allen Stakeholdern.[195]

---

194 Vgl dazu das Kapitel über die Communications Programs unter C.2.3. sowie Einwiller/Will (2002).
195 Für diese Darstellung spielt auch das Knowledge Management im Rahmen des Informationsmanagements eine bedeutende Rolle. Krcmar erkennt im Informationsmanagement als Teilbereich der Unternehmensführung die Aufgabe, im Hinblick auf die Unternehmensziele den bestmöglichen Einsatz der Ressource Information zu gewährleisten. Bei der Diskussion verschiedener Ansätze weist er auch darauf hin, dass der systematische Umgang mit Unternehmenswissen eine grosse Herausforderung für das Informationsmanagement birgt. Um erfolgreiches Wissensmanagement zu ermöglichen, muss es gelingen, Zugang und Umgang mit grossen Beständen an schwach strukturierten Informationen zu erleichtern. Dabei ist es für Krcmar besonders wichtig, dass im Kontext von Unternehmenskultur und Unternehmensvision deutlich wird, dass die Führung durch Vermittlung von Informationen und Wissen in der Unternehmung geschieht. Dem Informationsmanagement kommt dann immer mehr im Sinne der Vermittlungsprozesse die Aufgabe eines Interpretationsmanagements zu (Krcmar 2005, S. 1 ff.). Zur Kommunikation von Wissen vgl. auch Eppler/Will (2001).

2.2.3.2.2. Differenzierung der Human Relations

Auf Basis der obigen Ausführungen müssen die Kommunikationsbeziehungen zu den Mitarbeitern, die Human Relations, in zwei grosse Bereiche differenziert werden: in Kommunikationsbeziehungen zum Management beziehungsweise zu den Führungskräften, die **Management Relations**, und in Kommunikationsbeziehungen zu den Mitarbeitern, die **Employee Relations**. Für beide Bereiche gilt, dass nur derjenige mitarbeiten kann, der mitdenken kann, und mitdenken kann nur, wer informiert ist (Kalmus 1982, S. 94).

Unter kommunikativen Gesichtspunkten gibt es zunächst einmal eine **Austauschbeziehung zum Management**, die einzel- oder gruppenbezogen im Sinne von One-to-One und One-to-Few gestaltet werden kann. Im Bereich der Management Relations gilt es dann zu beurteilen, ob und inwieweit eine Unternehmung fähig ist, ihr Management als Multiplikator im internen Kommunikationsprozess mit den Mitarbeitern der Unternehmung einzusetzen. Der Bereich der Management Relations hat somit zum einen eine **Multiplikatorfunktion**. Zum anderen hat dieser Bereich eine **Feedbackfunktion**, die im Prinzip die umgekehrte Richtung des Kommunikationsprozesses beschreibt und aufnimmt, wie Mitarbeiter bestimmte Interaktionsthemen interpretieren. Management Relations sind im Rahmen der gesamten Communication Relations einer Unternehmung von ausserordentlicher Bedeutung, um einerseits intern Information zu vermitteln (Multiplikation) und andererseits Information aus der Mitarbeiterschaft und den Ebenen des Managements aufzunehmen und in den Interpretationsprozess zurückzugeben (Feedbackfunktion).

Neben der engeren Kommunikationsbeziehung zum Management ist der Bereich der Human Relations auch in Bezug auf die **allgemeine Mitarbeiterkommunikation** hin zu beurteilen. Dieser Bereich der Employee Relations ist – je nach Grösse einer Unternehmung – massenkommunikativ im Sinne einer One-to-Many-Kommunikationsbeziehung zu gestalten. Insofern müssen hier die **Struktur der Mitarbeiterschaft** (Anzahl, Standorte, Internationalität etc.) sowie die **Hierarchie der Organisation** mit Blick auf die möglichen Kanäle der Austauschbeziehung einer Unternehmung mit ihren Mitarbeitern bewertet werden.

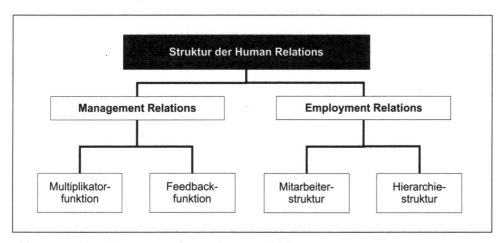

Abb. 127: Struktur der Human Relations (eigene Abbildung)

Bei der bisherigen Beschreibung ist aussen vor geblieben, dass im Prinzip **interne Kommunikation auch externe Kommunikation** und externe Kommunikation auch interne Kommunikation ist. Sieht man einmal von vertraulichen kleinen Zirkeln in einer Unternehmung ab, muss man jederzeit davon ausgehen, dass intern veröffentlichte Informationen über die verschiedensten offiziellen und inoffiziellen Kanäle umgehend öffentlich werden. Umgekehrt ist es so, dass insbesondere Mitarbeiter sich über ihre Unternehmung auch aus den öffentlichen Medien informieren.

Eine zweite Herausforderung ergibt sich aus dem Umstand, dass ein Mitarbeiter zunehmend auch eine **zweite Stakeholder-Funktion** in der Unternehmung einnimmt: nämlich die eines Aktionärs. Immer häufiger werden Teile der flexiblen Vergütung von Mitarbeitern – bis hinunter in die Tarifklassen – gestaffelt abhängig vom Erfolg einer Unternehmung gestaltet. Dies bedeutet, dass Mitarbeiter einen Anspruch darauf haben, dass ihnen der Unternehmenserfolg in einer Art und Weise erläutert wird, damit sie den flexiblen Anteil ihres Gehalts nachvollziehen können. Das Besondere an dieser Aktionärskommunikation für Mitarbeiter ist, dass sie einen ganz anderen internen Kenntnisstand über die Entwicklung der Unternehmung haben als normale externe Aktionäre.

Beide Aspekte können über die hier aufgezeigte Struktur der Human Relations mitbehandelt werden.

2.2.3.3. Customer Relations

> Das Unterkapitel über Customer Relations analysiert keine Produktbeziehungen zwischen Unternehmung und Kunden, sondern die übergeordnete Bedeutung der gesamten Kundenbeziehungen für das Intellectual Capital einer Unternehmung. Deshalb wird dieses Unterkapitel auch nach Strukturen und Beziehungen der Markenkaskade (C.2.2.3.3.1.) sowie nach Kundenstrukturen und Kundenbeziehungen (C.2.2.3.3.2.) untergliedert.

In diesem Unterkapitel geht es um Customer Relations, die sich als Kommunikationsperspektive aus dem Customer Capital herleiten lassen. Ähnlich wie im Fall der Human Relations müssen hier in Bezug auf das Wertorientierte Kommunikationsmanagement folgende Aspekte unterschieden werden:

Als erstes gestaltet das **Marketing** die Kundenbeziehung und das Markenportfolio. Daraus lassen sich auf zwei Wegen messbare Ergebnisse ableiten: Einerseits mit Hilfe tatsächlicher Verkaufsdaten auf Basis von Marketingbudgets, andererseits aber auch mit Hilfe von Bekanntheitsdaten, Zufriedenheitsindizes oder Markenwerten. Diese Gestaltung ist Aufgabe des **Produktmarketings**. Sie liefert dabei aber Daten, die auch zur Darstellung des **Customer Capital** im Rahmen des gesamten Intellectual Capital insbesondere gegenüber dem Kapitalmarkt verwendet werden können.

Darüber hinaus gibt es ein Marketing auf Unternehmensebene, das **Unternehmensmarketing**, Corporate Marketing oder **Corporate Branding**. Diese Gestaltungsebene ist keine Aufgabe des Marketing im oben verstandenen produktorientierten Sinne, sondern eine übergeordnete Aufgabe der gesamten Unternehmung zur Positionierung im Dienste von Legitimation, Entwicklung und Führung. Für diese Aufgabe bedient sich die Unternehmung verschiedener Inhalte wie Governance, Reporting und Reputation sowie verschiedener Instrumente aus den Media Relations, aber auch aus der bezahlten Kommunikation einschliesslich des Marketings.[196]

Ein solches **Corporate Marketing** ist folglich etwas anderes als Produktmarketing. Corporate Marketing beziehungsweise Corporate Branding hat seine Bedeutung vor allem im Rahmen der Communications Programs. Diese Programme liefern dabei ebenfalls Daten, die auf der Ebene der Unternehmung zur Darstellung des **Customer Capital** als Teil des gesamten Intellectual Capital gegenüber dem Kapitalmarkt eingesetzt werden können.

Soweit sind diese beiden ersten Aspekte mit der Analyse der Beschaffung und Entwicklung von Human Capital vergleichbar, aus der sich ebenfalls Daten für die Darstellung im Rahmen des Intellectual Capital ergeben haben. Insofern handelt es sich dabei in erster Line um Strukturfragen der Kunden- beziehungsweise Markenbeziehungen. Man kann auf dieser Basis die Struktur der Markenkaskade und der Kundenbeziehung beurteilen und damit die eigentlichen **Customer Relations**.

Diese Analyse der Customer Relations findet somit ausserhalb klassischer Marketing-Massnahmen im Kontext des Kunden statt. Hier geht es um die Zusammensetzung der Markenkaskade, die wiederum für die Austauschbeziehung mit Kunden und anderen Stakeholdern eine entscheidende Voraussetzung liefert. Die Markenkaskade legt den Grundstein für die im Kontext der Communications Programs vorzunehmende Analyse des Corporate Brand Managements und für die im Rahmen des Communications Controlling vorzunehmende Analyse der Brand Valuation.

Aus diesem Grund bietet es sich an, dieses Kapitel über Customer Relations nach Kundenstruktur und diesbezüglicher Kundenzufriedenheit sowie nach Markenstruktur/Markenkaskaden und diesbezüglicher Markeneinschätzung zu untergliedern. Die Beurteilung der Struktur der Customer Relations basiert darauf, ob eine Unternehmung wenige oder viele Kunden und/oder eine oder viele Marken hat, wie folgende Abbildung zeigt.

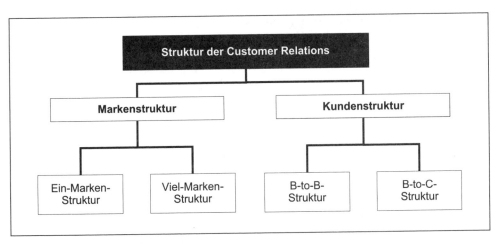

Abb. 128: Struktur der Customer Relations (eigene Abbildung)

---

196 Vgl. dazu das Kapitel C.2.3. über Communications Programs und insbesondere die Ausführungen zum Corporate Brand Management unter C.2.3.1.

Im rechts abgebildeten Fall steht der Kunde sozusagen auf der **Rezipienten-Seite** des Kommunikationsprozesses im Fokus und im links gezeigten Fall stehen die Marke(n) auf der **Kommunikatoren-Seite** des Kommunikationsprozesses.

Auf diese Art und Weise kann die Relations View qualitativ analysiert werden und die Daten können aus den oben beschriebenen Produkt- und Unternehmensmarketing-Massnahmen geeigneter systematisch dargestellt werden.

> **Customer Relations** behandeln die Fragen der Kundenstrukturen und der sich daraus ergebenden Fragen des Beziehungsmanagements sowie der Markenstrukturen einer Unternehmung. Dabei werden im Rahmen der Kennzahlensystematik für die Interpretation des Intellectual Capital Struktur- und Leistungsdaten für die Kundenzufriedenheit und Markeneinschätzung auf Basis einer entsprechenden Marken- und Kundenstruktur erhoben.

2.2.3.3.1. Markenstrukturen und -beziehungen

Die hier vorzunehmende Analyse der Markenstruktur ist eine gesamtunternehmensbezogene Betrachtung auf der Kommunikatoren-Seite des Kommunikationsprozesses. Die Frage ist, welche **Bedeutung die Unternehmensmarke**, die Corporate Brand, in der gesamten **Markenarchitektur und/oder Markenkaskade** der Unternehmung einnimmt.

Je bedeutender die Unternehmensmarke, desto bedeutender ist auch die Frage der Markenkommunikation für die Kundenbeziehungen im Kontext eines gesamtunternehmensbezogenen Kommunikationsmanagements. Je mehr Produktmarkenkommunikation und Unternehmensmarkenkommunikation miteinander verschmelzen, desto mehr muss die direkte Markenkommunikation auch im Zusammenhang mit anderern Ziel- und Zwischenzielgruppen als »nur« denen der Kunden betrachtet werden. In diesem Falle hat die **Markenkommunikation** zusätzlich zum Kundenmarkt auch Auswirkungen auf den **Kapital-, den Arbeits- und den allgemeinen Meinungsmarkt**.

Schwieriger ist der umgekehrte Fall, wenn ein Unternehmen eine Vielzahl von Produktmarken oder Produktgruppenmarken hat, deren Verbindung zum Unternehmen und somit zur Unternehmensmarke nicht direkt ersichtlich ist. In dieser Situation fallen Unternehmensmarkenkommunikation und Produktmarkenkommunikation völlig auseinander. Die Unternehmenskommunikation muss dieses Auseinanderfallen für die Kommunikationsbeziehungen mit anderen Stakeholdern als den Kunden berücksichtigen, bei denen mit der Unternehmensmarke operiert wird (beispielsweise am Kapitalmarkt).[197]

Bei den unterschiedlichen Markenstrukturen sind zwei »reine« Modelle zu unterscheiden sowie mehrere Mischformen. Am einen Ende der Skala steht das **Ein-Marken-Modell**, bei dem die gesamte **Unternehmung über eine Marke** positioniert und damit kommuniziert wird. Ein solches Modell ist häufig in Dienstleistungsunternehmen anzutreffen, bei de-

---

[197] Voraussetzung für die Analyse der Markenstruktur ist die Unternehmensstrategie. Die Analyse der Markenstruktur ist dabei wichtig, um die unterschiedlichen Kommunikationsstrategien auf Basis der Bedeutung der Unternehmensmarke im Kontext der gesamten Struktur beurteilen zu können. Wenn die Unternehmensstrategie nicht zur Markenkaskade passt, kann selbst eine richtige Kommunikationsstrategie auf Basis der entsprechenden Struktur zur falschen Kommunikationsstrategie mit Blick auf die Unternehmensstrategie führen. Bei der grundsätzlichen Analyse der Markenstruktur geht es also zuerst um die Verbindung von Unternehmensstrategie und Markenstrategie und sodann um die Verbindung zwischen Markenstrategie und Kommunikationsstrategie. Vgl. dazu auch Unterkapitel B.2.1.1.

2. Aufbauorganisation des Wertorientierten Kommunikationsmanagements

nen – mit Blick auf das Intellectual Capital – das Human Capital sowie die »Smartness« des Organisationskapitals die entscheidende Grösse zur Beurteilung der Unternehmung darstellen. Für eine solche Markenstrategie steht beispielsweise McKinsey, die Deutsche Bank oder aber auch die UBS. In diesem Fall wird allen Stakeholdern dieselbe Marke kommuniziert – auf der Kundenseite teilweise mit dem Zusatz für bestimmte Produktgruppen beziehungsweise Dienstleistungen wie beispielsweise Deutsche Bank Asset Management oder Deutsche Bank Wealth Management. Die wichtigsten Anspruchsgruppen wie Aktionäre, Mitarbeiter und Kunden sowie die allgemeine Öffentlichkeit, aber auch die entscheidenden Multiplikatoren wie Journalisten, Analysten und auch Lobbyisten werden alle mit derselben Marke bedient, wie folgende Darstellung verdeutlicht.

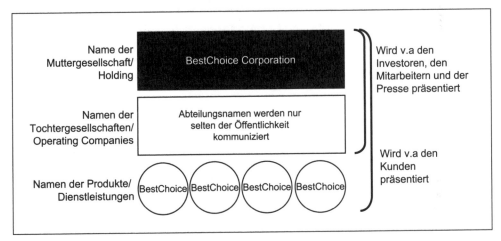

Abb. 129: Ein-Marken-Modell am Beispiel der fiktiven »BestChoice Corporation« (eigene Abbildung)

Am anderen Ende der Skala steht das **Multi-Marken-Modell**, bei dem die Produktmarken mehr oder weniger unabhängig von der Unternehmensmarke sind und auch nicht oder kaum mit der Unternehmensmarke in Verbindung gebracht werden. Für ein solches Modell steht beispielsweise Procter & Gamble oder auch Nestlé, auch wenn diese Unternehmungen in jüngster Zeit begonnen haben, verschiedenen Produktmarken den Zusatz by Procter & Gamble oder by Nestlé zu geben.[198]

In diesem Fall ist die Kommunikation gegenüber den Kunden eine andere als gegenüber dem Kapitalmarkt. Mitarbeiter stehen im Prinzip in der Mitte, da sie zum einen in einer bestimmten Produktgruppe arbeiten, aber andererseits einer bestimmten Unternehmung zugehören. Für die Kundenbeziehung ist dies nicht unwichtig, da der Kunde nicht notwendigerweise weiss, zu welcher Unternehmung ein bestimmtes Produkt und eine bestimmte Produktmarke gehören. Im Gegensatz zum ersten Modell fällt Unternehmens- und Produktkommunikation hier nahezu völlig auseinander, wie die folgende Darstellung zeigt.

---

[198] Vgl. zur Analyse von Procter & Gamble auch Hatch/Schultz (2001).

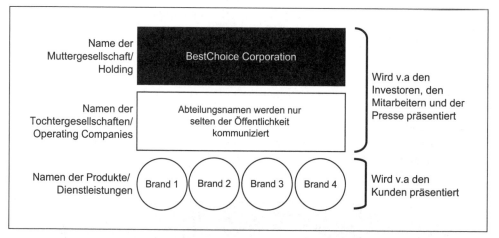

Abb. 130: Viel-Marken-Modell am Beispiel der fiktiven »BestChoice Corporation« (eigene Abbildung)

Zwischenmodelle können »**situativ**« (wie beispielsweise bei General Electric) sein, bei denen die Verknüpfung zwischen Produkt- und Unternehmensmarke taktisch dann benutzt wird, wenn es aus Sicht der Unternehmung und der Positionierung der Tochtergesellschaft oder des Bereiches Sinn macht (bei General Electric wird beispielsweise GE Capital Service direkt positioniert, aber NBC als TV Station separat behandelt).

Mischformen können auch »**hybrid**« sein (wie beispielsweise bei Marriott), bei denen die eine Hotelkette (Marriott Hotels) mit dem Marriott-Unternehmensnamen verbunden ist, während die andere [Courtyard by Marriott (für die Business Hotels)] nur noch eine By-line hat, während die Ritz Carlton Hotels komplett ohne den Zusatz Marriott positioniert werden. Hier ist die Ansprache der Kunden eine vermischte und teilweise spielen Unternehmens- und Produktkommunikation zusammen, während sie in anderen Fällen komplett voneinander getrennt sind.

Unterschiedliche Markenstrukturen haben Auswirkungen auf die Markenbekanntheit der jeweiligen **Unternehmensmarke**. In einem Multi-Marken-Strukturmodell kann die Markenbekanntheit der Unternehmensebene nahezu völlig losgelöst von der Markenbekanntheit der Produktebene sein, während es im Ein-Marken-Strukturmodell genau umgekehrt ist. Markenstrukturen und Markenbeziehungen haben somit erhebliche Bedeutung für den Kommunikationsprozess mit den Kunden, aber auch mit allen anderen Stakeholdern wie Aktionären oder Mitarbeitern.

2.2.3.3.2. Kundenstrukturen und -beziehungen

Mit der Analyse der Kundenstrukturen und -beziehungen im Rahmen der Customer Relations fokussiert man auf das Rezipientenende des Kommunikationsprozesses zwischen Unternehmung und Kunden. Selbstverständlich basiert die Analyse der Kundenstruktur und ihrer Kunden und der damit zusammenhängenden Kundenzufriedenheit auf der Fähigkeit der Kunden, die Produktmarken mit der Unternehmensmarke in Beziehung zu bringen. Insofern ist die im vorherigen Kapitel vorgestellte Grundstruktur der Analyse der Markenstruktur eine Vorbedingung für die hier vorzunehmende Analyse der Kundenstruktur, bei welcher der Grad der Massenkommunikation im Vordergrund steht.[199]

Die zwei grossen »reinen« Modelle der Kundenstruktur ergeben sich aus dem Geschäftsmodell. Handelt es sich um ein **B2B-Geschäftsmodell**, so ist der Grad an Massenkommunikation vergleichsweise niedrig, da selbst bei grossen B2B-Geschäftsmodellen der Kreis der Kunden überschaubar ist. Handelt es sich beim Modell um ein **B2C-Geschäftsmodell**, bei dem eine Unternehmung mit vielen Endkonsumenten als Kunden in eine Kommunikationsbeziehung tritt, so ist der Grad der Massenkommunikation vergleichsweise hoch.

Im Falle eines **B2B-Geschäftsmodells** ist der Kommunikationsprozess »persönlicher« und damit sind auch die zum Einsatz kommenden Kommunikationsinstrumente und insbesondere die Rückkopplungsprozesse darauf ausgerichtet. Im B2B-Geschäft werden im Zweifel eher zielgenauere Kommunikationsinstrumente (beispielsweise über Sponsoring-Aktivitäten) eingesetzt und massenkommunikative Instrumente wie eine allgemeine Medienarbeit eher flankierend genutzt. Für B2B-Geschäftsmodelle ist die Kundenkommunikation in dieser Hinsicht eher auf Spezial- und Fachpublikationen ausgerichtet.

Genau umgekehrt verhält es sich im **B2C-Geschäftsmodell**: Hier spielen die massenkommunikativen Instrumente eine wesentlich höhere Rolle; denn in diesem Fall ist mit Unternehmenswerbung allein kaum etwas zu bewirken, da die Budgets dafür viel zu gross sein müssten. In der B2C-Kundenkommunikation ausserhalb der reinen Produktwerbung spielt deshalb die allgemeine Presse- und Öffentlichkeitsarbeit mit allgemeinen Medien und/oder Wirtschaftspublikationen eine herausragende Rolle.

Auf dieser Basis ist auch die Güte von **Kundenzufriedenheitsindizes** zu beurteilen, da im Falle des B2B-Geschäftsmodells die Abfragemöglichkeit wesentlich detaillierter und persönlicher ist, während sie im Falle des B2C-Geschäftsmodells wesentlich quantitativer und unpersönlicher ist.

2.2.3.4. Political Relations

> Dieses Unterkapitel behandelt die politischen und gesellschaftlichen Kommunikationsbeziehungen, die Political Relations. Sie sind ähnlich zu beurteilen wie die Media Relations. Es geht auch hier in erster Linie um eine Beurteilung der qualitativen Kommunikationsbeziehungen. Es bietet sich eine Differenzierung an, damit die Heterogenität der Zielgruppe Gesellschaft für den Kommunikationsprozess über die verschiedenen beteiligten Ziel- und Zwischenzielgruppen strukturiert werden kann. Daher sollen die diese Kommunikationsbeziehungen in ein Segment für Regierungsbeziehungen (C.2.2.3.4.1.) und in eines für Nicht-Regierungsbeziehungen (C.2.2.3.4.2.) unterteilt werden.

Mit der Erweiterung der sieben Kategorien des Intellectual Capital in Kapitel B.3.2.4. um eine achte Kategorie, nämlich die des Communications Capital, wurden auch zwei neue Relations eingeführt: die Media und die Political Relations. Erstere wurden bereits in Kapitel C.2.2.2. als übergeordnete Kommunikationsbeziehung für den gesamten Kommunikationsprozess eingeführt. Letztere ist nun Gegenstand der Analyse dieses Unterkapitels.

---

[199] Eine ähnliche Differenzierung nimmt auch Rolke (2003, S.13ff.) vor, wenn er die Erfolgsfakoren von Unternehmens- und Produktkommunikation in Bezug auf die eingesetzten Kommunikationsinstrumente untersucht.

In diesem Unterkapitel über Political Relations geht es nicht in erster Linie um politische Kommunikation (Jarren/Sarcinelli/Saxer 1998) oder um Public Relations[200]. Es geht vielmehr um die **politische Unternehmenskommunikation**, wie sie bereits bei der Darstellung des Mediensystems in Beziehung zum Unternehmens- und Wirtschaftssystem in Anlehnung an die Neue Politische Ökonomie Freys (1977) skizziert wurde. Political Relations betrifft das Teilgebiet der »öffentlichen Kommunikation« oder Public Communication (vgl. dazu die folgende Abbildung), welches die aus Sicht des Systems Unternehmung notwendigen Beziehungen in die politische Teilarena gestaltet und entwickelt.

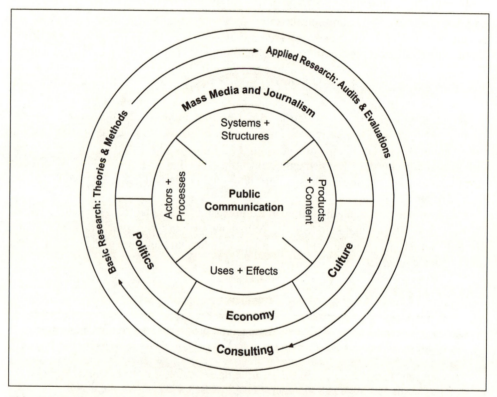

Abb. 131: Gegenstand »öffentliche Kommunikation«, Forschungsfelder und Forschungsprozess der Publizistikwissenschaft (Bonfadelli/Jarren 2001, S.11)

Diese Darstellung zeigt auch die grosse Bedeutung von Medien und Journalismus für die öffentliche Kommunikation, da diese den eigentlichen Informationsfluss zwischen Gesellschafts-, Wirtschafts- und Unternehmenssystem erst ermöglichen.[201] Die Kommunikationsbeziehungen zwischen Unternehmungen und dem gesellschaftlichen Umfeld werden folglich zum einen **direkt** über die **Political Relations** und zum anderen **indirekt im Zusammenspiel** mit den **Media Relations** gestaltet.

---

200 Vgl. hierzu Bentele et al. (2003).
201 Vgl. dazu Kapitel C.2.2.2.1. zur Beziehung zwischen Medien und Unternehmungen.

Beide Relations kennen im Übrigen auch »eigene« Zwischenzielgruppen – Journalisten im Rahmen der Media Relations und Lobbyisten im Rahmen der Political Relations sowie auch Analysten im Rahmen der Capital Relations, die im gesamten Kontext vor allem bei der Beurteilung des wirtschaftlichen Erfolgs, nicht unberücksichtigt bleiben dürfen.

Es geht also in diesem Unterkapitel in Anlehnung an die Grundfragen der politischen Kommunikation darum, auf welche Weise Unternehmungen Einfluss auf politische und nicht-politische Organisationen im gesellschaftlichen Umfeld nehmen können. Wie folgende jetzt abgewandelte Abbildung aus der in Abschnitt A. vorgenommenen grundlegenden Differenzierung der Anspruchsgruppen zeigt[202], gehört die **Gesellschaft zu den Zielgruppen**[203], gegenüber der insgesamt das unternehmerische Handeln legitimiert werden soll.

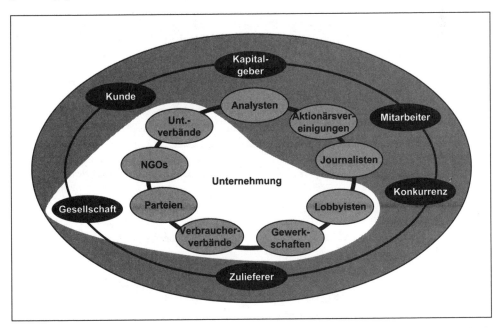

Abb. 132: Political Relations im Kontext des Kommunikationsbeziehungsnetzes (eigene Abbildung)

Das Kommunikationsproblem ergibt sich dabei vor allem aus dem Umstand, dass diese **Zielgruppe** sehr **heterogen** und unbestimmt sein kann. Insofern kann die Zielgruppe Gesellschaft im Prinzip nur über Untergruppierungen und vor allem über Zwischenzielgruppen beschrieben werden. Dazu gehören im weiteren Sinne sogar alle in der Abbildung aufgeführten Ziel- und Zwischenzielgruppen. Die **Zielgruppe Gesellschaft kann in einem engeren Sinne** vor allem über Verbände und Gewerkschaften, über Parteien und politische

---

[202] Vgl. dazu das Unterkapitel A.1.2.1. über die Anspruchsgruppen einer Unternehmung in ihrem Kommunikationsumfeld.

[203] Zur Zielgruppe Gesellschaft vgl. auch den gleichnamigen Sammelband von Langen/Albrecht (2001) und darin insbesondere die Beiträge von Will (2001b) und Beke-Bramkamp/Hackeschmidt (2001) sowie Bock/Fuchs (2001) zu Fragen des Zusammenspiels von Unternehmungen und Nicht-Regierungsorganisationen.

Institutionen (wie Regierungen, Parlamente etc.) sowie über die so genannten Nicht-Regierungsorganisationen (NGOs) und über Lobbyisten gefasst werden. In einem weiteren Sinne gehören alle Ziel- und Zwischenzielgruppen zur Zielgruppe Gesellschaft.

Die weiss unterlegten Gruppen beschreiben die **engere Perspektive**: Arbeitgeberverbände und Gewerkschaften als Pole der Interessenvertretung von Arbeitgebern und Arbeitnehmern; Parteien und Lobbyisten als Gruppen im engeren politischen Umfeld sowie die Verbraucherverbände und die Nicht-Regierungsorganisationen (NGOs) im Umfeld der allgemeinen und speziellen Interessenvertretung ausserhalb der Arbeitgeber-Arbeitnehmer-Beziehung.

Für die Behandlung der Political Relations bietet es sich an, eine Unterscheidung der Kommunikationsbeziehungen von Unternehmungen zu politischen Organisationen (**Governmental Relations**) sowie zu den insbesondere für grössere Unternehmungen wichtigen nicht-politischen Organisationen, den **Non Governmental Relations** vorzunehmen. Diese Grundstruktur ist Ausgangslage für die Analyse der Political Relations.

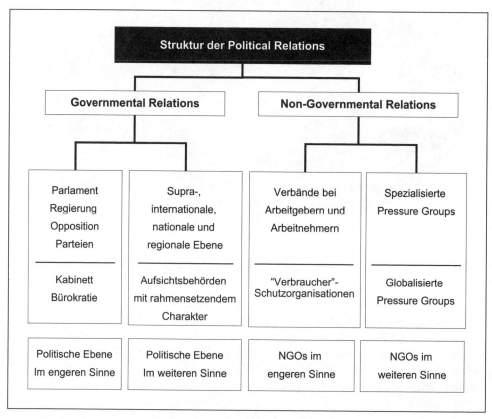

Abb. 133: Struktur der Political Relations (eigene Abbildung)

> **Political Relations** gestalten und entwickeln die qualitativen Kommunikationsbeziehungen zum politisch gesellschaftlichen Umfeld der Unternehmung. Sie nutzen dazu alle relevanten Ziel- und Zwischenzielgruppen des Meinungsmarktes, über deren Zufriedenheits- und/oder Zustimmungsindizes auch das notwendige Kennzahlensystem hergeleitet werden kann. Das Ziel der Political Relations ist die Einflussnahme auf politische Entscheidungen, die für unternehmerische Entscheidungen relevant sind.

2.2.3.4.1. Governmental Relations oder Regierungsbeziehungen

Politische bzw. **Regierungsorganisationen** sind eindeutig Zielgruppen für Unternehmungen, da sie – letztendlich als Exekutive (aber selbstverständlich auch als Legislative und Judikative) Rahmenbedingungen für wirtschaftliches Handeln setzen. Diese Rahmenbedingungen betreffen allgemeine wirtschaftspolitische Rahmenbedingungen für das gesamte Wirtschaftssystem (bspw. Steuerpolitik), aber selbstverständlich auch spezielle Rahmenbedingungen für einzelne Unternehmungen bzw. Branchen (bspw. Mineralölsteuerpolitik für die Automobilindustrie).

Der offizielle politische Sektor ist – je nach Grösse der Unternehmungen – in lokale (Gemeinde), regionale (Bundesland oder Kanton), nationale, internationale (IWF) und supranationale (EU) **Ebenen** zu differenzieren. Im Grundsatz geht es für die Unternehmungen aber immer darum, die wesentlichen Stellen innerhalb des Apparates zu kennen, der letztendlich allgemeine oder spezielle politische Rahmenbedingungen setzt. Dazu gehören die auf der jeweiligen Ebene notwendigen **Parlamente** (Legislative), bei der zwischen den Mitgliedern der jeweiligen **Regierung** und der jeweiligen **Opposition** unter den Abgeordneten unterschieden werden muss. Des Weiteren ist die eigentliche Administration bzw. Regierung (Exekutive) von Bedeutung, bei der man zwischen den politischen Mandatsträgern (**Kabinett**) und der entsprechenden Verwaltung (in **Bürokratie- und Beamtenapparat**) unterscheiden muss. Darüber hinaus sind **Ausschüsse des Parlamentes**, verschiedene **Ministerien** und/oder **Abteilungen** und **Referate** in den verschiedenen Behörden zu berücksichtigen. Da die meisten Demokratien heute Parteiendemokratien sind, können auch die **Parteien** hier zugerechnet werden, obwohl sie formal eher politische Interessengruppen darstellen[204].

Für Unternehmungen stellt sich dabei immer die Frage, an welcher Stelle die Einflussgrösse auf eine letztendlich finale Entscheidung am grössten ist. Das kann einmal sogar bei den **Vorüberlegungen für Referentenentwürfe** von Gesetzesvorlagen sein, um sogleich die »richtige« Richtung vorzugeben; es kann aber auch sein, dass man »**auf höchster Ebene« Änderungen in Gesetzesvorlagen** beeinflussen kann. Genau an dieser Stelle der eigentlichen Einflussnahme beginnt der Prozess der Lobbyarbeit nicht mehr nachvollziehbar zu werden, da Unternehmungen mit Sicherheit eine aus ihrer Sicht erfolgreiche Lobbyarbeit nicht auch noch öffentlich machen wollen.

Es gibt auch einige **Sonderformen des offiziellen politischen Sektors**: Dazu gehören beispielsweise Aufsichtsbehörden, wie die Bundesanstalt für Finanzdienstleistungsaufsicht (BaFin), die in der Regel als öffentlich-rechtliche Behörden hoheitliche Aufgaben zur Durchführung und Einhaltung der Gesetze wahrnehmen. Dazu gehören zudem alle internatio-

---

204 Vgl. hierzu Strøm et al. (2003).

le Organisationen (wie die UNO oder der IWF) sowie supranationalen Organisationen (wie die EU), deren gesetzliche oder rahmenbedingungensetzende Einflussgrössen auf Unternehmungen immer weiter zunehmen. Im Kontext dieser Sonderformen des offiziellen politischen Sektors müssen Unternehmungen entscheiden, welche der benannten Einheiten welches Potenzial hat, Einfluss auf politische Entscheidungen zu nehmen, die sodann wiederum Einfluss auf unternehmerische Entscheidungen haben können.

Die Wertorientierung in diesem Segment des Kommunikationsmanagements besteht folglich vor allem darin, die für die Unternehmung wichtigen Rahmenbedingungen zu kennen und die entscheidenden Stellen im **engeren und weiteren politischen Sektor** zu beurteilen, die Einfluss auf Veränderungen dieser Rahmenbedingungen haben.

2.2.3.4.2. Non Governmental Relations oder Nicht-Regierungsbeziehungen

Nicht-Regierungsorganisationen (NGOs) sind eigentlich keine Zielgruppe für Unternehmungen, sondern vielmehr eine Zwischenzielgruppe im Kommunikationsprozess der Unternehmungen mit den wesentlichen Anspruchsgruppen als Teil des Gesellschaftssystems.

Auf der einen Seite sind hier die echten Interessengruppen aufzulisten, wozu einmal gesondert die **Interessenverbände der Arbeitgeber und Arbeitnehmer** zu zählen sind, die wiederum eng mit dem System der Parteiendemokratie verwoben sind. Allerdings ist die Stellung der Parteien formaler und teilweise verfassungsrechtlich geschützt, so dass Parteien eher den Regierungsbeziehungen und Arbeitgeberverbände und Gewerkschaften eher dem Nicht-Regierungssektor zuzurechnen sind. Etwas anders sind die normalen **Verbraucherschutzorganisationen** zu werten, die vom Aktionärsschutz bis hin zum Tierschutz sehr spezielle Interessen gegenüber einer Unternehmung vertreten. Sie sind aber ebenfalls in die Kategorie der Interessengruppen zu listen. Beide Hauptgruppen sind eher **NGOs in weiteren Sinne**.

Die Kommunikationsbeziehung von Unternehmungen zu **NGOs im engere Sinne** muss dahingehend differenziert werden, ob es sich um **spezialisierte Pressure groups** mit Bezug zu einem bestimmten Thema und/oder mit Bezug zu einem bestimmten Produkt und/oder mit Bezug zu einer bestimmten Zielgruppe der Unternehmung handelt oder ob es sich um allgemeine, »**global**« **ausgerichtete NGOs** handelt, deren Kritik sich als Globalisierungsgegner eher allgemein denn speziell gegen Unternehmungen richtet.

Selbstverständlich sind auch NGOs im oben beschriebenen Kontext Teil des politischen Sektors, aber ihre offizielle Funktion existiert insofern nicht, als dass sie selbst keine Rahmenbedingungen setzen und entscheiden können. Daher gehören sie aus Sicht der hier vorgenommenen Grundeinteilung in Ziel- und Zwischenzielgruppen zur letztgenannten Kategorie. NGOs nehmen allerdings am politischen Willensbildungsprozess teil, indem sie durch Einbindung in »Expertenkommissionen«, durch wechselseitigen personalen Austausch zwischen dem offiziellen und dem nicht-offiziellen politischen Sektor und/oder durch Übernahme von offiziellen Funktionen (als Vertreter in Parlamenten) mit dem System vernetzt sind. Dieser Teil der Verflechtung beschreibt einen Teil der Aufgabe der Kommunikationsbeziehungen zu NGOs.

Dieser andere Teil ist der weitaus schwierigere; denn NGOs operieren in der Regel »extraterritorial« und fokussieren insbesondere auf der Ebene der Globalisierungskritik direkt gegen einzelne »Global Player«. Unternehmungen stehen in diesem Moment in direkter kommunikativer Auseinandersetzung mit einem im Prinzip nicht-offiziellen Gegner des politischen Systems und können in der Regel nicht auf die »Patronatsschaft« offizieller Regierungs-, Parlaments- und Verwaltungsstellen zurückgreifen.[205]

2.2.3.5. Online Relations

> Das Unterkapitel über Online Relations behandelt die Kommunikationsbeziehungen, die sich mit den neuen (digitalen) Medien für das Kommunikationsmanagement ergeben haben. Online Relations sind weder einer Ziel- oder Zwischenzielgruppe direkt zuzuordnen, noch ergeben sie sich aus einer Kategorie des Intellectual Capitals. Online Relations haben jedoch auf Grund der technologischen Möglichkeiten eine Querschnittsfunktion für alle anderen Relations und sind für die Entstehung von Communities entscheidend. Deshalb bietet sich in diesem Unterkapitel folgende Differenzierung an: Nach der Stellung der Online Relations im Kontext der gesamten Communications Relations (C.2.2.3.5.1.) und sodann nach der Bedeutung des Community-Ansatzes für die Online Relations (C.2.2.3.5.2.).

Die letzte hier zu beschreibende Kommunikationsbeziehung sind Online Relations, die neben den Media Relations ebenfalls eine übergeordnete Bedeutung haben. Diese zusätzliche Bedeutung der **Online Relations** ergibt sich jedoch anders als bei den Media Relations nicht aus ihrer Agenda-Setting- und Gatekeeping-Funktion, sondern aus ihrer **Querschnittsfunktion für alle Stakeholder Relations**. Zudem sind Online Relations nicht für eine bestimmte Ziel- oder Zwischenzielgruppe zuständig, sondern gestalten und entwickeln den Kommunikationsprozess zu so genannten **Communities**.

Rössler beschreibt dies sehr gut im einführenden Beitrag seiner »Online-Kommunikation«: »Zurecht kann zwar das weltweite Computernetzwerk und seine Protokolle, auf denen die Online-Kommunikation letztendlich beruht, als Medium im Sinne eines rein technischen Vermittlungssystems bezeichnet werden (`Medien 1. Ordnung`; Weischenberg 1998: 51). (...) Zu Medien im Sinne einer ›sozialen Bedeutungsproduktion und -vermittlung‹ werden die technischen Medien erst durch die Art und Weise ihres Gebrauchs (`Medien 2. Ordnung`). Gerade in dieser Hinsicht eröffnen die unterschiedlichen Protokolle der weltweiten Computernetze jedoch einen vollkommen neuen Kommunikationsraum« (Rössler 1998, S. 19). Schmid spricht von einer »digitalen Ökonomie«. Im Vorspann des Artikels »Was ist neu an der digitalen Ökonomie?« heisst es: »Die Informations- und Kommunikationstechnologie (IKT) eröffnet nicht bloss eine neue Welle der wirtschaftlichen Entwicklung, sondern eine neue Epoche. Sie führt wie die erste Industrialisierung zu evolutionären und revolutionären Veränderungen der Wertschöpfungskette. Insbesondere verlagert sich der Akzent von der Produktion zur Kommunikation. Die IKT verändert aber genauso die gemeinschaftlichen Gefüge, in denen Menschen zusammenleben: Gemeinschaften in global verteilten Medien ergänzen die traditionellen Formen wie Familien, Firmen oder Staaten. Neue Dienste und wachsende Dienstleistungsindustrien begleiten diesen Wandel. Ein neues ganzheitliches Kommunikations- und Medienmanagement ist gefragt und seitens der BWL zur Bewältigung dieses Wandels beizusteuern« (Schmid 2000, S.178).

Online Relations setzten die **Existenz digitaler Medien** voraus, deren Medien zudem über einen gemeinsamen logischen Raum (Syntax und Semantik) sowie über eine entspre-

---

[205] Vgl. hierzu Scherer (2002).

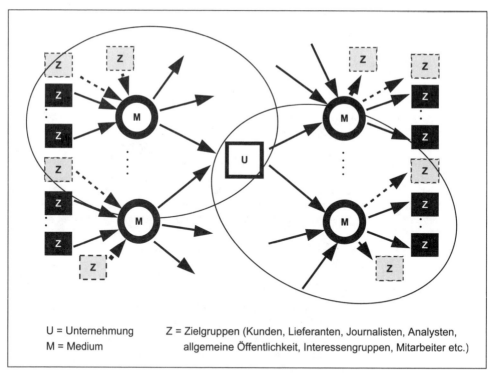

Abb. 134: Medien konstituieren Tauschbeziehungen (Will/Geissler 2000, S. 23)

chende Aufbau- und Ablauforganisation der jeweiligen Community für ihr koordiniertes Handeln verfügen müssen. Der Begriff des Mediums ist dabei zentral; denn er integriert aus der Sicht von Schmid verschiedene Erkenntnisse: Modelle für Agenten und Multiagentensysteme aus der Informatik mit Modellen der sozialen Interaktion über die Rolle der Agenten aus der Sozialpsychologie und vor allem Modelle von Medien aus den Medienwissenschaften im Kontext von Kanal, Sprache und Umfeld (Schmid 2004b, S. 41). Schmids Medienmodell differenziert deshalb in Agenten (vor allen Dingen Communities), Kanäle und den logischen Raum (Schmid 2000).

Zum Zusammenhang zwischen Medien- und Kommunikationsmanagement heisst es dann: »Ein umfassendes Medienmanagement muss die Medien als primäres Mittel zur Erreichung des Zieles des Kommunikationsmanagements auffassen und das Management der Medien aufs Engste mit diesem abstimmen« (Schmid 2004b, S. 42).

Dies stellen auch Will/Geissler in ihrer Analyse »Verändert das Internet die Unternehmenskommunikation?« fest: »Aufgrund der hinlänglich bekannten Eigenschaften von Online-Kommunikation (über Orts- und Zeitlosigkeit, fast unbegrenztes Nutzerpotential etc.) verwischen nun mit der Entstehung elektronischer Medien die klassischen funktionalen Differenzierungskriterien zur Identifikation von Ziel- und Zwischenzielgruppen und deren Bedürfnisse« (Will/Geissler 2000, S. 22).[206] Insofern gilt es auch hier, die Sender-Seite der

---

[206] Vgl. zu typischen Mustern und Begründungszusammenhängen der Internet-PR auch Geissler/Will (2001, S.466 ff.).

Unternehmung und die Empfänger-Seite der Community zu betrachten, wie dies folgende Abbildung schematisch verdeutlicht.

Die strukturelle Verortung der Online Relations haben sich im Laufe ihrer Entwicklung verändert. Während die meisten ersten **Intranet- und Internet**-Angebote in Unternehmungen aus dem IKT-Bereich entwickelt und verantwortet wurden, sind heute die so genannten **Web-Master zumeist in der Unternehmenskommunikation** anhängig. Die Zusammenarbeit zwischen Informationsmanagement und Kommunikationsmanagement bleibt aber zentral, da hier insbesondere die Schnittstelle zum Knowledge Management und auch zur internen Kommunikation im Kontext der Human Relations zu verorten ist.[207]

Das gesamte Angebot an Online Relations einer Unternehmung fasst folgende Abbildung zusammen:

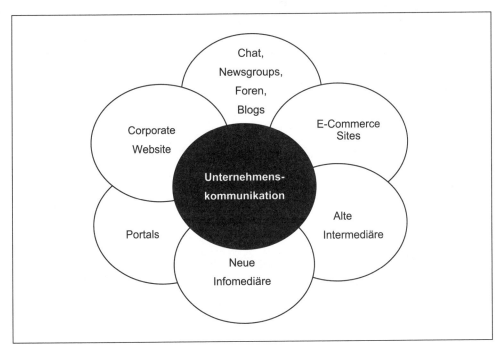

Abb. 135: Digitale Blume der Unternehmenskommunikation (eigene Abbildung)

---

207 Vgl dazu Kapitel C.2.2.3.2. Bei den Strategien für erfolgreiches Wissensmanagement können Unternehmungen deshalb nach Auffassung von Krcmar (2005, S. 487 ff.) entweder eine Kommunikationsstrategie über den personengebundenen Austausch von Mitarbeitern oder eine Kodifikationsstrategie über die umfangreiche Dokumentation von Wissen verfolgen. Die Anbindung an das hier vorliegende Kommunikationsmanagement gestaltet sich somit insbesondere über die Kommunikationsstrategie und hat mit Bezug auf das Wissensmanagement vor allen Dingen eine Anbindung mit Blick auf die Grösse von Unternehmungen im Sinne von massenkommunikativen internen und externen Prozessen an verschiedenen Standorten und/oder mit Bezug auf die schnellen Veränderungen von Humanressourcen und damit auf die Bildung von intellektuellem Kapital in den Unternehmungen.

Grundsätzlich kann man für die Online Relations der Unternehmenskommunikation sechs Gruppierungen unterscheiden: Zunächst einmal gibt es die **Corporate Websites** als »digitale Visitenkarte« einer Unternehmung, die als Erste im Internet erscheint, wenn man eine URL-Adresse eingibt. Verschiedentlich haben Unternehmungen auf dieser Eintrittsseite Verlinkungen zu bestimmten Portalen im Sinne von themenspezifischen Internetseiten. Des Weiteren verfügen die meisten Unternehmungen – insbesondere im Falle der B2C-Kunden orientierten Unternehmungen – über direkte Vernetzungen zu ihren **E-Commerce Sites**, auf denen Geschäfte online abgewickelt werden können. Sowohl **Portale** als auch E-Commerce Sites sind kundenorientierte Vernetzungen der Corporate Website.

Auf der anderen Seite bietet die Unternehmenskommunikation Community-Angebote über **Chats**, themenspezifische **Foren, News Groups** und neuerdings auch **Blogs** an. Zudem muss in der Unternehmenskommunikation unterschieden werden, ob und inwieweit eine Austauschbeziehung mit **alten Intermediären** in ihrer Online Version stattfindet (beispielsweise nzz.ch) oder aber mit **neuen Infomediären**, die es in der prä-digitalen Kommunikationsbeziehung gar nicht gegeben hat (beispielsweise yahoo.de/finanzen).

Die Struktur der Online Relations lässt sich in folgender Übersicht zusammenfassen:

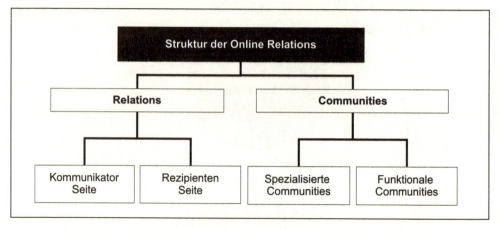

Abb. 136: Struktur der Online Relations (eigene Abbildung)

Die Grundstruktur teilt sich somit in eine **prozessuale Betrachtung** der Beziehungsebene (Relations) sowie in eine eher **konstitutionelle Betrachtung** der Communities. Auf Seiten des Kommunikationsprozesses sind mit Blick auf die Online-Relations die Struktur der Kommunikatorseite zu analysieren sowie die Veränderungen auf der Empfängerseite des Kommunikationsprozesses zwischen Unternehmungen und ihren Anspruchsgruppen. Mit Blick auf die unechten Zielgruppen der Communities kann man zum einen solche mit speziellen Interessenlagen mit Blick auf eine Unternehmung unterscheiden und zum anderen jene mit einem generellen Interesse für bestimmte Unternehmungen.

2. Aufbauorganisation des Wertorientierten Kommunikationsmanagements

> **Online Relations** gestalten und entwickeln die qualitativen Kommunikationsbeziehungen zwischen der Unternehmung und ihren Ziel- und Zwischenzielgruppen sowie zu den verschiedenen Communities.

2.2.3.5.1. Online Relations im Kontext der Communications Relations

Für alle bisher beschriebenen »Off-line-Relations« gilt im Prinzip das klassische kommunikationswissenschaftliche Modell des sozialen Informationsaustausches, bei denen die symmetrische oder asymmetrische Kommunikation zwischen Sender und Empfänger auf menschlichen Kommunikationspartnern und auf der Linearität des Kommunikationsprozesses basiert.[208]

Durch den Trägerkanal der Online Relations im Internet oder Intranet wird dieses Konstitutionsprinzip des Informationsaustausches aufgehoben. Damit kann auch kein »normales« Gatekeeping, keine normale Selektion und kein normales Agenda Setting von Journalisten als Kerninstanz des medialen Austauschprozesses mehr stattfinden.

Die Verbindung zwischen den gesamten Communications Relations und Online Relations hat offensichtlich eine Bedeutung für die **Kommunikator-Seite** und für die **Rezipienten-Seite** des Kommunikationsprozesses. Dabei spielen innerhalb der Communications Relations die Media Relations wieder eine spezielle Rolle in der Verbindung zu den Online Relations, da Online Relations oftmals mediale oder medien-nahe Beziehungen im Kommunikationsprozess beschreiben.

Auf der **Kommunikator-Seite** verändert sich das **kommunikative Wettbewerbsumfeld** für das Kommunikationsmanagement in dem Sinne, dass die klassischen Medienstrukturen in zweierlei Hinsicht aufgebrochen werden: Zum einen steigt die Vielfalt der Medien und damit das **intra-mediale Konkurrenzfeld**, indem bislang nur in einer Printversion vorliegende Medien wie eine FAZ oder eine NZZ auch online vorhanden sind als faz.de oder nzz.ch. Zudem kommen neue Online-Versionen von Medien hinzu, die es in der prä-digitalen Welt gar nicht gegeben hat: So konkurrieren intra-medial eine nzz.ch oder eine faz.de auch mit Anbietern wie hauptversammlung.de, finanztreff.de oder aber auch vwd.de, einem in der offline Version nur wenigen Eingeweihten bekannten Nachrichtendienst für Wirtschaftsinformation (vwd: Vereinigte Wirtschaftsdienste).

Zudem kommt ein **inter-medialer Wettbewerb mit Medien** hinzu. Das betrifft die Unternehmungen selbst, die im Kommunikationsprozess mit ihren Anspruchsgruppen zumindest teilweise die Rolle von Medien übernehmen. Dabei ist an die Internet-TV-Sendung von Hauptversammlungen zu denken, die Übertragung von Bilanzpressekonferenzen im Web-TV oder aber Chats, E-Mails oder weitere gesteuerte Instrumente insbesondere in der internen Kommunikation. Insbesondere für die inter-mediale Konkurrenzsituation müssen die Media und Online Relations darauf achten, dass kommunikative Konkurrenz am Ende nur dann erfolgreich sein kann, wenn die entsprechenden »Unternehmensmedien« Vertrauen und Glaubwürdigkeit bieten können.

Auf der **Rezipienten-Seite** des Kommunikationsprozesses ergibt sich durch die **Rekonfiguration von Kommunikationsarenen** über Netzwerkstrukturen ein völlig neues Bild. Zielgruppen oder Zwischenzielgruppen sind nicht mehr nur auf Basis personaler Konstitu-

---

[208] Vgl. dazu auch die Ausführungen zu den Veränderungen im medialen Umfeld, die durch die Digitalisierung des Kommunikationsprozesses entstanden sind in A.1.2.2.2.

tion zuzuordnen (ein Analyst bleibt ein Analyst), sondern müssen auch auf Basis inhaltlicher Konstitutionsprinzipien analysiert werden (an Unternehmensanalysen sind eben nicht nur Analysten, sondern auch Medien und andere Ziel- und Zwischenzielgruppen interessiert). Welche Interessen im einzelnen solche Communities of Interest konstituieren, muss extern wie auch intern aus Sicht des Kommunikationsmanagements genau beobachtet werden. Die verschiedenen Grundtypen von Communities of Interest stellt das folgende Kapitel dar.

2.2.3.5.2. Community-Ansatz der Online Relations

Bei der Betrachtung der Online Relations im Kontext der gesamten Communications Relations wurde bereits darauf hingewiesen, dass es sich hierbei im Prinzip um eine »unechte« Zielgruppenbeziehung handelt, da sich physische Teil-Gruppen (wie Aktionäre, Mitarbeiter oder Kunden sowie die Akteure der allgemeinen Öffentlichkeit) als Communities konstituieren können. Sofern es sich nämlich um eine oder nur ganz wenige Personen mit gleichen Interessen handelt (wiederum beispielsweise ein Aktionär oder mehrere Aktionäre etc.), sind die Online Relations nicht anders zu beurteilen als andere physische Relations.

Ein Paradigmenwechsel findet erst dann statt, wenn die Interessengruppe zu einer **Community of Interest** wird, bei der online nicht nur Aktionäre, sondern beispielsweise auch Analysten und/oder Journalisten sich zu einem Thema in einer Community zusammenfinden, die sich offline ansonsten gar nicht »treffen« würden.[209] Erst in diesem Fall ist die **»Zielgruppe« Community** anders zu beurteilen als die bislang beschriebenen Zielgruppen, wie die folgende Abbildung zeigt: Kanäle auf der einen Seite und bisherige Ziel- und Zwischenzielgruppen vermischen sich zu Communities of Interest.

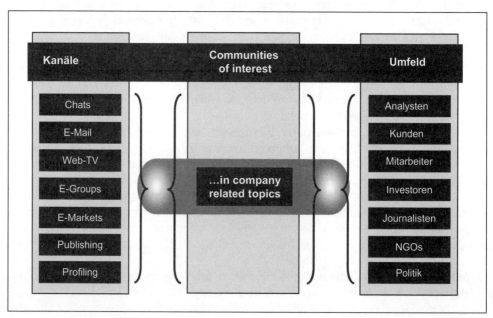

Abb. 137: Kommunikation als Kanalsystem (eigene Abbildung)

---

209 Vgl.dazu auch Schmid (1999, S. 31 ff.) bzw. Lechner/Schmid (1999, S. 3 ff.).

2. Aufbauorganisation des Wertorientierten Kommunikationsmanagements 267

Deshalb ist es sinnvoll, die klassische Aufteilung im Modell des Informationsaustausches von Sendern und Empfängern in diesem Kapitel aufzugeben und nach Communities of Interest zu differenzieren: Dann bietet sich eine Einteilung an, die sich anhand einiger vorhergegangener Abschnitte orientiert und Communities of Interest in Financial Capital, in Communities of Interest for Human Capital, in Communities of Interest for Customer Capital sowie in Communities of General Interests zu differenzieren.

- **Communities of Interest in Financial Capital:** In einer solchen »Zielgruppe« finden sich alle physischen Akteure wieder, die Interesse als Finanzkapitalgeber haben. Dabei geht es in einer solchen interessengeleiteten Gemeinschaft aber nicht um die »Financials« als solche, sondern insbesondere um die Interpretation des Financial Capital über die Financial Relations. Eine solche Community konstituiert sich aus allen Ziel- und Zwischenzielgruppen des engeren und weiteren Kapitalmarkts – angefangen bei Aktionären, über Analysten und Journalisten und Institutionelle Kapitalgeber bis zu Aktionärsschützern und vor allen Dingen so genannten kritischen Aktionären. Solche Communities werden sich nur in den allerseltensten Fällen, die dann krisenbezogen sein dürften, für eine spezielle Unternehmung allein konstituieren, sondern entweder moderiert (und damit auch oftmals medial »gesteuert«) oder unmoderiert im WWW entstehen. Für die Online Relations einer Unternehmung bedeutet dies, dass solche Communities über ein Screening identifiziert und ihre Inhalte über ein Monitoring beobachtet werden müssen. Selbstverständlich können sich Unternehmungen in diese Communities einbringen (insbesondere im Falle von Web-Logs), müssen sich aber dann eindeutig als eine bestimmte Unternehmung identifizieren. Im gegenteiligen Falle dürfte die Einflussnahme der Unternehmung eher schädlich als förderlich mit Bezug auf ihre Reputation sein.

  In einer weiteren Perspektive gehören zu den Akteuren dieser speziellen Gemeinschaft selbstverständlich auch Kunden oder Mitarbeiter oder andere Akteure des digitalen medialen Systems, insofern ihr Interesse an einer bestimmten Unternehmung besteht. Je »anarchischer« eine Community ist, desto schwieriger wird es für eine Unternehmung, mit einer solchen Community als »Zielgruppe« tatsächlich in eine kommunikative Austauschbeziehung zu treten. Je »geordneter« die Community ist und entweder an eine nicht interessengeleitete, aber dennoch fachliche Institution gebunden ist (wie beispielsweise Aktionärsschutzvereinigung) oder gegebenenfalls als Appendix eines Internet-Portals eines klassischen Mediums funktioniert (beispielsweise Chats bei ftd.de) desto »leichter« wird die Möglichkeit der Kommunikationsbeziehung zwischen Unternehmung und Community.

- **Community of Interest in Human Capital:** Die obigen Aussagen gelten generell selbstverständlich auch für diese und alle weiteren spezialisierten Interessengemeinschaften. Das bedeutet, dass sich auch hier die engeren und weiteren Interessengruppen mit Blick auf das Humankapital einer Unternehmung zusammenfinden können. Auch hier gilt selbstverständlich, dass je geordneter die Community ist, desto leichter der Kommunikationsaustausch stattfinden kann.

  Mit Bezug auf das Human Capital gilt insbesondere, dass zum einen hier in sehr starkem Masse interne und externe Zielgruppen miteinander verwoben sein können (über die Mitarbeiterschaft) und zum anderen eine Clusterung über den Grad der Beziehung zur Unternehmung hergestellt werden kann. Solche Communities können beispielsweise im Kontext des »War for Talent« über Hochschul-Communities standortbezogen mit

Bezug auf bestimmte Mitarbeitergruppen organisiert sein. Sie können auch über die organisierten Vertretungen über Betriebsräte und Gewerkschaften oder für verschiedene Gruppen (Tarifangestellte/Führungskräfte) organisiert sein. Je enger die Beziehung zur Unternehmung ist und je organisierter die Gemeinschaft, desto leichter fällt auch hier die Kommunikationsbeziehung zwischen Unternehmung und der jeweiligen Community.

- **Communities of Interest in Customer Capital:** Mit Bezug auf die Kundenbeziehungen sind zwei grosse Gemeinschafts-Typen zu unterscheiden: zum einen die klassischen Communities mit Bezug auf eine Produktgruppe (beispielsweise Offroader bei Autos der Geländewagenklasse), die für die Kundenbeziehungen einer Unternehmung von grossem Interesse sind. Zum anderen diejenigen Communities, die sich insbesondere aus einer »gewissen Frustsituation« gegenüber der Unternehmung oder gegenüber bestimmten Produktgruppen heraus bilden.

    Insbesondere letzterer Fall birgt ein hohes Risikopotential für Unternehmungen, wenn sich in einer solchen Gemeinschaft dann eben nicht nur Kunden wieder finden, sondern andere Multiplikatoren wie beispielsweise Journalisten.

- **Communities of General Interest in a Specific Company:** Diese Communities bestehen insbesondere für grosse Unternehmungen ohnehin, die in der allgemeinen Öffentlichkeit unter besonderer Beobachtung stehen und vielfach »Zielscheibe« verschiedenster Interessengruppen werden können. Solche Communities bilden sich in der Regel um ein negativ konnotiertes Thema und bieten Unternehmenskritikern breiten Raum zur Verbreitung ihrer Nachricht. Aus Unternehmenssicht ist es ganz entscheidend, genau diese Verbreitungspotentiale solcher verschiedenen General Interest Communities zu screenen und zu monitoren, da sie insbesondere in Krisensituationen sehr schnell zu einer ganz entscheidenden Austauschplattform verschiedenster Ziel- und Zwischenzielgruppen werden können.

2.2.4. Wertorientiertes Kommunikationsindikatorenmodell

Die Ausführungen der bisherigen Unterkapitel zu C.2.2. über die Communications Relations dienen der Strukturanalyse der relevanten Stakeholder Relations, einschliesslich der Media und der Online Relations. Jede einzelne Beziehung zwischen Unternehmung und Ziel- beziehungsweise Zwischenzielgruppe sowie die Beziehungen untereinander wurden in ihren Strukturen vorgestellt.

Diese Analyse erlaubt es nun, die im Unterkapitel B.3.2.3. eingeführte Relations View über qualitative und quantitative Kennzahlen auszuarbeiten. In den zurückliegenden Unterkapiteln wurden nunmehr die einzelnen Bestandteile dargestellt, um die Capital View in die Relations View zu überführen. Im Folgenden wird ein **ganzheitliches Indikatorenmodell** entwickelt, das in einer integrierten Betrachtung qualitative und quantitative Kennzahlen vorstellt, wodurch die Communications View in ihrem zweiten Teil auch organisatorisch umgesetzt werden kann.

Mit Hilfe dieser Vorgehensweise ist das Wertorientierte Kommunikationsmanagement in der Lage, Kennzahlen aus einer Interpretationssicht liefern, die mit der Investitionssicht des Unternehmenswertes kompatibel sind. Die **Identitätsgleichung** »Reputationswert entspricht dem Unternehmenswert«, wie sie bereits grundlegend bei der Beschreibung der

2. Aufbauorganisation des Wertorientierten Kommunikationsmanagements 269

kommunikativen Dimension der Inhalte[210] vorgestellt worden ist, stimmt immer erst im Nachhinein.

Das bedeutet, dass beispielsweise im Falle einer zu »schlechten« Interpretation unternehmerischen Handelns der Reputationswert und ceteris paribus auch der Unternehmenswert zu niedrig wären. Das geschieht, wenn ein Management schlechter eingestuft wird (Interpretationssicht) als es tatsächlich ist, so dass der mögliche investive Return ebenfalls niedriger eingeschätzt wird (Investitionssicht). Qualitative und quantitative Kennzahlen über das Intellectual Capital, die über die Communications Relations vermittelt und interpretiert werden, bieten in diesem Falle die Chance, Informationsasymmetrie abzubauen, damit den »fälschlichen« Abschlag auf den Reputationswert zu erkennen und so schliesslich zu einem höheren Unternehmenswert zu gelangen. Die Konsequenz ist, dass die »Fair Presentation« verbessert wird, d. h. im vorgegebenen Beispiel steigt der Unternehmenswert, weil er zuvor fälschlicherweise aus einer reinen Investitionssicht als zu niedrig eingestuft wurde.

Zur Ableitung des Kennzahlensystems für die integrierte Betrachtung eines ganzheitlichen Indikatorenmodells wird nunmehr in **vier Schritten** vorgegangen:

- Zunächst einmal werden im ersten Schritt für die sechs Unterbereiche der Communications Relations je zwei **qualitative Kennzahlen** vorgestellt, die sich aus der Strukturanalyse für die entsprechende Kommunikationsbeziehung ergeben:
  - **Media Relations:** Darstellung der **Medienstruktur** und des **Kontaktnetzes** innerhalb einzelner Medien. Dabei kann die Liste der relevanten Medien von Unternehmung zu Unternehmung variieren, und zwar auf Grund von Branche, Internationalität und/oder auch Grösse;
  - **Capital Relations:** Darstellung der bestehenden **Struktur der Bankenbeziehungen** und Rating-Agenturen sowie des **Kontaktnetzes**. Auch hier kann die Liste je nach Unternehmung variieren;
  - **Human Relations**: Darstellung der **Kommunikationsbeziehungen** zwischen Management und Mitarbeitern (Bestandesbetrachtung) sowie die Beziehungen zu **Bildungs- und Weiterbildungseinrichtungen** für die Gewinnung neuer Manager und Mitarbeiter (Entwicklungsbetrachtung);
  - **Customer Relations:** Beurteilung der Kundenbeziehungen sowie der Markenbeziehungen;
  - **Political Relations:** Beurteilung der Beziehungen zur politischen Ebene im engeren und im weiteren Sinne sowie der Beziehungen zu den Nichtregierungsorganisationen im engeren und im weiteren Sinne;
  - **Online Relations**: Beurteilung der Strukturen der Austauschbeziehungen und die Konstitution von Communities.
- Im zweiten Schritt können die jeweiligen **quantitativen Kennzahlen** für die oben genannten qualitativen Relations berücksichtigt werden:
  - **Media Relations:** »Zufriedenheitsindizes« durch **Medienresonanzanalysen**. Zudem werden **Zitationsindizes** über Third-Party-Endorser herangezogen, die sich aus den verschiedenen Stakeholdern rekrutieren;

---

[210] Vgl. dazu Kapitel B.1.2. zur Interpretation unternehmerischen Handelns und dort die Ausführungen zu den Abbildungen 44 bis 48 über den Zusammenhang von Reputationswert und Unternehmenswert sowie zwischen Interpretations- und Investitionsbetrachtung sowie zwischen Meinungs- und anderen Kommunikationsmärkten.

- **Capital Relations:** Bewertungen durch explizite Analystenmeinungen sowie **Perception Studies** (ähnlich wie Medienresonanzanalysen). Zudem werden **Bewertungsindizes** aufgestellt, die sich aus der Liste der Banken und des Kontaktnetzes ergeben;
- **Human Relations: Zufriedenheitsindizes** von Mitarbeitern und Managementebenen sowie **Attraktivitätskennziffern** von Bildungs- und Weiterbildungseinrichtungen bezüglich einer Unternehmung;
- **Customer Relations:** Kundenzufriedenheitsindizes sowie Markenbekanntheits- und Markenimagekennziffern;
- **Political Relations**: Ergebnisse aus Befragungen von Mitgliedern der relevanten **politischen Ebene** und von Mitgliedern der relevanten **Nicht-Regierungsorganisationen**;
- **Online Relations**: Nutzungsdaten der **Online-Austauschbeziehungen** sowie Anzahl der Kontakte zu vorab definierten **Communities**.

Aus diesen Überlegungen kann folgende Tabelle der Relations View und ihrer Erläuterung angeboten werden:

Relations View =	Qualitative Struktur der Relations	+ Quantitative Indizes der Relations
Media Relations	Medienstruktur	Resonanzanalysen
	Kontaktnetz	Zitationsindizes
Capital Relations / Investor Capital	Bankenstruktur	Perception Studies
	Kontaktnetz	Bewertungsindizes
Human Relations / Human Capital	Kommunikationsbez. Mgmt-Mitarbeiter	Zufriedenheitsindizes
	Beziehungen zu Bildung/Weiterbildung	Attraktivitätskennziffern
Customer Relations / Customer Capital	Kundenbeziehungen	Kundenzufriedenheitsindizes
	Markenbeziehungen	Markenbekanntheits-/ Imagekennziffern
Political Relations	Beziehungen zum politischen Sektor	Befragungen im politischen Sektor
	Beziehungen zum NGO-Sektor	Befragungen im NGO-Sektor
Online Relations	Struktur der Online-Beziehungen	Nutzungsdaten online
	Konstituenten von Communities	Kontakte zu Communities

Abb. 138: Relations View – Qualitative Struktur und quantitative Indizes (eigene Abbildung)

Diese Darstellung der qualitativen Struktur sowie der quantitativen Indizes der Relations kann mit Blick auf zwei **Interrelations** erweitert werden. Zum einen werden die Indizes aus den Bereichen Human und Customer Relations (1) als Information für die **Bewertung aller Multiplikatoren** (im Bereich Media, Capital und Political sowie Online Relations) benötigt (2), zum anderen speisen die Ziel- und Zwischenzielgruppen von Kapital- und Meinungsmarkt ihre Bewertungen auch in die Media Relations ein (3).

Insofern kommt einer Resonanzanalyse der Berichterstattung in den Medien in Kombination mit einem vorab aus den anderen Gruppen festgelegten **Zitationsindex von Third Party Endorsern** grosse Bedeutung zu, wie die Erweiterung der obigen Tabelle zeigt.

2. Aufbauorganisation des Wertorientierten Kommunikationsmanagements

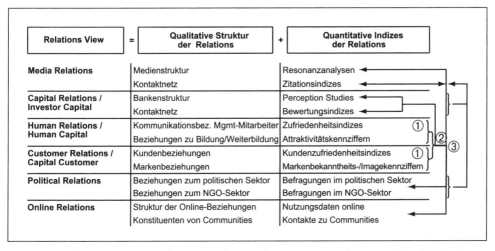

Abb. 139: Relations View – Qualitative Struktur und quantitative Indizes einschliesslich der Interrelations (eigene Abbildung)

Diese Betrachtung inklusive der Beziehungen zwischen den einzelnen Relations ist dann am ehesten mit einer unfassenden **Reputationsanalyse** gleichzusetzen, bei der die verschiedenen Indizes miteinander vernetzt analysiert werden können.[211]

Allerdings fehlt noch die Verbindung zur Capital View und damit die vorgeschlagene integrierte Betrachtung über ein ganzheitliches Indikatorenmodell, das die qualitativen und quantitativen Kennzahlensysteme für die Communications View liefert. Dazu benötigt es nunmehr zunächst den dritten Schritt:

- Im dritten Schritt findet nunmehr eine integrierte Betrachtung der Relations View und der Capital View in dem Sinne statt, dass allen Bereichen, die letztendlich Einfluss auf den **Kapitalgeber** haben, die **gesamte Breite** der Indikatoren zur Bewertung der verschiedenen Kategorien der Capital View angeboten werden. Das bezieht sich auf die im Bereich des Human Capital und des Customer Capital vorgestellten Möglichkeiten der differenzierten Analyse dieser jeweiligen Kapital-Kategorie sowie deren Auswirkungen auf die Kategorie Investor Capital:
  - Dies betrifft im Bereich des **Human Capital** insbesondere die differenzierte Betrachtung der Beschaffungs- und der Entwicklungsseite des Humankapitals unter Einbezug der Indikatoren insbesondere des **Innovation Capital** (über einen Innovationsindex) und des **Process Capital** (über die Organisations- und Standortstruktur). Schliesslich sind Patente und Ingenieursbestand sowie Neuproduktrate und F&E-Aufwand direkte Ergebnisse der Management- und Mitarbeiterstruktur sowie vor allen Dingen des entsprechenden Weiterbildungsaufwandes sowie der Zufriedenheit (ansonsten droht Abwanderung von Humankapital) im Rahmen der Edvinsson/Malone`schen »Smartness« der Organisation.
  - Im Bereich des **Customer Capital** betrifft dies die Indikatoren sowohl des Customer Capital selbst als auch der Indikatoren **Supplier Capital** (Produktqualitätsindizes)

---
211 Vgl. dazu die Ausführungen zu bestehenden Kommunikationsansätzen in B.2.2.2.

und des **Process Capital** als Teil des gesamten Produktionsprozesses (Wertschöpfungstiefe und Produktionsstruktur).
- Für den Bereich des **Investor Capital** bieten diese Kennzahlen nunmehr die Grundlage für die Kapitalmarkt- und Börsenbewertungen auf Basis der Kapital- und Aktionärsstruktur sowie für die Bilanz- und Ergebniskennzahlen im Kontext von Branchen- und Wettbewerbsstruktur vergleichen.

Diesen Zusammenhang verdeutlicht folgende Tabelle der Capital View. Alle Indikatoren der Capital View sind somit so zugeordnet, dass die direkten Ziel- und Zwischenzielgruppen in einer Austauschbeziehung vermittelt werden können.

Capital View	=	Qualitative Struktur der Capital View	+	Quantitative Indizes der Capital View
Investor Capital		Kapital-/Aktionärsstruktur		Kapitalmarkt-/Börsennotierung
		Branchen-/Wettbewerbsstruktur		Bilanz-/Ergebniskennzahlen
Human Capital		Management-/Mitarbeiterstruktur		Management-/Mitarbeiterqualität
		Organisations-/Standortstruktur		Innovationsindizes
Customer Capital		Kunden-/Markenstruktur		Produktqualitätsindizes
		Markt-/Produktionsstruktur		Markenbewertung

Abb. 140: Capital View – Qualitative Struktur und quantitative Indizes (eigene Abbildung)

- Im vierten und letzten Schritt werden nunmehr beide Tabellen zusammengefügt. Es ergibt sich das **Indikatorenmodell qualitativer und quantitativer Kennzahlen** zur ganzheitlichen Bewertung von Unternehmungen aus Interpretations- und Investitionssicht. Es ermöglicht die Ableitung von Reputationswert und Unternehmenswert, wie folgende Tabelle zusammenstellt. Auch hier sind die Interrelations (1 bis 3) angezeigt.

Diese Tabelle integriert, erstens, **qualitative Strukturdaten mit entsprechenden quantitativen Leistungsdaten**. Diese Integration verbessert die Informationsqualität der quantitativen Daten. Beispiele: Welche Medien wurden für die Resonanzanalysen herangezogen? Welche Analysten von welchen Investmentbanken bei welcher Aktionärsstruktur und in welchem Wettbewerbsumfeld haben die Unternehmung bewertet? Welche Mitarbeiter mit welcher Qualität und in welcher Organisation sind wie zufrieden? Welche Markenbewertung liegt bei welcher Marken- und Kundenstruktur mit welcher Produktqualität vor und welche Markenbekanntheit ergibt sich? Welche Befragungsergebnisse im politischen und NGO-Sektor ergibt sich auf Basis welchen Beziehungsnetzes? Und welche Struktur der Online-Beziehungen einer Unternehmung liegt überhaupt vor, für die Nutzungsdaten vorgestellt werden? Eine solche Analyse von Struktur- und Leistungsdaten kann nur vorgenommen werden, wenn beide Views miteinander verbunden werden.

Diese Tabelle ermöglicht, zweitens, die **Struktur- und Leistungsdaten der Input- und der Outputfaktoren** bezüglich ihrer **Capital-View** als auch ihrer **Relations-View** mitein-

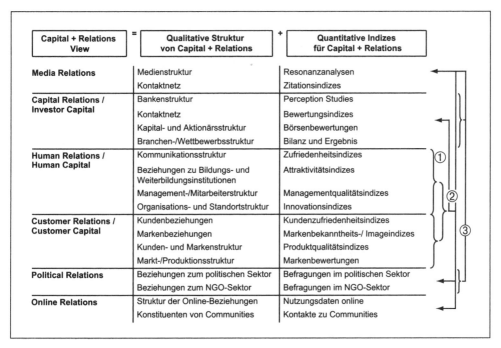

Abb. 141: Indikatorenmodell: Capital und Relations View – Qualitative Struktur und quantitative Indizes (eigene Abbildung)

ander in Beziehung zu setzen. Das verdeutlicht die Klammerstruktur in der obigen Tabelle auf der rechten Seite: Investor Capital/Capital Relations und Human Capital/Human Relations sowie Customer Capital/Customer Relations können in qualitativen und quantitativen Zusammenhang der Input- und Outputfaktoren gestellt werden (Klammerstruktur 1). Beispiele: **Über welche qualitativen und quantitativen Struktur- und Leistungsdaten bewerten die individuellen und instrumentellen Bankenkontakte (Analysten und Investmentbanken) das Human Capital einer Unternehmung?** Wie ist aus Sicht eines Analysten der Kundenzufriedenheitsindex zu beurteilen? Mit Hilfe der vorliegenden Tabelle kann dieser Index nun auf Basis der Kunden-, Marken-, Markt- und Produktionsstruktur einschließlich der Markenbekanntheit, der Produktqualität und der Markenbewertungen beurteilt werden. Eine solche integrierte Analyse ist systematisch wesentlich effizienter zu gestalten, wenn man ein Raster hat, wie es durch diese Tabelle angeboten wird. Das gilt auch für die Verbindung der Kategorien Human und Customer Capital und Relations mit den anderen Kommunikationskategorien Media und Political sowie Online Relations, wie sie die Klammerstruktur (2) andeutet.

Diese Tabelle erlaubt, drittens, die **Zitationsanalyse** in den Medien auf Basis der **qualitativen Strukturanalyse** der **Stakeholder** zudem der **Resonanzanalyse** auf Basis dieser qualitativen Zitationsanalyse und der quantitativen Leistungsdaten vorzunehmen, wie sie die Klammerstruktur (3) verdeutlicht. Beispiele: Welcher Analyst wird in den Medien zitiert und wie ist seine Bedeutung einzuschätzen (»reine« Zitationsanalyse)? Welcher NGO-Vertreter äussert sich wie über eine Unternehmung (Zitations- und Resonanzanalyse)?

Mit Hilfe dieser tabellarischen Zusammenstellungen wurde ein ganzheitliches Indikatorenmodell der qualitativen und quantitativen Kennzahlensysteme für die Communications View entwickelt. Damit kann das Wertorienierte Kommunikationsmanagement inhaltlich wie organisatorisch gestaltet und entwickelt werden. Dieses Indikatorenmodell heisst **Wertorientiertes Kommunikationsindikatorenmodell**.

Grundsätzlich bietet dieses Indikatorenmodell eine Systematik an, die eine ganzheitlich integrierte Analyse des Reputationswertes als Interpretationssicht des Unternehmenswertes ermöglicht. Dazu werden als Indikatoren alle Kapital-Kategorien auf Basis ihrer Stakeholder Relations genutzt, und zwar einschliesslich des Finanzkapitals über das Investor Capital beziehungsweise die Capital Relations. Das Modell dient der umfassenden Communications Due Diligence im Rahmen des Communications Controlling nach Kapitel C.2.4., insbesondere für den Kontroll-Aspekt der im Rahmen von Planung, Steuerung und Kontrolle unternehmerischen Geschehens.

Das hier vorgestellte **Wertorientierte Kommunikationsindikatorenmodell** basiert auf dem Indikatorenmodell des Arbeitskreises »Immaterielle Werte im Rechnungswesen« und erfüllt seine Berichtsgrundsätze. Denn: Für dieses Ausgangsmodell wurde im Rahmen seiner Berichtsgrundsätze für das Intellectual Capital Statement unter anderem vorgeschlagen, dass die Bereitstellung von Information, nicht aber die Interpretation dieser Information im Vordergrund steht. Immaterielle Werte sollen dabei unabhängig von ihrer Aktivierbarkeit erläutert und ein Bezug zur Bilanz hergestellt werden. Diese Berichterstattung soll klar strukturiert sein. Zusätzlich soll im Rahmen des Intellectual Capital Statement auch die generelle Strategie bezüglich des Managements immaterieller Werte als Einführung sowie eine Bewertung der immateriellen Werte als Zusammenfassung formuliert werden.[212]

Diese Bedingungen sind auch für das Wertorientierte Kommunikationsindikatorenmodell erfüllt (Information, Bezug zur Bilanz, Strukturierung sowie Strategie und Bewertung der immateriellen Werte), wie die Beispiele insbesondere bei den Schritten eins und zwei verdeutlichen. Zusätzlich hat dieses erweiterte Modell aber auch die Aufgabe, die **Stakeholder Relations** darzustellen, die für die Interpretation der immateriellen Werte benötigt werden, sowie die **Communications Relations** aufzuzeigen, die für die eigentliche Austauschbeziehung mit den Ziel- und Zwischenzielgruppen notwendig sind.

Im folgenden Kapitel C.2.3. geht es nun darum, wie nach dem Relationship Management nun das Content Management im Sinne ganzer Communications Programs gestaltet sein muss.

2.3. Communications Programs

> Das Kapitel über Communications Programs befasst sich mit Kommunikationsprogrammen, die eine Unternehmung im Rahmen ihrer Stakeholder Relations gestalten und entwickeln kann. Ziel ist es, die Strukturen grundlegender Communications Programs aufzuzeigen sowie die Verbindungen zu den Communications Relations herzustellen. So liegt dann eine umfassende Struktur der Beziehungen und Programme für das abschliessende Communications Controlling (C.2.4.) vor.

---

212 Vgl. dazu Unterkapitel B.3.2.1.

2. Aufbauorganisation des Wertorientierten Kommunikationsmanagements

> Die Strukturierung der Communications Programs kann über zwei Ansätze vorgenommen werden. Zum einen kann die Unternehmung als Ganzes über einen Positionierungsansatz dargestellt werden, der unter Corporate Branding zusammengefasst wird (C.2.3.1.). Zum anderen kann die Unternehmung über einen Kontextualisierungsansatz für spezifische Unternehmensthemen vermittelt werden, den man unter Corporate Campaigning zusammenfassen kann (C.2.3.2.).

Bei der Beschreibung der Communications Relations im vorherigen Kapitel stand das Relationship Management im Vordergrund der Analyse. Nunmehr ist es das Content Management im Sinne der **Strukturierung der Kommunikationsprogramme.** Dabei ergeben sich die Inhalte wiederum aus den Interaktionsthemen von Governance, Reputation und Reporting, die an dieser Stelle in entsprechenden Kommunikationsprogrammen eingesetzt werden.

Der **Corporate-Branding**-Ansatz korrespondiert im Wesentlichen mit den im Abschnitt B vorgestellten Überlegungen zum **Corporate Reporting**, da es sich bei der Genese dieser Markenführung auf Unternehmensebene insbesondere um eine an den Bedürfnissen des Kapitalmarktes ausgerichteten Entwicklung handelt.

Demgegenüber basiert der Ansatz des **Corporate Campaigning** eher auf den Ausführungen zur **Corporate Reputation**. Beide Ansätze sind jedoch gemeinsam und im übergeordneten Zusammenhang mit Corporate Governance zu betrachten.[213]

2.3.1. Corporate Branding

> Der Positionierungs- oder Brandingansatz stellt eine Unternehmung als Ganzes gegenüber ihren Stakeholdern dar. Corporate Branding kann dabei einerseits hinsichtlich seiner Einzelaspekte strukturiert werden (C.2.3.1.1.) und andererseits gemäss seiner speziellen Ausrichtung auf die Wertorientierung des unternehmerischen Handelns (C.2.3.1.2.).

Im Editorial zur Sonderausgabe über Corporate Branding schreiben Tomczak et al., dass das Gebiet der strategischen Markenführung durch Trends und Entwicklung in Unternehmungen und deren Umfeld neue Brisanz erhält. Vor diesem Hintergrund gewinnt aus ihrer Sicht das **Corporate Branding** zunehmend an Bedeutung, dessen Zielgruppen alle Anspruchsgruppen einer Unternehmung sind: von den Kunden über die Anteilseigner bis hin zu den Mitarbeitern (Tomczak et al. 2001, S.1). Die Breite der Anspruchsgruppen macht dabei die Interdisziplinarität der Thematik deutlich.

Die Autoren halten nunmehr gemeinsam mit Brockdorf/Einwiller das Corporate Branding für die zukunftsweisende Aufgabe zwischen Marketing, Unternehmenskommunikation und strategischem Management: »Marken stellen einen der wichtigsten Vermögenswerte von Unternehmen dar. (...) Aber ist der Nutzen, der durch Marken gestiftet wird, für das Unternehmen als Ganzes nicht ebenso wichtig? Muss einem Unternehmen als Institution nicht

---

[213] Vgl. dazu B.1.1. über die kommunikative Dimension der Inhalte sowie B.4. über den ersten Teil der Communications View.

genauso Vertrauen und Zuverlässigkeit attributiert werden? Wollen Unternehmen nicht auch für ein bestimmtes Lebensgefühl, eine Kultur stehen?« (ebenda, S. 2).

Diese Beschreibung verdeutlicht, dass Corporate Branding nicht mit Marketing gleichgesetzt werden kann. Es geht um eine Kommunikationsanforderung »zwischen« den oben genannten Unternehmensbereichen. Corporate Branding hat strategische Aspekte im Sinne der Verbindung von Unternehmensstrategie und Unternehmensmarke, Marketing-Aspekte im Sinne der bezahlten Kommunikationsinstrumente und Aspekte der Unternehmenskommunikation im Sinne der medialen und Kapitalmarkt-orientierten Unternehmenskommunikation.

Auch Unternehmungen brauchen aus Sicht von Tomczak et al. eine starke Marke, um einerseits in den Augen der Kunden, der aktuellen und potentiellen Mitarbeiter, der Aktionäre und der gesamten Öffentlichkeit sowie andererseits gegenüber dem Wettbewerb eine dauerhaft erfolgreiche Position einzunehmen. Gerade weil über die **Unternehmensmarke** diese Breite an Inhalten und Instrumenten angesprochen wird, erkennen die Autoren im strategischen Corporate Branding deshalb zunächst die Integration aller am Kommunikationsprozess beteiligten Funktionsbereiche. Für sie geht das Corporate Branding dabei über herkömmliche Konzepte des Corporate Image oder der Corporate Identity hinaus (ebenda, S. 3f.).

Deshalb ist es sinnvoll, zunächst die Struktur dieses Kommunikationsprozesses zu analysieren und dabei auch die Ergebnisse der Struktur der Communications Relations mit einzubeziehen. Gerade letzteres wird in der Regel vernachlässigt, womit der gesamten Organisationsebene des Unternehmenskommunikation die Ganzheitlichkeit fehlt, die in der hier vorgestellten Organisation des Wertorientierten Kommunikationsmanagements zum Ausdruck kommt.

2.3.1.1. Struktur des Corporate Branding

Bei der Abgrenzung der Begriffe Reporting und Reputation in Unterkapitel B.2.2.1. war zunächst das Corporate Reporting als Sichtweise beschrieben worden, die nicht nur eine kapitalmarktfokussierte Kommunikation im Sinne des Value Reporting, sondern auch die gesamte Ausrichtung der Rechnungslegung für alle Kommunikationsmärkte umfasst. Damit ist die ganzheitliche Darstellung angesprochen, die nunmehr über ein entsprechendes ganzheitlich ausgerichtetes Kommunikationsprogramm vermittelt werden muss.

Wenn man Branding-Ansätze organisatorisch verorten will, muss man sich zunächst mit der Brand, der Marke selbst auseinandersetzen. Gregory beschreibt eine **Brand.** zunächst als Summe menschlicher Erfahrungen, Wahrnehmungen und Gefühle über eine Sache, ein Produkt oder eine Organisation. Corporate Branding ist sodann die »Markenführung« auf Gesamtunternehmensebene (Gregory 1997, S. 7 ff.). Branding ist somit auch kein Marketing, sondern allenfalls im Sinne eines Corporate Marketing als das Marketing der Unternehmung zu verstehen.[214] Die Unterschiede und Gemeinsamkeiten zwischen Corporate und Product sowie Marketing, Brand und Branding verdeutlicht die folgende Abbildung:

---

214 Der Begriff Corporate Marketing wird oftmals synonym mit Corporate Branding verwendet und beschreibt dann die strategische Markenführung auf Unternehmensebene. Um Verwechslungen zu vermeiden, wird in dieser Arbeit ausschliesslich der Terminus Corporate Branding genutzt, um sogleich die Abgrenzung von Marketing-Aktivitäten zu verdeutlichen. Vgl. dazu auch Unterkapitel B.2.2.1.

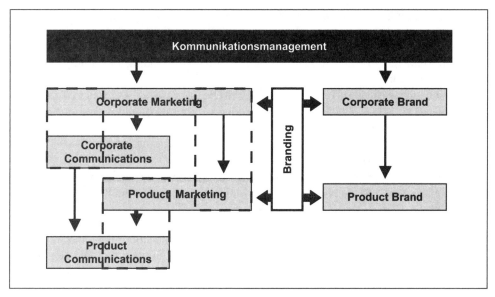

Abb. 142: Zusammenhang von Marketing und Branding (in Anlehnung an Will 2000b)

Esch/Bräutigam setzen sich mit der Frage »**Corporate Brands versus Product Brands**« auseinander. Ihrer Meinung nach bedarf es einer systematischen Prüfung von Markenarchitekturen als Herausforderung für Unternehmungen (Esch/Bräutigam 2001, S.27 ff.). Dazu gibt es zwei Ansätze:

Zum einen kann die **Wahrnehmung komplexer Markenarchitekturen** analysiert und dann vermittelt werden. Es stellt sich die Frage, welche Bedeutung eine Unternehmensmarke für Produktmarken haben kann und umgekehrt. Welche Faktoren beeinflussen dabei die Wahrnehmung der Unternehmensmarke?

Auf der anderen Seite kann aus Sicht von Esch/Bräutigam die Wirkung von komplexen Markenarchitekturen bis hin zur Unternehmensmarke auch über das **Kaufverhalten von Konsumenten** geprüft werden. Dabei stellt sich die Frage, ob eine Unternehmensmarke, sofern sie überhaupt wahrgenommen wird, tatsächlich zur Unterstützung der Produktmarke beiträgt.

Zur Analyse empfehlen sie deshalb, zwischen Markenarchitekturtypen (Unternehmensmarke dominiert, Mixed-Dominanz, Produktmarke dominiert) und dem mehr auf den Brandingprozess abstellenden Spektrum der Markenarchitekturen im Sinne eines Brand Relationships zu unterscheiden. Das bedeutet an dieser Stelle, dass Markenarchitekturen und Kundenstrukturen die Voraussetzung für die systematische Analyse der Corporate Brand sind, wie bereits in Unterkapitel C.2.2.3.2.1. und C.2.2.3.2.2. dargelegt wurde. Diese Voraussetzung muss nunmehr in das ganzheitliche Kommunikationsprogramm einbezogen werden.

Unter **Corporate Branding** wird also ein Ansatz subsumiert, der eine kohärente Wahrnehmung einer gesamten Unternehmung gegenüber den Stakeholdern umfasst. Van Riel definiert Corporate Branding deshalb auch als »a systematically planned and implemented process of creating and maintaining a favourable reputation of the company with its constituent elements, by sending signals to stakeholders using the corporate brand« (van Riel 2001, S. 12). Auch hier zeigt sich erneut, dass die Termini Reputation und Reporting gemeinsam betrachtet werden müssen, was auch für das Branding und Campaigning in diesem Kapitel gilt.

Wie sieht die Struktur nun aus? Auf die rhetorische Frage »What is Corporate Branding?« schreibt Gregory, wie er den Terminus verwendet: »Corporate branding is at once a more inclusive and more focussed concept than either corporate identity or corporate image. At its heart it is purposeful, marketing-orientated communications platform across all business units, product and service brands, media and audiences. Its approach is holistic (more than just a sum of parts) rather than monolithic (rigidly uniform): a carefully considered integrated strategy that sets standards and policies for shaping the corporate brand« (Gregory 1997, S. 9).

Diese umfassende Beschreibung von Corporate Branding wird in folgender Darstellung zusammengefasst. Gregory listet alle im Kapitel über Communications Relations aufgeführten Beziehungen auf – teilweise unter anderem Label – und nimmt zusätzlich den Bereich der (bezahlten) Marktkommunikation hinzu.

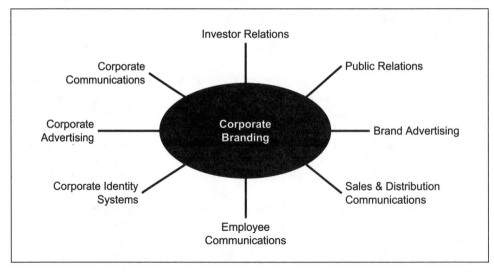

Abb. 143: The scope of Corporate Branding (Gregory 1997, S. 52)

Alle hier benannten Kommunikationsbereiche sind auf die Gesamtpositionierung der Unternehmung ausgerichtet; denn aus Perspektive des Corporate Branding geht es beispielsweise auch um die unternehmensbezogenen Aspekte von Sales & Distribution, wie dies auch in der vorherigen Darstellung über die Verbindung von Corporate und Product-Ebenen aufgezeigt wurde.

Mit der oben genannten rhetorischen Frage haben sich auch Einwiller/Will auseinandergesetzt. Ihre empirische Untersuchung von elf weltweiten Unternehmungen aus fünf verschiedenen Industriegruppen hat sich neben der Bedeutung von **Corporate Branding**

2. Aufbauorganisation des Wertorientierten Kommunikationsmanagements

auch mit der Frage des Managements einer Corporate Brand und den Plattformen für das Branding auseinandergesetzt.

Die Bedeutung für eine teilweise auch mit Unternehmensvermarktung oder Unternehmenspositionierung umschriebenen Übersetzung von Corporate Branding ergibt sich demnach vor allen Dingen aus fünf Gründen: der steigenden **Bedeutung des Kapitalmarktes**, der steigenden **Bedeutung des Führungskräftemarktes**, der steigenden Bedeutung einer besseren **Koordination für die Stakeholder**, einer steigenden **Bedeutung der kommunikativen Wettbewerbsfähigkeit** sowie letztendlich der steigenden **Bedeutung nach mehr Transparenz**.

Die Untersuchung beschäftigte sich insbesondere mit der Frage des **Managements von Corporate Branding**. Hier zeigen die Ergebnisse, dass die entsprechenden Kommunikationsplattformen zu einem Grossteil ausserhalb des werblichen Bereichs der Unternehmungen anzusiedeln sind. Dabei übernehmen die Media Relations die Rolle der externen Kommunikation, während die Employee Communications die Rolle der internen Kommunikation übernehmen. Als wesentliches Instrument werden dabei das Intranet und das Internet eingestuft, die bei den Kommunikationsbeziehungen aus eigenständige Zwitterform der Online Relations verortet wurden. Allerdings werden auch die anderen von Gregory benannten Kommunikationsbereiche aufgeführt, wie folgende Tabelle wiedergibt.

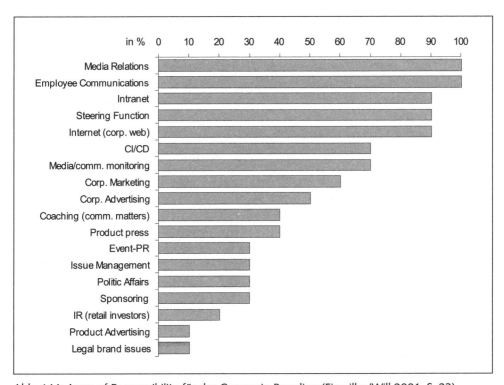

Abb. 144: Areas of Responsibility für das Corporate Branding (Einwiller/Will 2001, S. 23)

Wie sollte nun auf Basis dieser Überlegungen die grundlegende Struktur des Corporate Branding im Rahmen des Wertorientierten Kommunikationsmanagements aussehen? Die Analyse von Einwiller/Will basiert auf den Branding-Ansätzen von Gregory beziehungsweise van Riel. Die oben genannten Verantwortungsbereiche lassen sich in eine Struktur für das Corporate Branding einfügen, das letztlich Inhalte und Instrumente für den gesamten Positionierungsprozess berücksichtigt.

Ein Teil der dort genannten Verantwortungsbereiche gehört in den Bereich des Relationship Management der Communications Relations (Media Relations, Employee Communications, Intranet, Internet, Political Affairs, Investor Relations). Dieser Bereich umfasst im Wesentlichen den so genannten nicht bezahlten Kommunikationsbereich mit/und über Medien sowie andere Multiplikatoren (im Sinne von Zwischenzielgruppen) des Kommunikationsprozesses.

Darüber hinaus gehören die Verantwortungsbereiche Corporate Image/Corporate Design, Corporate Marketing, Corporate Advertising, Product Press, Event-PR, Sponsoring und Product Advertising) in den Bereich der hier zu analysierenden Communications Programs. Dabei handelt es sich im Wesentlichen um die so genannte bezahlte werbliche Kommunikation sowie über die bezahlte Kommunikation mittels Konferenzen, Sponsorings und anderer Kommunikationsplattformen.

Letztendlich bleiben die Bereiche des Communications Controlling (Media und Communication Monitoring, Issue Management) sowie die Bereiche der koordinierenden Funktionen des Kommunikationsmanagements (einschliesslich persönlicher Coachings).

Das bedeutet wiederum, dass die Bereiche des Corporate Branding sich im Wesentlichen in ein Relationship Management insbesondere über die Zwischenzielgruppen im Sinne der Netzwerke der verschiedenen Stakeholder Relations ergeben (einschliesslich der Media Relations und ihrer herausragenden Bedeutung) sowie über die Bereiche, mit denen die fünf wesentlichen genannten Inhalte des Corporate Branding über werbliche und andere bezahlte Kommunikationsplattformen vermittelt werden können.

Entscheidend ist dabei allerdings, dass das Relationship Management einerseits und das Content Management andererseits für die **Struktur des Corporate Branding** gemeinsam herangezogen werden, um sodann im Value Management des Communications Controlling kontrolliert zu werden. Diesen Zusammenhang zeigt folgende Abbildung, bei der die Inhalte für das Corporate Branding über die Bereiche des Corporate Branding an die verschiedenen wichtigen Zielgruppen des Corporate Branding herangetragen werden müssen.

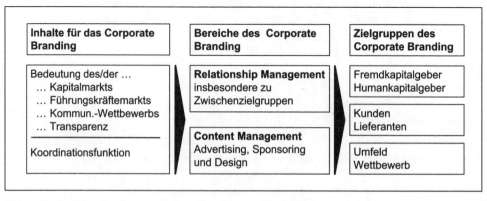

Abb. 145: Struktur des Corporate Branding (eigene Abbildung)

Aus der obigen Darstellung ergibt sich, dass für die Organisationsebene des Wertorientierten Kommunikationsmanagements die Bereiche der Corporate Advertising, des Corporate Sponsoring und des Corporate Designs für die gesamtunternehmensbezogene Positionierung herangezogen werden müssen. An dieser Stelle wird dann auch offensichtlich, dass die Gestaltung und Entwicklung von Corporate Advertising, Corporate Sponsoring und sogar auch von Corporate Design abhängig ist von der Kunden- und Markenstruktur einer Unternehmung, aber auch von der Wahrnehmung anderer Stakeholder, wie dies beides von Esch/Bräutigam als Zukunftsstrategien herausgearbeitet worden ist.

2.3.2.2. Wertorientierung des Corporate Branding

Diese thematische Bedeutung des Corporate Branding bezieht sich auf alle Anspruchsgruppen einer Unternehmung, allerdings ergibt die Studie von Einwiller/Will einen unterschiedlichen Grad der Bedeutung, wie folgende Tabelle zeigt.

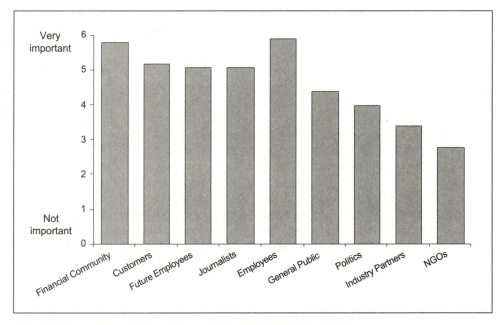

Abb. 146: Importance of Target Groups (Einwiller/Will 2001, S. 17)

Corporate Branding hat insbesondere mit Blickrichtung auf den Kapitalmarkt, die Financial Community, eine sehr hohe Bedeutung. Mit dieser herausragenden Bedeutung der Finanzkommunikation für die Entwicklung und Gestaltung der Unternehmensmarke beschäftigen sich auch Will/Wolters (Will/Wolters 2001, S. 42 ff.). Auf Basis der oben dargestellten allgemeinen Struktur des Corporate Branding erarbeiten sie das **Value Branding** als Verknüpfung des Value Reporting und des Corporate Branding.

Eine starke Unternehmensmarke gibt gegenüber dem Kapitalmarkt auch das Signal einer First Choice, da Gewinnerwartungen der Analysten nicht nur durch finanzielle Grössen erklärt werden, sondern vor allen Dingen auch durch die nicht-finanziellen Komponenten.

Dies wiederum bedeutet, dass die gesamte Unternehmung auch gegenüber dem Kapitalmarkt vermittelt werden muss, um in ihrer Positionierung als Unternehmung den eigentlich auf finanzielle Daten ausgerichteten Analysten zusätzliche First-Choice-Argumente an die Hand zu geben.

Diesen Sachverhalt stützt auch Ernst, der aus der Erfahrung eines Finanzvorstandes (von Deutsche Post World Net) auf die Frage, wie solche immateriellen Werte kommuniziert werden können, antwortet: »Natürlich will der Kapitalmarkt zunächst wissen, ob eine Akquisition in die Strategie passt und welche finanziellen Ziele damit verbunden sind. Aber es interessiert auch die Frage, ob denn das neue Management zusammenpasst (...). Die Investoren wollen wissen, wie wir zusammenarbeiten – bis hin zu Führungskräfte-Tagungen. Managementqualität oder »Soft Skills« interessieren aber auch deshalb, weil ohne ein funktionierendes Management letztendlich die Fundamentalzahlen nicht stimmen würden« (Ernst 2005, S. 7).

Es geht somit beim Value Branding nicht darum, den Wert der Unternehmung als solchen darzustellen, sondern vielmehr die gesamte Unternehmung auch gegenüber dem speziellen Kapitalmarkt über Corporate-Branding-Ansätze zu vermitteln, damit am Ende zusätzliche Argumente für die First-Choice-Argumentation vorliegen.

Der andere herausragende Bereich aus der Analyse von Einwiller/Will sind die **Employee Communications**. Mit der Bedeutung der internen Kommunikation im Kontext des Corporate Branding hat sich Hubbard auseinandergesetzt. Für sie ist das Markenmanagement auf der Ebene der Mitarbeiter mit einem wirkungsbezogenen Ansatz durchzuführen, bei dem die internen Einsatzfelder in Bezug auf die Personalführung mit ihrer Attraktivität als Arbeitgeber, Mitarbeiter- und Managementsteuerung sowie als Basis für interne Anreizsysteme gesehen wird (Hubbard 2004, S. 159 ff.).

Damit beschreibt sie unter anderem auch jene Verbindung zwischen den Kategorien von Humankapital, Investor Capital und Customer Capital, wie sie bereits in den Kapiteln über die Communications Relations herausgestellt worden sind. Die Bedeutung des Corporate Branding in der internen Kommunikation geht somit über eine Analyse des Markenmanagements im Sinne von Ressourcenallokationen und Markenstrategie sowie deren Budgetierung auf der Produktebene im Umgang mit den Mitarbeitern hinaus.

Im Prinzip ist die interne Zielgruppe der Mitarbeiter bei der Strukturierung des Corporate Branding genauso zu behandeln wie alle externen Stakeholder. Allerdings ist darauf Rücksicht zu nehmen, dass Mitarbeiter und Management zum einen in die Organisation und die Prozesse der Unternehmung eingebunden sind (im Sinne von Process Capital sowie Smartness der Mitarbeiter) und zum anderen eine besondere Erfahrung im Umgang mit Kunden haben.

Corporate Branding hat eine besondere Rolle für die Positionierung einer ganzen Unternehmung und dabei insbesondere eine herausragende Funktion für beide Kapitaleinsatzbereiche – Financial und Human Capital. Nimmt man die Verbindungen hinzu, die zur Erläuterung solcher Kapital-Kategorien im Rahmen der Communications Relations aufgezeigt werden konnten, so wird die Integration aller im Rahmen der Organisationsebene des Wertorientierten Kommunikationsmanagements deutlich.

2.3.2. Corporate Campaigning

> Der Kontextualisierungs- oder Campaigning-Ansatz stellt derweil spezifische Unternehmensthemen in den Vordergrund. Auch hier gibt es aus kommunikativer Perspektive zwei unterschiedliche Ausrichtungen: Zum einen den Sustainable Development-Ansatz, der eher eine Inside-Out-Communications-View hat (C.2.3.2.1.); zum anderen den Responsible Citizenship-Ansatz, der eher eine Outside-In-Commnunications-View einnimmt (C.2.3.2.2.).

Zühlsdorfs gesellschaftsorientierte Public Relations operiert mit dem Begriff **Public Campaigning**, analysiert die Unternehmenstätigkeit im Fokus der Öffentlichkeit und konstatiert zunehmende komplexe gesellschaftliche Beziehungen und gesellschaftliche Wert- und Interessenkonflikte des unternehmerischen Handelns. In diesem Spannungsfeld definiert Zühlsdorf Public Relations als die organisationsinterne Schnittstelle zwischen der Unternehmung und der in Bezug auf diese Zielkonflikte kritischen Öffentlichkeit (Zühlsdorf 2002, S. 139ff.)

Dabei konstatiert sie mit Bezug auf die bestehenden PR-Konzepte deutliche Umsetzungsdefizite bei der Gestaltung und Entwicklung dieser Zielkonflikte (ebenda, S. 198). Deshalb entwickelt Zühlsdorf ihr strukturationstheoretisches Modell des Public Campaigning, welches sie letztendlich in einer Einflussnahme auf gesellschaftliche Definitionsprozesse ausgerichtet sehen möchte, wie folgende Abbildung verdeutlicht.

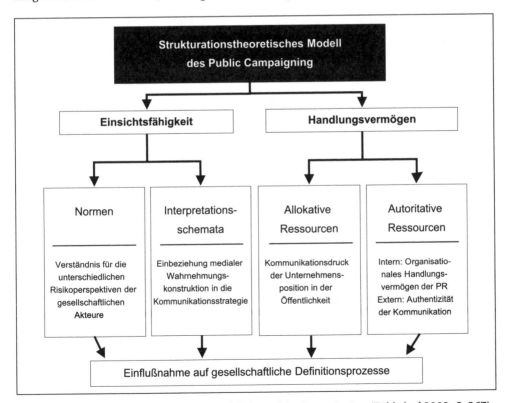

Abb. 147: Strukturationstheoretisches Modell des Public Campaigning (Zühlsdorf 2002, S. 267)

In diesem Unterkapitel wird nunmehr von Corporate Campaigning gesprochen, um den auch Zühlsdorf attestierten notwendigen **Kontextualisierungsansatz** im Rahmen der gesamtunternehmensbezogenen kommunikativen Darstellung spezifizieren zu können. Der linke Teil ihrer Abbildung über die Einsichtsfähigkeit ist in dieser Arbeit über die Inhaltsebene in Abschnitt B behandelt.

An dieser Stelle geht es vornehmlich um die rechte Seite ihrer Abbildung und mithin um das Handlungsvermögen – um die Ressourcen zur **Kontextualisierung konfliktärer gesellschaftlicher Zielbündel**, wie sie Zühlsdorf insbesondere mit Blick auf die Arbeiten von Ulrich (1998) sowie Dyllick (1984, 1990) ausgeführt hat.

Eine Einflussnahme auf gesellschaftliche Definitionsprozesse kann zum einen aus der **Nachhaltigkeit unternehmerischen Handelns** und damit einer Bestandes- und Weiterentwicklungsdiskussion der Unternehmung als Teil der Legitimation gegenüber Anspruchsgruppen verstanden werden. Diese Nachhaltigkeitsperspektive bezieht sich dann auf eine **Inside-Out-Perspektive** im Sinne: Was tut eine Unternehmung, um nachhaltig am gesellschaftlichen (und nicht nur ökologischen) Diskurs teilzunehmen, um ihre Daseinsberechtigung zu legitimieren?

Die andere Perspektive einer Einflussnahme auf gesellschaftliche Definitionsprozesse ist genau umgekehrt: Als Good Corporate Citizen versteht sich eine Unternehmung dann, wenn sie **konfliktäre Zielbündel des gesellschaftlichen Diskurses** aufnimmt und ihren Teil zur Verbesserung beziehungsweise Lösung solcher Konflikte beiträgt. Die **Outside-In-Perspektive** fragt: Welches sind die Themen im gesellschaftlichen Diskurs, zu deren Lösung das Unternehmen einen Beitrag ausserhalb ihres engeren unternehmerischen Handelns leisten kann?

So gesehen sind **Sustainability-Themen** aus kommunikationsstrategischer Betrachtung **unternehmensbezogene Fragestellungen**, während **Citizen-bezogene Themen** solche sind, die **gesellschaftsbezogen** sind. Selbstverständlich greifen diese beiden Untergruppierungen der Corporate Campaigning-Ansätze ineinander, doch ist für die Struktur der Kontextualisierungs-Ansätze im Rahmen von Kommunikationsprogrammen wichtig, ob es sich um ein Thema der Unternehmung für die Gesellschaft (Sustainability) oder um ein gesellschaftliches Thema mit Bezug für die Unternehmung (Citizenship) handelt.

2.3.2.1. Sustainable Development-Ansatz

Ähnlich wie bei den Branding-Konzepten geht es an dieser Stelle nicht um eine Diskussion des Für und Wider der verschiedenen Sustainability-Ansätze, sondern ausschliesslich um die Frage der Einbindung solcher Konzepte in das gesamte Wertorientierte Kommunikationsmanagement.

Dyllick/Hockerts stellen in »Beyond the Business Case vor Corporate Sustainability« zunächst einmal fest, dass bei diesem Konzept im Rahmen der Managementlehre die Ansprüche aller direkten und indirekten Stakeholder einer Unternehmung berücksichtigt werden müssen. Sie zählen dazu Aktionäre, Mitarbeiter, Kunden, Interessengruppen und weitere Communities. Bei der Berücksichtigung solcher Ansprüche dürfte zudem nicht die Möglichkeit ausser Acht gelassen werden, auch die Ansprüche zukünftiger Stakeholder erfüllen zu können. (Dyllick/Hockerts 2002, S. 131).

Auf Basis dieser Überlegungen fordern sie eine breitere Interpretation des Capital-Konzeptes als dies normalerweise von Ökonomen wie Ökologen vorgenommen wird. Insbesondere im Kontext des dort beschriebenen **Economic Capital** wird die Verbindung zum hier vorgestellten Ansatz deutlich, denn für die Autoren bedarf eine ökonomische Nachhaltigkeit des Managements nicht nur des Financial Capital, sondern eben auch des **Intangible Capital**, welches in dieser Arbeit durch den Terminus Intellectual Capital beschrieben ist (ebenda, S.133). Noch offensichtlicher wird die Verbindung dieses Konzeptes mit dem hier vorgestellten Ansatz der Interpretation unternehmerischen Handelns, wenn Dyllick/ Hockerts die Kategorie des **Social Capital** in ihre Überlegungen einbeziehen. In diesem Kontext beschreiben Dyllick/Hockerts Nachhaltigkeit dadurch, dass Unternehmungen das **Sozialkapital** in einer Art und Weise managen, dass Anspruchsgruppen die Motivationen der Unternehmung verstehen und im weitesten Sinne mit dem Wertesystem der Unternehmung einverstanden sind (ebenda, S.133 f.).

Dies kann aus Sicht des hier vorgestellten Ansatzes im Prinzip nur über eine Austauschbeziehung mit den Stakeholdern erreicht werden, bei der Ziele, Zielkonflikte und unterschiedliche Positionen über Feedbackprozesse gestaltet und entwickelt werden, um eine solche grundlegende Übereinstimmung insbesondere in Bezug auf das von ihnen dort subsumierte Human Capital zu erreichen. Dies ist mit Blick auf die Problematik wichtig, dass in der Realität unterschiedliche Typen von Kapital nicht vollständig substituiert werden können, wie die Autoren an folgendem Beispiel herausstellen:

»Although, it is possible to substitute the effect of motivation and loyalty of stakeholders through economic incentives there exist limits to such an approach. When Stakeholder contempt and disaffection reach a certain level firms can not undo by simply offering higher value or other financial benefits. In fact by stipulating the existence of valuable firm capabilities that cannot be imitated or substituted by others the resource-based view of the firm (Barney, 1991) implicitly recognizes that certain kinds of social capital cannot be easily substituted« (ebenda, S. 135).

Nicht zuletzt aus diesem Grund fordern Dyllick/Hockerts auch, dass es einen systematischen Rahmen für eine Betrachtung der Sozio-Effizienz und der Sozio-Effektivität geben müsse, um die Nachhaltigkeit auch im Kontext des Sozialkapitals analysieren zu können (ebenda, S. 139).

Die vorliegende Strukturierung der Sustainability-Ansätze im Rahmen von Communications Programs und in Verbindung mit Communications Relations eröffnen sowohl eine inhaltliche als auch eine organisatorische Verortung und Systematisierung im Rahmen eines Managementkonzeptes.

2.3.2.2. Corporate Citizenship-Ansatz

Habisch hat eine Analyse des gesellschaftlichen Engagements von Unternehmungen in Deutschland unter dem Titel »Corporate Citizenship« vorgelegt. Die Evolution des aus dem Angelsächsischen stammenden Terminus Corporate Citizenship führt er auf die **Notwendigkeit eines unternehmerischen Bürgerengagements** aufgrund der Krise öffentlicher Haushalte zurück, da die Wirtschaft als handlungsfähiger Akteur im öffentlichen Raum gesehen wird (Habisch 2003, S. 42 ff.).

Es geht also nicht um die unternehmerische Perspektive, sondern eben um die **gesellschaftliche Perspektive**, zu der Unternehmungen ihren Beitrag leisten sollen. Die Unterstützung wird laut Habisch für die Weiterführung eines funktionsfähigen Institutionensystems in der Rechtsfindung und -durchsetzung, des Steuer- und Abgabenwesens, der Bildung und Kultur, der Kommunikationswege mit öffentlichen Einrichtungen, des öffentlichen Lebens etc. gesehen (ebenda, S. 51 f.). Dabei stellt er sogleich heraus, dass dieses Corporate Citizenship eine enge Verbindung zur Öffentlichkeitsarbeit hat.

Habisch stellt allerdings auch fest, dass Corporate Citizenship nicht von den PR-Aktivitäten vereinnahmt werden darf. Durch diesen Hinweis wird allerdings bereits deutlich, dass gerade bürgerliches Engagement eine hervorragende kommunikative Möglichkeit bietet, über entsprechende Kommunikationsprogramme auch das bürgerliche Engagement von Unternehmungen im Sinne der Outside-In-Perspektive darzustellen. Habisch hat jedoch recht, dass die eigentliche Bedeutung des Corporate Citizenship im **Engagement von Unternehmungen für ihre Gesellschaft** liegt und nicht per se im Reputationsgewinn für die Unternehmung.

Dennoch darf aus Sicht der hier vertretenen Sichtweise ein »gutes bürgerliches Engagement« von Unternehmungen zweifelsohne auch genutzt werden, um die Unternehmung als Good Corporate Citizen darzustellen. Habisch definiert Corporate Citizenship folgendermassen: »Als Corporate Citizenship bezeichnet man Aktivitäten, mit deren Hilfe Unternehmen selbst in ihr gesellschaftliches Umfeld investieren und ordnungspolitische Mitverantwortung übernehmen. Sie helfen mit, Strukturen bereichsübergreifender Zusammenarbeit und soziales Kapital aufzubauen, um zusammen mit Partnern aus anderen gesellschaftlichen Bereichen (Bildungs-, Sozial- und Kultureinrichtungen, Bürgerinitiativen und NGOs, verwenden, Politik, anderen Unternehmen etc.) konkrete Probleme ihres Gemeinwesens zu lösen« (ebenda, S.58).

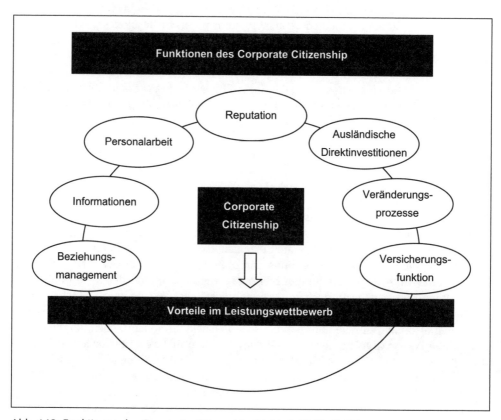

Abb. 148: Funktionen des Corporate Citizenship (Habisch 2003, S. 79)

Während es bei den Sustainability-Ansätzen eher um das **Sozialkapital innerhalb einer Unternehmung** geht, stellt Habisch hier das **Sozialkapital ausserhalb einer Unternehmung** heraus. Die Unternehmung kann allerdings nur mit dem Sozialkapital arbeiten, welches ihr intern zur Verfügung steht. Insofern handelt es sich hierbei in der Tat um eine unternehmensexterne Verpflichtung der Unternehmung in ihrem gesellschaftlichen Umfeld. Allerdings darf man den Vorteil im Leistungswettbewerb nicht unterschätzen, den Habisch über die Funktionen des Corporate Citizenship in folgender Abbildung erläutert.

Die enge Verbindung zwischen Corporate Communications und Corporate Citizenship ist offensichtlich. Dies wird auch dadurch unterstrichen, dass Habisch beispielsweise ein Corporate-Citizenship-Engagement in einem dreistufigen Prozess entwickelt sieht, der mit einem klassischen Sponsoring beginnt und aus seiner Sicht eine »Vorform wirklicher Interaktion zwischen einem Unternehmen und einem oder mehreren externen Partnern (ist)« (ebenda, S. 80).

Diese kommunikationsvorbereitende Signalfunktion für das Corporate Citizenship wird über PR-Massnahmen nach aussen hin kommuniziert. Erst auf der zweiten Handlungsebene geht die Unternehmung seiner Meinung nach echte Partnerschaften ein, die wiederum in einem dritten Schritt in ein dauerhaftes Bürgerengagement mündet (ebenda, S. 81). **Corporate Citizenship** ist als gesamtes **Kommunikationsprogramm eine Querschnittaufgabe**, bei der die Kohärenz zur Unternehmensstrategie über die verschiedenen Funktionsbereiche von Personal, über Marketing bis hin zur PR berücksichtigt sein müssen (Habisch 2003, S. 82).

Ein Teil dieses Corporate Citizenship ist die so genannte »**Corporate Social Responsibility**«, bei der das gesamte soziale Engagement von Unternehmungen in tatsächliche CSR-Programme und Ziele überführt wird, die zum Teil sogar von Institutionen wie der Europäischen Union mitdefiniert werden. Folgende Abbildung verdeutlicht die verschiedenen Politikfelder, die über die CSR-Programme der Unternehmungen integriert werden und alle Einzelbestandteile eines Good Corporate Citizenship darstellen.

Grundsätzlich geht es bei den Campaigning-Ansätzen darum, entweder die Unternehmung in ihrer gesellschaftlichen Verantwortung darzustellen oder aber gesellschaftliche Fragestellungen herauszuarbeiten, an deren Lösung Unternehmungen mithelfen können. Zweifelsohne ist die Ausgangsfragestellung solcher Campaigning-Ansätze nicht die gute Reputation als solche. Sie ergibt sich erst im Kontext entsprechend aufgelegter Sustainability- oder Citizenship- beziehungsweise Responsibility-Programme auf Unternehmensebene.

Fombrun (2005, S. 7 ff.) macht bei der Analyse der verschiedenen Standards und Labels für CSR darauf aufmerksam, dass Unternehmungen immer häufiger nach ihren Aktionen in Bezug auf ihr soziales und ethisches Verhalten gefragt werden. »Doing so can help build reputation; failing to do so can be a source of reputational risk« (ebenda, S. 7). Dabei macht er auf den Zusammenhang zwischen CSR-Programmen, deren institutionellem Rahmen zur Beurteilung sozialer und ethischer Standards und der Bedeutung der NGOs bei dieser Beurteilung aufmerksam. Auch hier zeigt sich wieder die Notwendigkeit einer integrierten Betrachtung der Communications Relations mit den Communications Programs.

Die hier vorgestellte Einordnung dieser Einzelkonzepte dient dazu, ihre Verortung im Rahmen der kommunikativen Dimension einer Unternehmung darzustellen, und zwar insbesondere als **organisatorische Umsetzung der normativen Orientierung** zur Legitimation unternehmerischen Handelns gegenüber den Anspruchsgruppen. Insofern sind alle

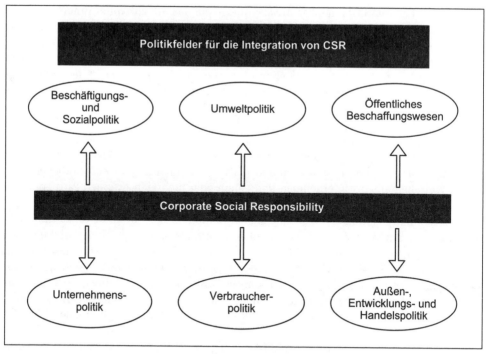

Abb. 149: Politikfelder für die Integration von CSR (Habisch 2003, S. 171)

diese Konzepte Teil der transparenten Darstellung von Führung und Kontrolle einer Unternehmung im Sinne von Corporate Governance, und zwar hier im Kontext einer transparenten Darstellung von innerbetrieblichen und ausserbetrieblichen Zielen beziehungsweise Zielkonflikten der Unternehmung in ihrem gesellschaftlichen, wirtschaftlichen und selbstverständlich auch ökologischen Umfeld.

2.4. Communications Controlling

> Das letzte Kapitel der Organisationsebene, das nunmehr die Prozesse behandelt, befasst sich mit der Planung, Steuerung und Kontrolle des Wertorientierten Kommunikationsmanagements, dem Communications Controlling. Es dient der Planung der Inhalte des Wertorientierten Kommunikationsmanagements sowie der Steuerung und Kontrolle solcher Inhalte über Strukturen der Communications Relations und der Communications Programs.
>
> Im Folgenden wird deshalb zunächst das Konzept der Communications Intelligence für das Value Management als dritter Baustein der Struktur des Wertorientierten Kommunikationsmanagements vorgestellt (2.4.1.). Darauf aufbauend wird im Unterkapitel über die Communications Tools der generische Prozess für die Ablauforganisation aufgeführt (2.4.2.). Communications Intelligence und Communications Tools bilden gemeinsam das Communications Controlling.

2. Aufbauorganisation des Wertorientierten Kommunikationsmanagements

> Aufbauorganisation (C.1. bis C.2.3.) sowie Ablauforganisation (C.2.4.) bilden die Organisationsebene des Wertorientierten Kommunikationsmanagements, welches dann abschliessend als zweiter Teil der Communications View in C.3. beschrieben wird.

Hahn/Hungenberg (2001) definieren **Controlling** als »informationelle Sicherung ergebnisorientierter Unternehmensführung. (...) Aufgabe des Controlling ist es somit, das gesamte Entscheiden und Handeln in einer Unternehmung durch eine entsprechende Aufbereitung von Führungsinformationen ergebnisorientiert auszurichten. Dabei wird deutlich, dass das Controlling primär Führungsunterstützungsfunktionen beinhaltet. Darüber hinaus kann der Controller zum Beispiel als Mitglied des Vorstandes bzw. der Geschäftsführung und/oder als Leiter der Abteilung Controlling auch originäre Führungsfunktionen übernehmen. Controlling stellt damit heute eine der wichtigsten Führungs- und Führungsunterstützungsfunktionen dar« (ebenda, S. 265).[215]

Genau so wie Hahn/Hungenberg (2001) wird hier das Controlling auch im Bezug auf die Kommunikation verstanden: Communications Controlling dient der Sicherung einer wertorientiert ausgestalteten **kommunikationsorientierten Unternehmensführung**, deren Aufgabe es ist, das gesamte Entscheiden und Handeln in einer Unternehmung kommunikationsorientiert auszurichten – die hier so bezeichnete konsequente Kommunikationsperspektive zur Ausarbeitung der Ulrich'schen kommunikativen Dimension.

Auf diese Weise dient das Communications Controlling als Führungsunterstützungsfunktion und kann über die Verknüpfung zum »normalen« wertorientierten Controlling eben auch Führungsfunktionen für das Unternehmensmanagement darbieten. Hahn (1992, S. 137 ff.) hat dies in einem Beitrag über Unternehmensführung und Öffentlichkeitsarbeit bereits grundlegend dargestellt, ohne allerdings den dazu notwendigen Prozess von Planung, Steuerung und Kontrolle der Öffentlichkeitsarbeit ausgearbeitet zu haben.[216]

2.4.1. Communications Intelligence

> In diesem Unterkapitel werden zunächst die Grundlagen für ein Communications Controlling dargestellt (2.4.1.1.) und sodann das Konzept für die Communications Intelligence erläutert (2.4.1.2.).

2.4.1.1. Grundlagen des Communications Controlling

Controlling-Konzepte für die Unternehmenskommunikation stammen überwiegend aus dem Bereich der Kommunikationswissenschaft, in der man sich ausführlich mit **Issues Management**[217] befasst hat. Röttger (2001, S. 195 ff.) definiert den Prozess des Issue Ma-

---

215 Vgl. zum Planungs-, Steuerungs- und Kontrollprozess im Rahmen des Puk-Schemas Unterkapitel A.2.1.2.2.
216 Vgl. dazu Unterkapitel A.2.1.2.2.
217 **Issues Management** wird vor allem im Kontext der Kommunikationswissenschaft behandelt. Während es zunächst überwiegend als »reines« Problem der Rezipientenforschung eingestuft wurde (vgl. beispielsweise Schenk 1995), so hat auch diese Wissenschaftsdisziplin begonnen, den Management-Kontext von Issues Management als Teil der Frühwarnung für das Strategische Management zu erkennen. Richtungsweisend ist vor allem der Sammelband von Röttger: »Issues Management – Theoretische

nagement vierstufig (vergleiche Abbildung), der mit Kommunikationsplanung, Realisation, Information und Kontrolle umschrieben wird. Eine solche Darstellung ähnelt dem Grundprozess des Controlling, wie ihn Hahn/Hungenberg (2001) aufzeigen.

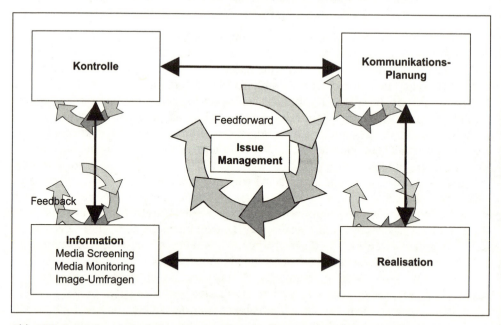

Abb. 150: Bausteine strategisch geplanter Kommunikation (Röttger 2001, S. 195)

Die Konzeption von Röttger bietet eine gute Grundlage, erläutert aber nicht, wie die vier Stufen ihres Issue Management-Prozesses miteinander verwoben sind und wie die quantitativen Daten des Media Screening, Media Monitoring und der Image-Umfragen auf der Stufe Information in die gesamte Unternehmensführung integriert werden sollen.

Issues Management ist keinem der klassischen Bereiche der integrierten Unternehmenskommunikation zuzuordnen, sondern übt eine **Querschnittsfunktion im Kontext der Frühwarnung** für die Unternehmenskommunikation respektive für die Unternehmung aus. »Issues Management wurde als Konzept der Frühwarnung und zur Entwicklung von Reaktionsstrategien bereits vor über 20 Jahren in den USA entwickelt, um mit aufkeimenden massiven Protesten gegen Unternehmen umzugehen«, erläutert Ingenhoff die Historie dieser Querschnittsfunktion für die Unterstützungsfunktion Kommunikationsmanagement (Ingenhoff 2004, S. 17).

Ingenhoff erkennt aber auch: »Issues Management wird von vielen Wissenschaftlern als ein Kernfeld sowohl der strategischen Unternehmenskommunikation als auch der Unter-

---

Konzepte und praktische Umsetzung. Eine Bestandsaufnahme« und hierin vor allem die Beiträge von Röttger (2001, S. 11 ff.) zur Frage von Mode, Mythos oder Managementfunktion, Will (2001c, S. 103 ff.) zur Frage der Einbindung in das strategische Management oder Geissler (2001, S. 207 ff.) zur Frage der Frühaufklärung und des Beitrags der PR dazu. In der Literatur finden sich diesbezüglich Beiträge von Liebl (1996) »Strategische Frühaufklärung« und Dyllick (1989) »Management der Umweltbeziehungen. Öffentliche Auseinandersetzungen als Herausforderung«.

nehmensplanung gesehen. Dagegen zeigen empirische Untersuchungen, dass es in der Unternehmenspraxis häufig noch auf den Kommunikationsbereich beschränkt ist (Bentele und Rutsch 2001; Röttger 2001)« (ebenda, S. 18).

Genau in dieser Beobachtung liegt das Problem des Issues Management, dass seine Eigenschaft zu einer ganzheitlichen Frühwarnung für die Führung der Unternehmung nicht genutzt wird. Die Lösung liegt allerdings nicht im Issues Management selbst, sondern aus Sicht des hier vorgestellten Ansatzes eher darin, dass das Kommunikationsmanagement wertorientiert ausgestaltet und damit in das Strategische Management integriert werden kann.

Ingenhoff setzt sich sodann mit der Bedeutung von Issues für die Unternehmung auseinander und differenziert in vier auf Merten (Merten 2001, S. 46) bezogene Dimensionen: Issues können nach Merten organisationsbezogen, themenbezogen, konkurrenzbezogen und sozialbezogen sein, denen Ingenhoff eine Issues lancierende Stakeholder-Gruppe hinzufügt (Ingenhoff 2004, S. 49). Gerade diese letzte Gruppe fügt sich zum Anspruchsgruppenkonzept im Neuen St. Galler Management-Modell, das wesentlich von Wilbers (2004, S. 331 ff.) vorgestellt wird.

Ingenhoff hält deshalb auch fest, dass »für jedes Issue daher ... eine Stakeholder-Analyse erforderlich (ist), um herauszufinden, a) wer die wichtigsten Stakeholder sind, b) welchen Einfluss diese haben und c) auf welche Weise sie potentiell beeinflussbar sind. Issues Management weist damit enge Verknüpfungen zum Stakeholder Management auf« (ebenda S. 53). Insofern passt diese Stakeholder-Orientierung des Issues Management in die Konzeption der Communications Relations und der Communications Programs.

In dieser Konsequenz stellt Ingenhoff das Konzept des **Issues Management in den Managementkontext** (vergleiche Abbildung, in der ein Bezugsrahmen zum General Management Navigator von Müller-Stewens/Lechner, 2003, geliefert wird) und bietet einen strategischen Bezugsrahmen für das Issues Management (ebenda, S. 66 ff.). Ihr Resümee eröffnet die Einbindung des Issues Management in den strategischen Bezugsrahmen differenzierte Ansätze, jedoch keine Lösung zu der eingangs festgestellten empirischen Beobachtung der fehlenden Einbindung des Issues Management in ein über die Unternehmenskommunikation hinaus gehendes Strategisches Management (ebenda, S. 86).

Der Ausblick ihrer Dissertation untermauert dies noch einmal: »Issues Management ist damit nicht als isolierte Funktion der Public Relations oder der Unternehmenskommunikation zu betrachten, sondern kann nur gelingen, wenn es aus einer umfassenden Kommunikationsmanagementperspektive umgesetzt und mit den unmittelbar angrenzenden Bereichen des Strategischen Management, den Überlegungen und Strategien zur sozialen Verantwortung im Rahmen von Corporate Social Responsibility Programmen und der ganzheitlichen Unternehmensführung durch Corporate Governance verbunden wird« (ebenda, S. 271).

Auch an dieser Stelle wird deutlich, wie entscheidend die ganzheitlich integrierte Betrachtung im Kontext des gesamten Wertorientierten Kommunikationsmanagements ist. Es handelt sich hier aber um eine Erweiterung des Themas Issues Management, weshalb der geeignetere Terminus Communications Intelligence verwendet wird, der den umfassenderen Ansatz in Abgrenzung zum Issues Management verdeutlichen soll. Allerdings bietet das Issues Management Anknüpfungspunkte für das gesamte Communcations Controlling.

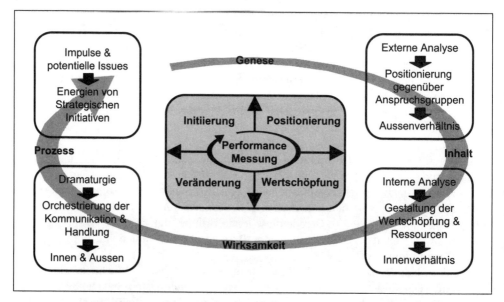

Abb. 151: Strategischer Bezugsrahmen auf Basis der General Management Navigator (Ingenhoff 2004, S. 70)

Piwinger/Porak haben sich in einem Herausgeberband »**Kommunikations-Controlling**[218] – Kommunikation und Information quantifizieren und finanziell bewerten« einleitend mit den Grundlagen und Voraussetzungen des Kommunikations-Controlling befasst. Sie führen die steigende Bedeutung von Kommunikation verkürzt auf die weltweit agierenden Finanzmärkte zurück, die wissen wollten, »was hinter den Zahlen steckt«. »Unternehmen sind gezwungen, sich darzustellen und ihre Darstellung wirkungsvoll zu inszenieren« (Piwinger/Porak 2005, S. 11).

Auf Basis der Intangible-Asset-Diskussionen erläutern sie zudem, dass Unternehmungen sich öffentlich schlechter darstellen als ihr innerer Wert es rechtfertigt, da der »wahre Unternehmenswert« wegen der fehlenden Berücksichtigung der immateriellen Vermögenswerte in der Bilanz gar nicht zum Ausdruck kommt. Sie erkennen die Kommunikation vor allen Dingen als **Sozialkapital** (vergleiche folgende Abbildung) und als zentralen immateriellen Vermögenswert, reissen dabei aber Kategorien auseinander, die im Prinzip alle zum intellektuellen Kapital dazugehören – wie beispielsweise das Humankapital oder das Innovationskapital oder das Organisationskapital, die alle dem intellektuellen Kapital zuzurechnen sind.[219]

Poraks Beitrag im genannten Sammelband zu Methoden der Erfolgs- und Wertbeitragsmessung von Kommunikation differenziert in funktionsübergreifende, in funktionsbezogene

---

218 Vgl. auch B.2.2.2. zu den bestehenden Kommunikationsansätzen und insbesondere die Scorecard-Ansätze unter B.2.2.2.3.
219 Der Terminus Sozialkapital wird hier allerdings anders verwendet als bei Dyllick/Hockerts (2002) im Unterkapitel C.2.3.2.1., die ihn eher als eine ethische Kapitalgrösse betrachten und damit ähnlich wie Fombrun (2005) im Unterkapitel C.2.3.2.2. Piwinger/Porak (2005) geben dem Sozialkapital eine sehr übergeordnete Konnotation, wie auch die Abbildung zeigt.

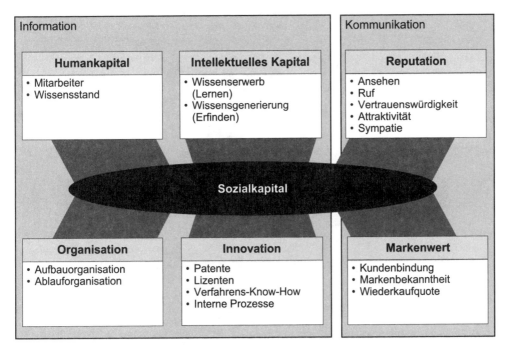

Abb. 152: Sozialkapital als zentraler immaterieller Vermögenswert (Piwinger/Porak 2005, S.15)

sowie nicht monetäre und monetäre Bewertungen nach Sveiby (vergleiche folgende Abbildung) und hält fest, dass sich die Kommunikationsbranche bislang nur auf die Messung einzelner funktionsbezogener Werte im Bereich der Public Relations, der Investor Relations beziehungsweise der Imagebewertung begrenzt (Porak 2005, S. 163 ff.).

Als **funktionsübergreifende Methoden** erkennt Porak die Scorecard, das Sponsoring-Controlling, das Controlling der internen Kommunikation, die Cultural Due Diligence und die Planungsanalyse (ebenda, S. 184 ff.). Sein Fazit ist allerdings, dass alle Methoden der Erfolgsmessung von Kommunikation stark einzel-disziplinär geprägt sind und damit bestenfalls Teilaspekte der gesamten Kommunikationsleistung einer Unternehmung ausweisen. Andererseits würden gerade die Methoden der Wertbestimmung immaterieller Vermögenswerte die Kommunikation noch unzureichend berücksichtigen.

2.4.1.2. Konzept der Communications Intelligence

Offensichtlich reichen die bestehenden Ansätze nicht aus, um den Unternehmenswert umfänglich zu bewerten. Volkart/Cocca/Moll analysieren im oben angeführten Sammelband von Piwinger/Porak allerdings Kommunikation im Kontext des Unternehmenswertes (Volkart/Cocca/Moll 2005, S. 133 ff.). Dabei setzen sie sich unter anderem auch mit Corporate Governance und einer phasenspezifischen Wertkommunikation auseinander (ebenda, S. 147 ff.). Ihrer Meinung nach hat Corporate Governance zum Ziel, Vertrauen der Investoren wiederherzustellen und dabei die Kontrolle des Marktes als externe Disziplinierung einzusetzen. Corporate Governance Kodizes sind für die Autoren nicht nur zur reinen Informationsvermittlung, sondern auch zur Kommunikation da; denn es kann nicht nur um

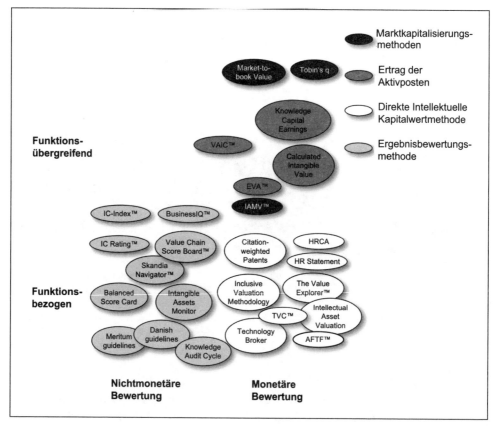

Abb. 153: Messmodelle immaterieller Vermögenswerte (Sveiby 2004, o. S. zitiert nach Porak 2005, S. 166)

ein Abhaken der Checkliste, sondern auch um die Kommunikation einer Geisteshaltung als Teil der Unternehmenskultur gehen.

Volkart et al. bringen dabei auf den Punkt, dass eine effektive Kommunikation zur Wertsteigerung führt und somit die interne Sicht der Unternehmensentwicklung mit der externen Optik im Sinne einer Inside-Out-Persepktive in Einklang bringt und damit die Corporate Governance mit einer externen Disziplinierung des Managements im Sinne einer Outside-In-Perspektive spiegelt. Das Transparenzkonzept der meisten Corporate Governance Kodizes führt zu einer neu interpretierten Offenheit der Unternehmungen gegenüber Fragen von Aktionären und Medien. Aus ihrer Sicht erweitert eine richtig verstandene Umsetzung der Corporate Governance den Kreis der Informationsintermediäre.

Eine so verstandene Kommunikation muss jedoch in ein Gesamtkonzept integriert sein, welches Planung, Steuerung und Kontrolle der Inhalte aus der Corporate Governance ermöglicht.

In der Zusammenfassung über das Unterkapitel über die Communications Relations wurde eine Tabelle eingeführt und erläutert, mit welcher die Capital View und die Relations

2. Aufbauorganisation des Wertorientierten Kommunikationsmanagements

View über qualitative Strukturen und quantitative Indizes für beide Perspektiven darstellbar gemacht werden kann. Im Unterkapitel über die Communications Programs wurde erläutert, welche Rolle Branding- sowie Campaigning-Konzepte und ihre jeweiligen Untergliederungen für die Positionierung und Kontextualisierung der Unternehmung haben.

Das Konzept der Communications Intelligence baut nun darauf auf, dass diese qualitativen Strukturen für die Capital View und die Relations View sowie darauf ausgerichtete quantitative Indizes vorliegen, um – in Anlehnung an Arnaout (Arnaout 2005, S. 122) – die Relevanz der Kommunikation systematisch erläutern zu können.

Folgender **vierphasiger Prozess** erläutert das **Konzept der Communications Intelligence** (siehe Abb. 154 auf S. 296):

Phase 1: Kommunikatorebene

Die erste Phase betrifft die **Kommunikatorebene** der Unternehmung. In dieser Phase werden die Inhalte des Wertorientierten Kommunikationsmanagements auf Basis der relevanten **kommunikativen Teilmärkte** (oberer Teil in der ersten Phase auf der linken Seite der Abbildung) festgelegt.

Sie werden dabei über eine integrierte Gestaltung und Entwicklung dieser Inhalte zwischen den **verschiedenen Unterstützungsprozessen** (unterer Teil der ersten Phase auf der linken Seite) so aufbereitet, dass sie die **Interaktionsthemen einer Unternehmung** auf Basis ihrer Stakeholder Relations zur Legitimation des unternehmerischen Handelns übersetzen (mittlerer Teil der ersten Phase auf der linken Seite).

Das Wertorientierte Kommunikationsmanagement hat dabei insbesondere eine **Koordinationsfunktion,** um in der zweiten Phase die relevante Organisation auf Basis der vorliegenden Stakeholder Relations zu gestalten und zu entwickeln. Dazu müssen in der ersten Phase folgende Voraussetzungen geschaffen sein:

- Die Inhalte der Interaktionsthemen Corporate Governance, Reputation und Reporting müssen von vorne herein auf die Stakeholder Relations ausgerichtet sein, damit die **Communications Relations** das entsprechende Relationship Management zu den Ziel- und Zwischenzielgruppen aufbauen können. Dazu ist eine Strukturanalyse der Stakeholder Relations notwendig.
- Die Inhalte müssen aber nicht nur auf die einzelnen Communications Relations ausgerichtet werden, sondern auch auf übergreifende **Communications Programs**, welche die Unternehmung positionieren und die Unternehmensthemen kontextualisieren.
- Die Inhalte müssen zudem von Anfang an mit qualitativen und quantitativen Kennzahlen verbunden werden, die aber nicht Kommunikationsindizes sein dürfen, sondern Stakeholder orientierte Indizes. So kann das **Communications Controlling** gestaltet und insgesamt eine Koordinationsfunktion ausgeübt werden.

Phase 2: Organisationsebene

Die **Organisationsebene** umfasst zum einen den Komplex des **Relationship Managements** zu Zielgruppen und Zwischenzielgruppen, die eingesetzt werden müssen, um letztendlich die wesentlichen Stakeholder Relations (einschliesslich Feedback) gestalten zu können.

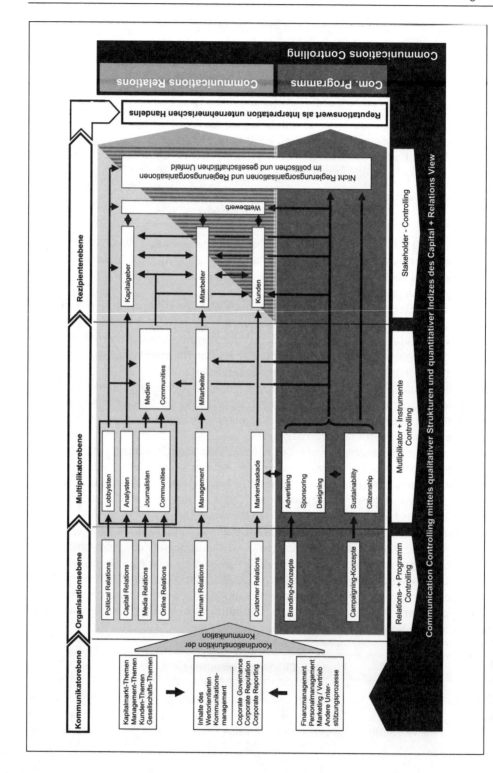

Abb. 154: Konzept der Communications Intelligence (eigene Abbildung)

Zum anderen wird das **Content Management** über die Kommunikationsprogramme eingesetzt, die entweder die Unternehmung als Teil der Gesellschaft positionieren (Branding-Konzepte) oder Themen in der Austauschbeziehung kontextualisieren (Campaigning-Konzepte).

Insofern bietet sich in dieser zweiten Phase bereits eine erste Kontrolle des Kommunikationsprozesses an, das so genannte **Relations- und Programs Controlling**. Dieser Teil des Controllings ist in der Hahn/Hungenberg'schen Terminologie am ehesten mit der Ebene der **Planung** einer wertorientiert ausgestalteten kommunikationsorientierten Unternehmensführung zu vergleichen. Sind die richtigen Beziehungen und Programme aufgesetzt, die zur Vermittlung der Inhalte notwendig sind?

Die Organisationsebene basiert auf Umweltanalysen und -prognosen, Unternehmenskultur und Unternehmensphilosophie sowie der generellen Zielplanung/Unternehmenspolitik und darauf aufbauender strategischer und operativer Planung. Die Organisationsebene muss die Kommunikatorebene und mithin die Inhalte des Wertorientierten Kommunikationsmanagements in ein Beziehungsnetz und in Kommunikationsprogramme umsetzen und so auch die Verzahnung mit dem unternehmerischen Planungssystem organisieren.

Phase 3: Multiplikatorebene

Die dritte Phase der **Multiplikatorebene** umfasst im Hahn/Hungenberg'schen Sinne insbesondere die **Steuerung** des Wertorientierten Kommunikationsmanagements. Diese Steuerung basiert zum einen auf dem Relationship und Content Management sowie zum anderen auf der eingeführten Systematik für das Value Management im Rahmen dieses Controlling-Prozesses.

In der **Systematik des Intellectual Capital** wurde zusätzlich die achte Kategorie Communications Capital eingeführt, welches sowohl die Vernetzung der kommunikativen Aspekte der sieben ursprünglichen Kategorien des Intellectual Capital als auch die **Communications Relations im engeren Sinne** gestaltet. Dafür ist es notwendig, die Vernetzung und die Instrumente der verschiedenen Ziel- und Zwischenzielgruppen planbar, steuerbar und kontrollierbar zu machen.

Insofern bietet Phase drei ein **Multiplikator- und Instrumenten-Controlling**, bei dem die Beziehungsnetze (oberer Teil der Organisations- und Multiplikatorebene) und Programme (unterer Teil der Organisations- und Multiplikatorebene) analysiert werden. Diese Multiplikatorebene kann aber nur systematisch behandelt werden, wenn zuvor die **Inhalte und die grundlegende Organisation** des Wertorientierten Kommunikationsmanagements im Rahmen der gesamten Unternehmensführung berücksichtigt worden sind.

Phase 4: Rezipientenebene

Die vierte und letzte Phase betrifft die **Rezipientenebene**. Die drei herausragenden Stakeholder, die Kapitalgeber und die Mitarbeiter als Kapitaleinsatzfaktoren von Finanz- und Humankapital, sowie wie auch die Kunden auf der Absatzseite stehen im besonderen Fokus der Stakeholder-Analyse.

Sie wurden bereits bei der Analyse des Intellectual Capital nicht nur im Bezug auf ihr eigenes Beziehungsnetz, sondern auch auf Basis ihrer kommunikativen Darstellung im

Kontext des gesamten Intellectual Capital besonders hervorgehoben. Das zeigt sich auch an den umfangreicheren Kennzahlen in der Tabelle am Ende des Kapitels über Communications Relations. Alle drei besonders hervorgehobenen Stakeholder (Kapitalgeber, Mitarbeiter und Kunden) sind aber unterschiedlich in ihrer Beziehungsstruktur zu beurteilen:

- Mitarbeiter und Management (**Human Relations**) sind die einzige Zielgruppe, auf die ein Unternehmen den Kommunikationsprozess ohne Umweg eines Multiplikatoren direkt führen kann, auch wenn es in der Folge »Störgrössen« aus Medien etc. geben kann.
- Kunden (**Customer Relations**) stehen bereits über das Marketing in einer sehr engen Kommunikationsbeziehung zur Unternehmung und haben auch über werbliche und andere bezahlte Kommunikationsmassnahmen eine intensive Austauschbeziehung. Letztlich besteht eine Kommunikationsbeziehung über die Produkte und/oder den Service, die – abhängig von der Marken- und Kundenstruktur – auch gesamtunternehmensbezogene Aspekte haben kann.
- Als dritte Stakeholder-Gruppe mit besonderem Fokus gelten die Kapitalgeber (**Capital Relations**). Auch hier gibt es zwei Besonderheiten:
Zum einen fassen die Zwischenzielgruppen und Zielgruppen des Kapitalmarktes alle anderen Stakeholder Relations mit Blick auf die Shareholder Relations zusammen. Welchen »Wert« haben die anderen Kategorien des Intellectual Capital mit Blick auf das Shareholder Capital?
Zum anderen verfügen die Capital Relations über eine sehr spezielle Teil-Shareholder-Gruppe, die Institutionellen Investoren, die nicht nur investieren, sondern sich auch vermehrt in der Öffentlichkeit äussern. Gerade diese Investments und Aussagen haben wiederum ihre Auswirkungen auf die breite Masse der privaten Investoren.

Die Rezipientenebene umfasst somit in erster Linie ein **Stakeholder Controlling** auf Basis eines bekannten und gestalteten Multiplikator- und Beziehungsnetzes sowie der dazu notwendigen positionierenden und kontextualisierenden Programme. Mit dem Stakeholder Controlling wird schlussendlich im Hahn/Hungenbergschen Sinne die eigentliche **Kontrolle** der Interpretation unternehmerischen Handelns durch die Stakeholder und damit als Reputationswert kontrolliert.

Dazu gehören dann auch die anderen Stakeholder und insbesondere ihr Einfluss auf die ersten drei genannten Gruppen: Welchen Einfluss haben Wettbewerber auf Mitarbeiter, Kapitalgeber und Kunden? Welchen Einfluss haben Regierungs- und Nicht-Regierungsorganisationen auf Mitarbeiter, Kapitalgeber und Kunden sowie auf das unternehmerische Handeln überhaupt? Welche Regulierungen befördern (oder behindern) die Innovation neuer Produkte oder Services? Wie stark ist gegebenenfalls welche öffentliche Meinung, um beispielsweise potentielle neue Mitarbeiter von einer Unternehmung abzuhalten (oder für sie zu interessieren)?

Zusammenfassend für alle **vier Controlling-Phasen** der Struktur des Kommunikationsprozesses:

Das gesamte Konzept der **Communications Intelligence** dient zunächst der **Unterstützungsfunktion der Führung**, in dem es zusätzliche Informationen aus dem Kommunikationsprozess ermöglicht. Dafür sind alle drei Teil-Controlling-Bereiche gleichermassen wichtig, die aber vor allem der ganzheitlich integrierten Analyse bedürfen.

Zudem hat die **Communications Intelligence** aber auch eine **Führungsfunktion für die Unternehmung**. Im Sinne Hahn/Hungenbergs wird hier das Communications Control-

2. Aufbauorganisation des Wertorientierten Kommunikationsmanagements

ling als Sicherung einer wertorientiert ausgestalteten kommunikationsorientierten Unternehmensführung verstanden (Hahn/Hungenberg 2001, S. 265). Diese Führungsfunktion ist auf das gesamte Entscheiden und Handeln in einer Unternehmung ausgerichtet, indem das kommunikationsorientierte Controlling zusätzliche Informationen über die immateriellen Werte und damit den langfristigen Goodwill im Rahmen des »normalen« wertorientierten Controllings beisteuert.

Communications Controlling ist die Planung, Steuerung und Kontrolle der Inhalte und Strukturen über diese **Communications Intelligence**. Zudem umfasst es die Prozesse über die **Communications Tools** im Kontext der Führungs- und Führungsunterstützungsfunktion des wertorientierten Controllings der Unternehmensführung.

Die Communications Tools im folgenden Unterkapitel stellen den generischen Prozess für das Communications Controlling dar.

2.4.2. Communications Tools

Die Communications Tools beschreiben einen generischen Kommunikatiosprozess, welcher der Vermittlung der Inhalte aus den Interaktionsthemen (**Topics**) dient, in dem Kommunikatoren (**Transmitter**) auf Kommunikationsplattformen (**Tools**) die Informationen mit den Anspruchsgruppen (**Targets**) austauschen. Die grundlegende T-4-Kommunikationsmatrix sieht folgendermassen aus:[220]

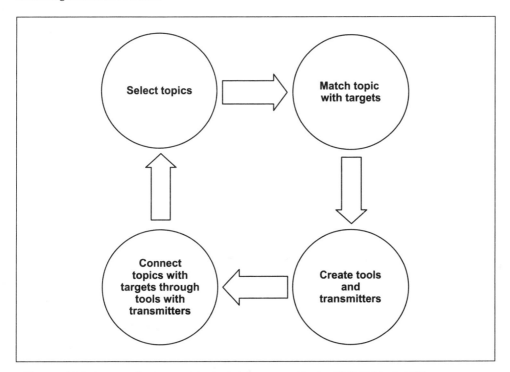

Abb. 155: T-4-Kommunikationsmatrix (in Anlehnung an Eppler/Will 2001, S. 452)

---

220 Vgl. dazu auch Eppler/Will (2001).

Auf den hier vorgestellten Zusammenhang bezogen bedeutet dies, dass über diesen generischen Kommunikationsprozess die Interpretation unternehmerischen Handelns und damit der Reputationswert ermöglicht und in die Überlegungen der Unternehmensführung integriert werden kann.

In einem ersten Schritt werden die **Interaktionsthemen (Topics)** identifiziert und in einem zweiten Schritt den relevanten **Anspruchsgruppen (Targets)** zugeordnet. Die Inhalte ergeben sich aus den übergeordneten Interaktionsthemen aus Corporate Governance, Reputation und Reporting. Diese aus einzelnen Aspekten der normativen, strategischen und operativen Ebenen abzuleitenden Themen werden dann auf ausgewählten **Kommunikationsplattformen (Tools)** über entsprechende **Kommunikatoren (Targets)** im dritten und vierten Schritt an die Zielgruppen vermittelt, wie folgende Abbildung erklärt.

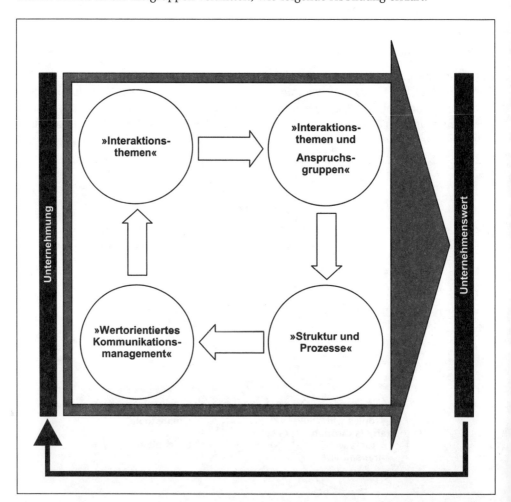

Abb. 156: Grundlegender Zusammenhang des Wertorientierten Kommunikationsmanagements und des entsprechenden generischen Kommunikationsprozesses (eigene Abbildung)

Entscheidend ist dabei, dass die Auswahl der Tools und Transmitter danach vorgenommen wird, wo und wie auf Basis der Kenntnisse der Communications Relations und der Communications Programs die für ein bestimmtes operationalisiertes Interaktionsthema relevanten Zielgruppen über Zwischenzielgruppen, über Kommunikationsnetze und/oder über bezahlte Kommunikationsmassnahmen und -instrumente (inklusive Branding- und/oder Campaigning-Massmahmen) erreicht werden können.

Sämtliche Aspekte unternehmerischen Handelns werden dabei auf Grund des vorgelegten Kommunikationsindikatorenmodells einmal auf eine investitive und einmal auf eine interpretative Sichtweise bezogen und erlauben damit eine **duale**, statt einer dichotomen **Betrachtung** der **Wertorientierung der Unternehmung** mit Hilfe der entsprechend ausgestalteten Wertorientierten Kommunikationsmanagements, wie folgende Abbildung zeigt:

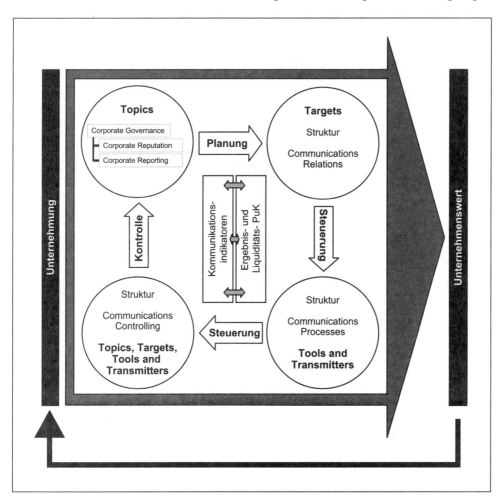

Abb. 157: Erweiterter Zusammenhang von Wertorientiertem Kommunikationsmanagement und generischem Kommunikationsprozess unter Einbezug des Kommunikationsindikatorenmodell und eines PuK-Systems (eigene Abbildung)

Dabei finden Planung, Steuerung und Kontrolle über das Controlling der Relations und Programme, der Multiplikatoren und Instrumente sowie der eigentlichen Stakeholder unter Einbezug eines generischen Prozesses statt, der auf alle wesentlichen Kommunikationsereignisse angewendet werden kann.

Zur eigentlichen Kontrolle im Rahmen des Communications Controlling werden deshalb sowohl die Communications Intelligence als auch die Communications Tools der vier »T« benötigt. Die Kommunikationsindikatoren werden dabei gemeinsam mit der im wertorientierten Controlling erstellten ergebnis- und liquiditätsorientierten Planungs- und Kontrollrechnung (PuK), wie sie Hahn/Hungenberg konzipiert haben, zusammengefügt.

Wie funktioniert ein solcher generischer Kommunikationsprozess in der Anwendung? Die nun vorzustellende **Typologie der Kommunikationsinstrumente** gibt einen allgemeinen Überblick:

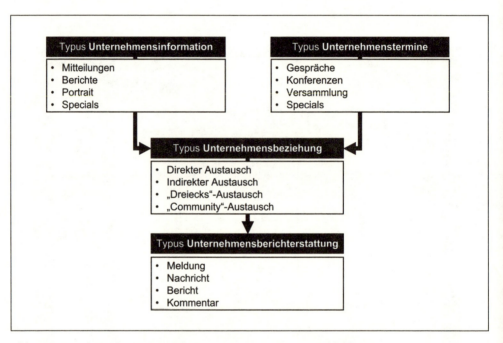

Abb. 158: Typologie der Kommunikationsinstrumente (eigene Abbildung)

Diese Betrachtung der Instrumente und Beziehungen hat ihren Schwerpunkt auf dem Beziehungsmanagement zwischen der Unternehmung und den Zwischenzielgruppen als Multiplikatoren oder Kontrolleure, da der überwiegende Teil der Unternehmenskommunikation heute eine Massenkommunikation ist und deshalb über Multiplikatoren und/oder Kontrolleure im Kommunikationsprozess funktioniert. Insofern richtet sich die folgende Typologie wesentlich auf die Communications Relations und bezieht die herausragenden Zielgruppen Aktionäre, Mitarbeiter und Kunden in die Überlegung über dieses Beziehungsmanagement ein.

- **Typus Unternehmensinformation:**
Der bedeutendste Typus der Unternehmensinformation sind **Mitteilungen** im Sinne von Presse- oder Analystenmitteilungen (auch als ad-hoc-Mitteilungen) zu laufenden regelmässigen (beispielsweise Quartalszahlen) oder unregelmässigen (beispielsweise Grossauftrag) Ereignissen. In der internen Kommunikation fällt in diese Kategorie der Unternehmensinformation die Mitarbeiterinformation zu den obigen regel- oder unregelmässigen Themen. Externe Mitteilungen sind in der Regel immer auch interne Mitteilungen.
Die nächste Kategorie der Unternehmensinformation sind **Unternehmensberichte**. Hierunter fallen in allererster Linie der Geschäftsbericht sowie die Zwischenberichte einer Unternehmung, die sowohl für den Kapital- als auch den Meinungsmarkt relevant sind. Unternehmensberichte werden in erster Linie in den Capital Relations und in den Media Relations, aber auch in den Political Relations eingesetzt. Insbesondere ausserhalb des engeren Kapitalmarktes ist es deshalb von grosser Bedeutung, dass diese Berichte in ihrem freiwilligen Teil so allgemein verständlich verfasst sind, dass sie auch für andere Stakeholder als nur für Shareholder nachvollziehbar sind.
Die dritte Kategorie der Unternehmensinformation sind **Unternehmensportraits**: Hierzu gehören Broschüren, die in der Regel ausformuliert eine Unternehmung beschreiben; Equity Stories, die in der Regel kapitalmarktorientiert die »Aktiengeschichte« einer Unternehmung beschreiben; sowie Unternehmenspräsentationen, die von allen Führungskräften in der internen und externen Kommunikation eingesetzt werden können. Je nach Ausrichtung dieser Portraits werden sie am Kapitalmarkt, am Meinungsmarkt, gegenüber Kunden oder Mitarbeitern eingesetzt.
In die letzte Kategorie der Unternehmensinformationen fallen die so genannten **Unternehmens-Specials**: Hierunter fallen Fact Books mit Zahlen, Daten und Fakten über eine Unternehmung, Spezialberichte wie der Sozialbericht oder der Nachhaltigkeitsbericht im Rahmen von Corporate Social Responsibility oder Corporate Sustainability, aber auch Bücher über die Unternehmensgeschichte, über Vorstände oder zu bestimmten Unternehmensanlässen. Diese Kategorie wird sowohl in der internen als auch in der externen Kommunikation eingesetzt.
- **Typus Unternehmenstermine:**
Die erste Kategorie dieser Typologie sind **Gespräche**, die vertraulich (auf Hintergrundbasis beziehungsweise off-the-record) oder offen (on-the-record) stattfinden können. Vertrauliche Gespräche können selbstverständlich nur in Einzel- oder Kleingruppengesprächen stattfinden. Offiziell sind insbesondere mit den Multiplikatoren und den Investoren am Kapitalmarkt Hintergrundgespräche verboten (Regulation Fair Disclosure der SEC), aber sie finden selbstverständlich weiterhin statt. In diese Kategorie fallen aber insbesondere die so genannten One-to-One-Gespräche mit Analysten anlässlich von Roadshows, die Conference Calls anlässlich von Unternehmensterminen, aber auch Interviews mit Vorständen und/oder Gespräche anlässlich von Pressereisen (im Prinzip das Pendant zur Roadshow). In der internen Kommunikation sind Einzelgespräche oder Kleingruppenveranstaltungen vor allen Dingen auf der Ebene der Führungskräfte anzutreffen, die in diesem Fall eine Multiplikatorfunktion in der »Massen-Mitarbeiterkommunikation« übernehmen. Im Umfeld der politischen Kommunikationsbeziehungen finden insbesondere vertrauliche Einzel- oder Gruppengespräche auf Hintergrundbasis (Kaminabende) statt.

Die zweite Kategorie der Unternehmenstermine sind **Unternehmenskonferenzen**: Hierzu zählen die klassischen Presse- und Analystenkonferenzen, thematische Spezialkonferenzen für einzelne Zielgruppen, aber auch die so genannten Reversed Roadshows über Technology Days u. a. bei Unternehmungen. In die Kategorie der Konferenzen gehören selbstverständlich auch Betriebsrats-Konferenzen oder aber Kundenveranstaltungen.

Eine Spezialform der Konferenzen im Kontext der Typologie von Unternehmensterminen sind **Versammlungen**. Hierzu zählen insbesondere die General- oder Hauptversammlung sowie Mitarbeiterversammlungen. Diese Sonderform der Konferenzen wird deshalb hervorgehoben, weil die externe und interne Kommunikation rund um Hauptversammlungen und/oder Mitarbeiterversammlungen aus dem üblichen Rahmen herausfällt.

Die letzte Kategorie der Unternehmenstermine sind wiederum **Spezialanlässe**: Hierzu zählen beispielsweise so genannte »Town-Hall-Meetings« in der internen Kommunikation, anlässlich derer Führungskräfte und insbesondere Vorstände in den Regionen regelmässige Treffen mit ausgewählten Mitarbeitern verschiedener Hierarchieebenen durchführen. Zu den Specials in der externen Kommunikation sind beispielsweise Werkseröffnungen, Besuche hochrangiger Politiker oder ganze Themenparks einzuordnen.

- **Typus Unternehmensbeziehung:**

Der dritte Typus der Kommunikationsinstrumente befasst sich mit der Kommunikationsbeziehung zwischen Unternehmung und Anspruchsgruppen. Für selbige können die bereits genannten Unternehmensinformationen und/oder die Unternehmenstermine als Anlässe eingesetzt werden.

Die erste Kategorie der Unternehmensbeziehung, bei der die Unternehmung **direkt** mit einer Zielgruppe (beispielsweise anlässlich der Hauptversammlung oder anlässlich einer Mitarbeiterversammlung) in **Informationsaustausch** tritt.

Die zweite Kategorie betrifft die **indirekte Austauschbeziehung** zwischen Unternehmen und Anspruchsgruppe, bei der ein Informationsaustausch »indirekt« über eine Zwischenzielgruppe abläuft. Hierzu sind beispielsweise Town-Hall-Meetings zu zählen, bei denen die Führungskräfte nicht nur direkt, sondern vielmehr auch indirekt als Multiplikatoren in der Massenmitarbeiterkommunikation eingesetzt werden. In diese Kategorie fallen vor allen Dingen sämtliche Termine, bei denen Analysten, Lobbyisten und/oder Journalisten mit Informationen über die Unternehmung versorgt werden.

Die dritte Kategorie der Unternehmensbeziehung ist die »**Dreiecksbeziehung**« im Austausch von Information zwischen Unternehmung und Anspruchsgruppe. In diese Kategorie fällt insbesondere das »Third-Party-Endorsement«, wenn Dritte (beispielsweise herausragende Persönlichkeiten mit hoher Reputation) sich über eine bestimmte Unternehmung insbesondere in den öffentlichen Medien äussern. Die (positive) Bewertung durch eine herausragende Persönlichkeit gibt einem bestimmten Unternehmensereignis, über das eine solche Person sich äussert, ein zusätzliches Mass an Glaubwürdigkeit. Die Dreiecks-Beziehung ist somit eine doppelt indirekte, denn beispielsweise wird eine Persönlichkeit in den Medien zitiert und damit als Information für die Zielgruppe erst zur Verfügung gestellt.

Die letzte Kategorie der Typen der Unternehmensbeziehung ist der so genannte »**Community**«-**Austausch**. Diese Sonderform ist erst seit dem Aufkommen des Internet beziehungsweise Intranet möglich; denn anders als bei den drei vorhergegangenen Kategorien können Ziel- und Zwischenzielgruppen hier in einer Gemeinschaft auftreten. Insofern kompliziert sich diese Austauschbeziehung zwischen Unternehmung und Anspruchsgruppen, da Mitarbeiter, Aktionäre, Journalisten oder Dritte hier beispielsweise in einer Kommunikationsplattform wie dem Chat zusammenkommen können. Analytisch muss man im Prinzip eine Community-Beziehung zerlegen, sofern das auf Basis der Weblogs möglich ist.

- **Typus Unternehmensberichterstattung:**
Der letzte Aspekt in der Typologie der Kommunikationsinstrumente befasst sich mit dem Ergebnis: der Unternehmensberichterstattung. Auch hier gibt es vier Hauptkategorien zu unterscheiden:
Über Unternehmungen kann in kleinen **Meldungen** berichtet werden (bei Analysten über so genannte Research-Alerts oder kurze Research-Notes), die ganz kurz und knapp eine Unternehmensinformation oder einen Unternehmenstermin behandeln.
Etwas grössere Meldungen fallen in die Kategorie der **Nachrichten**, bei denen die Beschreibung der Unternehmensinformation oder des Unternehmenstermins bereits ausführlicher ist. Im Kapitalmarktbereich spricht man hier in der Regel von Research-Updates (in der Regel nach Pflichtpublizitätsterminen).
Grosse Nachrichten heissen **Berichte** (beispielsweise über Hauptversammlungen), in denen ausführlich über einen Unternehmenstermin oder eine Unternehmensinformation berichtet wird. Im Kapitalmarktbereich sind dies vollständige Analystenberichte oder sogar Unternehmensstudien und/oder Branchen-Studien.
Schlussendlich fällt in die Kategorie der Unternehmensberichterstattung auch der **Kommentar**, der in klassischer Trennung medienwissenschaftlicher Konnotation die Bewertung einer Unternehmensinformation oder eines Unternehmenstermins übernimmt. Kommentare sind in der Regel zusätzliche Informationsangebote zu Meldungen, Nachrichten und insbesondere zu Berichten. Da Analysten sui generis Meinungen verbreiten (mindestens durch ihre finale Aussage über Buy, Sell oder Hold) müsste man im Prinzip alle Analysten-Berichterstattungen unter Kommentare fassen. In einem engeren Sinne sollte man aber insbesondere die Kommentare von Analysten in den Medien zur Kategorie der Kommentare in der Unternehmensberichterstattung zählen.
Die Unternehmensberichterstattung ist vor allem Ergebnis des Beziehungsmanagements zwischen Unternehmung und Medien sowie Analysten und teilweise Lobbyisten. Allerdings zielt sie in erster Linie auf die Zielgruppen einer Unternehmung und mithin auf Aktionäre und Kunden, die Öffentlichkeit, die Politik und den Wettbewerb. Zudem hat diese externe Kommunikation hohe Bedeutung für die interne Kommunikation, da Mitarbeiter sich selbstverständlich nicht nur intern, sondern auch über externe Berichterstattung über ihre eigene Unternehmung informieren.

Insgesamt verdeutlicht diese **Typologie der wesentlichen Kommunikationsinstrumente** die einsetzbaren Tools im Sinne von Kommunikationsplattformen und Transmitter im Sinne von Kommunikatoren.
Folgende Abbildung verdeutlicht den dargestellten Zusammenhang. Eigentlich will die Unternehmung ihre (1) Topics (Interaktionsthemen) den verschiedenen (2) Targets (Zielgruppen) vermitteln. Dazu muss die Unternehmung aber den Umweg über die hier aufgezeigten (3) Tools und Transmitter suchen, damit der generische Kommnunikationsprozess in der Praxis funktioniert.

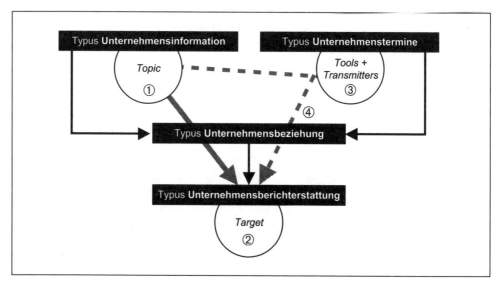

Abb. 159: Typologische Kommunikationsinstrumente und die 4 Ts (eigene Abbildung)

Dieser Prozess der Communications Tools ist die zweite Seite des Communications Controlling, ohne den aber die im vorherigen Abschnitt beschriebene Communications Intelligence nicht funktionieren kann.

3. Zweiter Teil der Communications View des Wertorientierten Kommunikationsmanagements

Der Abschnitt C über die Organisationsebene des Wertorientierten Kommunikationsmanagements befasste sich mit der **Ausgestaltung der kommunikativen Dimension der Strukturen und Prozesse** im Sinne einer ganzheitlichen Kommunikationsperspektive, die Communications View.

Inhaltsebene und Organisationsebene sind die zwei Teil-Perspektiven einer Führungs- und Unterstützungsfunktion; denn die Sachlogik der Inhalte und die Ordnungsmuster der Strukturen und Prozesse gehören im Management-Modell als Unternehmens-, Führungs- und Organisationsmodell zusammen.

Am Ende des Abschnitts B über die Inhaltesebene wurde der erste Teil der Communications View beschrieben und die Kommunikationsfähigkeit als Bestandteil der **normativen Orientierung** über die Legitimation unternehmerischen Handelns erläutert. Diese Orientierung bietet die Unternehmung durch transparente Darstellung von Führung und Kontrolle. Legitimation erhält die Unternehmung durch die Interpretation der Anspruchsgruppen über genau dieses unternehmerische Handeln.

Abschnitt B systematisierte deshalb den Zusammenhang von Corporate Governance, Corporate Reputation und Corporate Reporting als »Dreieck«. In diesem Sinne hat Abschnitt B über die Einführung einer Capital und Relations View eine Systematik entwickelt, die **transparentes Handeln** normativ, strategisch und operativ über Governance, Reputation und Reporting als Interaktionsthemen darstellbar macht und die Interpretation ermöglicht.

Die Inhaltsebene des Wertorientierten Kommunikationsmanagements liefert der Führung den **Reputationswert als Interpretationssicht** einer Unternehmung. Diese Sichtweise führt schlussendlich zu einer symmetrischeren Bewertung zwischen internen und externen Subsystemen über die immateriellen Werte im Rahmen des Unternehmenswertes und damit der Investitionssicht. Das Delta zwischen Reputationswert und Unternehmenswert ermöglicht **Korrekturen des Unternehmenswertes** im Sinne einer »**fair presentation**« von Rechnungslegung, Reputation und somit der Führung und Kontrolle.

Diese über den Ansatz des Intellectual Capital systematisierte Inhaltsebene steht und fällt aber damit, dass die Austauschbeziehung zwischen Unternehmung und Anspruchsgruppen überhaupt stattfindet und ebenso systematisiert strukturiert und prozessualisiert ist. Der hier abzuschliessende zweite Teil der Communications View ermöglicht die Kommunikationsfähigkeit über eine zu den Inhalten passende **Organisationsebene des Wertorientierten Kommunikationsmanagements**.

Die **Kommunikationsfähigkeit der Unternehmung** in der Führung und der Führungsunterstützung benötigt eine Aufbauorganisation, welche die normative Orientierung über eine **strategische und operative Darstellung der Transparenz** organisiert. Diese Kommunikationsorganisation besteht aus den drei grossen Bereichen der Communications Relations, der Communications Programs und des Communications Controlling.

Wenn das **Relationship Management der Communications Relations** den breitesten Raum aller drei Bereiche in der hier vorgestellten Darstellung einnimmt, so hat das mit der zentralen Funktion der Organisation der Austauschbeziehung mit den Anspruchsgruppen zu tun. Capital und Relations View müssen nicht nur inhaltlich, sondern auch organisatorisch ausgestaltet werden. Allerdings funktioniert dieses detaillierte Beziehungsmanagement nur dann, wenn es daneben übergreifendes **Content Management der Communications Programs** gibt, das dann abschliessend auch in einem **Value Management des Communications Controlling** geplant, gesteuert und kontrolliert werden kann.

Diese Betrachtung der Organisationsebene spiegelt sich in der am Ende des Kapitels über Communications Controlling zusammengestellten Abbildung 154, die an dieser Stelle symbolisch in Reputationswert eingepasst wurde und sich ansonsten aus der Beschreibung der kommunikativen Dimension der Inhalte ergibt (Abbildung 44).[221]

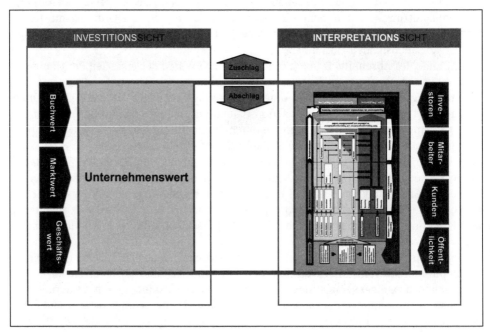

Abb. 160: Investitionssicht und Ausarbeitung der Inhalte, Strukturen und Prozesse der Interpretationssicht (eigene Abbildung)

Obige Abbildung rundet somit die ganzheitliche Betrachtung beider Seiten der Führung und Unterstützung im Sinne der kommunikativen Dimension nunmehr der Inhalte sowie der Strukturen und Prozesse ab.

---

221 Vgl. dazu B.1.2.

D. Wertorientiertes Kommunikationsmanagement im Neuen St. Galler Management-Modell

Der vorliegende Abschnitt D über das Wertorientierte Kommunikationsmanagement im Neuen St. Galler Management-Modell ist Zusammenfassung und Ausblick zugleich. Dieses Gesamtfazit teilt sich in die rückblickende Ausgestaltung der kommunikativen Dimension der Unternehmensführung (D.1) und in einen Ausblick unter dem Titel: Communications View: Kommunikationsperspektive in Unternehmens-, Führungs- und Organisationsmodell (D.2.).

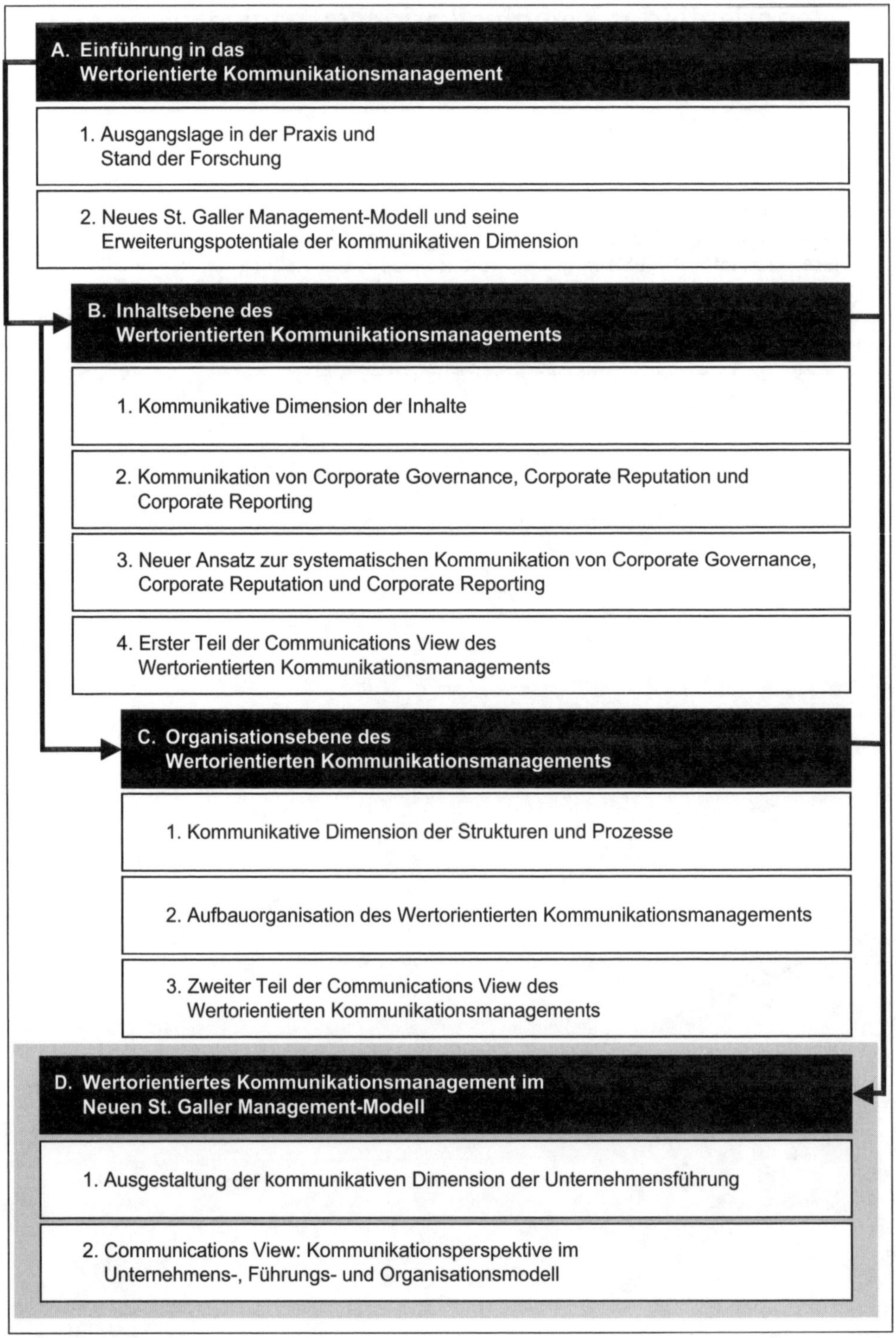

A. Einführung in das Wertorientierte Kommunikationsmanagement

1. Ausgangslage in der Praxis und Stand der Forschung

2. Neues St. Galler Management-Modell und seine Erweiterungspotentiale der kommunikativen Dimension

B. Inhaltsebene des Wertorientierten Kommunikationsmanagements

1. Kommunikative Dimension der Inhalte

2. Kommunikation von Corporate Governance, Corporate Reputation und Corporate Reporting

3. Neuer Ansatz zur systematischen Kommunikation von Corporate Governance, Corporate Reputation und Corporate Reporting

4. Erster Teil der Communications View des Wertorientierten Kommunikationsmanagements

C. Organisationsebene des Wertorientierten Kommunikationsmanagements

1. Kommunikative Dimension der Strukturen und Prozesse

2. Aufbauorganisation des Wertorientierten Kommunikationsmanagements

3. Zweiter Teil der Communications View des Wertorientierten Kommunikationsmanagements

D. Wertorientiertes Kommunikationsmanagement im Neuen St. Galler Management-Modell

1. Ausgestaltung der kommunikativen Dimension der Unternehmensführung

2. Communications View: Kommunikationsperspektive im Unternehmens-, Führungs- und Organisationsmodell

Abb. 161: Synopse zu D.

Der erste Satz der Problemstellung lautet: »Diese Schrift wird die ›**kommunikative Dimension der Unternehmung**‹ ausarbeiten, die Ulrich erstmals 1968 neben der materiellen, wertmässigen und sozialen Dimension grundlegend definiert hat.« An dieser Aussage muss sich diese Arbeit messen lassen; denn sie gibt das Ziel unter dem Titel »**Wertorientiertes Kommunikationsmanagent**« vor.

Die Ausarbeitung der kommunikativen Dimension wurde im Kontext des Neuen St. Galler Management-Modells über die Einführung einer zusätzlichen und systematisch in das Modell integrierten Kommunikationsperspektive, die Communications View, und die zugehörige Darstellungs- und Kommunikationsfähigkeit, das Communications Capital, erreicht. Sie erlauben eine inhaltliche wie organisatorische Reduktion der Komplexität insbesondere im Umgang mit den Anspruchsgruppen einer Unternehmung. Diese ausgearbeitete kommunikative Dimension gestaltet, entwickelt und lenkt Kommunikationsinhalte, Kommunikationsstrukturen und Kommunikationsprozesse.

Eine solche in das System Unternehmung als Managementfunktion integrierte Kommunikationsfunktion ermöglicht die Legitimation unternehmerischen Handelns gegenüber den Anspruchsgruppen. Sie stützt somit die Hauptaufgabe der Managementprozesse, nämlich **normative Orientierung durch transparentes Handeln** im dialogischen Austausch zu bieten. Während sich die normative Orientierung vor allen Dingen in der Kategorie der Interaktionsthemen bewegt, bedarf es für die Ausgestaltung der ganzheitlich integrierten kommunikativen Dimension aber auch einer **strategischen Entwicklung** und **einer operativen Führung**. Sie ermöglichen, die Ordnungsmomente und Prozesse für die Austauschbeziehung mit den Anspruchsgruppen zu systematisieren und erlauben damit eine Bewertung im Sinne von Planung, Steuerung und Kontrolle der Unternehmensführung.

Der Führungsanspruch der **Communications View**, diese konsequente Kommunikationsperspektive der Unternehmensführung, wird erst über die Einführung des **Communications Capital** ermöglicht. Dieses zusätzliche achte Kategorie des Intellectual Capital beschreibt die eigentliche kommunikative Managementfähigkeit einer Unternehmung auf strategischer und/oder operativer Ebene. Communications View und Communications Capital bedingen einander, um dem Management eine Kommunikationsperspektive in der Führung und – im Kontext aller anderen Prozesse – eine Darstellungs- und Kommunikationsfähigkeit zur Führungsunterstützung zu bieten. Auf diese Art und Weise wird die Lücke der fehlenden theoretischen Berücksichtigung der **Kommunikationsperspektive** und letztlich der **Kommunikationsfähigkeit** im Management-Modell so geschlossen, wie Ulrich die anwendungsorientierte Managementlehre versteht:

»Die Managementlehre setzt bei den Problemen an, die in der gesellschaftlichen Realität bei der Gestaltung und Lenkung von sozialen Institutionen auftreten, und hat zum Ziel, dafür nützliches Wissen der Praxis bereitzustellen, indem sie dafür `Lösungsvorschläge` macht. Sie kann dies nicht in Form konkreter Lösungen der praktischen Probleme im Einzelnen tun, sondern nur in Form von generellen Ratschlägen für das Handeln in typischen Problemsituationen« (Ulrich 1984, S. 103).

Schliesslich sind, wie es Hahn erstmals 1974 formuliert hat, Führungsprozesse immer auch Kommunikationsprozesse und bedürfen deshalb auch solcher Handlungsanweisungen für typische Problemsituationen. Diese hier aufgezeigten Kommunikationsprozesse dienen wie alle anderen Ulrich'schen Dimensionen im Rahmen der gestaltenden und lenkenden Institution Unternehmung der Erfassung derjenigen Inhalte, welche die Führungskräfte zur Bewältigung ihrer Sachaufgaben benötigen, wie Ulrich/Krieg es 1972 festgehalten haben.

Diese Sachaufgaben bestehen für Schmid/Lyczek darin, »die zentrale Steuerung der gesamten Kommunikation mit dem Ziel, eine Maximierung des Stakeholder Capital zu erreichen« (Schmid/Lyczek 2006, S.131). Das Stakeholder Capital ist die umfassende Beschreibung von materiellen und immateriellen Werten aus Investitions- und Interpretationssicht der Stakeholder beziehungsweise der Anspruchsgruppen. Es bedarf deshalb einer Rechnungslegung, die nicht nur am Kapitalmarkt eine Austauschbeziehung zum Shareholder pflegt (kapitalmarktorientierte Rechnungslegung), sondern die allgemein alle Stakeholder kommunikativ systematisiert, eben die kommunikationsorientierte Rechnungslegung.

Entscheidend ist dabei jedoch, dass eine Systematik angeboten wird, die prüfen lässt, ob die als essentiell dargestellte Austauschbeziehung überhaupt stattfindet, wie es ähnlich Bentele/Fröhlich/Szyszka (2005, S. 9) im aktuellen Handbuch der Public Relations feststellen.

1. Ausgestaltung der kommunikativen Dimension der Unternehmensführung

Die rückblickende Zusammenfassung dient nun der Frage, an welchen Stellen der Unternehmensführung die Ausgestaltung der kommunikativen Dimension vorgenommen wurde:

Bruhn/Reichwald (2005), deren Einschätzung über die **Integration von Führung und Kommunikation** als zentralem Erfolgsfaktor für Unternehmen bereits am Ende der Problemstellung referiert wurde, haben sich bei der Beschreibung der Schnittstelle Führung/Organisation/Kommunikation folgendermassen geäussert: Es gelingt Unternehmen oftmals nicht, Führung und Kommunikation auf eine Weise so miteinander zu verbinden, dass dadurch ein Mehrwert für die ganze Unternehmung generiert wird. Zudem erkennen sie, dass das (interne) Verhalten und die (externe) Kommunikation von Unternehmen in der Wahrnehmung der Zielgruppen oftmals auseinanderklaffen (Bruhn/Reichwald 2005, S. 136).

Nach dieser Einschätzung geht es offensichtlich zum einen um den **Mehrwert der Kommunikation** und zum anderen um die **Austauschbeziehung mit den Zielgruppen**. Der Mehrwert der Kommunikation kann in geeigneter Weise über die Erweiterung des Intellectual Capital dargestellt werden. Die Austauschbeziehung mit den Zielgruppen kann zudem in geeigneter Weise über die Strukturierung der Kommunikationsprozesse geleistet werden. Wichtig ist dabei die integrierte Betrachtung des Mehrwerts für die Unternehmung durch die effizientere Gestaltung der Austauschbeziehung mit den Zielgruppen.

Dieser vorgestellte neue Kommunikationsansatz betrifft folglich eine inhaltliche wie auch eine organisatorische Ebene. In der **Nomenklatur des Neuen St. Galler Management-Modells** heisst das: Der neue Ansatz behandelt die Kategorien der Interaktionsthemen, der Ordnungsmomente und Prozesse mit Blick auf die Anspruchsgruppen unter Berücksichtigung der Umweltsphären und auf Basis des entsprechenden Entwicklungsmodus einer Unternehmung.

Auf diese Art und Weise gelingt es, nach entsprechender Reflektion anderer Modelle – neben Ulrich (erstmals 1968) und Ulrich/Krieg (erstmals 1972) vor allem Hahn (1992), aber dann auch Argenti (1998), Bruhn (2003), Bentele/Will (2006) sowie zudem Herger (2004), Kirchner (2002), und schliesslich Zerfass (1996, 2004) und Zühlsdorf (2002) – die Integration von Führung, Organisation und Kommunikation und mithin die **Führungs- und Führungsunterstützungsfunktionen** eines hier wertorientiert ausgestalteten Kommunikationsmanagement-Modells endogen zu vollziehen.[222] Soweit hat die Problemstellung dieser Arbeit das Forschungsspektrum aufgespannt. Folgende fünf Punkte sind für die Ausgestaltung der kommunikativen Dimension relevant:

---

[222] Das Schwerpunktheft von Bruhn/Reichwald (2005) gibt einen interessanten Hinweis auf die aktuelle Einbindung von Kommunikation: zfo heisst Zeitschrift für **Führung und Organisation**, das Editorial von Bruhn/Reichwald heisst **Führung und Kommunikation**, aber der einleitende Beitrag der genannten Autoren heisst **Führung, Organisation und Kommunikation**.

(1) Differenzierung der Anspruchsgruppen
Zunächst wurde eine Unterscheidung in Ziel- und Zwischenzielgruppen vorgenommen, mit der die Anspruchsgruppen einer Unternehmung für den Kommunikationsprozess differenziert dargestellt werden konnten. Insbesondere für den Terminus der Zwischenzielgruppe könnte man auch einen Terminus wie »Intermediär« wählen, dennoch lässt gerade das Präfix »Zwischen« sofort erkennen, dass eine solche Gruppe zwischen der Unternehmung und seinen unabdingbar notwendigen Zielgruppen steht. Diese Einteilung ermöglicht die Anwendung klassischer Kommunikationsprozesse auf die Austauschbeziehung der Unternehmung mit ihren Zielgruppen, deren Strukturierung Voraussetzung für das Gelingen der eigentlichen Interaktion und damit der Vermittlung der Interaktionsthemen ist.

Des Weiteren wurden in diesem Zusammenhang Zielgruppen geordnet, um sich auch hier im Sinne der Komplexitätsreduktion auf die wesentlichen Zielgruppen und die für sie zwingend notwendigen Zwischenzielgruppen im Kommunikationsprozess zu beschränken. Die Einteilung in Kunden und Zulieferer (nach dem Produktionsprozess), in Humankapital und Finanzkapital (nach dem Kapitaleinsatz) und Wettbewerber wie auch Gesellschaft (nach dem Umfeld einer Unternehmung) passt dann in geeigneter Weise zu Kategorisierung des Intellectual Capitals, wie sie erneut nach entsprechender Reflektion – insbesondere die Erweiterungen des Ansatzes von Edvinsson/Malone (1997) – auf Basis der Systematik des Arbeitskreises Immaterielle Werte der Schmalenbach Gesellschaft vorgenommen wurde.

(2) Beschreibung von Interaktionsthemen
Für die Interaktion mit den Zwischenzielgruppen und den Zielgruppen war es dann ganz wesentlich, die Interaktionsthemen über Corporate Governance, Corporate Reputation und Corporate Reporting zu beschreiben, aus denen sich die Inhalte für den Austauschprozesse ableiten. Dabei musste auch das entsprechende Kommunikationsumfeld analysiert werden. Schliesslich dürfen Unternehmungen nicht einfach so kommunizieren, sondern müssen rechtliche und mediale Voraussetzungen berücksichtigen. Bei den rechtlichen Aspekten, insbesondere den Rechnungslegungsvorschriften, steht das Diktum der getreuen Präsentation, der Fair Value, im Mittelpunkt. Hierüber lässt sich die transparente Darstellung von Führung und Kontrolle und mithin die normative Orientierung der Unternehmung gegenüber ihren Anspruchsgruppen mittels des Interaktionsthemas Corporate Governance operationalisieren.

Das funktioniert allerdings wieder nur, wenn man dieses Interaktionsthema in enger Abstimmung mit Corporate Reputation und Corporate Reporting als eine Art »Dreieck« betrachtet, aus denen heraus vor allen Dingen auf der Unterstützungsebene der Mehrwert dargestellt werden kann. Die Darstellung der Veränderungen im Kommunikationsumfeld hat dabei darauf aufmerksam gemacht, wie entscheidend die Differenzierung in Ziel- und Zwischenzielgruppen ist, wenn man die Fragmentierung, die Digitalisierung und auch die Atomisierung des medialen Umfeldes auf Basis der rechtlichen Rahmenbedingungen berücksichtigt.

(3) Strukturierung über Ordnungsmomente
Nicht zuletzt aus diesem Grund wurde dann die differenzierte Analyse einzelner Kommunikationsbeziehungen im Abschnitt über die Organisationsebene des Wertorientierten Kommunikationsmanagements nachgerade zwingend. Diese Communications Relations

sind die Voraussetzung für die Beurteilung der ganzheitlichen Kommunikationsprogramme, der so genannten Communications Programs.

In dieser Arbeit wurde dem Kommunikationsmanagement aber auch das Adjektiv wertorientiert hinzugefügt, da die Wertorientierung als übergeordnet eingestuft wurde. Zudem zwingt sie die Unternehmenführung, die Austauschbeziehung am Mehrwert zu orientieren und in die gesamte Planungs-, Steuerungs- und Kontrollfunktion der Unternehmung einzubinden zu lassen. Das verdeutlicht als Schlussbaustein des Abschnitts C über die Organisationsebene das Kapitel über das Communications Controlling.

Als Ordnungsmomente gehören Communications Relations, Communications Programs und Communications Controlling zur Strukturierung des Wertorientierten Kommunikationsmanagement gemeinsam betrachtet.

(4) Wertorientierung des Kommunikationsmanagements

Damit war die eigentliche Grundlage für die Wertorientierung angelegt. Dieser Ansatz für das Kommunikationsmanagement wurde aber auch deshalb gewählt, weil das wertorientierte Management bereits eine Kommunikationsorientierung in sich trägt, wenngleich nahezu ausschliesslich auf den Kapitalmarkt ausgerichtet. Jede noch so erfolgreiche wertorientierte Unternehmensführung muss durch eine wirkungsvolle Kapitalmarktkommunikation begleitet werden: »Die Strategie muss verkauft werden. Offenheit und Transparenz – nicht zuletzt auch bezüglich der Corporate Governance – sind die wichtigsten Voraussetzungen effektiver Kommunikation«, schreibt Börsig (2002, S. V) und im Folgejahr des Deutschen Betriebswirtschafter-Tages postuliert er gemeinsam mit Coenenberg, dass der langfristige Erfolg der Aktien von der glaubwürdigen Vermittlung wertrelevanter Information abhängt (Börsig/Coenenberg 2003, S. V).

Da Aktien nun mal nichts anderes als Anteilsscheine an einer Unternehmung sind, hängen der Erfolg von Aktien und der Erfolg der Unternehmung selbst offensichtlich sehr eng zusammen. Und wenn man – wie im Kapitel über die Capital Relations dargestellt worden ist – im Sinne der Strukturierung durch die Ordnungsmomente alle Multiplikatoren, Opinion Leader und Zielgruppen einer erweiterten Kapitalmarktbetrachtung berücksichtigt, dann bietet Wertorientiertes Kommunikationsmanagement genau diese Möglichkeit, die enge Kommunikationsorientierung auf den Kapitalmarkt auch auf andere Stakeholder als nur den Shareholder auszuweiten. Damit wird Wertorientiertes Kommunikationsmanagement von der Ebene der Unterstützungsprozesse auf die Ebene der Managementprozesse gehoben.

(5) Bezugsrahmen für das Wertorientierte Kommunikationsmanagement

Bei der Analyse des Bezugsrahmens wurden zunächst einzelne Bezüge untersucht und ihre Verbindung zur Kommunikation aufgezeigt. Dabei konnte Kommunikation in den strategischen Sichtweisen als Wertaktivität oder Kernkompetenz verortet und über die Interpretationsfähigkeit (im Kontext der Wertaktivität) sowie über die Feedbackfähigkeit (im Kontext der Kernkompetenz) integriert werden.

Als Bezugsrahmen wurde schliesslich das Neue St. Galler Management-Modell gewählt und auf der Einstufung des Kommunikationsmanagement von Dyllick/Meyer (2004) aufgebaut. Das Modell eignet sich deshalb, weil es als Gemeinschaftswerk einer integrierten und anwendungsorientierten Managementlehre konzipiert ist. Man muss nichts gänzlich Fehlendes hinzufügen, um das bestehende Kommunikationsmanagement zu erweitern. Die sechs Grundkategorien des Modells erlauben dabei zudem eine Benennung der Schnittstellen (insbesondere zu den Managementprozessen) und damit eine Integration der Inhalte und der Organisation des Wertorientierten Kommunikationsmanagements.

Strategien müssen überdies vermittelt werden können und dabei im Rahmen verdrahteter Ordnungsmuster und Tiefenstrukturen der Unternehmung, so die Bezeichnung von Gomez über Struktur und Kultur (Gomez 2004a, S. 429 ff.), eingeordnet werden. Gerade im Kontext der Ordnungsmomente zeigt sich auch, dass Kommunikation vor allen Dingen eine Koordinationsfunktion für die gesamte Unternehmung hat, die selbstverständlich auch in die Organisationsüberlegungen einzubeziehen ist.[223]

Die Interaktionsthemen werden als verschiedene Typen von Inhalten kommunikativer Prozesse mit den Anspruchsgruppen bezeichnet und dabei in Ressourcen, Normen und Werte sowie Anliegen und Interessen unterteilt. Die Themen, die sich aus der Corporate Governance, der Corporate Reputation und dem Corporate Reporting ergeben, sind solche Typen von Inhalten kommunikativer Prozesse, wenn es um die normative Orientierung, die strategische Entwicklung und/oder die operative Führung einer Unternehmung geht.

Im Kontext der kommunikativen Dimension der Managementprozesse wurden die drei benannten Interaktionsthemen zunächst einmal neu geordnet, indem man eine weiter gefasste Betrachtung von Corporate Governance – in Anlehnung an Gomez (2004b) und auch Hilb (2004b) – gewählt und zudem den Zusammenhang untereinander dargestellt hat.

Corporate Governance dient der Führung der Unternehmung und bedarf dazu einer Kommunikationsperspektive für das Management, die Communications View. Für diese Führungsaufgabe bedarf es einer Corporate Reputation in erster Linie zur Positionierung und eines Corporate Reporting in erster Linie zur Rechnungslegung der Unternehmung, mithin eine unterstützende Darstellungs- und Kommunikationsfähigkeit, die auf dieser Kommunikationsperspektive aufbaut.

Diese neue Managementfähigkeit ist dabei eine Frage der Positionierung in der Beziehung zu den Anspruchsgruppen, die mit der Relations View umschrieben wurde. Sie ist zudem eine Frage der Rechnungslegung in der Analyse von Financial und Intellectual Capital-Kategorien, die mit der Capital View umschrieben wurde. Dies leitet sich aus dem Ansatz von Edvinsson/Malone (1997) ab.

Diese fünf Aspekte beschreiben rückblickend die Ausarbeitung der kommunikativen Dimension der Unternehmensführung.

---

223 In einem (nicht veröffentlichten) Vortrag am Institut für Medien- und Kommunikationsmanagement der Universität St. Gallen, an dem die überwiegende Forschung für diese Arbeit geleistet wurde hat Gomez 2001 sogar die Idee vorgetragen, das Dreieck »Strategie, Struktur und Kultur«, also die Ordnungsmomente, zu einem »**Viereck« unter Einbezug der Kommunikation** zu erweitern.

2. Communications View: Kommunikationsperspektive und Kommunikationsfähigkeit im Unternehmens-, Führungs- und Organisationsmodell

Im Sinne eines Ausblicks zur Zukunft der kommunikativen Dimension der Unternehmensführung lassen sich ebenfalls fünf Punkte ausmachen, über welche die Kommunikationsperspektive und Kommunikationsfähigkeit im Unternehmens-, Führungs- und Organisationsmodell zur Anwendung kommt:

(1) Interpretationssicht

Auf Basis der Berücksichtigung des Wertorientierten Kommunikationsmanagements im gewählten Bezugsrahmen des Neuen St. Galler Management-Modells lässt sich die Investitionssicht des Unternehmenswertes nunmehr auch über die Interpretationssicht des Reputationswertes beschreiben, wie sie Schmid (2004a) für das Stakeholder Capital über die Metapher der zwei Welten skizziert hat. Auf diese Weise können die Interpretationen der Anspruchsgruppen in die Investitionsentscheidung und damit in die Unternehmensbewertung einfliessen.

Dieser erweiterte Kommunikationsansatz ermöglicht es, langfristige Geschäftswerte im Sinne Coenenbergs (2003) darstellbar, kommunizierbar und mithin interpretierbar(er) zu machen und damit letztlich der Rechnungslegung zusätzliche Informationen zum Abbau von Informationsasymmetrie zu bieten. Diverse Rechnungslegungsvorschriften erwarten heute diese zusätzlichen Informationen, die PricewaterhouseCoopers beispielsweise in ihrem Value Reporting-Framework mit einer Reduktion der Informationslücke durch zusätzliche Wertmassstäbe umschrieben hat.

Dies kann man als die Transparenzanforderung interpretieren, die es bislang in den Kodizes nicht gibt, wie am Beispiel des Deutschen Corporate Governance Kodex aufgezeigt wurde. Weder im Kontext der impliziten noch der expliziten Kommunikationsanforderungen aus dem Kodex ergibt sich ein Beurteilungssystem im obigen Sinne der Reduktion der Informationslücke.

(2) Kommunikationsindikatorenmodell

Aus diesem Grund müssen die bestehenden Kommunikationsansätze für Corporate Reputation und Corporate Reporting in gewisser Weise miteinander verbunden und damit erweitert werden. Die Capital View ordnet die Kategorien und Indikatoren des Intellectual Capital so, dass in einem zweiten Schritt über die Relations View die eigentliche Austauschbeziehung zu den Stakeholdern gestaltet werden kann.

Die zusätzliche Intellectual Capital-Kategorie Communications Capital gestaltet diese Communications Relations sowie die auf dieses Beziehungsmanagement (Relationship Management) ausgerichteten Communications Programs (Content Management) und das im Sinne der Wertorientierung notwendige Communications Controlling (als Value Management der Kommunikation).

Dies leistet das Kommunikationsindikatorenmodell, welches sowohl die ursprünglichen Kategorien des Intellectual Capital darstellbar und kommunizierbar macht als auch die eigentlichen Kommunikationsbeziehungen, deren Programme und deren Kontrolle ermöglicht. Dieses systematische Kommunikationsindikatorenmodell bietet eine Verbindung zwischen Governance, Reputation und Reporting für Unternehmungen in der Praxis an.

(3) Kommunikationsorganisation
Bei der Behandlung der Organisationsebene nimmt nicht zuletzt aus den bisher genannten Gründen das Kapitel über die Communications Relations den grössten Raum ein, da sich genau aus der Komplexität der Austauschbeziehung mit den Anspruchsgruppen die eigentliche Wertentwicklung für die Unternehmung gestalten lässt. Die funktionale Sicht auf eine Organisation als Ordnungsmuster zur Komplexitätsbewältigung sowie die instrumentale Betrachtung als Mittel zur effizienten Führung passen exakt dazu.

Nach Reflektion verschiedener Organisationsmodelle für die Unternehmenskommunikation – insbesondere mit Hilfe der Zusammenstellung von Bruhn (2003, S. 216) – wurde sodann eine Aufbauorganisation vorgeschlagen, die alle Stakeholder systematisch berücksichtigen kann. Diese Aufbauorganisation erlaubt vor allem auch die in der Praxis anzutreffende Massenkommunikation mit Stakeholdern.

Eine Sonderrolle spielen dabei die Media Relations, womit auch der kommunikationswissenschaftlich festgestellten Überlegenheit der Medien im Sinne ihres Agenda-Setting, Gatekeeping-Ansatz sowie Selektionsmechanismen im Rahmen der Nachrichtenwerttheorie Rechnung getragen wird. Diese Media Relations haben für die Interaktionsthemen am Kapitalmarkt, am Arbeitsmarkt, am Kundenmarkt und am allgemeinen Meinungsmarkt in der Öffentlichkeit eine herausragende Rolle.

Die gesamte Darstellung der Media Relations und der fortfolgenden Stakeholder Relations zeigt ein sehr granuliertes Relationship Management. Zudem verdeutlicht sie, dass manche Fragestellungen aus der Blickrichtung eines Wertorientierten Kommunikationsmanagement anders zu stellen sind, als dies in anderen Managementprozessen oder Unterstützungsfunktionen der Fall ist.

So sind Human Resources für die Beschaffung und Entwicklung der Managementqualität und der allgemeinen Weiterbildung von Mitarbeitern zuständig, während Human Relations in einem Teil ihrer Funktion als Stakeholder Relations dazu da sind, diese Beschaffung und Entwicklung von Managementqualität so darzustellen, dass gegen aussen das Human Capital vermittelbar gemacht werden kann.

Auch im Falle der Customer Relations wird eine andere Sichtweise gewählt als im Marketing, wenn die Markenarchitektur beziehungsweise die Markenkaskade einer Unternehmung mit Blickrichtung auf die Markenkommunikation am Kapital-, Arbeits- und allgemeinen Meinungsmarkt analysiert wird. Unterschiedliche Markenstrukturen haben offensichtlich Bedeutung mit Blick auf die Markenbekanntheit jeweiliger Unternehmensmarken. Und Kundenzufriedenheitsindizes, der andere Teil der Customer Relations, lassen sich erst dann geeignet als Teil des Intellectual Capital beschreiben, wenn zuvor die Kundenstruktur auf Basis des Geschäftsmodells analysiert ist.

Auf diese Art und Weise kann eine Kommunikationsorganisation gestaltet werden, die das Intellectual und das Financial Capital verbindet und für die Führung über das Kommunikationsindikatorenmodell planbar, steuerbar und kontrollierbar macht.

Dazu muss dieses Kommunikationsindikatorenmodell in einen vierphasigen strukturierten Prozess eingebunden werden, der die Kommunikatorebene, die Organisationsebene, die Multiplikatorebene und letztendlich die Rezipientenebene integriert betrachtet. Auf diese Art und Weise der so bezeichneten Communications Intelligence ist nicht nur Planung,

Steuerung und Kontrolle der eigentlichen Inhalte, Strukturen und Prozesse des Wertorientierten Kommunikationsmanagements möglich, sondern vielmehr auch die Einbindung des Communications Controlling in das »normale« wertorientierte Controlling und damit die Unternehmensführung. Communications Controlling ist der Schlussstein der Kommunikationsorganisation.

(4) Wertorientiertes Kommunikationsmanagement

Wertorientiertes Kommunikationsmanagement bietet dem Management eine Führungs- und Führungsunterstützungsfunktion an, welche die Komplexität im Umgang mit den Anspruchsgruppen im Sinne des Mehrwertes für die Unternehmung gestaltet und entwickelt. Das zeigt abschliessend folgende, zudem erweiterte Kombination der abschliessenden Abbildungen des ersten und zweiten Teils der Communications View:

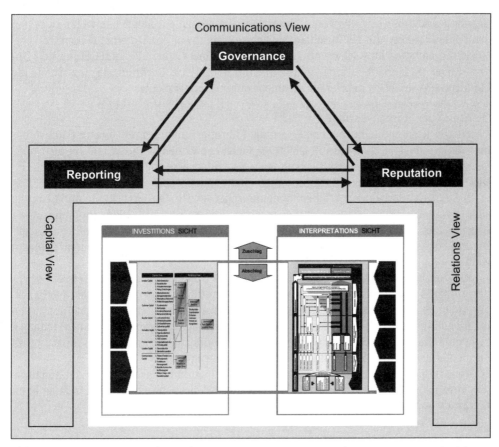

Abb. 162: Gesamtzusammenhang des Wertorientierten Kommunikationsmanagements (eigene Abbildung)

Wertorientiertes Kommunikationsmanagement ist, wie die Abbildung darstellt, in das Unternehmensmodell integriert worden, in dem die Schnittstellen beschrieben und definiert worden sind: Über die Kommunikationsperspektive ist das Führungsmodell erweitert und über die Darstellungs- und Kommunikationsfähigkeit ist das Organisationsmodell ausgebaut worden.

Auf der linken Seite der Investitionssicht ist die Gesamtdarstellung der Capital und Relations View integriert, über welche die Berücksichtigung des Communications Capital inhaltlich dargestellt wurde. Auf der rechten Seite ist das Konzept der Communications Intelligence integriert, über welches das Communications Capital organisatorisch auf Basis der Inhalte dargestellt wurde.

Die linke Seite ist Voraussetzung für die rechte Seite; denn ohne Überführung der Capital View in die Relations View braucht es keine andere Kommunikationsorganisation, die sich letztlich über die Communications Intelligence strukturell und prozessual im Sinne von Aufbau- und Ablauforganisation darstellt.

Aber die rechte Seite bedingt auch die linke Seite; denn ohne eine »intelligente kommunikative Dimension« kann der Reputationswert gar keine zusätzliche Information zur Beurteilung des Unternehmenswertes liefern. Folgert aus einem möglichen Delta zwischen den beiden Werten nun ein Zuschlag oder ein Abschlag auf den Unternehmenswert?

Die Communications View und das Communications Capital dienen Führung und Unterstützung und erlauben eine kommunikationsorientierte Rechnungslegung durch die Einführung eines Wertorientierten Kommunikationsmanagements.

(5) Zurück zur Forschungsfrage

»Wie kann Kommunikationsmanagement als Führungsfunktion und Unterstützungsfunktion wertorientiert in das Neue St. Galler Management-Modell integriert und für die Unternehmensführung nutzbar gemacht werden?« So lautete eingangs die Forschungsfrage.[224] Die Antwort ist in diesem Abschnitt D noch einmal nachgezeichnet worden.

Diese Integration kann durch eine systematische Gestaltung, Entwicklung und Lenkung aller Communications Relations und dazu notwendiger Communications Programs sowie einem planenden, steuernden und kontrollierenden Communications Controlling ermöglicht und auf diese Weise der Unternehmung inhaltlich wie organisatorisch nutzbar gemacht werden.

Alle drei Bestandteile sind für die Führungs- und Unterstützungsfunktionen wertorientiert aufbereitet worden und haben sich aus den Interaktionsthemen Corporate Governance, Corporate Reputation und Corporate Reporting ergeben. Die Unternehmung hat mit diesen Inhalten, Strukturen und Prozessen eine Fach- und Handlungskompetenz, die dem Management eine Kommunikationsperspektive und schlussendlich eine Kommunikationsfähigkeit für die Führung und die Führungsunterstützung bieten.

Wertorientiertes Kommunikationsmanagement dient damit insbesondere der Legitimation unternehmerischen Handelns im Austausch mit den Anspruchsgruppen in einer kommunikativ komplexen Umwelt.

---

224 Vgl. dazu A.1.1.2.

Literaturverzeichnis

Achleitner, A.-K. und Bassen, A., Hrsg. (2001). Investor Relations am Neuen Markt – Zielgruppen, Instrumente, rechtliche Rahmenbedingungen und Kommunikationsinhalte. Book Investor Relations am Neuen Markt – Zielgruppen, Instrumente, rechtliche Rahmenbedingungen und Kommunikationsinhalte. Stuttgart, Schaeffer-Poeschel.

Achleitner, A.-K. et al. (2001). Empirische Studien zu Investor Relations in Deutschland. Eine kritische Analyse und Auswertung des Forschungsstandes. In: Achleitner, A.-K. und Bassen, A. Investor Relations am Neuen Markt – Zielgruppen, Instrumente, rechtliche Rahmenbedingungen und Kommunikationsinhalte. Stuttgart, Schaeffer-Poeschel. S. 23–60.

Aebersold, A. und Nix, P. (2003). Investor Relations und Corporate Reporting. Luzern, Zürich.

Albach, H. (2001). Konzernmanagement – Corporate Goverance und Kapitalmarkt. Wiesbaden, Gabler.

Altmeppen, K.-D. et al. (2004). Schwierige Verhältnisse Interdependenzen zwischen Journalismus und PR, VS Verlag für Sozialwissenschaften.

Arbeitskreis »Immaterielle Werte im Rechnungswesen« der Schmalenbach-Gesellschaft für Betriebswirtschaft e.V. (2001). »Kategorisierung und bilanzielle Erfassung immaterieller Werte.« Der Betrieb 54(19): 989–996.

Arbeitskreis »Immaterielle Werte im Rechnungswesen« der Schmalenbach-Gesellschaft für Betriebswirtschaft e.V. (2003). »Freiwillige externe Berichterstattung über immaterielle Werte.« Der Betrieb(23): 1233–1237.

Argenti, P. A. (1998). »Corporate Communication as a discipline.« Communication Management Quarterly 1: 73–97.

Argenti, P. A. und Forman, J. (2000). The Communication Advantage: A Constituency-Focused Approach to Formulationg and Implementing Strategy. In: Schultz, M. et al. The Expressive Organization: Linking Identity, Reputation, and the Corporate Brand. Oxford, Oxford University Press. S. 233–245.

Argenti, P. A. und Forman, J. (2002). The Power of Corporate Communication – Crafting the Voice and Image of Your Business. New York, McGraw-Hill.

Argenti, P. A. (2003). Corporate Communication. New York, Mc Graw-Hill.

Argenti, P. A. und Druckenmiller, B. (2004). »Reputation and the Corporate Brand.« Corporate Reputation Review 6(4): 368–374.

Argenti, P. A. und Forman, J. (2004). »The Power of Corporate Communication: Crafting the Voice and Image of Your Business.« Corporate Reputation Review 7(1): 96–98.

Arnaout, A. (2005). Controlling auch für die Kommunikationspraxis? In: Piwinger, M. und Porak, V. Kommunikationscontrolling. Wiesbaden, Gabler. S. 121–132.

Baerns, B. (1985). Öffentlichkeitsarbeit oder Journalismus? Zum Einfluß zum Mediensystem. Köln.

Baker, M. et al. (2004). Behavioral Corporate Finance A Survey, National Bureau of Economic Research.

Ballwieser, W. (2002). Wertorientierung und Betriebswirtschaftslehre: Von Schmalenbach bis heute. In: Macharzina, K. und Neubürger, H.-J. Wertorientierte Unternehmensführung. Strategien – Strukturen – Controlling. Stuttgart, Schäffer-Poeschel. S. 69–100.

Ballwieser, W. (2004). »IFRS ante portas – Segen oder Fluch?« Der Aufsichtsrat 10.

Balmer, J. M. T. (1995). »Corporate Branding and Connoisseurship.« Journal of General Management 21(1): 24–46.

Balmer, J. M. T. und Gray, E. R. (1999). »Corporate identity and corporate communications: creating a competitive advantage.« Corporate Communications: An International Journal 4(4): 171–176.

Behr, G. (2002). Financial Reporting. In: Dubs, R. et al. Einführung in die Managementlehre. Bern, Haupt. S. 446–522.

Behrenwaldt, U. (2001). Wertschöpfung auf dem Prüfstand: Der Anspruch der institutionellen Investoren an die Investor-Relations-Arbeit. In: Achleitner, A.-K. und Bassen, A. Investor Relations am neuen Markt. Stuttgart, Schäffer-Poeschel. S. 421–434.

Beke-Bramkamp, R. und Hackeschmidt, J. (2001). Erfolgsfaktor Öffentlichkeitsarbeit – warum sich die Kommunikationsaufgaben von Unternehmen und Nonprofit-Organisationen nicht unterscheiden. In: Langen, C. und Albrecht, W. Zielgruppe: Gesellschaft – Kommunikationsstrategien für Nonprofit-Organisationen. Gütersloh, Bertelsmann Stiftung. S. 53–61.

Bentele, G. und Rühl, M., Hrsg. (1993). Theorien öffentlicher Kommunikation – Problemfelder, Positionen, Perspektiven. München, Ölschläger.

Bentele, G. (1993). Wie wirklich ist die Medienwirklichkeit – Einige Anmerkungen zum Konstruktivismus und Realismus in der Kommunikationswissenschaft. In: Bentele, G. und Rühl, M. Theorien öffentlicher Kommunikation. München, Ölschläger. S. 152–171.

Bentele, G. und Rutsch, D. (2001). Issues Management in Unternehmen: Innovation oder alter Wein in neuen Schläuchen? In: Röttger, U. Issues Management. Wiesbaden, Westdeutscher Verlag. S. 141–160.

Bentele, G. und Andres, S. (2005). Ethische Herausforderungen an die Unternehmensführung. In: Bruhn, M. und Reichwald, R. zfo Schwerpunktheft Führung und Kommunikation.

Bentele, G. et al. (2005). Handbuch der Public Relations wissenschaftliche Grundlagen und berufliches Handeln mit Lexikon, VS Verlag für Sozialwissenschaften.

Bentele, G. und Will, M. (2006). Public Relations als Kommunikationsmanagement. In: Schmid, B. und Lyczek, B. Unternehmenskommunikation. Kommunikationsmanagement aus Sicht der Unternehmensführung. Wiesbaden, Gabler. S. 62–77.

Berens, G. und Van Riel, C. (2004). »Corporate Associations in the Academic Literature: Three Main Streams of Thought in the Reputation Measurement Literature.« Corporate Communications: An International Journal 7(2): 161–178.

Besson, N. A. (2003). Strategische PR-Evaluation. Erfassung, Bewertung und Kontrolle von Öffentlichkeitsarbeit. Wiebaden, Gabler.

Black, E. L. et al. (2000). »The Market Valuation of Corporate Reputation.« Corporate Reputation Review 3(1): 31–42.

Bleicher, K. (1981). Organisation Formen und Modelle, Gabler.

Bleicher, K. (1986). Weltweite Strategien der Unternehmungsakquisition und -kooperation zur Bewältigung des Markt- und Technologiewandels.

Bleicher, K. (1992). »Kodifizierung und Kommunikation unternehmenspolitischer Konzepte in Leitbildern.« Die Unternehmung 2: 59–78.
Bleicher, K. (1994). Normatives Management Politik, Verfassung und Philosophie des Unternehmens, Campus Verlag.
Bleicher, K. (1996). Das Konzept Integriertes Management. Frankfurt a. M., Campus.
Bleicher, K. (1999). Das Konzept Integriertes Management Visionen – Missionen – Programme, Campus Verlag.
Bock, H. und Fuchs, L. (2001). Vom trägen Tanker zum wendigen Schnellboot – Organisationsstrukturen als Chance für Kommunikation. In: Langen, C. und Albrecht, W. Zielgruppe: Gesellschaft – Kommunikationsstrategien für Nonprofit-Organisationen. Gütersloh, Bertelsmann Stiftung. S. 63–81.
Bonfadelli, H. (2004). Medienwirkungsforschung, UVK-Verl.-Ges.
Bouncken, R. B. (2000). »Dem Kern des Erfolges auf der Spur? State of the Art zur Identifikation von Kernkompetenzen.« Zeitschrift für Betriebswirtschaft 70(7): 865–885.
Böcking, H.-J. und Müßig, A. (2003). »Neue Herausforderungen für den Konzernlagebericht durch das Transparenz- und Publizitätsgesetz sowie den deutschen Corporate Governance Kodex? – Zugleich ein Ahsschnitt aus dem gegenwärtigen Anforderungsprofil an den Vorstand, Aufsichtsrat und Abschlussprüfer.« Der Konzern(01): 38ff.
Börsig, C. (2002). Geleitwort. In: Macharzina, K. und Neubürger, H.-J. Wertorientierte Unternehmensführung. Strategien – Strukturen – Controlling. Stuttgar, Schäffer-Poeschel.
Börsig, C. und Coenenberg, A. G. (2003). Bewertung von Unternehmen. Strategie – Markt – Risiko. Stuttgart, Schäffer-Poeschel.
Brauner, D. J. et al., Hrsg. (2001). Lexikon der Presse- und Öffentlichkeitsarbeit. Book Lexikon der Presse- und Öffentlichkeitsarbeit. München, Oldenbourg Verlag.
Broda, B. M. (2003). »Alternative Ansätze zur Messung des intellektuellen Kapitals.« Der Schweizer Treuhänder 9: S. 729–740.
Bromley, D. (2002). »Comparing Corporate Reputations: League Tables, Quotients, Benchmarks, or Case Studies?« Corporate Reputation Review 5(1): 35–50.
Bronn, P. S. (2001). »Communication managers as strategists? Can they make the grade?« Journal of Communication Management 5(4): 313–326.
Bronn, C. und Bronn, P. S. (2005). »Reputation and Organizational Efficiency: A Data Envelopment Analysis Study.« Corporate Reputation Review 8(1): 45–58.
Bruhn, M. und Dahlhoff, H. D. (1993). Effizientes Kommunikationsmanagement Konzepte, Beispiele und Erfahrungen aus der integrierten Unternehmenskommunikation, Schäffer-Poeschel.
Bruhn, M. und Boenigk, M. (1999). Integrierte Kommunikation. Entwicklungsstand in Unternehmen. Wiesbaden, Gabler.
Bruhn, M. et al., Hrsg. (2000). Integrierte Kommunikation in Theorie und Praxis. Betriebswirtschaftliche und kommunikationswissenschaftliche Perspektiven. Wiesbaden, Gabler.
Bruhn, M. (2003). Integrierte Unternehmens- und Markenkommunikation. Strategische Planung und operative Umsetzung. Stuttgart, Schäffer-Poeschel.
Bruhn, M. und Ahlers, G. M. (2004). »Der Streit um die Vormachtstellung von Marketing und Public Relations in der Unternehmenskommunikation – Eine unendliche Geschichte?« Marketing ZFP 26(1): 71–80.

Bruhn, M. und Reichwald, R. (2005). »Führung, Organisation und Kommunikation.« zfo Zeitschrift Führung + Organisation 74(3): 132-138.

Buigues, P. (2000). Competitiveness and the value of intangible assets, Edward Elgar.

Burkart, R. (1998). Kommunikationswissenschaft. Grundlagen und Problemfelder. Umrisse einer interdisziplinären Sozialwissenschaft. Wien, Böhlau.

Bühner, R. et al. (2004). »Legitimität und Innovation – Einführung wertorientierten Managements in Deutschland.« zfbf 56: 715-736.

Christensen, L. T. (2002). »Corporate communication: the challenge of transparency.« Corporate Communications: An International Journal 7(3): 162-168.

Clauser, R. C. (2001). »Offline rules, online tools.« Brand Management 8(4&5): 270-287.

Coenenberg, A. G. (2003). »Strategische Jahresabschlussanalyse – Zwecke und Methoden.« KoR Zeitschrift für kapitalmarktorientierte Rechnungslegung(3): 165-177.

Cromme, G. (2002). Corporate Governance Report 2002. Stuttgart, Schäffer-Poeschel.

Cromme, G. (2003). Corporate Governance Report 2003. Stuttgart, Schäffer-Poeschel.

Cromme, G. (2004). Corporate Governance Report 2004. Stuttgart, Schäffer-Poeschel.

Cromme, G. (2005). Corporate Governance Report 2005. Stuttgart, Schäffer-Poeschel.

Daum, J. und Edvinsson, L. (2001). »Intellectual Capital: Aktivposten Wissenskapital – Interview mit Leif Edvinsson.« Controlling & Finance(10): 4-6.

De La Fuente Sabate, J. M. und De Quevedo Puente, E. (2003). »Empirical Analysis of the Relationship Between Corporate Reputation and Financial Perfomance: A Survey of the Literature.« Corporate Reputation Review 6(2): 161-177.

Deephouse, D. (2002). »The Term ‹Reputation Management›: Users, Uses and the Trademark Tradeoff.« Corporate Reputation Review 5(1): 9-18.

Defleur, M. L. und Dennis, E. E. (2002). Understanding mass communication a liberal arts perspective, Houghton Mifflin.

Diehl, U. et al. (1998). Effiziente Kapitalmarktkommunikation, Schäffer-Poeschel.

Dipiazza, S. A. und Eccles, R. G. (2002). Vertrauen durch Transparenz – Die Zukunft der Unternehmensberichterstattung. New York, John Wiley & Sons.

Dolphin, R. (2004). »The strategic role of investor relations.« Corporate Communications: An International Journal 9(1): 25-42.

Donsbach, W. (1994). Beziehungsspiele Medien und Politik in der öffentlichen Diskussion Fallstudien und Analysen, Bertelsmann.

Drill, M. (1995). Investor Relations Funktion, Instrumentarium und Management der Beziehungspflege zwischen schweizerischen Publikums-Aktiengesellschaften und ihren Investoren, Haupt.

Droste, H. W. (2001). Praktikerhandbuch Investor Relations mit IPO-Kommunikationskalender für die erfolgreiche Börsenpräsenz, Schäffer-Poeschel.

Dubs, R. et al., Hrsg. (2002). Einführung in die Managementlehre – Pilotversion. Bern, Paul Haupt Verlag.

Dubs, R. et al. (2004). Einführung in die Managementlehre, Haupt.

Dubs, R. (2004a). Anforderungen an die unternehmerische Tätigkeit und an die Führung von Unternehmen. In: Dubs, R. et al. Einführung in die Managementlehre, Band 1. Bern, Haupt. S. 31-51.

Dubs, R. (2004b). Die Unternehmung und ihre Umwelten – Einleitung und Übersicht. In: Dubs, R. et al. Einführung in die Managementlehre, Band 1. Bern, Haupt. S. 239-255.

Dubs, R. (2004c). Beeinflussung und Prägung der Unternehmenskultur. In: Dubs, R. et al. Einführung in die Managementlehre, Band 1. Bern, Haupt. S. 473-479.

Dyllick, T. und Probst, G. (1984). Einführung in die Konzeption der systemorientierten Managementlehre von Hans Ulrich. In: Dyllick, T. und Probst, G. Management. Bern, Haupt. S. 9-17.

Dyllick, T. (1989). Management der Umweltbeziehungen öffentliche Auseinandersetzungen als Herausforderung, Gabler.

Dyllick, T. (1992). »Ökologisch bewusste Unternehmensführung.« Die Unternehmung(6): 391-412.

Dyllick, T. und Hockerts, K. (2002). Beyond the Business Case for Corporate Sustainability. INSEAD R&D. Fontainebleau.

Dyllick, T. (2004). Die Unternehmung in der ökologischen Umwelt. In: Dubs, R. et al. Einführung in die Managementlehre, Band 1. Bern, Haupt. S. 257-269.

Dyllick, T. und Meyer, A. (2004). Kommunikationsmanagement. In: Dubs, R. et al. Einführung in die Managementlehre, Band 4. Bern, Haupt. S. 117-145.

Eccles, R. G. et al. (2001). The ValueReportingTM Revolution – Moving Beyond the Earnings Game. New York, John Wiley & Sons.

Edvinsson, L. und Malone, M. S. (1997). Intellectual capital realizing your company's true value by finding its hidden brainpower, Harper Business.

Edvinsson, L. und Brünig, G. (2000). Aktivposten Wissenskapital: Unsichtbare Werte bilanzierbar machen. Wiebaden.

Einwiller, S. und Will, M. (2001). Corporate Branding Study. Theoretical concepts and empirical findings. St. Gallen, = mcm institute.

Einwiller, S. und Will, M. (2002). »Towards an integrated approach to corporate branding – an empirical study.« Corporate Communications: An International Journal 7(2): 100-109.

Engelhardt, H. D. (1995). Organisationsmodelle ihre Stärken, ihre Schwächen, Sandmann.

Eppler, M. und Will, M. (2001). »Branding knowledge: Brand building beyond product and service brands.« Brand Management 8(6): 445-456.

Ernst, E. J. et al. (2005). »Verhalten und Präferenzen deutscher Aktionäre: Eine Befragung privater und institutioneller Anleger zu Informationsverhalten, Dividendenpräferenz und Wahrnehmung von Stimmrechten.« Studien des Deutschen Aktieninstituts (29).

Esch, F.-R. und Bräutigam, J. (2001). Moderne Markenführung Grundlagen, innovative Ansätze, praktische Umsetzungen. Wiesbaden, Gabler.

Esser, K. (2001). Gleitwort. In: Coenenberg, A. G. und Pohle, K. Internationale Rechnungslegung. Stuttgart, Schäffer-Poeschel.

Esser, M. und Hackenberger, J. (2004). »Bilanzierung immaterieller Vermögenswerte des Anlagevermögens nach IFRS und US-GAAP.« KoR Zeitschrift für kapitalmarktorientierte Rechnungslegung (10): 402-414.

Etzioni, A. (1988). The moral dimension towards a new economics, Free Press Collier Macmillan.

Ewert, R. und Wagenhofer, A. (2000). Wertorientiertes Management. Konzepte und Umsetzungen zur Unternehmenswertsteigerung. Stuttgart, Schäffer-Poeschel.

Fahrni, F. (2004). Die Unternehmung in der technologischen Umwelt. In: Dubs, R. et al. Einführung in die Managementlehre, Band 1. Bern, Haupt. S. 271-297.

Fleisher, C. S. und Mahffy, D. (1997). »A Balenced Scorcard Approach to Public Relations Management Assessment.« Public Relations Review 23: 117–142.

Fombrun, C. J. und Shanley, M. (1990). »What›s in a name? Reputation building and corporate strategy.« Academy of Management Journal 33(2): 233–258.

Fombrun, C. J. (1992). Turning points creating strategic change in corporations, McGraw-Hill.

Fombrun, C. J. und Van Riel, C. (1998). »The Reputational Landscape.« Corporate Reputation Review 1(1&2): 5–13.

Fombrun, C. J. (1998). »Indices of Corporate Reputation: An Analysis of Media Rankings and Social Monitors› Ratings.« Corporate Reputation Review 1(4): 327–340.

Fombrun, C. J. et al. (1999). »The Reputation Quotient: A multi-stakeholder measure of corporate reputation.« The Journal of Brand Management 7(4): 241–255.

Fombrun, C. J. und Gardberg, N. (2000). »Who›s Tops in Corporate Reputation?« Corporate Reputation Review 3(1): 13–17.

Fombrun, C. J. und Rindova, V. P. (2000). The Road to Transparency: Reputation Management at Royal Dutch/Shell. In: Schultz, M. et al. The Expressive Organization: Linking Identity, Reputation, and the Corporate Brand. Oxford, Oxford University Press. S. 77–96.

Fombrun, C. J. und Riel, C. B. M. V. (2004). Fame and fortune how successful companies build winning reputations, FT Prentice-Hall.

Fombrun, C. J. (2005). »Building Corporate Reputation Through CSR Initiatives: Evolving Standards.« Corporate Reputation Review 8(1): 7–11.

Frankental, P. (2001). »Corporate social responsibility – a PR invention?« Corporate Communications: An International Journal 6(1): 18–23.

Freeman, R. E. (1984). Strategic management a stakeholder approach, Pitman.

Frey, B. S. (1977). Moderne politische Ökonomie die Beziehungen zwischen Wirtschaft und Politik. München, Piper.

Fuchs, H. J. (2003). »Welchen Wert schafft Kommunikation?« Harvard Business Manager 25(6): 37–45.

Gardberg, N. und Fombrun, C. J. (2002). »The Global Reputation Quotient Project: First Steps towards a Cross-Nationally Valid Measure of Corporate Reputation.« Corporate Reputation Review 4(4): 303–307.

Geissler, U. und Will, M. (2002). PR in Zeiten der Internet-Euphorie – Typische Muster und Begründungszusammenhänge. In: Baum, A. und Weischenberg, S. Fakten und Fiktionen. Konstanz, UVK Verlag. S. 466–478.

Gentz, M. und Kaufmann, H. (2003). Impairment-Only-Approach. In: Werder, A. von und Wiedmann, K.-P. Internationalisierung der Rechnungslegung und Corporate Governance. Stuttgart, Schäffer-Poeschel. S. 61–101.

Gergs, H.-J. und Trinczek, R. (2005). »Kommunikation als Schlüsselfaktor des Change-Managements. Eine soziologisch inspirierte Analyse.« prmagazin (3): 49–56.

Gerke, W. und Pellens, B. (2003). Pensionsrückstellungen, Pensionsfonds und das Rating von Unternehmen – eine kritische Analyse. Erlangen, Bochum.

Gesellschaft, K. D. T., Hrsg. (2004). IFRS visuell – Die IFRS in strukturierten Übersichten. Book IFRS visuell – Die IFRS in strukturierten Übersichten. Stuttgart, Schaeffer-Poeschel.

Glotz, P. (2004). Medienökonomie und Kommunikationswissenschaft. In: Stanoevska-Slabera (Hrsg.). The Digital Economy – Anspruch und Wirklichkeit. S. 399–404.

Gomez, P. und Probst, G. (1997). Die Praxis des ganzheitlichen Problemlösens – Vernetzt denken – Unternehmerischen handel – Persönlich überzeugen. Bern, Paul Haupt Verlag.

Gomez, P. und Zimmermann, T. P. (1999). Unternehmensorganisation Profile, Dynamik, Methodik, Campus Verlag.

Gomez, P. (2002). Zum Geleit. In: Rüegg-Stürm, J. Das neue St. Galler Management-Modell – Grundkategorien einer integrierten Managementlehre – Der HSG-Ansatz. Bern, Haupt. S. 5.

Gomez, P. (2004a). Strukturen als Ordnungsmoment. In: Dubs, R. et al. Einführung in die Managementlehre, Band 1. Bern, Haupt. S. 429–451.

Gomez, P. (2004b). Corporate Governance. In: Vater, H. J. et al. Corporate Governance – Herausforderungen an die Managementkultur. Bern, Haupt.

Gregory, J. R. und Wiechmann, J. G. (1991). Marketing Corporate Image – The Company As Your Number One Product. Lincolnwood, NTC Business Books.

Gregory, J. R. und Wiechmann, J. G. (1997). Leveraging the Corporate Brand. Lincolnwood, NTC Business Books.

Groenland, E. A. G. (2002). »Qualitative Research to Validate the RQ-Dimensions.« Corporate Reputation Review 4(4): 308–315.

Grunig, J. E. und Hunt, T. T. (1984). Managing public relations, Holt Rinehart and Winston.

Grunow, H. W. und Oehm, G. F. (2004). Credit Relations erfolgreiche Kommunikation mit Anleiheinvestoren, Springer.

Grübel, D. et al. (2004). »Intellectual Capital Reporting – ein Vergleich von vier Ansätzen.« zfo 73(1): 19–27.

Grüner, A. (2002). Performance Measurement. In: Dubs, R. et al. Einführung in die Managementlehre. Bern, Haupt. S. 523–548.

Habisch, A. (2003). Corporate Citizenship. Heidelberg, Springer.

Habisch, A. (2005). Corporate social responsibility across Europe discovering national perspectives of corporate citizenship. Heidelberg, Springer.

Hahn, D. (1992). Unternehmensführung und Öffentlichkeit. In: Zeitschrift für Betriebswirtschaft. Nr. 1/2. S. 148–156.

Hahn, D. und Hungenberg, H. (2001). PuK Planung und Kontrolle, Planungs- und Kontrollsysteme, Planungs- und Kontrollrechnung. Duisburg, Gabler.

Hahn, D. (2003). Kennzahlen des Werteigerungsmanagements. In: Werder, A. von und Wiedmann, K.-P. Internationalisierung der Rechnungslegung und Corporate Governance. Stuttgart, Schäffer-Poeschel. S. 103–130.

Haller, A. und Dietrich, R. (2001). »Intellectual Capital Bericht als Teil des Lageberichts.« Der Betrieb (20): 1045–1052.

Hamel, G. et al. (1995). Wettlauf um die Zukunft wie Sie mit bahnbrechenden Strategien die Kontrolle über Ihre Branche gewinnen und die Märkte von morgen schaffen, Ueberreuter.

Hatch, M. J. und Schultz, M. (2001). »Den Firmennamen zur Marke machen.« Harvard Business Manager 4: 36–43.

Hawley, J. P. und Williams, A. T. (1996). Corporate Governance in the United States: The rise of Fiduciary Capitalism. Saint Mary›s College of California.

Heath, R. L. (1994). Management of corporate communication from interpersonal contacts to external affairs, Erlbaum.

Heath, R. L. (2002). Issues Management: Vergangenheit, Gegenwart und Zukunft. Issues Management-Konferenz, Berlin.

Heinrich, J. (1999). Medienökonomie – Band 1: Mediensystem, Zeitung, Zeitschrift, Anzeigenblatt. Band 2: Hörfunk und Fernsehen. Opladen/ Wiesbaden, Westdeutscher Verlag.

Herger, N. (2004). Organisationskommunikation – Beobachtung und Steuerung eines organisationalen Risikos. Wiesbaden, VS Verlag für Sozialwissenschaften.

Heyd, R. und Lutz-Ingold, M. (2005). Immaterielle Vermögenswerte und Goodwill nach IFRS. München, Vahlen.

Hilb, M. (2004a). Personalmanagement. In: Dubs, R. et al. Einführung in die Managementlehre, Band 4. Bern, Haupt. S. 11–29.

Hilb, M. (2004b). Corporate Governance. In: Vater, H. J. et al. Corporate Governance – Herausforderungen an die Managementkultur. Bern, Haupt.

Hilb, M. (2005a). Integrierte corporate governance ein neues Konzept der Unternehmensführung und Erfolgskontrolle, Springer.

Hilb, M. (2005b). New corporate governance successful board management tools. Heidelberg, Springer.

Hoke, M. (2001). Konzernsteuerung auf Basis eines intern und extern vereinheitlichen Rechnungswesens – empirische Befunde vor dem Hintergrund der Internationalisierung der Rechnungslegung. St. Gallen, HSG.

Holtz-Bacha, C. und Kutsch, A., Hrsg. (2002). Schlüsselwerke für die Kommunikationswissenschaft. Book Schlüsselwerke für die Kommunikationswissenschaft. Wiesbaden, Westdeutscher Verlag.

Homberg, A. et al. (2004). »Bilanzierung von Humankapital nach IFRS am Beispiel des Spielervermögens im Profisport.« Zeitschrift für kapitalmarktorientierte Rechnungslegung(06).

Hommel, M. (1998). Bilanzierung immaterieller Anlagewerte. Stuttgart, Schaeffer-Poeschel.

Hommel, U. und Vollrath, R. (2001). Equity-Story. In: Achleitner, A.-K. und Bassen, A. Investor Relations am neuen Markt. Stuttgart, Schäffer-Poeschel. S. 597–612.

Hommelhoff, P. (2003). Handbuch Corporate Governance Leitung und Überwachung börsennotierter Unternehmen in der Rechts- und Wirtschaftspraxis, Schmidt. Stuttgart, Schäffer-Poeschel.

Hopt, K. J. (1998). Comparative corporate governance the state of the art and emerging research, Clarendon Press.

Hömberg, W. (2005). Studienführer Journalismus, Medien, Kommunikation, UTB.

Hubbard, M. (2004). Markenführung von innen nach aussen zur Rolle der internen Kommunikation als Werttreiber für Marken, VS Verlag für Sozialwissenschaften.

Hungenberg, H. (2001). Strategisches Management in Unternehmen – Ziele – Prozesse – Verfahren. Wiesbaden, Gabler.

Ind, N. (1997). The corporate brand, New York University Press.

Ingenhoff, D. (2004). Corporate Issues Management in multinationalen Unternehmen – Eine empirische Studie zu organisationalen Strukturen und Prozessen. Wiesbaden, VS Verlag für Sozialwissenschaften.

Jaeger, F. und Dubs, R. (2004). Die Unternehmung in der wirtschaftlichen Umwelt. In: Dubs, R. et al. Einführung in die Managementlehre, Band 1. Bern, Haupt. S. 299–313.

Janisch, M. (1992). Das strategische Anspruchsgruppenmanagement vom Shareholder Value zum Stakeholder Value. Bern, Haupt.

Jarren, O., Hrsg. (1994). Medien und Journalismus 1 – Eine Einführung. Book Medien und Journalismus 1 – Eine Einführung. Opladen, Westdeutscher Verlag.

Jarren, O. und Bonfadelli, H. (2001). Einführung in die Publizistikwissenschaft. Stuttgart, Uni Taschenbücher.

Jeschke, W. (1992). Managementmodelle ein kritischer Vergleich. München, Kirsch.

Kalmus, M. (1982). Aufgaben und Probleme der innerbetrieblichen Öffentlichkeitsarbeit. In: Haedrich, G. et al. Öffentlichkeitsarbeit. Dialog zwischen Institutionen und Gesellschaft. Ein Handbuch. Berlin, de Gruyter. S. 93–103.

Kapferer, J.-N. (1998). Strategic brand management creating and sustaining brand equity long term, Kogan Page.

Kaplan, R. S. und Norton, D. P. (1996). The balanced scorecard translating strategy into action, Harvard Business School Press.

Kaplan, R. S. und Norton, D. P. (2001). »Wie Sie die Geschäftsstrategie den Mitarbeitern verständlich machen.« Harvard Business Manager 2: 60–70.

Kaplan, R. S. und Norton, D. P. (2004). »Grünes Licht für Ihre Strategie.« Harvard Business Manager: 19–33.

Karmasin, H. (1998). Produkte als Botschaften individuelles Produktmarketing – konsumorientiertes Marketing – Bedürfnisdynamik – Produkt- und Werbekonzeptionen – Markenführung in veränderten Umwelten, Ueberreuter.

Kenny, D. und Marshall, J. F. (2000). »Die Kunden im Netz wirklich erreichen: kontextuelles Marketing.« Harvard Business Review 6.

Kirchner, K. (2001). Integrierte Unternehmenskommunikation – theoretische und empirische Bestandsaufnahme und eine Analyse amerikanischer Grossunternehmen. Wiesbaden, Westdeutscher Verlag.

Kirf, B. und Rolke, L. (2002). Der Stakeholder-Kompass Navigationsinstrument für die Unternehmenskommunikation, Frankfurter Allgemeine Buch.

Kirsch, G. (2004). Neue Politische Ökonomie. Stuttgart, Lucius und Lucius.

Kitchen, P. J. (1999). Marketing communications principles and practice, International Thomson Business Press.

Knipp, T. (2003). Einführung in die Konferenz. In: Cromme, G. Corporate Governance Report 2003. Stuttgart, Schäffer-Poeschel. S. 13–18.

Kotler, P. und Bliemel, F. (1999). Marketing-Management Analyse, Planung, Umsetzung und Steuerung. Stuttgart, Schäffer-Poeschel.

Krag, J. und Kasperzak, R. (2000). Grundzüge der Unternehmensbewertung, Vahlen.

Krcmar, H. (2005). Informationsmanagement, Springer.

Krogh, G. V. (2004). Strategie als Ordnungsmoment. In: Dubs, R. et al. Einführung in die Managementlehre, Band 1. Bern, Haupt. S. 387–427.

Kunczik, M. (2002). Public Relations Konzepte und Theorien. Weimar, Böhlau.

Kuss, A. und Tomczak, T. (2002). Marketingplanung Einführung in die marktorientierte Unternehmens- und Geschäftsfeldplanung. Frankfurt, Gabler.

Küting, K. und Boecker, C. (2004). Herausforderungen und Chancen durch weltweite Rechnungslegungsstandards Kapitalmarktorientierte Rechnungslegung und integrierte Unternehmenssteuerung. Stuttgart, Schäffer-Poeschel.

Labhart, P. A. und Volkart, R. (2001). Wertorientiertes Reporting. In: Klingebiel, N. Performance Measurement & Balanced Scorecard. München, Vahlen. S. 111–130.

Langen, C. und Albrecht, W., Hrsg. (2001). Zielgruppe: Gesellschaft – Kommunikationsstrategien für Nonprofit-Organisationen. Book Zielgruppe: Gesellschaft – Kommunikationsstrategien für Nonprofit-Organisationen. Gütersloh, Bertelsmann Stiftung.

Lasswell, H. D. (1927). »The Theory of Political Propaganda.« The American Political Sciences Review(xxi): 627–630.

Läber, I. (2004). Investor Management. Zürich, Versus Verlag.

Lechner, U. und Schmid, B. (1999). Logic for Media – the Computational Media Metaphor. 32nd International Conference on Systems Sciences Location, Hawaii 1999.

Lee, S. und Evatt, D. S. (2005). »An Empirical Comparison of the Predictors of Excellence in Public Relations.« Corporate Reputation Review 8(1): 31–43.

Lev, B. (2003). »Remarks on the measurement, valuation, and reporting of intangible assets.« FRBNY Policy Review: 17–23.

Liebl, F. (1996). Strategische Frühaufklärung Trends – Issues – Stakeholders, Oldenbourg.

Luckenbach, H. (1986). Theoretische Grundlagen der Wirtschaftspolitik. München, Vahlen.

Luhmann, N. (1984). Soziale Systeme Grundriss einer allgemeinen Theorie. Frankfurt, Suhrkamp.

Luhmann, N. (2000). Organisation und Entscheidung, Westdeutscher Verlag.

Lüdenbach, N. und Hoffmann, W.-D. (2004). »Der Ball bleibt rund« – Der Profifußball als Anwendungsfeld der IFRS-Rechnungslegung.« Der Betrieb(27–28): 1442–1447.

Lydenberg, S. D. et al. (1986). Rating America›s corporate conscience a provocative guide to the companies behind the products you buy every day, Addison-Wesley.

Mackenzie, R. A. (1969). »The management process in 3-D.« Harvard Business Review 47(6): 80–87.

Mahon, J. F. und Wartick, S. L. (2003). »Dealing with Stakeholders: How Reputation, Credibility and Framing influence the Game.« Corporate Reputation Review 6(1): 19–35.

Mard, M. J. (2002). Valuation for financial reporting intangible assets, goodwill, and impairment analysis, SFAS 141 and 142, Wiley.

Marston, R. C. (1996). The effects of industry structure on economic exposure, National Bureau of Economic Research.

Mast, C. (2002). Unternehmenskommunikation. Stuttgart, Lucius & Lucius.

Mccombs, M. (2004). Setting the agenda the mass media and public opinion, Polity Press.

Meckel, M. (1999). Redaktionsmanagement Ansätze aus Theorie und Praxis, Westdt. Verl.

Meckel, M. (2001). Die globale Agenda Kommunikation und Globalisierung. Wiesbaden, Westdeutscher Verlag.

Meckel, M. und Will, M. (2006). Media Relations als Teil der Netzwerkkommunikation. In: Schmid, B. und Lyczek, B. Unternehmenskommunikation. Kommunikationsmanagement aus Sicht der Unternehmensführung. Wiesbaden, Gabler. S. 289–320.

Meffert, H. (1999). Marktorientierte Unternehmensführung im Wandel Retrospektive und Perspektiven des Marketing. Wiesbaden, Gabler.

Merten, K. (2001). Determinanten des Issues Management. In: Röttger, U. Issues Management. Wiebaden, Westdeutscher Verlag. S. 41–58.

Merten, K. (2003). Das Handbuch der Unternehmenskommunikation 2002/2003. Frankfurt, Luchterhand.

Montier, J. (2002). Behavioural finance insights into irrational minds and markets, Wiley.

Murray, L. (2002). »Public relations and communication management: Suitable subjects for management education?« Journal of Communication Management 7(1): 9–13.

Müller-Stewens, G. und Lechner, C. (2001). Strategisches Management wie strategische Initiativen zum Wandel führen der St.Galler General Management Navigator®. Stuttgart, Schäffer-Poeschel.

Müller-Stewens, G. (2004). Strategische Entwicklungsprozesse. In: Dubs, R. et al. Einführung in die Managementlehre, Band 2. Bern, Haupt. S. 39–83.

Newcomb, T. M. und Charters, W. W. (1959). Sozialpsychologie, Hain.

Nicolai, A. T. und Thomas, T. W. (2004). »Kapitalmarktkonforme Unternehmensführung: Eine Analyse im Lichte der jüngeren Strategieprozesslehre.« zfbf 56: 452–469.

Nippa, M. et al., Hrsg. (2002). Corporate Governance – Herausforderungen und Lösungsansätze. Book Corporate Governance – Herausforderungen und Lösungsansätze. Heidelberg, Physica-Verlag.

Nippa, M. (2002). Alternative Konzepte für eine effiziente Corporate Governance. Von Trugbildern, Machtansprüchen und vernachlässigten Ideen. In: Nippa, M. et al. Corporate Governance. Heidelberg, Physica-Verlag. 3–40.

Pellens, B. et al. (2005). Schöne neue Goodwill-Welt. Frankfurter Allgemeine Zeitung. Frankfurt a. M.: S. 24.

Peltzer, M. (2004). Deutsche Corporate Governance ein Leitfaden. München, Beck.

Pfannenberg, J. und Zerfaß, A., Hrsg. (2005). Wertschöpfung durch Kommunikation. Frankfurt a. M., F.A.Z. Buch.

Pfannenberg, J. (2005). Kommunikations-Controlling im Value Based Management. In: Pfannenberg, J. und Zerfaß, A. Wertschöpfung durch Kommunikation. Frankfurt a. M., F.A.Z. Buch. S. 132–141.

Pfeil, O. P. und Vater, H. J. (2002). »Neues über Goodwill und immaterielle Werte – Analyse der SFAS No. 141/142. Teil 2: Finanzwirtschaftliche Auswirkungen.« Der Schweizer Treuhänder 8: 665–672.

Picot, A. (1995). Corporate Governance Unternehmensüberwachung auf dem Prüfstand. Stuttgart, Schäffer-Poeschel.

Pinsdorf, M. K. (1987). Communicating when your company is under siege. Lexington, Lexington Books.

Pitelis, C. (2004). »(Corporate) Governance, (Shareholder) Value and (Sustainable) Economic Performance.« Corporate Governance 12(2): 210–223.

Piwinger, M. und Porak, V., Hrsg. (2005). Kommunikations-Controlling – Kommunikation und Information quantifizieren und finanziell bewerten. Wiesbaden, Gabler.

Porak, V. (2002). Kapitalmarktkommnikation das Informationsverhalten der Financial Community in der Schweiz. Lohmar, Eul.

Porak, V. (2005). Methoden zur Erfolgs- und Wertbeitragsmessung von Kommunikation. In: Piwinger, M. und Porak, V. Kommunikations-Controlling – Kommunikation und Information quantifizieren und finanziell bewerten. Wiesbaden, Gabler. S. 163–194.

Porter, M. E. (1986). Wettbewerbsvorteile: Spitzenleistungen erreichen und behaupten. Frankfurt, Campus Verlag.

Posner, E. (2005). »Corporate Communications in einem globalen Unternehmen.« zfo Zeitschrift Führung + Organisation 74(3): 159–164.

Pricewaterhousecoopers (2002). ValueReporting Review 2003. Transparency in Corporate Reporting. London.

Pricewaterhousecoopers (2004). Governance: From compliance to strategic advantage.

Pürer, H. (2003). Publizistik- und Kommunikationswissenschaft: Ein Handbuch. Konstanz, UVK Medien.

Rappaport, A. (1998). Creating shareholder value a guide for managers and investors, Free Press.

Reckwitz, A. (1997). Struktur zur sozialwissenschaftlichen Analyse von Regeln und Regelmässigkeiten. Wiesbaden, Westdeutscher Verlag.

Rindova, V. P. und Fombrun, C. J. (1999). »Constructing Competitive Advantage: The Role of Firm-Constituent Interactions.« Strategic Management Journal 20: 691–710.

Ritter, M. (2003). »The use of balanced scorecards in the strategic management of corporate communication.« Corporate Communications: An International Journal 8(1): 44–59.

Rolke, L. (2003). Produkt- und Unternehmenskommunikation im Umbruch. Was die Marketer und PR-Manager für die Zukunft erwarten. Frankfurt a. M., FAZ Institut.

Rolke, L. (2004). »Das CommunicationControlCockpit – Ein strategisches Kennziffernsystem für die wertorientierte Unternehmenskommunikation.« PR Magazin 11: 47–54.

Rolke, L. (2005). Das CommunicationControlCockpit (CCC). In: Pfannenberg, J. und Zerfass, A. Wertschöpfung durch Kommunikation. Frankfurt a. M., FAZ Buch. S. 123–131.

Rolke, L. und Koss, F. (2005). Value Corporate Communications: Wie sich Unternehmenskommunikation wertorientiert managen lässt. Norderstedt, Books on Demand.

Rössler, P., Hrsg. (1998). Online-Kommunikation. Beiträge zu Nutzung und Wirkung. Book Online-Kommunikation. Beiträge zu Nutzung und Wirkung. Opladen, Westdeutscher Verlag.

Röttger, U. (2000). Public Relations – Organisation und Profession Öffentlichkeitsarbeit als Organisationsfunktion eine Berufsfeldstudie. Wiesbaden, Westdeutscher Verlag.

Röttger, U., Hrsg. (2001). Issues Management. Book Issues Management. Wiesbaden, Westdeutscher Verlag.

Röttger, U. et al. (2003). Public Relations in der Schweiz – Eine empirische Studie zum Berufsfeld Öffentlichkeitsarbeit. Konstanz, UVK.

Röttger, U., Hrsg. (2004). Theorien der Public Relations – Grundlagen und Perspektiven der PR-Forschung. Wiesbaden, VS Verlag für Sozialwissenschaften.

Ruhwedel, F. und Schultze, W. (2002). »Value Reporting: Theoretische Konzeption und Umsetzung bei den DAX 100-Unternehmen.« zfbf (54): 602–632.

Ruhwedel, P. und Epstein, R. (2004). Entwicklung der Aufsichtsratspraxis in Deutschland. Frankfurt, Deloitte & Touche.

Russ-Mohl, S. (2003). Journalismus das Hand- und Lehrbuch, Frankfurter Allgemeine Buch.

Ruud, T. F. und Pfister, J. (2005). Erfassung und Zuteilung der Informations- und Kommunikationskosten aus konzeptioneller Perspektive. In: Piewinger, M. und Porak, V., Hrsg. Kommunikations-Controlling – Kommunikation und Information quantifizieren und finanziell bewerten. Wiesbaden, Gabler S. 57–76.

Rüegg-Stürm, J. (2001). Organisation und organisationaler Wandel – Eine theoretische Erkundung aus konstruktivistischer Sicht. Wiesbaden, Westdeutscher Verlag.

Rüegg-Stürm, J. (2002). Das neue St. Galler Management-Modell – Grundkategorien einer integrierten Managementlehre – Der HSG-Ansatz. Bern, Paul Haupt Verlag.

Rüegg-Stürm, J. (2004). Das neue St. Galler Management-Modell. In: Dubs, R. et al. Einführung in die Managementlehre, Band 1. Bern, Haupt. S. 65–141.

Schenk, M. und Donnerstag, J. (1989). Medienökonomie. Einführung in die Ökonomie der Informations- und Mediensysteme. München, Fischer.

Scherer, A. G. (2002). Globalisierung und Sozialstandards. München, Hampp.

Schmid, B. (1999). Elektronische Märkte – Merkmale, Organisation und Potentiale. In: Hermanns, A. und Sauter, M. Management-Handbuch Electronic Commerce: Grundlagen, Strategien, Praxisbeispiele. München, Vahlen. S. 31–48.

Schmid, B. (2000). Was ist neu an der digitalen Ökonomie? In: Belz, C. und Bieger, T. Dienstleistungsentwicklung und innovative Geschäftsmodelle. St. Gallen, Thexis. S. 178–196.

Schmid, B. (2004a). Communication- und Community-Ansatz. In: Belz, C. und Bieger, T. Customer Value. St. Gallen, Thexis. S. 691–719.

Schmid, B. (2004b). Konzepte von Beat F. Schmid. Ein Überblick 1997–2003. St. Gallen, = mcm Research Paper Series.

Schmid, B. und Lyczek, B., Hrsg. (2006). Unternehmenskommunikation. Kommunikationsmanagement aus Sicht der Unternehmensführung. Book Unternehmenskommunikation. Kommunikationsmanagement aus Sicht der Unternehmensführung. Wiebaden, Gabler.

Schmid, B. und Lyczek, B. (2006). Die Rolle der Kommunikation in der Wertschöpfung der Unternehmung. In. Unternehmenskommunikation. Kommunikationsmanager aus Sicht der Unternehmensführung. Wiebaden, Gabler. S. 3–146.

Schreyögg, G. (1999). »Strategisches Management – Entwicklungstendenzen und Zukunftsperspektiven.« Die Unternehmung 53(6): 387–407.

Schultz, M. et al. (2000). Introduction: Why the Expressive Organization? In: Schultz, M. et al. The Expressive Organization: Linking Identity, Reputation, and the Corporate Brand. Oxford, Oxford University Press.

Schulz, W. (1997). Politische Kommunikation. In: Bentele, G. Öffentliche Kommunikation: Handbuch Kommunikations- und Medienwissenschaft. Wiesbaden, Westdeutscher Verlag.

Schulz, W. (2003). Politische Kommunikation. In: Bentele, G. et al. Handbuch Öffentliche Kommunikation. Opladen, Westdeutscher Verlag.

Schuppener, B. und Schuppener, N. (2004). Kommunikationsmanagement – Kommunikation als Wertschöpfungsfaktor. In: Köhler, T. und Schaffranietz, A. Public Relations – Perspektiven und Potenziale im 21. Jahrhundert. Wiesbaden, Gabler. S. 217–224.

Schwaiger, M. (2004). »Components and Parameters of Corporate Reputation – an Empirical Study.« Schmalenbach Business Review 56: 46–71.

Schwaninger, M. (2004). Was ist ein Modell? In: Dubs, R. et al. Einführung in die Managementlehre, Band 1. Bern, Haupt. S. 53–63.

Scott, K. (1997). Agency costs and corporate governance. In: Newman, P. The New Palgrave Dictionary of Economics and the Law. London, Palgrave Macmillan. S. 26–27.

Shannon, C. E. und Weaver, W. (1967). The mathematical theory of communication, University of Illinois Press.

Shin, J.-H. und Cameron, G. T. (2003). »Informal relations: A look at personal influence in media relations.« Journal of Communication Management 7(3): 239–253.

Shleifner, A. und Vishny, R. (1997). »A Survey of Corporate Governance.« The Journal of Finance 52(2): 737–783.

Smerdon, R. (2004). A practical guide to corporate governance, Sweet & Maxwell.

Sottong, H. und Müller, M. (1998). Zwischen Sender und Empfänger eine Einführung in die Semiotik der Kommunikationsgesellschaft, Schmidt.

Srivastava, R. K. et al. (1998). »Market-Based Assets and Shareholder Value: A Framework for Analysis.« Journal of Marketing 62: 2–18.

Starovic, D. und Marr, B. (2003). Understanding Corporate Value: Managing and Reporting Intellectual Capital. London, CIMA.

Straube, P. (1992). Integriertes Forschungs- und Entwicklungs-Controlling. Gießen, Verlag der Ferber'schen Universitätsbuchhandlung.

Strøm, K. (2003). Delegation and accountability in parliamentary democracies, Oxford University Press.

Stuiber, H.-W. (1992). Theorieansätze für Public Relations – Anmerkungen aus sozialwissenschaftlicher Sicht. In: Avenarius, H. Ist Public Relations eine Wissenschaft?: Eine Einführung. Opladen, Westdeutscher Verlag. S. 207–220.

Szyska, P. (2005). Organisationsbezogene Ansätze. In: Bentele, G. et al. Handbuch der Public Relations. Wiesbaden, VS Verlag für Sozialwissenschaften. S. 161–176.

Täubert, A. (1998). Unternehmenspublizität und Investor Relations. Analyse von Auswirkungen der Medienberichterstattung auf Aktienkurse. Münster, LIT.

Teitler-Feinberg, E. (2001). »Neue Bewertung von Goodwill und anderen immateriellen Aktiven – Neue Bewertung nach US-GAAP – Stand des Projektes des FASB.« Der Schweizer Treuhänder 4: 331–338.

Theis-Berglmaier, A. M. (2000). »Aufmerksamkeit und Geld, schenken und zahlen. Zum Verhältnis von Publizistik und Wirtschaft in einer Kommunikationsge-sellschaft – Konsequenzen für die Medienökonomie.« Publizistik 45(3): 310–327.

Theisen, M. R. (1998). Der Konzern im Umbruch Organisation, Besteuerung, Finanzierung und Überwachung, Schäffer-Poeschel.

Tomczak, T. et al. (2001). »Corporate Branding – Die zukunftsweisende Aufgabe zwischen Marketing, Unternehmenskommunikation und strategischen Manegement.« Thexis 4: 2–4.

Treuhand-Gesellschaft, K. D., Hrsg. (2004). International Financial Reporting Standards – Einführung in die Rechnungslegung nach den Grundsätzen des IASB. Book International Financial Reporting Standards – Einführung in die Rechnungslegung nach den Grundsätzen des IASB. Stuttgart, Schaeffer-Poeschel.

Treuhand-Gesellschaft, K. D., Hrsg. (2004). IFRS aktuell – Neuregelungen 2004: IFRS 1 bis 5, Improvements Project, Ammendments IAS 32 und 39. Book IFRS aktuell – Neuregelungen 2004: IFRS 1 bis 5, Improvements Project, Ammendments IAS 32 und 39. Stuttgart, Schaffer-Poeschel.

Tuominen, M. (1997). Marketing capability and market orientation in strategy interface a conceptual analysis, Helsinki School of Economics and Business Administration.

Ulrich, H. (1968/1970). Die Unternehmung als produktives soziales System – Grundlagen der allgemeinen Unternehmungslehre. Bern, Paul Haupt Verlag.

Ulrich, H. und Krieg, W. (1972). St.Galler Management-Modell. Bern, Haupt.

Ulrich, H. und Krieg, W. (1974). Das St. Galler Management-Modell. Bern, Haupt.

Ulrich, H. (1984). Die Betriebswirtschaftslehre als anwendungsorientierte Sozialwissenschaft. In: Dyllick, T. und Probst, G. Management. Bern, Haupt.

Ulrich, H. und Krieg, W. (2001). Das St. Galler Management-Modell. In: Ulrich, H. Gesammelte Schriften. Bern, Haupt.

Ulrich, P. (2004). Die normativen Grundlagen der unternehmerischen Tätigkeit. In: Dubs, R. et al. Einführung in die Managementlehre, Band 1. Bern, Haupt. S. 143–165.
Ulrich, P. (2005). Die zivilisierte Marktwirtschaft eine wirtschaftsethische Orientierung. Freiburg, Herder.
Van Riel, C. B. M. (1995). Principles of corporate communication, Prentice-Hall.
Van Riel, C. (1997). »Research in Corporate Communication: An Overview of an Emerging Field.« Management Communication Quarterly 11(2): 288–309.
Van Riel, C. (2000). Corporate Communication Orchestrated by a Sustainable Corporate Story. In: Schultz, M. et al. The Expressive Organization. Linking Identity, Reputation, and the Corporate Brand. Oxford, Oxford University Press.
Van Riel, C. und Fombrun, C. J. (2002). »Which Company is Most Visible in Your Country? An Introduction to the Special Issue on the Global RQ-Project Nominations.« Corporate Reputation Review 4(4): 296–302.
Varey, R. J. und White, J. (2000). »The corporate communication system of managing.« Corporate Communications: An International Journal 5(1): 5–11.
Volkart, R. (1995). Wertorientierte Unternehmensführung und Shareholder Value Management neue Herausforderungen für das Management aller Stufen. In: Thommen, J.P. Management-Kompetenz. Zürich, Versus Verlag. S. 539–549.
Volkart, R. (1997). »Wertkommunikation, Aktienkursbildung und Managementverhalten. Kritische Eckpunkte im Shareholder-Value-Konzept.« Die Unternehmung (2): 119–132.
Volkart, R. et al. (2005). Kommunikation und Unternehmenswert. In: Piwinger, M. und Porak, V. Kommunikations-Controlling – Kommunikation und Information quantifizieren und finanziell bewerten. Wiesbaden, Gabler. S. 133–162.
Wagenhofer, A. und Hrebicek, G., Hrsg. (2000). Wertorientiertes Management – Konzepte und Umsetzungen zur Unternehmenswertsteigerung. Stuttgart, Schäffer-Poeschel.
Walter Busch, E. (2004). Die Unternehmung in der gesellschaftlichen Umwelt. In: Dubs, R. et al. Einführung in die Managementlehre, Band 1. Bern, Haupt. S. 243–255.
Ward, K. und Ryals, L. (2001). »Latest thinking on attaching a financial value to marketing strategy: Through brands to valuing relationships.« Journal of Targeting, Measurement and Analysis for Marketing 9(4): 327–340.
Webley, S. (2003). »Risk, reputation and trust.« Journal of Communication Management 8(1): 9–12.
Weischenberg, S. (2004). Journalistik Medienkommunikation: Theorie und Praxis. Wiesbaden, VS Verlag für Sozialwissenschaften.
Werder, A. von et al. (2003). »Die Akzeptanz der Empfehlungen des Deutschen Corporate Governance Kodex.« Der Betrieb (56): 1857–1863.
Werder, A. von und Talaulicar, T. (2003). »Der Deutsche Corporate Governance Kodex: Konzeption und Konsequenzprognose.« Zeitschrift für betriebswirtschaftliche Forschung Sonderheft Marktwertorientierte Unternehmensführung – Anreiz – und Kommunikationsaspekte (50): 15–36.
Werder, A. von und Wiedmann, H., Hrsg. (2003). Internationalisierung der Rechnungslegung und Corporate Governance. Festschrift für Prof. Dr. Klaus Pohle. Stuttgart, Schäffer-Poeschel.
Werder, A. von et al. (2004). Kodex Report 2004: Die Akzeptanz der Empfehlungen und Anregungen des Deutschen Corporate Governance Kodex. In: Der Betrieb, 2004, S. 1377–1382.

Wiedmann, K. P. (2002). »Analyzing the German Corporate Reputation Landscape.« Corporate Reputation Review 4(4): 337-353.
Wiener, N. (1952). Mensch und Menschmaschine Kybernetik und Gesellschaft. Frankfurt, Metzner.
Wilbers, K. (2004). Anspruchsgruppen und Interaktionsthemen. In: Dubs, R. et al. Einführung in die Managementlehre, Band 1. Bern, Haupt. S. 331-363.
Will, M. (1993). Wirtschaftspresse im Wirtschaftssystem – Theoretische Grundlagen und praktische Illustration: Leitartikel zur deutschen Wirtschafts-, Währungs- und Sozialunion. Frankfurt a. M., IMK.
Will, M. et al. (1999). »Who›s Managing Corporate Reputation? A Survey of Leading European Companies.« Corporate Reputation Review 2(4): 301-306.
Will, M. und Geissler, U. (2000). »Verändert das Internet die Unternehmenkommunikation?« Thexis 3: 21-25.
Will, M. und Porak, V. (2000). »Corporate Communication in the New Media Environment. A Survey of 150 Coporate Communication Websites.« The International Journal on Media Management 2(3-4): 195-201.
Will, M. (2000a). »Why Communications Management?« The International Journal on Media Management 2(1): 46-53.
Will, M. (2000b). Kommunikationsmanagement und Unternehmenskommunikation – In Theorie und Praxis: Strategische Konzepte und operative Anleitungen. St. Gallen, = mcm institute.
Will, M. und Wolters, A.-L. (2001a). »Die Bedeutung der Finanzkommunikation für die Entwicklung und Gestaltung der Unternehmensmarke.« Thexis (4): 42-48.
Will, M. und Wolters, A.-L. (2001b). »Finanzkommunikation im Internet.« PR Magazin 11: 47-54.
Will, M. (2001a). Stichwort: Corporate Communications. In: Brauner, D. J. und Leitolf, J. Lexikon der Presse- und Öffentlichkeitsarbeit. München, Oldenbourg Verlag. S. 48-57.
Will, M. (2001b). Keine Angst vor professioneller Kommunikation. Von der Fehlwarnehmung der Wirklichkeit durch das Management. In: Langen, C. und Albrecht, W. Zielgruppe: Gesellschaft. Kommunikationsstrategien für Non-Profit-Organisationen. Güterloh, Verlag Bertelsmann Stiftung. S. 27-52.
Will, M. (2001c). Issues Management braucht Einbindung in das strategische Management. In: Röttger, U. Issues Management: Theoretische Konzepte und praktische Umsetzung. S. 104-123.
Will, M. und Löw, E. (2003). »Markt und Meinung für Kapital und Reputation – Das Zusammenspiel von Reputations- und Wertmanagement in der Unternehmensführung.« PR Magazin 10: 47-52.
Will, M. (2003). Warum Kommunikation Chefsache sein muss. In: Kuhn, M. et al. Chefsache Issues Management. Frankfurt a. M., FAZ Institut. S. 74-85.
Will, M. (2004). Fallstudie: Der Börsengang der Deutschen Postbank AG. In: Müller-Neuhof, K. und Rühle, A.-S. Aktienerfolg mit Neuemissionen. Sternenfels, Verlag Wissenschaft & Praxis. S. 253-286.
Will, M. (2005a). Public Relations aus Sicht der Wirtschaftswissenschaften. In: Bentele, G. et al. Handbuch der Public Relations. Opladen, Westdeutscher Verlag. S. 62-77.
Will, M. (2005b). Das »hohe C«. Der Kommunikationsmanager: 56-60.

Will, M. (2005c). »Wer überwacht die Unternehmenskommunikation?« Der Aufsichtsrat (3): 7–8.
Witt, P. (2003). Corporate Governance-Systeme im Wettbewerb. Wiesbaden, Deutscher Universitäts-Verlag.
Wittmann, E. (1998). Wertorientierte Unternehmensführung durch Verbindung von Strategieentwicklung mit operativer Steuerung. In: Bruhn, M. et al. Wertorientierte Unternehmensführung Perspektiven und Handlungsfelder für die Wertsteigerung von Unternehmen Festschrift zum 10jährigen Bestehen des Wirtschaftswissenschaftlichen Zentrums (WWZ) der Universität Basel. Wiesbaden, Gabler.
Wolters, A.-L. (2005). Investor Relations im Internet Möglichkeiten der Vertrauensbildung bei Privatanlegern.
Wunderer, R. und Bruch, H. (2004). Führung von Mitarbeitern. In: Dubs, R. et al. Einführung in die Managementlehre, Band 2. Bern, Haupt. S. 85–109.
Wunderlich, W. (2004). Kultur als Ordnungselement. In: Dubs, R. et al. Einführung in die Managementlehre, Band 1. Bern, Haupt. S. 453.487.
Yamauchi, K. (2001). »Corporate communication: a powerful tool for stating corporate missions.« Corporate Communications: An International Journal 6(3): 131–136.
Zabala, I. E. A. (2005). »Corporate Reputation in Professional Services Firms: ‹Reputation Management Based on Intellectual Capital Management›.« Corporate Reputation Review 8(1): 59–71.
Zerfaß, A. (1996). Unternehmensführung und Öffentlichkeitsarbeit Grundlegung einer Theorie der Unternehmenskommunikation und Public Relations. Wiesbaden, Westdeutscher Verlag.
Zerfaß, A. (2004a). Unternehmensführung und Öffentlichkeitsarbeit – Grundlegung einer Theorie der Unternehmenskommunikation und Public Relations. Wiesbaden, VS Verlag für Sozialwissenschaften.
Zerfaß, A. (2004b). »Die Corporate Communications Scorecard – Kennzahlensystem, Optimierungstool oder strategisches Steuerungsinstrument?« PR Digest 57: 1–8.
Zingales, F., G. G. (1997). Corporate Governance. In: Newman, P. The New Palgrave Dictionary of Economics and the Law. London, Palgrave Macmillan.
Zingales, F., G. G. und Hockerts, K. (2002). Balanced Scorecard & Sustainability: Examples from literature and pracitce. In: Schaltegger, S. und Dyllick, T. Nachhaltig managen mit der Balanced Scorecard. Konzept und Fallstudien. Wiesbaden, Gabler. S. 151–166.
Zühlsdorf, A. (2002). Gesellschaftsorientierte Public Relations – Eine strukturationstheoretische Analyse der Interaktion von Unternehmen und Kritischer Öffentlichkeit. Wiesbaden, Westdeutscher Verlag.